本书由中国—上海合作组织国际司法交流合作培训基地资助出版

金融制裁和
反制裁法理研究

沈 伟◎著

Jurisprudence of
Financial Sanctions
and
Anti-sanctions

上海交通大学出版社
SHANGHAI JIAO TONG UNIVERSITY PRESS

内容提要

和以往中美贸易摩擦不同,2018 年开始的中美贸易摩擦除了旷日持久和数额巨大之外,还从贸易领域向投资和金融领域蔓延,出现了金融制裁。金融制裁是美国改变传统全面制裁和贸易制裁,转向"聪明制裁"和"有效制裁"的重要制裁方向、工具和手段。第二次世界大战以后能够频繁发动金融制裁的国家非美国莫属,这是由美国的全球金融霸权地位所决定的,正因为如此,金融制裁和美国发动的金融制裁也就特别需要加以研究和分析。本书以合法性、正当性和有效性为视角,检视美国发动金融制裁的优势、工具、国内法基础及其实施机制,以及被制裁国可以采取的应对措施。和美国发动贸易制裁一样,美国发动金融制裁的机制和法理基础也相当复杂,本书主要从基本理论、最新发展、实施工具和应对措施四个面向展开。

图书在版编目(CIP)数据

金融制裁和反制裁法理研究 / 沈伟著. —上海:
上海交通大学出版社,2022.10(2024.1 重印)
ISBN 978 - 7 - 313 - 27101 - 3

Ⅰ.①金… Ⅱ.①沈… Ⅲ.①金融—法律制裁—研究
Ⅳ.①D912.280.4

中国版本图书馆 CIP 数据核字(2022)第 136595 号

金融制裁和反制裁法理研究
JINRONGZHICAI HE FANZHICAI FALIYANJIU

著　　者:沈　伟

出版发行:上海交通大学出版社　　　　　　地　　址:上海市番禺路 951 号
邮政编码:200030　　　　　　　　　　　　电　　话:021 - 64071208
印　　制:苏州市古得堡数码印刷有限公司　经　　销:全国新华书店
开　　本:710 mm×1000 mm　1/16　　　　印　　张:26.5
字　　数:407 千字
版　　次:2022 年 10 月第 1 版　　　　　　印　　次:2024 年 1 月第 2 次印刷
书　　号:ISBN 978 - 7 - 313 - 27101 - 3
定　　价:98.00 元

目 录
CONTENTS

反制裁法和反制裁体系的构建

引　言

"9·11"事件之后,美国改变了制裁策略,更加注重金融制裁,以期达到制裁效果。美国最大化自己拥有的"五要素",即美元是世界储备货币、以美元为基础的全球支付体系、纽约是全球最大的金融中心与美国是最大的金融市场、全球最大的资本市场与全球最大的证券交易中心和全球最完备的金融监管体系和法律。由于美元处于全球资金链的顶端,故美国对资金链下端国家占有绝对优势。金融制裁能够切断被制裁国的美元来源,将被制裁国从以美元为基础的全球支付体系中剔除,使得被制裁国成为"金融孤岛",以成就美国的外交政策。

美国从一己之利出发,不断推行更新和强化所谓的制裁,这些贸易制裁和金融制裁都以法律包装使其具有法律外观,并且占据道德制高点,与所谓人权、反恐、反毒品、反腐败等挂钩,以此吸引和逼迫他国遵守制裁规则,扩大制裁圈和制裁范围。

受制裁影响的国家需要建立反制裁法律体系,以减缓制裁影响,同时也为被制裁国政府赢得合法性和正当性,争取国内和国际道义支持。反制裁法的本质是制裁法的回击和映射。反制裁法的工具和功能就是克服制裁效果。从这个意义上看,反制裁法的成功取决于对制裁法的理解和分析。

本书侧重于对美国制裁法的内在机理和最近发展的研究,通过美国制裁法的变化和发展,分析这些变化和发展的原因、工具和效果,并以此为背景,进而分析和解读反制裁法律和实践,达到优化反制裁效果。

本书分四个部分,共十章,分别是:金融制裁和反制裁的基本理论问题;美国金融制裁法的新发展;美国金融制裁实施工具研究;我国反制裁法及反制裁体系的构建。

　　第一章主要分析金融制裁和反制裁的基本原理。金融制裁不同于经济贸易制裁，有其特别之处。金融制裁反制措施包括两种类型：一是基于金融制裁系统内部的反制措施，属于对称性的被动反制；二是超越金融制裁的系统外部反制措施，属于非对称性的主动反制。由于金融制裁具有非对称性，被动反制往往事倍功半，仅能起到部分宣示或威慑功能，实施效果远不及于制裁措施本身。面对实力完全不对等的金融霸权国，处于弱势方的被制裁国并非毫无出路，破局的关键在于构建"非对称性"反制体系。通过"非对称性"反制，化被动为主动，利用金融制度和金融科技创新等具有非对称性的实践，跳出金融制裁系统自我封闭运作的自循环逻辑，树立"主体间性"对话的金融主体意识和金融竞争式合作而非合作式对抗的反制目标，通过制度型反制措施创新、完善金融开放的基础性制度，通过物理型反制措施创新、助推人民币国际化，通过话语型反制措施创新、构建全球金融治理中的制度性话语权来迫使金融制裁的"长臂"向内收缩，在一定程度上化解金融制裁的现实威胁。

　　近年来，国家安全泛化、投资限制增多逐渐成为国际投资领域的新趋势，美国频繁以国家安全为由发起金融制裁，且制裁手段和对象日渐多元化，不可避免地与现有国际投资规则产生冲突。第二章从投资者及其母国的视角和制裁发起国的视角探索国际投资规则下金融制裁的违法可能性，以及发起国援引安全例外条款的合法性边界。在现有规则较为模糊的情况下，为应对美国不断扩大其国家安全例外范围和国家自由裁量权的倾向，中国应积极参与国际投资规则的塑造，严格限制投资协定中根本安全例外条款的适用范围，以自由化路径限制和消解美国的金融霸权及其消极结果。此外，在全球行政法视角下，国际投资的全球监管与国内法规制度存在互动和互鉴，在国际投资仲裁庭暂时难以对根本安全例外进行明确界定的情况下，被制裁主体应积极利用制裁发起国国内法的审查机制，通过主张正当程序、合理决策等基本行政法原则限制美国滥用安全例外，以维护自身正当权益，并推动根本安全例外相关规则的细化。

　　美国在外交中运用法律工具已经有很长的历史，而人权幌子也是美国外交政策和法律工具应用的立足点和关注点。法律霸权主义作为西方国家法律外交中的一种霸权倾向，在美国历史上有着漫长的构建历史。近年来，美国运用法律工具、构建法律霸权主义出现了新的倾向。第三章以美国2016年通过的《全球马格尼茨基人权问责法》为例,首先,介绍该法案的基本特点和情况;其次,分析美国构建新法律霸权主义的路径;最后,概括该路径对国际法的冲击和影响。

第四章主要讨论和分析《以制裁反击美国敌人法案》背景下的美国经济制裁的发展和变化。时逢百年未有之大变局,新兴经济体的迅速崛起对美国等西方国家长期主导的国际秩序和国际格局形成挑战。美国为了维护本国在国际治理体系中的利益,延续了经济制裁作为对外政策的主要工具,践行单边主义和霸权主义的国际战略。中国作为新兴经济体的代表之一,积极推进双边、区域和多边的安排,以实现开放型经济的持续发展和提升在国际交往的话语权。特朗普政府于2017年8月2日签署了《以制裁反击美国敌人法》(Countering America's Adversaries Through Sanctions Act,CAATSA),将伊朗、俄罗斯和朝鲜列为敌国,扩大了美国次级制裁的范围,中国实体在国际交往中不断受到美国次级制裁的影响。近年来,中美两国在贸易领域的博弈不断加剧,并扩展至金融、投资、军事、国防等领域。2021年1月,美国拜登政府上台后延续了特朗普政府对中国的政治态度,美国将展开与中国的全面竞争。因此,我国实体面临的制裁法律风险将进一步提升,对CAATSA的制裁趋势研究具有理论和实践价值。

第四章引言是对经济制裁理论的概述。首先,简要阐述了经济制裁的性质,认为实施经济制裁是主权国家自由行使的权力,经济制裁主要分为贸易制裁和金融制裁两个方面;其次,简要界定和分析了金融制裁的边界以及金融制裁成为美国政府偏好的原因。根据制裁对象的不同,经济制裁可以分为初级制裁和次级制裁;最后,介绍了CAATSA出台的背景,明确了本书对CAATSA展开研究的必要性和价值。

第四章正文分为五节。第二节概述了美国颁布的CAATSA,依次介绍了其对伊朗、俄罗斯和朝鲜制裁措施的规定,梳理了法案新增内容及特殊条款。在此基础上,分析了CAATSA呈现出的总统行政权域外立法的"升级"和单边主义美式标准的兴起和特点。第三节阐述了当前美国经济制裁的背景。从美国经济制裁的决策和执行体系引入,引发了对中国正面临美国经济制裁风险的法律问题思考。第四节分别从美国和中国两个视角分析了中国面临美国经济制裁的原因。从美国的视角来看,美国作为制裁发起国的原因包括完善的经济制裁实施基础、美国政府政治态度的延续以及美国财政部海外资产控制办公室(Office of Foreign Assets Control of the US Department of the Treasury,OFAC)执法激进化的趋势;从中国的视角出发,当前中国的多项国际主张与美国产生冲突,主要存在于国际合作、军事国防和人权领域等方面。第五节以比较法为视角,梳理了CAATSA颁布后受制裁三国采取的对抗措施,并分析了三国受制裁前后的变化,归纳了受制裁三国的对抗经验。第六节在前述基础上提出了多项中国的应对之策,有助于我国在明晰经济制裁的原因后,采取有效的对策以应对美国经济制裁。

结语部分介绍了美国拜登政府上台之后的政治态度,并重点阐述了中美双方博弈加剧的趋势,再次强调我国亟须采取有效措施,以应对经济制裁法律风险,提升我国国际参与的紧迫性。

第五章主要分析美国对我国企业进行金融制裁的后果和效果。中美贸易战以来,美国政府持续推动中美经济"脱钩"。继贸易、科技、人文领域之后,金融领域成为美国谋划中美"脱钩"的下一个目标。2020年,美国先后颁布多项包含金融制裁内容的法案,措施涵盖冻结我国公民财产、禁止金融交易、阻碍中国企业赴美融资等,我国企业及个人面临前所未有的金融制裁风险。因此,有必要在中美金融脱钩的语境之下重新审视美国的金融制裁问题。

第六章主要分析在"金融脱钩"背景下的美国金融制裁及其法律应对。金融制裁一般是指向对特定对象施加的各种金融惩罚性措施。随着全球经济的加快融合,各国之间的金融联系也日渐密切,美国将金融制裁作为一项政策工具广泛地施加于当今的国际社会。这背后有着强大的国内法律体系及其丰富的制裁手段作为支撑。从美国国会通过的立法到财政部等部门颁布的规章,再到总统签署的行政命令,美国有关金融制裁的法律规范数量庞杂,既包含普遍适用于各国的一般性立法,也包含美国针对特定国家、特定领域的特殊立法。美国对外实施金融制裁影响的范围十分广泛,一方面,会对被制裁国家造成直接的经济打击,这被称为"一级制裁";另一方面,会间接地对第三方产生影响,也就是"次级制裁"。从制裁手段来看,近年来,美国愈加倚重美元在国际货币金融体系中的特殊地位,切断被制裁国家美元获取能力、阻碍被制裁国家获得国际金融机构贷款等手段的运用有所增加。

美国单方面地对外施加金融制裁引发了国际社会的强烈反响和争议。美国利用其国内的长臂管辖原则将金融制裁单方面地施加于其他国家,引起国际社会的反感。通过金融制裁向其他国家施加压力从而干涉他国自由选择政治、经济、社会、文化制度已成为美国的惯常做法,这构成对不干涉内政这一国际法原则的公然违反。从WTO法律义务的角度来看,美国对其他WTO成员施加的金融制裁还面临背离最惠国待遇原则、市场准入原则的指控,美国难以援引WTO例外规则为其行为的正当性辩护。此外,美国还时常打着执行安理会决议的旗号任意扩张其制裁的范围,其本质上是在不具备监管权力的安理会决议执行问题上充当“世界警察”。美国还利用其政治经济影响力干涉国际货币基金组织(IMF)的贷款决策,IMF提供贷款资金以帮助成员国度过经济危机的功能被削弱。

在长期的制裁实践中,美国的金融制裁演化出一种“非对称性”特征,其基本含义为:美国是唯一有能力单方面发动金融制裁的国家,其他国家采取的反制措施往往效果有限。这种“非对称性”源自美元在当今国际货币金融体系中的霸权地位,美国在国际收付清算系统中的主导地位也强化了这种“非对称性”。美国依托高效的金融制裁运行机制,能够对被制裁国家的经济造成相当严重的打击。被制裁国家在国际经贸活动中对美元的依赖,使其难以摆脱美国金融制裁的阴影。

在中美金融脱钩的背景之下,第六章立足于美国金融制裁的“非对称性”特征,为我国提供了应对建议。首先在宏观层面,我国要继续扩大金融开放,深度参与全球经济,避免被美国边缘化的风险;加快人民币国际化进程对防范和规避美国金融制裁也能起到一定作用。尤需强调,我国应把握好数字人民币的先发优势,引领数字货币领域国际规则和技术标准的制定;我国应以《不可靠实体清单规定》和《阻断外国法律与措施不当域外适用办法》的出台为契机,加快金融制裁反制法律体系的构建,为应对美国金融制裁提供有力的法律支撑。在微观层面,受到制裁影响的企业可以通过申请除名、向美国国内法院起诉等途径寻求救济。

　　金融支付结算制裁是金融制裁的一种选项和方式。美国金融支付结算制裁是美国利用其优势在金融支付与结算领域对外实施的国际干预手段。这是第七章的主要内容。虽然这类金融制裁对制裁发起方的要求较高，但是美国作为世界经济大国，可以满足制裁所需的前提与条件。美国凭借其美元霸主地位与环球同业银行金融电信协会的"助力"，拥有了实施金融支付结算制裁的绝对优势。当前，美国保护主义与霸权主义盛行，该优势正逐渐被美国滥用于迫使他国改变、妥协某项政策或体制，以维护美国自身利益。全球同业银行金融电信协会是全球金融跨境通信系统，支撑着全球绝大多数的金融支付与结算服务，也掌握着几乎全球的金融交易数据。美国通过国内法律与行政命令的制定和长臂管辖权的行使，使美国国内法具有了域外效力。同时，美国从决策层、执行主体与金融机构等渠道方三方面构建了金融支付结算制裁的运行机制。此外，小布什政府通过签署行政命令使美国得以获取环球同业银行金融电信协会的相关金融交易数据。由此，美国结合其不断更新的制裁名单，已成功实施了多起金融制裁。美国将金融支付结算制裁作为打击恐怖主义、防止核扩散等违法行为之外稳固自身霸权地位的对外政策的常用政治工具。

　　随着中美贸易战的持续发展，不能排除美国直接或间接对我国实行金融支付结算制裁的可能性。美国可能独自对中国发起金融支付结算制裁后，联合其盟国加深对我国的制裁威胁。从已发生的案例可知，美国金融支付结算制裁的负外部性远高于已进行的中美贸易战。

　　第七章从绕开、直面与超越美国金融支付结算制裁的角度，试图为我国未来可能面临的制裁情形提出可为我国参考和选择的应对措施。目前，我国面临可能触发的美国金融支付结算制裁，除了深入落实上述种种应对措施外，还需要建立较为完善的金融市场基础设施，从法治与顶层设计的层面抵挡制裁风险。而任何一项应对措施的顺利落地均离不开我国的金融市场基础设施的保障。只有法治、金融与技术三管齐下，我国才能更从容地成功抵御可能的外来制裁风险。

　　第八章主要分析不可靠实体清单制度。该制度的基本定位是对他国歧视性的出口管制及其他制裁措施的反制。就否认和抵消他国相关国内法措施的域外适用效力而言，不可靠实体清单与欧盟阻断立法有相通之处,但运作逻辑不尽相同。本质上,不可靠实体清单制度是要对外国实体施加压力并形成威慑,促使其在遵守外国政府的管制和制裁要求时,更加中立、慎重和克制。外国实体被列入不可靠实体清单后,其所产生的法律后果可以包括进出口管制、投资限制、入境/居留限制、风险警示、民事诉讼等。不可靠实体清单制度在实施过程中应当注意原则性与灵活性相结合,赋予主管部门必要的自由裁量权,重在发挥威慑作用。同时,有关执法部门应特别注意遵照正当行政程序的要求,保障相关外国实体的申辩权和异议权。

第九章主要分析中国商务部于 2021 年 1 月 9 日颁布《阻断外国法律与措施不当域外适用办法》。美国的经济制裁及"长臂管辖"逐渐暴露出司法霸凌主义的黑暗一面,美国意图将其国内法强加给整个国际社会,通过对全球法律秩序的重塑来实现政治目的。为了应对外国法的不当域外适用,中国商务部于 2021 年 1 月 9 日颁布《阻断外国法律与措施不当域外适用办法》(以下简称《阻断办法》),禁止具有不当域外管辖效力的外国法律在我国适用。本章以欧盟阻断法为参照,通过立法对比发现我国《阻断办法》的不足,再结合欧盟阻断法适用中存在的问题,分析我国《阻断办法》需要完善的地方。除了进一步细化有关规定外,我国还应平衡企业利益保护与《阻断办法》执行之间的关系,并构建多层次应对体系,加强国际合作,与其他国家一起构筑国际法秩序下的良性国际环境,反制美国不正当的经济制裁及"长臂管辖",为构建人类命运共同体贡献中国智慧。

第十章对《反外国制裁法》进行功能性的介绍和分析,以进一步解读金融制裁的非对称性。美国是第二次世界大战后对他国发动经济制裁最多的国家,也是对他国进行金融制裁最多的国家。美国的对外制裁理论和实践经过 70 多年的发展,已经从全面制裁向聪明制裁、经济制裁,再向金融制裁发展和转向。与我国学者关注美国制裁法和实践的非法性不同,美国的学界和政界更加关注经济和金融制裁的有效性,以期取得外交政策的效果。以此类推,我国学者也应该更加关注反制裁法律和实践的有效性,以达到反制裁法的外交目的。

金融制裁和反制裁是相对较新和快速发展的领域。过去我们只是旁观者,对发生在其他国家的金融制裁进行观察和评论。当金融制裁就在身边的时候，我们对金融制裁和反制裁的研究也就迫切和现实起来。近年来美国等西方国家对俄罗斯发起的全面和深入的金融制裁成为我们研究鲜活的个案，金融制裁的实施机理、现实效果和有效回应是研究的重点和难点。

是为序。

沈　伟

于上海清水湾

2022 年 3 月 9 日初稿

2022 年 8 月 19 日二稿

金融制裁和反制裁的
基本理论问题

第一章
从对称性反制到非对称性反制：
金融制裁反制理论

美国将金融制裁视为维护本国经济安全利益的核心金融权力(financial power)工具，[1]并频繁依据国内法对他国实施单边经济制裁和金融制裁。[2]

2018年开始的中美贸易战正在向金融战蔓延和扩展。美国开始讨论对中国企业和个人实施金融制裁，严重损害了中国主权和国际法治的运行环境，影响了中美关系的正常发展和全球治理体系的完善。如何有效应对美国单边金融制裁，防范和化解单边金融制裁对被制裁国家、企业和个人产生的现实威胁，成为当下亟待解决的影响中国金融安全的重要理论与实践问题。

目前，国内外学者关于金融制裁的应对方案研究，主要是针对金融制裁的不同层次及存在基础，在本国对应层面提出具有对称性的反制措施，形成了关于金融制裁的"存在基础—对称性反制"的研究框架。具体而言，存在着三种不同类型的研究进路及对应的反制措施：[3]一是"制度基础—金融制裁"研究进路，针对金融制裁的国内法律制度基础，主张被制裁国实施制度

---

[1] Juan Carlos Zarate. Treasury's War: The Unleashing of A New Era of Financial Warfare. *Public Affairs*, 2013, p.423.

[2] 本书讨论的金融制裁专指单边金融制裁，即由金融霸权国利用本国的不对称金融权力对被制裁国家发起的，通过冻结资产、禁止金融交易、限制在美投融资、列入制裁名单、要求第三方制裁等权力手段，迫使被制裁国家妥协或限制被制裁国家发展以维护本国金融利益的强制性行为。参见刘瑛、黎萌：《美国单边金融制裁的国际法分析》，《国际经济评论》2020年第3期，第160页。

[3] Ziaee S. Yaser. Jurisdictional Countermeasures Versus Extraterritoriality in International Law. *Russian Law Journal*, Vol.4, Issue 4, 2016, pp.27 - 28.

型的反制措施；①二是"权力基础—金融制裁"研究进路，聚焦于批判和揭示金融制裁的霸权本质和单边色彩，主张被制裁国通过舆论型的反制措施呼吁国际社会共同反对金融制裁；②三是"实体基础—金融制裁"研究进路，③从金融制裁的运行实际出发，主张被制裁国积极构建物理型的反制措施，认为应对金融制裁的最好方式是另起炉灶，搭建独立于美元体系之外的支付清算体系。

从金融制裁的多层次存在基础出发研究金融制裁的反制措施，具有重要的现实意义和较强的针对性。④ 同时，"存在基础—对称性反制"的研究范式也存在着明显的局限性。由于该范式的关注焦点在于金融制裁的存在基础，所提出的对策只能根据金融制裁的制度基础、权力基础、实体基础等被动地制定本国应对方案，忽视了金融制裁的不对称性特征以及被制裁国主动利用本国金融市场的实际情况形成非对称反制的可能。对称性反制措施的实践后果表明，无论是上述制度型反制措施、舆论型反制措施，还是直接涉及金融制裁本质的物理型反制措施，其实际实施效力和效果都不及金融制裁措施本身，这是由金融制裁国和被制裁国所处的资金链和彼此的金融实力所决定的。

有鉴于此，本章拟从单边金融制裁的本质属性—非对称性出发，在明确金融制裁具有非对称典型特征的前提下，反思"存在基础—反制措施"研究框架的现实局限性，并结合中国金融发展实际，尝试利用金融创新所具有的相对对称性，以"非对称性"反制应对金融制裁，将金融制裁反制措施的关注

---

① Harry L. Clark. Dealing with U. S. Extraterritorial Sanctions and Foreign Countermeasures. *University of Pennsylvania Journal of International Economic Law*，Vol.20，Issue 1，Spring 1999，pp.81 - 97.

② Tonya L. Putnam. *Courts without Borders? The Politics and Law of United States Extraterritorial Regulation*. Cambridge University Press，2016，pp.21 - 23.

③ Joshua P. Zoffer. The Dollar and the United States' Exorbitant Power to Sanction. *AJIL Unbound*，Vol.113，pp.152 - 156.

④ 美国彼得·乔治·彼得森国际经济研究所高级研究员霍夫鲍尔基于美国 20 世纪 200 个经济制裁案例数据，从经济制裁的不同方面，用实证研究方法提出了更有效运用经济制裁的"七条戒律"完善建议，即不要好高骛远、朋友比对手更易支配、远离独裁政府、迅速直击优于迂回向前、更多不等于更好、对症下药、坚持适度原则。这些经济制裁的完善建议，为立足于金融制裁的多层次存在基础研究金融制裁的反制措施提供了明确的研究对象。参见［美］加利·克莱德·霍夫鲍尔等：《反思经济制裁》，杜涛译，上海人民出版社 2011 年版，第 190—207 页。

焦点从制裁发起国的金融制裁转移到被制裁国的金融创新,以"核心特征(非对称性)—反制措施"思路,构建超越金融制裁话语体系的非对称反制措施逻辑。

第一节 非对称性：金融制裁的典型特征

一、金融制裁不对称性的权力基础

美国发动的金融制裁具有非对称性,这种非对称性主要源于美国的全球金融中心地位、美元的世界中心货币地位、美元清算交易体系的重要应用和垄断地位,以及美国及其主要金融机构在全球范围内实施的金融监管措施。[①]

（一）美元的世界中心货币地位是不对称金融制裁的权力基础

当前,美国在全球范围内推进的金融制裁所具备的核心特征是非对称性。[②] 国家间货币权力事实上的不平等是造成金融制裁非对称特征的政治和经济根源。国际社会中的权力资源在国家间复合相互依赖条件下,显示出难以衡量的非对称相互依赖特征。[③] "近 20 年中,美国通过经济非对称获得的权力能够产生显著影响力的范围扩大了 15%,通过市场和产品非对称依赖产生的权力的强度也有显著的提升。"[④]而且,在非对称相互依赖的权力格局中,拥有垄断性权力的全球性超级大国,往往能够通过一定的机制设计,将其所享有的权力资源转化为影响另一国家决策结果的有效强制手段。

在国际金融领域,这种非对称相互依赖趋势和非对称权力手段更加显著,中心货币国家与外围货币国家之间金融权力的非对称性比任何其他领域更为明显。一般而言,在贸易领域的制裁和反制裁具有一定的对称性,尽

---

① Juan Carlos Zarate, Treasury's War: the Unleashing of A New Era of Financial Warfare, *Public Affairs*, 2013, p.420.

② 徐以升、马鑫:《金融制裁：美国新型全球不对称权力》,中国经济出版社 2015 年版,第 71 页。

③ ［美］罗伯特·基欧汉、约瑟夫·奈:《权力与相互依赖》,门洪华译,北京大学出版社 2002 年版,第 236 页。

④ 冯维江:《美国全球权力的分布与消长：不对称依赖视角》,《国际关系学院学报》2012 年第 4 期,第 90 页。

管这种对称性随着制裁国和被制裁国向对方国家的贸易出口量不同而减弱,显示出有限对称性。但是,中心货币国家在国际金融领域实际上享有金融支配性话语权和绝对货币权力,非中心货币国家不仅缺乏金融话语权和必要的货币权力,而且在面对中心货币国家基于本国金融特权发动的金融制裁时几乎没有相对应的反制能力。

国际货币体系从商品货币向信用货币、法定货币演进的过程,赋予了国际货币体系的中心国家更强的金融权力,获得了更方便实施的金融制裁措施和手段。[①] 尤其是随着布雷顿森林体系崩溃之后,国际货币体系中的原有均势被打破,"作为全球的霸权货币,美元既不受国际制度的约束,也不受其他国际货币的制衡,这就使得美国可以通过美元独大的国际货币地位对其他国家进行财富'掠夺'和政治'胁迫'"。[②] 事实上,"在20世纪90年代之后,为了对付非国家形式的恐怖主义实体,作为经济制裁的主要内容,金融制裁已经开始成为美国利用非对称美元权力实施非对称打击的最重要工具。"[③]

由于全球经济体系中始终存在着中心与边缘的帝国秩序,[④]美元的中心货币地位在国际货币多元化发展趋势下并未受到实质影响。"从一个以美元为国际主导货币的世界转向一个现在必须同其他货币分享这一角色的世界,其对美国追求地缘政治目标的能力的影响是相当有限的",[⑤]而且从实践来看,"在过去二三十年间,得益于全球化要素流通和国际金融一体化,金融制裁取得日益显著的成效,并逐步成为重要的经济制裁方式",[⑥]这说明国际货币多元化趋势目前很难从根本上动摇美元的世界货币地位,以此弱化美国金融制裁政策的实际功效。

---

① 徐以升、马鑫:《金融制裁:美国新型全球不对称权力》,中国经济出版社2015年版,第71页。

② 李巍:《制衡美元的政治基础:经济崛起国应对美国货币霸权》,《世界经济与政治》2012年第5期,第97页。

③ 徐以升、马鑫:《美国金融制裁的法律、执行、手段与特征》,《国际经济评论》2015年第1期,第152页。

④ 强世功:《帝国的司法长臂——美国经济霸权的法律支撑》,《文化纵横》2019年第4期,第92页。

⑤ [美]巴里·埃森格林:《嚣张的特权:美元的兴衰和货币的未来》,陈召强译,中信出版社2011年版,第218页。

⑥ 郑联盛:《美国金融制裁:框架、清单、模式与影响》,《国际经济评论》2020年第3期,第124页。

（二）美国在金融领域的霸权地位是非对称金融制裁的现实支撑

非对称性国际货币权力格局赋予了制裁国对被制裁国实施非对称金融制裁的强制性权威，美国在金融领域的霸权地位则为非对称金融制裁提供了重要的现实物理支撑。目前的国际货币结算网络和支付货币系统均以美元为中心，美元是国际交易中报价、支付和清算的主要货币。美国事实上控制了以美元为核心的国际支付清算基础设施，即环球银行间金融电信协会（SWIFT）[1]和纽约清算所银行同业支付系统（CHIPS）。[2] 两者承担了 95％ 以上的银行同业美元支付清算与 90％ 以上的外汇交易结算。SWIFT 为全球金融机构提供支付结算信息传输服务。[3] 切断 SWIFT 系统就意味着中断所有外汇交易业务。同时，美元在全球外汇储备中的占比在 60％ 以上，在全球资金交易中的占比达到 90％。许多国家的货币都与美元挂钩，利率政策和利率产品市场随美联储的利率政策波动而波动。这使得美国可以有效发动金融制裁，同时又可以绕开主要国际组织和国际法的约束。

中国在国际交易体系中高度依赖以美元为中心的支付运转系统。如果中国的金融机构或企业受到美国金融制裁则影响巨大。仅中国银行一家，到 2019 年年底就有 4 330 亿美元的敞口。因此，我们需要推动更大范围和规模的人民币跨境支付和清算安排，与更多国家建立本币结算机制，并且与全球产业链和金融服务供应链相互连接。目前中国初步建立的人民币跨境支付系统仍然无法绕开 SWIFT，而是依赖于 SWIFT 进行跨境支付的报文传送服务，凡是与美元进行交易的最终清算环节仍在美国，美国也可以对全球其他交易信息系统进行监控。

由于美国的金融霸权地位，美国对其他国家的金融制裁会取得直接效果。例如，自 1979 年以后，伊朗的银行受到美国制裁的严重打击。美国在近几年加大了对伊朗的金融制裁，切断了伊朗的资金来源，导致伊朗银行与

---

[1]　https：//www.swift.com/.

[2]　https：//www.theclearinghouse.org/payment-systems/chips.

[3]　欧盟在美国单方面退出伊朗核协议之后，为了继续与伊朗保持贸易往来，避免美国制裁，打造了 INSTEX 支付系统，以此绕开美国主导的 SWIFT 系统。中国也开发了以人民币为主要支付手段的 CIPS 跨境支付系统，但是在规模上小于 SWIFT 系统。https：//www.managementstudyguide.com/instex-payment-system.htm.

国际金融界的隔绝。由于伊朗经济结构单一,高度依赖石油出口,美国的金融制裁起到了效果。中国的国有银行需要制定紧急应急方案,以便在美国通过国内立法制裁中国的银行时,应对美元被切断或无法进行美元清算的可能性。

《中华人民共和国香港特别行政区维护国家安全法》通过之后,美国正在酝酿金融制裁措施,实现港元和美元汇率的脱钩,限制港元兑换美元。当汇丰银行、渣打银行和中国银行每发行 7.8 港元时,就要向香港金融管理局缴纳 1 美元作为保证。因此,港币本质上是美元代金券,而不是主权货币。尽管我国香港地区放弃了美元的铸币税和独立货币政策,联系汇率制度保证了港币的稳定和有限汇率波动,确保了我国香港地区金融体系的稳定和金融中心地位。因此,如果美国禁止美国银行提供对港币的兑换业务,就会对港币的信用乃至香港地区的经济造成致命打击。

中美两国事实上存在着微妙的金融均衡态势。中国在美国的资产规模过大,容易受到美国金融制裁和金融讹诈政策的绑架。中国的储备资产占对外金融资产的 40%,其中储备资产中美元资产占比为 51%,美元资产债占比为 38%。中国持有的美元资产价值约为 1.8 万亿美元。中国银行业对外金融资产中的美元资产占比达到 70% 左右。由于美元占主导地位,中国对美元资产的高度依赖,造成了非常大的风险敞口。美国的"长臂管辖"可以触及许多中国金融机构的活动。例如,任何在美国设有分行并营业的外国银行,美国法院都有管辖权。根据最低限度联系原则,只要被告在某中资银行开户,作为协助执行的第三方,中资银行也会卷入诉讼。任何一家外国公司,只要用美元计价并签订合同,或者通过设在美国的服务器收发、存储邮件,也会落入"长臂管辖"的范围。

根据美国财政部海外资产控制办公室发布的制裁信息,①截至 2019 年6 月 30 日,已经有 68 名中国人、83 个中国企业和 1 个军事部门被纳入制裁名单,其中有 150 个被纳入"特殊制定国民"(SDN)名单,②1 个被纳入 561

---

① Office of Foreign Assets Control—Sanctions Programs and Information, available at https://www.treasury.gov/resource-center/sanctions/Pages/default.aspx.

② "Specially Designated Nationals List—Data Formats & Data Schemas", July 10, 2020, available at https://www.treasury.gov/resource-center/sanctions/sdn-list/pages/sdn_data.aspx.

名单,还有 1 个被纳入涉伊朗制裁法案名单。2012 年,美国就以涉及伊朗业务为由,对中国昆仑银行进行制裁,切断其与美国金融系统的联系,[①] 2017 年,美国指责丹东银行为朝鲜的非法金融活动提供渠道,切断其与美国金融系统的联系。[②] 2019 年 3 月,美国指责中国交通银行、招商银行和上海浦东发展银行涉嫌不合规行为,要切断其与美国金融系统的联系,后因缺乏证据不了了之。[③]

二、金融制裁不对称性对被制裁国家反制措施的影响

"法律是在权力关系这一基础上建立起来的上层建筑。"[④]金融制裁在法律层面表现为制裁启动主体的单边性。尽管根据国际法主权国家一律平等原则,为保护本国利益,受到单边经济制裁的国家或地区可以依照国际法的基本原则采取反制措施。[⑤] 但是,金融制裁的非对称性仍深刻影响并且决定着被制裁国家是否采取反制措施以及采取何种反制措施。

(一) 被制裁国反制措施不存在同等报复的可能性

在当今的全球体系里,只有美国有能力发动比较彻底和全面的金融制裁,其他任何国家甚至是发达国家都没有能力发动完全的金融制裁。[⑥]也就是说,与国际贸易和国际投资领域面对他国制裁时的可报复性不同,由于金融制裁非对称性的存在,金融领域的被制裁国面对美国的单边金融制裁不存在同等报复的可能性,主要原因有二:一是美元处于全球资金链的顶端,美元基于美国的综合实力而作为世界储备货币的优势地位难以撼动;同时,美国金融制裁的方式也在不断创新,尤其是以次级制裁(secondary sanctions)的方式,针对非美国实体的外国金融机构,通过美元在国际货币体系中的系统影响力,让海外第三方金融机构屈服于美国的法律管辖,从而

---

① 第一财经日报:"美国制裁伊朗　昆仑银行'中枪',"2012 年 8 月 12 日,https://www.yicai.com/news/1949748.html.

② 凤凰国际:"丹东银行被禁止与美国金融系统往来",2017 年 11 月 4 日,https://finance.jrj.com.cn/2017/11/04064223335375.shtml.

③ 路透社:"交行、招行及浦发均澄清未受到因涉嫌违反制裁法律的调查",2019 年 6 月 25 日,https://www.reuters.com/article/china-three-banks-us-kp-sanction-0625-idCNKCS1TQ0NU.

④ 〔美〕泰格、利维:《法律与资本主义的兴起》,纪琨译,学林出版社 1996 年版,第 291 页。

⑤ 张虎:《美国单边经济制裁的法理检视及应对》,《政法论丛》2020 年第 2 期,第 97 页。

⑥ 徐以升、马鑫:《金融制裁:美国新型全球不对称权力》,中国经济出版社 2015 年版,第 71 页。

提高美国金融制裁的实际效果。① 二是被制裁国限于自身实力的有限性和国内金融法的天然属地性,无法也无力采取贸易和投资领域的报复性措施,即使遭到美国的金融制裁,被制裁国也无法采取类似国际贸易领域应对贸易制裁时的同等或对等反报复措施。例如,"在国际贸易领域,美国专门针对中国采取的单边行为,既违反了 WTO 多边贸易规则,也违反了一般国际法规则,中国有权在 WTO 体制之下进行投诉以解决国际争端,同时,也有权选择采取对抗措施进行直接反击,而无须承担国际责任。"②

金融制裁的非对称性决定了被制裁国反制措施不存在同等报复的可能性,这一判断应该成为制定金融制裁反制措施的基本共识。但是,仍有学者认为中国"可以对美国做出同等程度和效果的金融制裁行为",③至少在人民币完全国际化并成为世界货币之前或人民币跨境支付系统使用率超过 SWIFT 系统之前。显然,这一观点在理论和实践上是不成立的。金融制裁的非对称性本质必须得到充分认识,将目前中国应对贸易领域经济制裁所正在建立的具有对等反制效果的不可靠实体清单制度、国家技术安全管理清单制度套用在金融制裁反制措施的应用上是缺乏学理依据的,认为既然"中国正在考虑以对等方式实施经济制裁和出口反制,应对美国的霸权行径",④那么,同样也可以对等方式制定金融制裁反制措施的政策建议也是缺乏依据和可行性的。结合中国当下金融市场和金融业的发展实际,"中国目前在世界金融体系中的实力较为有限,还不足以有效利用金融制裁措施",⑤更无力打破美国单边金融制裁的非对称性特征。

(二) 被制裁国反制措施难以主张金融制裁具有国际不法性

在国际法律实践中,国际法主体行为或者国家行为的合法性与合理性

① 郑联盛:《美国金融制裁:框架、清单、模式与影响》,《国际经济评论》2020 年第 3 期,第 136 页。
② 李居迁:《贸易报复的特殊与一般——中美贸易战中的反制措施》,《经贸法律评论》2019 年第 1 期。
③ 刘瑛、黎萌:《美国单边金融制裁的国际法分析》,《国际经济评论》2020 年第 3 期,第 172 页。
④ 张辉:《论中国对外经济制裁法律制度的构建——不可靠实体清单引发的思考》,《比较法研究》2019 年第 5 期,第 141 页。
⑤ 张辉:《论中国对外经济制裁法律制度的构建——不可靠实体清单引发的思考》,《比较法研究》2019 年第 5 期,第 151 页。

问题属于性质完全不同的两个问题，两者的判断标准也存在较大差异。在合法性问题的判断上，可以分为国内法合法性与国际法合法性两个层次。首先，在国内法合法性层面，美国针对被制裁国实施的单边金融制裁，其主要依据为美国国内法，具有相应的国内法依据。例如，美国对主要竞争对手，以国家安全受到威胁为由，根据美国 2001 年《爱国者法案》（Uniting and Strengthening America by Providing Appropriate Tools Required to Intercept and Obstruct Terrorism Act，USA PATRIOT ACT），动用《国际紧急经济权力法》《国家紧急状态法》《国防授权法》以及发布总统行政命令等手段，[1]对中国的某些企业或者个人进行制裁，采取包括罚款、冻结资产以及切断其与美国金融系统的交易等，以比较低的成本实现战略目标。

　　其次，在国际法合法性层面，"国际法并未一般性禁止单边金融制裁，既没有任何成文的国际性文件明确禁止单边金融制裁，也尚未形成禁止单边金融制裁的国际习惯法"。[2]"在《联合国宪章》和《国际法原则宣言》这两个重要的国际法文件中也只是明确了无力强制为不允，而并未禁止经济性的强制"。[3]国际金融领域缺乏明确约束行为主体的多边制度规范，仅仅依据国际金融软法难以认定美国单边金融制裁行为违反了国际法上的国际义务，具有国际不法性，因此很难确定美国所实施的单边金融制裁需要承担必要的国际法律责任。不过也有学者从管辖权以及条约义务角度指出，"美国单边金融制裁中违反国际管辖原则以及违反美国在《服务贸易总协定》中具体承诺的行为不具有国际法上的合法性"，[4]但是这是否足以认定美国金融制裁构成《国家责任条文草案》第 1 条规定的国际不法行为，仍需要进一步深入论证。

　　与很难认定美国金融制裁具有国际不法性相反，美国实施单边金融制裁所依据的国内法律体系和制度规范则为其提供了较强的合法性基础。因为"从 20 世纪初期开始，美国金融制裁行为不断深化，逐步构建了

---

① 陈宇瞳、成戈威：《美国金融制裁的法律分析与风险防范》，《金融监管研究》2017 年第 1 期，第 36 页。

② 刘瑛、黎萌：《美国单边金融制裁的国际法分析》，《国际经济评论》2020 年第 3 期，第 164 页。

③ 葛淼：《美国单边金融制裁的国际法性质与应对》，《上海金融》2018 年第 10 期，第 56 页。

④ 刘瑛、黎萌：《美国单边金融制裁的国际法分析》，《国际经济评论》2020 年第 3 期，第 159 页。

一个以《联合国宪章》为名义上的国际法律支撑,以美国国内成文法、总统决议及财政部等部门规章为核心支撑,以州政府法规等为补充支撑的金融制裁法律体系"。①

(三) 被制裁国反制措施无法在短时间内消弭制裁措施的不利影响

反制美国金融制裁较为彻底的方案是有效应对乃至瓦解美元霸权。从理论上看,主要存在四种应对美元霸权的路径:"缔造世界货币来替代美元;建立国际货币制度来约束美元;重新启用实物货币(特别是黄金)来削弱美元;培育竞争货币来制衡美元"。② 但是,上述四种路径无一不需要经历漫长的历史过程,均难以在短时间内迅速实现。被制裁国家基于该理论模型被迫启动的反制措施不仅顾虑重重,而且需要承担较大的代价和较长的时间成本,"要比规制贸易制裁难度相对更大、成本更高且效用更低"。③

首先,被制裁国采取反制措施时,最大的担忧可能是被动陷入金融封锁的困境,导致短期流动性枯竭和融资成本迅速上升。因为在以美元为基础的金融全球化过程中,一国的政府、企业和个人如果被刻意地孤立在全球金融体系之外,成为无法加入美元主导的国际货币金融体系的"金融孤岛",则该国的政府、企业和个人在以美国主导的金融资本社会里,就意味着被切断了获得资本得以生存和发展的基本权利和能力。

其次,美元作为全球储备货币,影响和作用极其深远。即使被制裁国建立新的货币结算体系,亦非一朝一夕能够完成,即使能够成型,也未必能够达到美元结算支付体系的规模。这意味着被制裁国难以在短时间内突破金融制裁措施中对使用美元和进入美国金融市场的诸多限制。④ 而且,美国发动的单边金融制裁正向金融霸权与政治霸权乃至军事霸权联动发展,"平衡使用金融制裁、军事力量、外交介入等多种工具,以提高金融制裁的效率和效力",⑤"有效避免了制裁双方政府间的长时期直接全面对抗,使制裁方

---

① 郑联盛:《美国金融制裁:框架、清单、模式与影响》,《国际经济评论》2020 年第 3 期,第 126 页。
② 李巍:《制衡美元的政治基础:经济崛起国应对美国货币霸权》,《世界经济与政治》2012 年第 5 期,第 103 页。
③ 刘威:《美式金融制裁的实施体系、功效评价与可能趋势》,《当代美国评论》2020 年第 1 期,第 111 页。
④ 殷明明:《美国金融制裁的影响及应对》,《开放导报》2020 年第 3 期,第 74 页。
⑤ 马雪:《美国对俄罗斯金融制裁的效力、困境及趋势》,《现代国际关系》2018 年第 4 期,第 39 页。

受到目标方反制的力量较弱,成本支出偏小",①使金融制裁更易于达到美国的对外政策目标,服务于美国的国家安全利益。

再次,被制裁国的反制措施实际效果也往往不涉及制裁本身,无法在短时间内对冲和克服制裁措施的不利影响。从美国对伊朗的金融制裁实际效果来看,"金融制裁阻碍伊朗石油出口,恶化了伊朗国内的投资和消费环境,破坏了伊朗的贸易关系和条件,不仅导致伊朗 GDP 总额和增长率下降,而且加剧了伊朗经济的波动性"。② 伊朗尽管采取了一系列反制措施,但至今仍未摆脱金融制裁的经济影响;相反,随着金融制裁的延续,伊朗所受的制裁效果不断显现。作为金融制裁反制措施的典范,"欧盟曾成功反制美国次级制裁,但因其在对伊朗制裁问题上与美国的利益趋同,一度易帜支持美国的次级制裁,导致现阶段缺乏反制美国次级制裁的有效手段"。③ 即使和美国经济总量接近的欧盟都如此,更不用说其他比美国弱小的单个国家了。

第二节　金融制裁对称性反制措施的类型化分析

面对美国近年来频繁而高效的金融制裁,被制裁国如何比较有效地应对金融制裁可能对本国金融、经济乃至社会发展产生的不利影响,成为亟须深入研究的重要问题。

目前,国内学者关于金融制裁反制措施的研究主要有以下几种代表性观点。

黄风教授从宏观层面认为,应对美国单边金融制裁需要从以下五点着手:一是发展与开放是克制经济制裁企图的最好方式;二是建立贯通外交、

---

① 刘威:《美式金融制裁的实施体系、功效评价与可能趋势》,《当代美国评论》2020 年第 1 期,第 111 页。

② 姜薇、陶士贵:《金融制裁对目标国经济的影响——来自合成控制法下伊朗的证据》,《金融论坛》2020 年第 2 期,第 20 页。

③ 杨永红:《次级制裁及其反制——由美国次级制裁的立法与实践展开》,《法商研究》2019 年第 3 期,第 177 页。

国防、金融、商务领域的危机预警机制;三是加强关于金融制裁的研究与合规指导,避免遭遇第三方制裁;四是建立我国的行政冻结制度,准备必要的反制法律措施;五是发挥安理会常任理事国的作用,制约单边金融制裁的滥用。①

肖永平教授针对金融制裁的"长臂管辖"制度基础,从多层次法律体系层面提出,首先,完善立法,为我国法律的域外适用提供明确的依据;其次,积极司法,抑制美国对我国当事人行使"长臂管辖权",进行金融制裁的冲动;最后,加强国际合作与国内协调,提高我国依法行使域外执法管辖权的能力。②

石佳友教授则专门研究了美国金融制裁中的美国扩大美元交易域外管辖问题,并且从完善中国域外管辖立法、采取必要的反制措施以及完善CIPS配套制度的建设三个方面提出了应对建议。③ 殷明明总结了我国应对金融制裁的客观实际,认为我国应对美国金融制裁的方式不断完善,但总体而言较为被动,需要从企业、资本市场以及国家层面进一步优化。④

概括而言,根据金融制裁存在基础的不同层次,应对金融制裁的反制措施可以类型化为制度型反制措施、话语型反制措施与物理型反制措施。

一、制度型反制措施

美国维持全球金融霸权的政治战通过"意识形态问题经济化"的方式,以经济战和经济制裁的形式表现出来,而"经济制裁的战争又通过法律战的方式展现出来"。⑤ 所以,从法律制度层面系统研究金融制裁的反制措施具有重要的现实意义和政策意义。而"法律在任何社会中皆非是价值中立的,皆是政治社会紧密结构的组成部分",⑥美国利用国内法作为其实施单边金融制裁的制度基础,将国内法转化为维护金融霸权的重要工具,将国内法治

---

① 黄风:《金融制裁法律制度研究》,中国法制出版社2014年版,第99—101页。
② 肖永平:《"长臂管辖权"的法理分析与对策研究》,《中国法学》2019年第6期,第59—64页。
③ 石佳友、刘连炻:《美国扩大美元交易域外管辖对中国的挑战及其应对》,《上海大学学报》2018年第4期,第26—31页。
④ 殷明明:《美国金融制裁的影响及应对》,《开放导报》2020年第3期,第75页。
⑤ 强世功:《帝国的司法长臂——美国经济霸权的法律支撑》,《文化纵横》2019年第4期,第93页。
⑥ 魏磊杰:《全球化时代的法律霸权主义与"法治"话语霸权》,《环球法律评论》2013年第5期,第93页。

用来掩饰金融制裁与资本掠夺之间的关系，进而为金融制裁这种更高程度的"不平等的新帝国主义世界秩序赋予了正当性与合法性"。[①]

但是，"法律意识形态具有二重性"，[②]也就是说，法律作为一种阶级意识形态既具有保守性，亦具有民主性，霸权者用法律作为掩饰其掠夺与压迫的意识形态工具和正当化理由，弱势方和反对者也将法律作为抵御掠夺与压迫的重要武器。在金融制裁反制措施的具体语境中，法律制度亦可以转化为被制裁国家反抗与抵御金融制裁的重要制度武器，"在立法、司法和行政层面形成组合拳，为我国依法采取有效反制措施提供法律依据和制度基础，逐步实现从被动应付到主动预防的转变"。[③]

(一) 立法型反制措施

1. 构建可域外适用的金融制裁法律体系

由于金融制裁具有导向精准、相对成本低、相对效力强等政策工具优势，有研究认为中国应加快建立包含金融制裁与反制裁在内的更丰富的对外政策工具箱。[④] 更有学者提出建立中国的金融制裁法律和被制裁实体清单制度，制度内容则主要以原则性的宣示条款为主，以实现在法律层面明确中国对外国金融制裁的基本立场，以及针对金融制裁的制度化预警机制和反制机制。[⑤] 不过，该方案还存在诸多问题，主要包括以下三个方面：一是"目前我国并不存在关于对外经济制裁的整体性制度安排，特别是缺乏基础性立法"，[⑥]制定中国金融制裁法律缺乏必要的法律支撑；二是受制于金融制裁的非对称性，在制定金融制裁法律的必要性和可行性问题上还需要进一步论证；三是金融制裁法律的域外适用问题。上述三个问题中，亟须在理论上明晰的是金融制裁法律的域外适用问题。

一般认为，"国内法域外适用指的是国家将具有域外效力的法律适用于

---

① 魏磊杰：《全球化时代的法律霸权主义与"法治"话语霸权》，《环球法律评论》2013年第5期，第102页。

② ［美］泰格、利维：《法律与资本主义的兴起》，纪琨译，学林出版社1996年版，第336页。

③ 肖永平："'长臂管辖权'的法理分析与对策研究"，《中国法学》2019年第6期，第59页。

④ 张颖、刘晓星、柴璐鉴：《金融制裁传导机制及其有效性——基于全球金融制裁数据的实证分析(1945—2017)》，《金融论坛》2020年第1期，第56页。

⑤ 刘瑛、黎萌：《美国单边金融制裁的国际法分析》，《国际经济评论》2020年第3期，第174页。

⑥ 张辉：《论中国对外经济制裁法律制度的构建——不可靠实体清单引发的思考》，《比较法研究》2019年第5期，第142页。

其管辖领域之外的人、物和行为的过程"。① 构建可域外适用金融制裁法法律体系，就是要明确规定具有域外效力的金融制裁法律条款对本国管辖范围之外的规定事项具有法律约束力。目前，有学者认为，"赋予国内法域外效力并适度进行国内法域外适用，不仅能够保护本国公民和企业的利益，也能够为国际秩序和国际法的发展提供契机"，②故"建议我国修订《证券法》在域外效力方面的规定，通过赋予其适度的域外管辖权，在保护投资者利益、维护证券市场秩序与尊重他国的主权之间，寻求适当平衡"。③ 也有学者建议增设《证券法》域外效力条款，"其具体设计可保留现行的无域外效力推定，以行为地点作为判别管辖权的原则，同时辅以结果标准，允许中国法院对某些发生于境外但对境内有直接影响的证券行为进行管辖"。④ 这种具有域外效力的金融制裁域外适用法律条款，虽然希望"通过自身强有力的国内法域外适用法律体系，与采取滥用措施的国家形成制衡"，⑤但从本质来看，该类条款并不是实质意义上的域外管辖权条款，只是一种对外关系层面的政策宣示和法律威慑，其具体效力如何还需要进一步观察金融制裁法律域外适用的实践。

2. 制定金融制裁阻断法律制度

阻断法律属于冲突法的一种，是在出现管辖冲突的情况下，禁止在本国管辖范围内适用外国具有域外效果之法律并消除其影响的一类国内法的统称。⑥ 阻断法律的功能在于，当美国金融制裁无法避免时，通过国内金融安全立法的形式，"否定金融制裁对中国的效力，拒绝承认与执行以美国金融制裁相关法令为依据而做出的外国判决和行政行为"。⑦ 从比较法的实践来看，为了应对美国单边金融制裁，欧盟、日本、加拿大、墨西哥等国家和地区分别制定

① 廖诗评：《国内法域外适用及其应对——以美国法域外适用措施为例》，《环球法律评论》2019年第 3 期，第 168 页。
② 廖诗评：《中国法域外适用法律体系：现状、问题与完善》，《中国法学》2019 年第 6 期，第 20 页。
③ 肖永平：《"长臂管辖权"的法理分析与对策研究》，《中国法学》2019 年第 6 期，第 60 页。
④ 石佳友：《我国证券法的域外效力研究》，《法律科学（西北政法大学学报）》2014 年第 5 期，第129 页。
⑤ 廖诗评：《国内法域外适用及其应对——以美国法域外适用措施为例》，《环球法律评论》2019年第 3 期，第 178 页。
⑥ 叶研：《欧盟〈阻断法案〉述评与启示》，《太平洋学报》2020 年第 3 期，第 53 页。
⑦ 刘瑛、黎萌：《美国单边金融制裁的国际法分析》，《国际经济评论》2020 年第 3 期，第 175 页。

了阻断法律,尽管"它们均在次级制裁的非法性上表明了立场,也为本国个人和实体拒绝美国次级制裁提供了法律依据,更可以结合其他措施共同反制美国次级制裁",①给被制裁国的企业和金融机构提供了一种缓冲机制,"在一定程度上降低美国金融制裁不可预见性和随意选择性的损害程度"。②

阻断法律的实际效果表明,虽然阻断法律通过宣示他国金融制裁措施非法性的方式排斥他国金融制裁的域外管辖效力,但是并没有能够成功阻断美国金融制裁域外适用,也无法完全有效应对金融制裁的域外管辖风险。毕竟在受制于金融制裁的非对称性以及美元的世界中心货币地位前提下,即使成功制定阻断法律,也很难真正起到达到理想效果的反制作用。目前,国内已经有学者清晰地看到了阻断法律的局限性,认为"综合考虑中国所处的国际环境及实际国情等因素,现阶段应谨慎制定针对美国次级制裁的阻断法",③"避免将中国企业和个人陷入两难境地,也避免阻却立法执行效果不佳"。④

（二）执法型反制措施

执法型反制措施主要是指国内行政机关通过适当行使自由裁量权,依据具有域外效力的法律条款,在执法过程中进行中国金融制裁法律的域外适用,以维护本国受制裁的企业和个人的合法权益。面对美国针对中国现实化的金融制裁,在立法型反制措施短时间内无法迅速实施的情况下,"我国行政机关应树立大国行政执法观,在实践中通过适当行使自由裁量权,合理解释法律法规及部门规章,妥当厘定其域外效力,增强中国法域外适用效力的实效性和威慑力"。⑤

在具体的执法主体层面,可以"成立专门机构统一协调国内各部门应对美国滥用'长臂管辖'的措施,对内统一收集信息、发布政策、审核授权、提供

① 杨永红:《次级制裁及其反制——由美国次级制裁的立法与实践展开》,《法商研究》2019 年第 3 期,第 176 页。
② 郑联盛:《美国金融制裁:框架、清单、模式与影响》,《国际经济评论》2020 年第 3 期,第 142 页。
③ 霍政欣:《国内法的域外效力:美国机制、学理解构与中国路径》,《政法论坛》2020 年第 2 期,第 187 页。
④ 李庆明:《论美国域外管辖:概念、实践及中国因应》,《国际法研究》2019 年第 3 期,第 21—22 页。
⑤ 霍政欣:《国内法的域外效力:美国机制、学理解构与中国路径》,《政法论坛》2020 年第 2 期,第 189 页。

指引；对外协调磋商、谈判和反制方法"，①具体则"以中国人民银行为主要行政监管机构，依据《反恐怖主义法》关于涉恐金融制裁的规定，以金融机构与特定非金融机构为执行主体，在执法实践中完善金融制裁预警机制和反制裁机制"，②对于域外送达、取证、金融监管合作中侵犯中国主权和违反中国公共秩序的部分，中国行政机关有权予以拒绝，③对于其中可以依据中国法域外适用条款进行处理的金融制裁争端，可以依法及时处理以增强反制措施的实际效力。但是，当中国法院拒绝承认与执行外国法院作出的有效裁判、中国金融监管机构拒绝域外金融监管协作时，需要注意是否违反双边司法互助协定或者双边金融监管合作备忘录，以免所采取的金融制裁反制措施因违反条约义务转化为不法的国际法行为，从而承担不必要的国家责任。④

（三）司法型反制措施

司法型反制措施具体包括两种制度设计：一是向国际争端解决机构提出申诉（诉讼、仲裁）；二是将金融制裁争端诉至美国国内法院。在第一种反制方案中，将金融制裁诉诸国际司法途径，主要是"将因美国实施单边金融制裁引发的争端提交至 WTO 争端解决机制裁决"，⑤但该方案首先需要考虑金融制裁争端的性质是否适合进行国际裁判。因为金融制裁发起国与被制裁国之间的金融争端往往涉及被制裁国的国家金融市场根本利益，具有高度的政治敏感性，站在被制裁国的立场上很容易将金融制裁争端从性质上认定为"政治性争端"，被制裁国很难同意接受国际裁判。即使"政治性争端能够突破国家同意的过滤网进入国际裁判领域，不得不采用法律方法解决，裁判者亦会参照国际政治逻辑，审慎（谦抑）司法，以便为日后此类争端的政治解决（外交解决）留出法律上的空间"。⑥ 而且裁判者也可能陷入既不能依据《国家对国家不法行为的责任的条款草案》这一不具有约束力的国际法进行裁判，又无

① 肖永平：《"长臂管辖权"的法理分析与对策研究》，《中国法学》2019 年第 6 期，第 64 页。
② 刘瑛、黎萌：《美国单边金融制裁的国际法分析》，《国际经济评论》2020 年第 3 期，第 173—174 页。
③ 李庆明：《论美国域外管辖：概念、实践及中国因应》，《国际法研究》2019 年第 3 期，第 21 页。
④ Ziaee S. Yaser. Jurisdictional Countermeasures Versus Extraterritoriality in International Law. *Russian Law Journal*, Vol.4, Issue 4, January 2016, pp.38 - 43.
⑤ 葛淼：《美国单边金融制裁的国际法性质与应对》，《上海金融》2018 年第 10 期，第 57 页。
⑥ 徐崇利：《国际争端的政治性与法律解决方法》，《国际政治研究》2018 年第 2 期，第 11 页。

法寻找到合适的准据法来认定单边金融制裁属于国家不法行为的困境之中。

在第二种方案中，将金融制裁争端诉诸美国国内有管辖权的法院提起美国国内诉讼时，唯一可以作为诉因的是要求美国法院针对政府金融制裁行为提请违宪审查，因为依据美国《爱国者法案》第106条的规定，受制裁方或者受制裁国不被允许向美国财政部申请行政审查或行政复议，也不能要求法院针对金融制裁进行司法审查，基本没有国内法上的权利救济渠道；①同时，也很难从现有的国际法律体系中寻找到关于金融制裁的国际法律救济渠道作为准据法进行裁判；而且，在美国国内发起跨境诉讼，"司法诉讼的过程过于漫长且成本高昂，加之美国法院近年来倾向于在国家安全和外交政策领域对政府决定采取较为宽松的审查态度，这使得利用美国国内法成功寻求法律救济存在不小的困难"。②

二、物理型反制措施

（一）持续推动人民币国际化

人民币国际化在中美博弈的背景下具有突破美国对华金融和投资脱钩和封锁的作用。在以美元信用和美国消费市场为基础的美式全球支付体系中，其他经济体的经济发展让美元的购买力更加强大。美国通过发行国债筹集资金。国际贸易大多以美元计价结算，美元获得国际储备货币地位的基础在于美国国家信用体系。如果美国对中国（包括国有企业、金融机构）在美资产进行征收，将会严重影响美国的国家信用和形象，严重危害全球金融和货币体系的稳定。如果美国动摇美元结算体系，也就动摇了全球金融体系。

新冠肺炎疫情暴发后，世界经济陷入严重衰退，发达国家和发展中国家的矛盾更加突出。"美国扩张美元交易的域外管辖，客观上助推了'去美元化'的趋势，越来越多的贸易主体开始采用人民币作为跨国结算货币，使用人民币跨境支付系统（Cross-Border Inter-Bank Payments System）进行清算"。③

---

① 徐以升、马鑫：《金融制裁：美国新型全球不对称权力》，中国经济出版社2015年版，第72页。
② 廖诗评：《国内法域外适用及其应对——以美国法域外适用措施为例》，《环球法律评论》2019年第3期，第174页。
③ 石佳友、刘连炻：《美国扩大美元交易域外管辖对中国的挑战及其应对》，《上海大学学报》2018年第4期，第26页。

在国际金融领域,一方面,凯恩斯体系面临崩溃,但是新的体系又无法建立,全球货币和金融体系进入新的博弈。另一方面,美国持续推行单边主义,实施金融霸权获得国际经济利益,对他国实施各种单边制裁,使得疫情之后的世界进入"G0时代",国际合作机制继续失灵。以美元为基础的布雷顿森林体系的松动为中国提供了战略机遇窗口。

加强人民币国际化可以为形成全球储蓄和资本循环系统提供新的机制和公共产品。全球储蓄者会在美元和欧元利率低位的时候,把钱放在资金池和流动性好的人民币上,人民币债券可以吸收资金,加速形成主权债务市场。这说明人民币国际化也是提供全球公共产品的过程。"具体而言,可以在美国次级制裁辐射区域和'一带一路'沿线国家将人民币作为主要硬通货进行建设,汲取美元跨境交易系统以及其他跨境交易系统有借鉴价值的制度,发展并完善人民币跨境支付配套制度化与基础设施的建设"。[①]

尽管我国在2019年与"一带一路"沿线国家办理人民币跨境收付金额超过2.73万亿元,同比增长32%,外汇交易规模达到2 042亿元,同比增长43%,但是相较于美元、欧元和港元,"一带一路"沿线国家货币在我国人民币即期外汇交易中仍然处于很低的比例,2019年和2020年上半年交易份额分别为0.37%和0.30%。即使在2020年第一季度,全球人民币储备规模达到2 214.8亿美元,创历史最高水平,但是其在国际储备总额中的占比也仅为2.02%。[②]

(二) 完善人民币跨境支付系统

人民币跨境支付系统(Cross-border Interbank Payment System,CIPS)作为支撑人民币国际化的重要国际性金融市场基础设施,由跨境银行间支付清算有限责任公司根据《人民币跨境支付系统业务规则》《人民币跨境支付系统业务操作指引》以及《人民币跨境支付系统参与者服务协议》等相关制度规则进行开发、维护和提供服务,从2014年成立以来,截至目前,CIPS共有33家直接参与者,947家间接参与者,其中亚洲730家(含境内420家)、欧洲120

---

① 杨永红:《次级制裁及其反制——由美国次级制裁的立法与实践展开》,《法商研究》2019年第3期,第177页。

② 新浪财经:"中国银行研究报告:'一带一路'人民币使用率逐步提高",https://finance.sina.com.cn/china/gncj/2020-08-10/doc-iivhvpwy0131363.shtml,最后访问时间:2020年8月10日。

家、北美洲 26 家、大洋洲 18 家、南美洲 15 家、非洲 38 家。[①] "一带一路"沿线国家中有 8 个国家建立了人民币清算安排，CIPS 覆盖了 60 多个国家。[②]

目前，利用推动全球金融公共基础设施运行机制完善的契机加速"去美元化"趋势的实现，已成为被制裁国家反制金融制裁的重要选择，对于 CIPS 而言更是一个巨大的机遇。一方面，"加快推进人民币支付清算体系建设，尤其是将与国家安全紧密相关的能源、粮食、矿产、基础原材料等的经贸交易、支付、清算纳入其中，形成一个完整的支付清算系统"；[③]另一方面，"利用'一带一路'倡议、亚投行影响力以及原油期货推出的契机，积极推动人民币在跨境交易中作为结算货币，稳步增加人民币在多币种储备货币中的比重"。[④]

但是，对人民币跨境支付清算系统的实际效果需要有一个客观而清醒的认识，对此，欧盟建立的 INSTEX 机制可以为我们提供些许参考。INSTEX 专门用于欧盟与伊朗以物易物交易的贸易结算支持机制，无须使用美元，可以绕过 SWIFT 美元结算系统，由法国、德国和英国联合开发，比利时、丹麦、芬兰、挪威、荷兰及瑞典 6 国也随后加入。INSTEX 机制已于 2020 年 3 月 31 日完成首笔交易。[⑤] 但是，该机制仅支持药品、农产品、医疗器械等具有人道主义色彩的几类商品，并不包括石油、天然气等伊朗传统重点贸易商品，说明欧盟只是把 INSTEX 系统作为暂时维持与伊朗最低限度贸易往来支付结算机制的权宜之计。从 2019 年 6 月成立至今除了上述唯一新冠肺炎疫情期间的医疗用品交易之外，未开展过任何其他实质性的金融交易，说明 INSTEX 系统并不是欧盟真正打算建立绕开美元另起炉灶的新型全球金融公共基础设施。究其原因，主要在于欧盟在安全利益和经济利益上对美国高度依附，与美国形成了复合型不对称依赖关系，导致欧盟企业和欧盟银行迫于被美国金融制裁的现实压力，不愿也不敢冒着被制裁的风险而使用 INSTEX 系统。

---

① http://www.cips.com.cn/cipsmobile/_2514/_2518/index.html，2020 年 7 月 20 日。
② 新浪财经："中国银行研究报告：'一带一路'人民币使用率逐步提高"，https://finance.sina.com.cn/china/gncj/2020-08-10/doc-iivhvpwy0131363.shtml，最后访问时间：2020 年 8 月 10 日。
③ 郑联盛：《美国金融制裁：框架、清单、模式与影响》，《国际经济评论》2020 年第 3 期，第 142 页。
④ 唐婧：《美国的金融制裁与应对》，《中国金融》2019 年第 14 期，第 80 页。
⑤ Xinhua. "EU-initiated Payment System with Iran Completes First Transactions, Full-mode Operation On Its Way", http://www.xinhuanet.com/english/2019-07/30/c_138269377.htm.

不过,与欧盟建立 INSTEX 贸易结算支持机制相比,中国抓紧完善并推广人民币跨境支付清算系统更具优势和现实可能性。一是由于欧盟没有自主军事力量,只能依靠美国控制下的北约来提供安全保障,①使欧盟的集体安全利益受制于美国;二是"相比欧盟多头决策机制难以推出国际金融交易'非美元计价交易特殊目的载体'的现实,中国的决策机制极为有效,而结合'一带一路'倡议,中国的'非美元计价交易特殊目的载体'可以迅速扩张,并能极大地促进人民币国际化的进程"。②

三、话语型反制措施

话语型反制措施是指"被制裁国家在外交方面积极寻找盟友,加大与欧盟、新兴经济体国家的合作,以减轻金融制裁的负面影响",③主要是通过联合国大会、多方会谈等国际多边平台发声。从金融霸权的演化逻辑来看,话语型反制措施作用有限,是制裁国和被制裁国之间进行政治和法律斗争的平台和渠道,会经历一个长期的过程。毕竟"多数情况下,新兴霸权软权力的获得不是它自身努力争取到的,而是旧霸权自我败坏而流失掉的,由于霸权惯性的存在,这个过程可能历时日久"。④

由于"长远来看,美国频繁发起金融制裁缺乏广泛的道义认同,使包括美国盟国在内的更多国家认识到美元秩序的缺陷,推动改善现有国际金融秩序的积极能量正在聚集。"⑤而且支撑金融制裁的"法律作为正义工具和掠夺工具之间的张力明显地向后者倾斜",⑥"推动联大宣布美国次级制裁的非法性是完全可行的,也为中国采取反制美国次级制裁的措施提供合法性",⑦故中国应积极利用联合国、世界贸易组织等多边机制与框架,推动国际合

---

① 马雪:《美国对俄罗斯金融制裁的效力、困境及趋势》,《现代国际关系》2018 年第 4 期,第 46 页。
② 杨永红:《次级制裁及其反制——由美国次级制裁的立法与实践展开》,《法商研究》2019 年第 3 期,第 177 页。
③ 殷明明:《美国金融制裁的影响及应对》,《开放导报》2020 年第 3 期,第 74 页。
④ 冯维江、余洁雅:《论霸权的权力根源》,《世界经济与政治》2012 年第 12 期,第 4 页。
⑤ 郑金宇:《美国金融制裁机制的深层认知》,《银行家》2019 年第 11 期,第 96 页。
⑥ [美]乌戈·马太、劳拉·纳德:《西方的掠夺:当法治非法时》,苟海莹译、纪锋校,社会科学文献出版社 2012 年版,第 241 页。
⑦ 杨永红:《次级制裁及其反制——由美国次级制裁的立法与实践展开》,《法商研究》2019 年第 3 期,第 176 页。

作，与受到美国次级制裁影响的其他国家一起，以集体的力量共同反制次级制裁，增强反制的影响力与实际效果。[1]

不过，无话语权的劣势实际上制约了话语型反制措施的批判功能。"在国际政治领域，西方少数发达国家通过牢牢地把握议程设置和框架建构这两个环节，成功地实现了对广大发展中国家的话语霸权"。[2] 国际法上的话语权更是国家权力的具体表现，"在国际斗争中，国际法是国际行为者自我解释或自我辩护的法律，解释者的立场和权力决定解释的结果及其有效性"，[3]关于金融制裁国际法解释的话语权力不足也是话语型反制措施难以取得实效的重要因素之一。

第三节　金融制裁"非对称反制"理论的提出

美国学者从制裁有效性出发，研究制裁失败的原因以完善制裁实施机制，强化制裁的有效性。制裁失败的主要原因是第三方的破坏和搅局，而不是被制裁对象的应对。失败的制裁可以归结为两类：一类是贸易型制裁破坏；另一类是政治型的制裁破坏。前者主要是第三国出于经济利益的原因，与被制裁国进行贸易和其他经济活动，使得制裁措施失去了效果；后者主要是第三国出于政治考虑，对被制裁国进行经济援助，破坏了制裁的有效性。[4] 另有研究认为，被制裁国与制裁国的经济（贸易）联系越紧密，制裁越可能失败。[5] 这些研究的启发性在于，被制裁国对称性应对很难取得效果，而要取得反制措施的有效性，必须获得第三国的支持，无论是经济还是政治

---

[1] 霍政欣：《国内法的域外效力：美国机制、学理解构与中国路径》，《政法论坛》2020 年第 2 期，第187 页。

[2] 袁三标、陈国栋：《西方话语权力生产背后的意识形态逻辑探究》，《思想战线》2013 年第 1 期，第 119 页。

[3] 李鸣：《国际法的性质及作用：批判国际法学的反思》，《中外法学》2020 年第 3 期，第 801 页。

[4] Brayan R. Early. *Busted Sanctions: Explaining Why Economic Sanctions Fail*. Stanford University Press 2015.

[5] Gary Clyde Hufauer, Jeffrey J. Schott, Kimberly Ann Elliott, and Barbara Oegg. *Economic Sanctions Reconsidered*. Peterson Institute for International Economics, 2009, p.90.

的原因。也就是说,被制裁国要破坏制裁的效果,必须瓦解制裁造成的经济孤立,无论是通过与其他国家的经济活动还是援助活动。这说明非对称性的反制对被制裁国破解制裁更为重要和可行。

国际法的本质是建立在国家实力基础之上的规则,并且始终存在着法理层面的主权国家平等与事实上的不平等悖论,导致上述反制措施在制裁发起国与被制裁国之间实力对比未发生明显变化时,所能起到的实际作用微乎其微,这也启发我们要主动思考如何跳出制裁看制裁,以一种新的思维方式来探寻金融制裁的反制措施。对于中国而言,美国单边金融制裁的行为意图在于"削弱和限制中国在未来技术和经济发展中的潜力,将中国封锁在世界产业链和金融资本链的中低端,防止对自己地位构成威胁"。[①] 囿于中国在全球金融体系中的现实地位与美国的金融霸权客观存在,中国实现从被动应对到主动预防的转变,需要从内部"存量"和外部"增量"两个层面系统构建金融制裁的反制措施。[②]

由于金融制裁具有非对称性,金融制裁系统内部的存量反制往往事倍功半,仅能起到部分宣示或批判功能,实际实施效果甚至不及于制裁措施。不过,面对实力完全不对等的金融霸权国,处于弱势方的被制裁国并非毫无出路,破局的关键在于通过"非对称"反制化被动为主动。"非对称"反制包括战略和战术两个层面的转化。首先,在反制战略上,从"以彼之道、还施彼身"的对抗式反制转向"你打你的、我打我的"非对称反制,核心在于扬长避短、争取主动;其次,在反制战术上,从以制裁国金融制裁为中心转向以被制裁国金融创新为中心,其中,金融创新又包括制度(机制)层面的金融创新与科技层面的金融创新两个维度。

一、"非对称反制"理论的形成条件

(一) 金融霸权双维一体化是"非对称反制"的社会基础

金融制裁是金融霸权的两种面相之一,金融制裁的反制措施也需建立

---

① 张辉:《论中国对外经济制裁法律制度的构建——不可靠实体清单引发的思考》,《比较法研究》2019 年第 5 期,第 146 页。

② 胡海峰、王爱萍:《中国参与全球金融治理体系改革的思路和策略——基于存量改革和增量改革的视角》,《天津社会科学》2017 年第 3 期,第 92 页。

在对金融霸权的内部区分和整体把握之上。金融的本质是价值的时间转移，在价值的跨时空交换之间，金融霸权体现为两种相异的时空面相，一种是面向过去和他国的金融制裁，另一种则是面向未来和自我的金融创新。其中，金融制裁是维系金融霸权垄断地位的重要制度保障，金融创新是支撑金融霸权持续发展的客观基础，金融制裁与金融创新之间既是自我指涉运作的，又呈现出运作封闭与耦合共振的基本特征，并在金融霸权系统内部相互依存、相互作用，共同构成金融霸权的两大框架性支柱。

目前，关于金融制裁的反制措施研究仍停留在一阶的反制层面，例如主张制定专门的阻断法案、通过相关国际司法机构提出起诉、建立非美元的单独支付体系、在联大等多边平台发声、不承认或不执行制裁措施等，国内学者的反制措施建议亦多是上述措施顺序不同的排列组合。这些排列组合体现了被制裁方面对金融制裁的典型思维——对抗制下的被动反制。然而，对抗制下的被动反制的生效前提是建立在反制方与被反制方处于势均力敌的基础之上，若双方实力差距过大或被反制方处于绝对优势地位，那么，反制措施不仅难以发挥预期效果，而且反而会使自己陷入更加被动的不利地位。

究其实质，上述对抗制思维衍生出的金融制裁反制措施在逻辑上与金融霸权的双维一体化内在结构相悖，实质属于在金融制裁单一系统内部的封闭运作环境下所做的隔离式探索，既忽视了金融制裁作为金融霸权外化的子系统的重要事实，也未注意到金融制裁系统与金融创新系统之间的耦合共振与依存关系，更没有结合金融制裁反制措施实施的时代背景。我国应反思自身的金融体系改革，学会主动利用当下金融科技发展给金融创新带来的巨大推动力，将金融创新作为反制金融制裁的突破口，巧妙通过金融创新带动的增量效应，迫使金融制裁的"长臂"向内收缩。

（二）金融创新所具有的相对对称性是非对称反制的理论基础

非对称反制要找准自身比较优势所在，将博弈焦点从非对称性金融制裁转移到具有相对对称性的金融创新领域上来，形成有利于弱势被制裁方参与的国际金融竞争格局，规避与强大的制裁发起方在权力和制度话语层面进行直面冲突和对抗，为本国金融实力提升赢得生存空间与时间。法律系统只是社会系统的一个分系统，法律系统的话语劣势并不能掩盖其他系统的相对优势，例如，中国在金融科技领域的市场、资本、人才、战略、制度等方面具有发展优势。而且,相对于金融制裁的非对称性而言,金融科技领域具有相对对称性。

一方面,相对对称性可以在一定程度上抵消金融制裁的非对称性,使得制裁发起方虽然在金融制裁领域拥有优势地位,但仍然无法阻挡被制裁方利用相对优势进行金融创新和发展本国金融科技,最多只能加速自己的金融创新步伐,保持或者扩大与被制裁方之间的科技代差以维持金融霸权持续存在;另一方面,就现存国际金融格局而言,"现有的竞争规则通常由强势参与者制定,弱势参与者要改变不利的竞争地位,发现新的竞争领域和创建新的竞争规则是重要的途径"。[1] 随着新一轮科技革命的迅速发展,新的竞争领域和新的竞争规则已经体现在人工智能、大数据、区块链等为代表的新一代金融科技之中。"当重大的技术革命发生之后,不仅需要认识它的进步作用,抓住它带来的机遇,同时要充分意识到重大变革会随之出现,充分估计震动性影响和挑战"[2],尤其是"人工智能导致的生产本地化和生产智能化可能会引发传统的世界体系分工发生逆转"。[3] 因此,我们要将发展金融科技作为扭转金融制裁非对称性优势的关键领域,使金融制裁演化为阻碍制裁国本国发展金融科技的制度障碍。

二、非对称反制的主要内容

在金融制裁双方力量极度悬殊、权力话语极度不对称的被动情境中,如何结合被制裁方的客观实际,探索出既可以有效克服金融制裁非对称性,又能够充分发挥自身优势并抑制制裁方优势发挥的系统方案,化被动为主动,扭转疲于应对的不利格局已成为金融制裁反制措施研究亟须解决的重要课题。基于此,根据系统的开放性原理,笔者尝试提出"非对称反制"理论,探索将传统反制措施的关注焦点从制裁发起国的金融制裁层面转移到被制裁国的金融创新层面的实践方案,来概括如何超越金融制裁话语体系

---

[1] 陈元志、华斌:《非对称创新战略的内涵实质与理论诠释——习近平新时代中国特色社会主义科技创新思想探析》,《海派经济学》2018 年第 3 期。

[2] 刘鹤:《两次全球大危机的比较》,《管理世界》2013 年第 3 期,第 3 页。

[3] 高奇琦:《人工智能时代发展中国家的"边缘化风险"与中国使命》,《国际观察》2018 年第 4 期,第 38 页。

构建非对称反制措施的核心理论逻辑，当然，"开放性只有在自成一体性的基础上才是可能的"，[①]"非对称反制"同样需要建立自成一体且逻辑自洽的理论体系。

（一）非对称反制要树立"主体间性"对话的金融主体意识

非对称反制的核心要义即在于被制裁方在主体意识的驱动下主动"跳出制裁看制裁"，摆脱亦步亦趋的跟随心态，不再被动地根据金融制裁发起国制裁措施变化制定金融制裁系统内的反制措施，将反制重心转移到提升被制裁国自身金融能力体系上来。

客观来看，虽然被制裁方在金融制裁话语空间体系内处处被动，但并不意味着毫无比较优势可言，只是这种优势需要我们跳出制裁话语的窠臼才能清晰地看到，若继续徘徊在金融制裁的自循环逻辑中，不识制裁真面目，反制将成为一个不可能真正完成的任务。

相反，如果我们能够超越、跳出金融制裁的自循环权力系统，"重新思考法律及其未来走向而非在西方现代性话语支配下简单地鼓吹对其进行'接轨式'的重构"或对抗式的抵制，[②]"确立可堪与西方文明平等对话的真正意义的主体性"，[③]才能真正拥有与金融制裁发起国进行"主体间性"对话的主体资格，紧紧抓住信息革命和数字经济带来的金融科技发展机遇，主动构建中国国家金融目标和金融能力体系，利用金融制度创新和金融科技创新真正消解金融霸权，从根本上破解金融制裁的现实威胁。

（二）非对称反制要实现金融制度和金融科技两个层面的金融创新

金融制裁有效实施的前提是制裁发起国依仗自己的金融霸权地位优势，瞄准被制裁国的金融劣势或缺陷给予致命一击，尤其是对中国这样一个金融尚未实现完全开放的转型发展中大国而言，金融制裁的最危险之处莫过于使中国被动陷入金融封锁的孤立状态。也就是说，美国金融制裁对中国产生的最大风险就是金融封锁（或"脱钩"）的风险。

---

① ［德］卢曼：《社会的法律》，郑伊倩译，人民出版社 2009 年版，第 76 页。
② 魏磊杰：《全球化时代的法律霸权主义与"法治"话语霸权》，《环球法律评论》2013 年第 5 期，第 105 页。
③ 魏磊杰：《全球化时代的法律霸权主义与"法治"话语霸权》，《环球法律评论》2013 年第 5 期，第 105 页。

目前,由于中国的金融体系仍依赖于美元以及美国主导的跨境支付体系,"在美国通过美元交易扩大域外管辖的背景下,中国已有多家银行受到美国制裁,相关银行的利益遭受巨大损失"。① 并且,随着美国参议院近期通过的《控股外国公司问责法案》(Holding Foreign Companies Accountable Act)的实施,在美上市的中国公司若无法满足审计要求,将面临被禁止在美国全国性交易所交易的退市风险。所以,"非对称反制"为了回应上述问题,结合中国金融市场和中国金融科技的比较优势,要从金融制度和金融科技两个层面实现金融创新,打破美国单边金融制裁的现实威胁。

首先,要立足于金融对外开放的金融制度创新实践。破解金融封锁风险的关键在于进行金融对外开放、进行制度层面的金融创新。"尽管金融工具在等级制的运转中发挥着作用,但是我们不能由此断定这些工具是造成社会等级分化的原因"。② 如果我们能够对金融的本质和金融工具有足够了解和充分运用,"同一批金融工具可以帮助人们从任何一种等级制平衡关系中挣脱出来"。③ 通过扩大金融开放,引入新的金融工具和跨境资本流入,可以增强中美两国金融领域的相互依赖性,"延缓人民币与美元的战略对抗性,强化其基于市场选择和货币功能的互补与合作",④有利于规避中美的不对称金融竞争,为中国金融整体实力的提升争取尽量长期的战略空间。

其次,要顺应金融创新发展的科技实践——借助金融科技实现金融创新、借助金融科技助推金融开放。"科技不仅是科技,还是重要的权力,科技与法律的结合,导致强者恒强"。⑤ 目前,美国对外单边金融制裁与贸易制裁和技术制裁手段的联合趋势日益明显,一是利用进口限制和金融制裁相结合,共同制约目标方的对外金融往来;二是利用金融科技手段和金融制裁相结合的方式提升制裁功效。⑥ 相应地,金融制裁反制措施亟须充分借助

① 石佳友、刘连炻:《美国扩大美元交易域外管辖对中国的挑战及其应对》,《上海大学学报》2018年第4期,第25页。
② [美]罗伯特·希勒:《金融与好的社会》,束宇译,中信出版社2011年版,第339页。
③ [美]罗伯特·希勒:《金融与好的社会》,束宇译,中信出版社2011年版,第339页。
④ 张发林:《中美金融竞争的维度与管控》,《现代国际关系》2020年第3期。
⑤ 李鸣:《国际法的性质及作用:批判国际法学的反思》,《中外法学》2020年第3期,第807页。
⑥ 刘威:《美式金融制裁的实施体系、功效评价与可能趋势》,《当代美国评论》2020年第1期,第120页。

金融科技的力量，利用金融科技在金融制裁中的相对对称性优势，将金融科技作为实现金融制裁反制措施的重要推动力。

（三）非对称反制要通过金融创新将比较优势转化为非对称反制能力

非对称反制的通俗解读为"你打你的、我打我的"，关键在知彼知己的基础上要有"我的"一套，建立"我的"一套，目的是掌握主动权，[①] 故应对金融制裁的关键并不在于"以彼之道、还施彼身"的以牙还牙式报复，而在于聚焦自身问题的解决，因为"无论国际风云如何变幻，集中力量办好自己的事是我们应对外部巨大冲击，实现我国和平崛起的根本之策"。[②] 例如，有研究认为，面对美国实施的非对称单边金融制裁，中国不必在金融领域与其针锋相对，可转而通过货物贸易领域的反制达到一定的反制效果。[③] 这意味着非对称反制战略能否成功实施将取决于被制裁方的金融创新战略和政策、金融创新制度体系以及金融创新能力建设，因为被制裁方的非对称资源本身并不能自动生成竞争优势，而是需要通过积极的金融创新能力建设才能真正转化为反制金融制裁的金融实力，掌握新的标准设定、规则制定和话语构建，才能将金融制裁的互斥性转化为金融创新的包容性，牢牢地将制裁方与被制裁方通过金融创新在金融制度与金融科技上捆绑在一起，共同打造"全球金融命运共同体"。毕竟，纵观整个国际金融格局，"中美相容性国际金融制度竞争将有利于国际金融体系的良性治理，而中美互斥性国际金融制度竞争将造成国际金融治理的失效"。[④]

三、非对称反制的实现路径——金融创新

美国单边金融制裁措施的有效实施最终将取决于全球金融、监管和外交等多元生态体系的共同作用。[⑤] 因为制裁有时候也会失败，主要是由于制裁发起国在与受制裁国的全面关系中拥有交叉利益和相互矛盾的目

[①] 何俊华：《论毛泽东"你打你的，我打我的"思想的产生及现实意义》，《文史杂志》2013年第3期，第21页。

[②] 刘鹤：《两次全球大危机的比较》，《管理世界》2013年第3期，第7页。

[③] 葛淼：《美国单边金融制裁的国际法性质与应对》，《上海金融》2018年第10期，第58页。

[④] 李巍：《中美金融外交中的国际制度竞争》，《世界经济与政治》2016年第4期，第138页。

[⑤] Juan Carlos Zarate. Treasury's War: the Unleashing of A New Era of Financial Warfare, *Public Affairs*, 2013, p.423.

标,①故探索"非对称反制"的实现路径,需要研究和制定拆解中美金融矛盾和问题的清单,利用创新所具有的相对对称性在弱化金融制裁非对称性的同时增加中美金融产业的关联度,将传统金融制裁系统的内部反制转化为多领域的金融创新,主要包括金融制度创新、金融科技创新和金融话语创新,从而跳出金融制裁非对称性、经济问题政治化的窠臼。

(一)制度型反制措施创新——完善对外开放基础性金融制度

在美元支撑的全球金融贸易体系中,金融制裁系美国国内现实政治力量分化对比的客观反映,是美国国内对华态度存在"脱钩论"与"有限接触论"两个方向上推动力的分别反映。金融制裁最大的威力在于通过"封闭一国贸易结算通道"来制裁银行系统。② 换言之,金融制裁对被制裁国而言的最大风险即形成全面的金融封锁态势。所以,反制美国金融制裁的根本之策在于通过提高综合国力、扩大对外开放来深化与美国的经济和贸易往来,增强与美国的相互制约能力,打破金融封锁的现实威胁。③ 在金融扩大开放的背景下,增强与美国及其盟国的相互制约能力,就是要不断增加中国与美国和欧洲国家之间的双向经贸联系和金融联系,加快形成中国在全球金融体系中的系统性重要金融国家地位,迫使美国难以取得国内金融集团支持以及欧盟国家对切断 SWIFT 系统的同意,消除金融封锁可能存在的空间。

目前,中国的金融服务市场规模达到 47 万亿美元。中国继续扩大对外开放金融市场,美国和其他外国金融机构持续投资中国的金融市场,在中国经营的外资控股或独资的金融机构数量不断增加。2019 年 PayPal 收购了国付宝 Go - Pay 70％的股份,成为首家在中国提供在线支付服务的外国公司;④高盛在 2020 年 3 月获批将其在合资证券公司高盛高华证券有限公司(Goldman Sachs Gao Hua Securities Co.)中的 33％的股份增加到 51％;⑤

---

① [美]加利·克莱德·霍夫鲍尔等:《反思经济制裁》,杜涛译,上海人民出版社 2011 年版,第 188 页。

② 马鑫、许钊颖:《美国对俄罗斯的金融制裁》,《美国研究》2015 年第 5 期,第 45 页。

③ 米晓文:《美国金融制裁处罚机制研究与启示》,《财政科学》2019 年第 6 期,第 149 页。

④ 新浪科技:"PayPal 宣布正式进入中国市场:完成对国付宝 70％股权收购",https://tech.sina.com.cn/digi/2019-12-19/doc-iihnzahi8714045.shtml,最后访问时间:2019 年 12 月 19 日。

⑤ Goldman Sachs."高盛获准在华合资证券公司持股比例提高至 51％",https://www.goldmansachs.com/worldwide/greater-china/media-relations/press-release-27-MAR-2020.html,最后访问时间:2020 年 3 月 27 日。

摩根史丹利也被批准将其在摩根史丹利华鑫证券有限公司（Morgan Stanley Huaxin Securities Co.）中的股份从 49% 增加到 51%；①摩根大通在 2020 年 6 月获准经营一家外商独资期货公司；②美国运通获准通过设立合资企业，成为首家在中国境内开展境内业务的外国信用卡公司，开展网络清算业务；2020 年 8 月 28 日，美国运通和连连集团成立的合资清算机构，连通（杭州）技术服务有限公司成立，标志着首家中外合资银行卡清算机构正式开业；③标普全球于 2019 年成立了一家外商独资公司，成为在中国境内债券市场开展信用评级服务的公司；2020 年 5 月，惠普的独资企业获准对中国境内发行人（包括银行、非银行金融机构和保险公司）及其债券进行评级。④

与金融对外开放实践不一致的是，金融基础制度尤其是资本市场基础性制度并未能及时跟进，特别是处于当下面临美国单边金融制裁的重要时期，中国更应该持续"深化经济金融体制和机制改革，进一步深化金融开放，完善利率市场化、汇率形成机制与国债收益率曲线建设，提升内部金融体系的韧性和弹性"，⑤完善信息披露制度、会计审查制度等资本市场基础性制度，构建与未来资本账户开放相适应的跨境资本流动税制度和跨境资本流动国际监管合作制度等。货币双循环是实体经济双循环的基础。在汇率改革和放开贷款、存款利率上下限的同时，资本账户的双向开放可以进一步推动我国经济融入世界经济体系。

（二）物理型反制措施创新——利用数字货币推进人民币国际化

利用数字货币，抓住有利时机推进人民币区域化、扩大人民币国际化实施路径、减小人民币国际化的外部压力、建设跨境支付清算体系是物理型反制措施创新的重要思路和选项。目前，人民币国际化在数字货币金融科技的助力下积极推进。2020 年 5 月 11 日，中国最大的钢铁集团中国宝武宣

---

① Jing Yang."中国批准高盛和摩根史丹利控股本地合资券商"，Wall Street Journal，https://cn. wsj.com/articles/11585355712，最后访问时间：2020 年 3 月 31 日。

② 东方财富网：《首家外资期货公司诞生 又是摩根大通！中国期货市场对外开放提速》，http:// finance.eastmoney.com/a/202006191526981314.html，最后访问时间：2020 年 6 月 19 日。

③ "美国运通与连连集团合资企业正式开业，支持境内线上线下支付交易"，https://www.iyiou. com/p/132064.html，最后访问时间：2020 年 8 月 28 日。

④ 周远芳："14 个月后，第二家美国评级机构惠誉获准进入中国"，https://www.guancha.cn/ economy/2020_05_15_550454.shtml，最后访问时间：2020 年 5 月 15 日。

⑤ 郑联盛：《美国金融制裁：框架、清单、模式与影响》，《国际经济评论》2020 年第 3 期，第 143 页。

布,与澳大利亚力拓集团完成首单利用区块链技术实现的人民币跨境结算,总金额 1 亿元。2020 年 1 月和 4 月其又分别与巴西淡水河谷、澳大利亚必和必拓完成首单人民币跨境结算。至此,宝武与全球三大铁矿石供应商之间实现了铁矿石交易的人民币跨境结算。① 这种交易货币安排的背后是中国巨大的实体经济能力、人民币大宗商品期货建设的合力结果,是后疫情时期全球市场走向决定的。

早在美国对伊朗石油交易进行制裁前,伊朗就宣布将人民币列为主要的外汇货币,以替代美元地位。2020 年 5 月,伊朗宣布将货币与人民币汇率锚定。② 俄罗斯也在向中国出口石油过程中创立了部分无美元化的交易环境。2020 年 6 月 18 日,土耳其通过本国银行支付从中国进口商品以人民币进行结算,推动双边国际贸易中的本币结算。③ 中国可以在我国香港地区、自贸区或海南自由港发行人民币标价的国债,既扩大融资渠道,又降低公共开支对国内私人部门的挤占效应。

布雷顿森林体系的瓦解标志着货币不需要金属储备作为发行基础。银行账户上的存款是广义货币的主体,记账货币(money of account)职能被认为是货币的本质属性,货币的形态开始发生变化。现阶段全球的政治、经济和技术变革推动了货币之间的新竞争,尤其是私人的数字美元天秤币和中国的公共数字人民币之间。前者代表了奥地利学派基础上的货币"去国家化",后者代表了央行的负债和信用,银行存款是商业银行负债,央行数字货币和现金比商业银行的存款信誉更高。

去中心化货币的不可稀释属性会加速减少人们对法定政治货币的依赖,去中心化金融会成为取代传统金融的全球替代品,对边缘性货币和中小国家的货币产生侵蚀性的影响。央行数字货币本质上是现金的数字化和代币化,银行存款本身也是数字化形式的货币。数字化的银行存款和银行账户绑定,数字化的货币继承了现金的特性,不与银行账户相关,只和区块链

---

① 新浪新闻中心:"中国宝武与全球三大铁矿石供应商均实现以人民币结算",https://news.sina.com.cn/c/zj/2020-05-13/doc-iirczymk1229471.shtml,最后访问时间:2020 年 5 月 12 日。

② "伊朗正式用人民币替代美元后,宣布变换国家货币,意外的事情出现",https://new.qq.com/omn/20200506/20200506A04NU700.html。

③ "土耳其央行宣布以人民币结算从中国进口商品",https://www.guancha.cn/internation/2020_06_20_554857.shtml,最后访问时间:2020 年 6 月 20 日。

上的一个地址相关,和银行存款有天然的替代性。在主权信用货币时代,人民币难以与美元竞争。在数字货币时代,央行数字货币使得央行可以通过全新方式管理流动性。

根据美国数字美元基金会于 2020 年 5 月发布的《数字美元计划——探索美国版央行数字货币》白皮书,美国也会推出自己的数字货币,因为数字美元是一个主动的机会,可以增强美元地位的基础要素,确保在全球经济中的地位,有利于维护美国国家利益。[1] 根据国际清算银行 2019 年的调查,超过 80% 的央行表示将设立相关央行数字货币项目。央行数字货币已经成为一种趋势。世界其他国家已经开始注重投入开发区块链技术和发展数字货币,以提升自身在全球数字货币市场中的地位和影响力,进而期望利用数字货币破除美元的世界中心货币地位和美国在全球金融跨境支付结算体系中的主导地位,减少受到美国金融制裁的可能性与相关损失。[2]

中国可以参照美元天秤币锚定一揽子储备货币的方式和 SDR 的定值方式,以人民币和美元作为货币篮,确定价值锚。这样央行就可以成为第二个提供美元支付手段的央行,美元储备的规模就成为央行数字货币的发行上限。这一安排既可以避免与美元市场"脱钩",又可以为央行数字货币提供兑付保证,提供信用基础。在数字货币时代,主要经济体之间通过区块链或者加密货币等金融科技手段完成交易支付会是一种新的选项。而且,通过"探索利用区块链等技术建立全新的非美元货币支付结算系统,逐步减少对美元体系的不对称依赖",[3]利用金融科技蕴含的非对称竞争力量稳步推进人民币国际化进程。

(三) 话语型反制措施创新

话语与实力之间并不存在必然相关性。话语的塑造是一个通过制度机制的主动参与、构建和引领的复杂过程,需要经由金融话语权生成的制度化

---

[1] Digital Dollar Foundation：The Digital Dollar Project：Exploring a US CBDC，Accenture，May 2020.

[2] 刘威：《美式金融制裁的实施体系、功效评价与可能趋势》,《当代美国评论》2020 年第 1 期,第 121 页。

[3] 郑金宇：《美国金融制裁机制的深层认知》,《银行家》2019 年第 11 期,第 98 页。

机制逐渐形成。通过目前金融制裁的高频使用可以看出,中美之间并未出现金融话语权力转移的趋势或可能,中国虽有意愿但尚未有足够的能力成为全球金融话语和全球金融治理的实践"引领者",故中国未来形成国际金融话语权的核心任务仍在于自身金融和经济实力的增长,在于通过双边和多边货币合作制度化机制、中国金融科技标准国际化机制、中国金融话语机构国际化机制等综合方案系统生成自己的金融话语权。

第一,完善以双边货币互助协定为主的双边货币合作制度化机制。"中国国际货币地位的提升除了需要夯实经济基础之外,还需要不断加强国际政治领导力,并在此基础上加强与周边国家的区域货币合作"。① 在反制美国金融制裁上,中国与被美国制裁的其他许多国家存在共同利益,而且应该通过共同合作抵消金融制裁的消极作用。② 中国可以继续扩大与周边国家签署双边货币互换协议的范围,借助数字货币,制定区域货币合作协定,努力实现人民币区域化和国际化,通过双边货币互换协议巩固与周边国家的金融利益共同体,降低、弱化和消解美国单边金融制裁可能引发的不利地缘政治格局对被制裁国家经济发展的阻力。

中国在过去 10 年间签订的人民币互换协定形成了"货币互换圈",③规模为 4 860.04 亿美元(见表 1-1)。根据 SWIFT 的数据,在主要货币的支付价值排名中,前三位是美元、欧元和英镑,分别占比 40.88%、32.91%和 5.75%,人民币排名第九;在国际支付份额中,人民币排名维持在全球第六;人民币支付金额排在全球第八。可见,中美两国的货币在履行国际货币职能方面还有差距。④ 换言之,中国还没有形成人民币的国际话语体系。

---

① 李巍:《制衡美元的政治基础:经济崛起国应对美国货币霸权》,《世界经济与政治》2012 年第 5 期,第 97 页。
② 李庆明:《论美国域外管辖:概念、实践及中国因应》,《国际法研究》2019 年第 3 期,第 19 页。
③ 俄罗斯也与其他国家签订货币互换协议,减少美国对其进行金融制裁的影响,积极推动"去美元化"。俄罗斯在 2015 年 4 月启用新的国家支付系统,将通过 VISA 和万事达卡交易的银行全部过渡到国家支付系统。
④ 根据 IMF 数据,截至 2019 年第三季度,在已分配的外汇储备份额中,美元占 61.55%、欧元占 20.07%、英镑占 4.5%、日元占 5.62%,而人民币占 2.01%。根据 SWIFT 数据,截至 2020 年 3 月底,人民币是全球第五大支付货币,占全球所有货币支付金额比重的 1.85%,离岸市场 75%的收付发生在我国香港地区。

表 1-1　中国签署的货币互换协议①

国家（地区）	互换协议规模 （人民币，亿元）	签署日期 （年/月/日）
阿尔巴尼亚	20	2013.9.12
	20	2018.4.3（续签）
阿根廷	700	2009.4.2
	700	2014.7.18（续签）
	700	2017.7.18（续签）
亚美尼亚	10	2015.3.25
澳大利亚	2 000	2012.3.22
	2 000	2015.3.30（续签）
	2 000	2018.3.30（续签）
白俄罗斯	200	2009.3.11
	70	2015.5.10（续签）
	70	2018.5.10（续签）
巴西	1 900	2013.3.26
加拿大	2 000	2014.11.8
	2 000	2017.11.8（续签）
智利	220	2015.5.25
	220	2018.5.25（续签）
埃及	180	2016.12.6
	180	2020.2.10（续签）

---

① 参见中国人民银行官方网站，http://www.pbc.gov.cn，最后访问时间：2020 年 6 月 27 日。

国家(地区)	互换协议规模 (人民币,亿元)	签署日期 (年/月/日)
欧盟	3 500	2013.10.8
	3 500	2016.9.27(续签)
	3 500	2019.10.8(续签)
格鲁吉亚	仅签署框架协议,无具体规模	2015.9.27
中国香港地区	2 000	2009.1.20
	4 000	2011.11.22(续签)
	4 000	2014.11.22(续签)
	4 000	2017.11.22(续签)
匈牙利	100	2013.9.9
	100	2016.9.12(续签)
	200	2019.12.10(续签)
冰岛	35	2010.6.9
	35	2013.9.11(续签)
	35	2016.12.21(续签)
印度尼西亚	1 000	2009.3.23
	1 000	2013.10.1(续签)
	2 000	2018.11.16(续签)
日本	2 000	2018.10.26
卡塔尔	350	2014.11.3
	350	2017.11.2(续签)
哈萨克斯坦	70	2011.6.13

续　表

国家（地区）	互换协议规模 （人民币,亿元）	签署日期 （年/月/日）
哈萨克斯坦	70	2014.12.14（续签）
	70	2018.5.28（续签）
韩国	1 800	2009.4.20
	3 600	2011.10.26（续签）
	3 600	2014.10.11（续签）
	3 600	2017.10.11（续签）
中国澳门地区	300	2019.12.5
马来西亚	800	2009.2.8
	1 800	2012.2.8（续签）
	1 800	2015.4.17（续签）
	1 800	2018.8.20（续签）
蒙古	50	2011.5.6
	100	2012.3.20（补充协议）
	150	2014.8.21（续签）
	150	2017.7.6（续签）
摩洛哥	100	2016.5.11
新西兰	250	2011.4.18
	250	2014.4.25（续签）
	250	2017.5.19（续签）
尼日利亚	150	2018.4.27
巴基斯坦	100	2011.12.23

国家（地区）	互换协议规模 （人民币，亿元）	签署日期 （年/月/日）
巴基斯坦	100	2014.12.23（续签）
	200	2018.5.23（续签）
俄罗斯	1 500	2014.10.13
	1 500	2017.11.22（续签）
塞尔维亚	180	2016.12.6
新加坡	1 500	2010.7.23
	3 000	2013.3.7（续签）
	3 000	2016.3.7（续签）
	3 000	2019.5.10（续签）
南非	300	2015.4.10
	300	2018.4.11（续签）
斯里兰卡	100	2014.9.16
苏里南	10	2015.3.25
	10	2019.2.11（续签）
瑞士	1 500	2014.7.21
	1 500	2017.7.21（续签）
塔吉克斯坦	30	2015.9.3
泰国	700	2011.12.22
	700	2014.12.22（续签）
	700	2017.12.22（续签）
土耳其	100	2012.2.21

续　表

国家（地区）	互换协议规模 （人民币，亿元）	签署日期 （年/月/日）
土耳其	120	2015.9.26（续签）
	120	2019.5.30（续签）
乌克兰	150	2012.6.26
	150	2015.5.15（续签）
	150	2018.12.10（续签）
英国	2 000	2013.6.22
	3 500	2015.10.20（续签）
	3 500	2018.10.13（续签）
阿联酋	350	2012.1.17
	350	2015.12.14（续签）
乌兹别克斯坦	7	2011.4.19
总和	34 290＝（4 860.04 亿美元）①	N/A

注：本表所载货币互换协议的有效期均为 3 年，此金额指目前有效（2017 年 6 月 27 日后签署）的货币互换协议的规模总和。亚美尼亚、巴西、冰岛、摩洛哥、新西兰、塞尔维亚、斯里兰卡、塔吉克斯坦、阿联酋和乌兹别克斯坦均曾与中国签署过货币互换协议，但根据中国人民银行官方网站的数据，中国与上述国家的最新货币互换协议均已到期，且无续签的消息。因此，货币互换协议规模总和的计算不包含中国签订的货币互换协议总额内。

第二，抓住全球金融科技的发展趋势，形成中国金融科技标准国际化机制。为了"持续推进金融业信息技术创新应用标准的国际化，中国应当积极参与国际标准制定，推动国内优秀标准转换为国际标准，促进我国金融科技创新全球化发展。"具体而言，"中国应该立足于国家金融安全需要，想办法实质性地参与到资本市场会计、审计、独立性准则等金融技术规范的起草、制定、磋商和评估之中，要从一般成员方逐步向实施组织和协调的角色转变"，②结

---

① 汇率：1 美元＝7.055 5 元人民币。
② 杨松：《全球金融治理中制度性话语权的建构》，《当代法学》2017 年第 6 期，第 115 页。

合共建"一带一路"倡议,积极对外输出我国金融科技发展催生的技术、标准、产品和服务等,探索双边、多边的示范性项目合作,不断完善金融科技全球治理体系。①

第三,建立有国际影响力的中国评级机构,建立中国金融话语机构国际化机制。话语型反制措施还需要有力的实体支撑,需要建立有国际影响力的评级机构,降低美国对评级机构的控制力,②特别是在目前信用评级行业对外开放背景下,允许外资评级机构在华开展信用评级业务,而外资评级机构尤其是标准普尔信用评级、穆迪投资服务有限公司以及惠誉国际信用评级有限公司作为三大评级机构,由于在国际金融市场具有较高的声誉和丰富的数据信息,"在风险定价与风险预警上具有重要影响力,渐已成为国际资本跨境流动的重要影响因素",③故如何培育有国际影响力的本土评级机构,已成为打破金融制裁发起国对信用评级话语权力垄断的关键。

第四节　结　语

从理性反思金融制裁系统内部的被动反制到结合中国金融发展实际,建构超越被动反制的"非对称反制",再到被动反制与主动反制相融合,共同应对金融制裁的现实威胁,中国金融制裁反制措施的发展逐渐形成了一个以国内大循环为主体,国内国际双循环相互促进的层次清晰、逻辑完整的系统方案。实现了从对称性反制到非对称性反制的金融制裁反制措施的理论创新。

同时,本章仅从金融制裁的非对称性出发,审视和分析了目前国内学者关于金融制裁反制措施在国家层面的研究成果,并未从企业和个人层面分析不对称性的影响及其具体对策。实际上,企业和个人可以利用离岸金融中心开展离岸金融业务、围栏隔离高风险业务等手段规避金融制裁的非对称性,这也是"非对称反制"在企业层面的具体应用。

---

① 参见中国人民银行印发的《金融科技(FinTech)发展规划(2019—2021年)》(银发〔2019〕209号)。
② 殷明明:《美国金融制裁的影响及应对》,《开放导报》2020年第3期,第76页。
③ 阎维博:《金融对外开放中信用评级监管挑战与制度因应》,《中国流通经济》2019年第12期。

第二章
国际投资规则下金融制裁的非法性
——国家安全泛化和全球行政法边界

　　金融制裁指为改变被制裁方的政策行为而实施的阻碍其资金融通活动、使其遭受经济压力的强制性措施。[①] 近年来,尽管传统的贸易制裁依然是经济制裁中不可或缺的手段,但金融制裁的作用和影响力日渐凸显。美国依仗其金融优势频繁以国家安全为由发起单边金融制裁,并不断完善金融制裁的国内法体系,扩张域外管辖权。[②]

　　目前在国际法层面并无条约、国际习惯法或一般法律原则明确禁止单边金融制裁,因此"与现有国际法协调原则"是判断金融制裁是否合法的重要标准。[③] 金融制裁主要限制投资和货币两个领域,[④]两者本就互相交织,跨国投资是金融全球化的核心,稳定的货币体系是跨境交易和资金流动的保障,布雷顿森林体系下的货币规则实际上起到了保障跨境投资的作用,可被视为国际投资规则的一部分。因此,现有的国际投资规则是衡量金融制裁合法性的重要标准之一。

　　笔者认为,金融制裁手段必然侵犯投资者对其资产的控制权和收益权,而现有国际投资规则仍侧重于保护投资者的利益,两者必然产生冲突,而制

---

① 徐以升、马鑫:《美国金融制裁的法律、执行、手段与特征》,《国际经济评论》2015 年第 1 期,第 132 页。本书中金融制裁均指不以联合国安理会决议为依据的国家或超国家组织实施的单边金融制裁。

② 沈伟:《论金融制裁的非对称性和对称性——中美金融"脱钩"的法律冲突和特质》,《上海对外经贸大学学报》2020 年第 5 期,第 39 页。

③ 简基松:《关于单边经济制裁的"司法性"与"合法性"探讨》,《法学》2007 年第 1 期,第 86 页。

④ 阎梁:《中国对外经济制裁:目标与政策议题》,《外交评论(外交学院学报)》2012 年第 6 期,第 23 页。

裁发起国可能援引的根本安全例外在现有的解释框架下也很难正当化其制裁措施。但在国家安全泛化的背景下,各国必然会更加重视投资协定中的安全例外条款,并通过对该条款的细化规定逐渐扩大甚至重塑相关规则。鉴于金融制裁的经济强制性和非对称性,中国在未来投资协定的谈判中应坚定投资自由化的立场,严格限制安全例外条款的适用范围和金融制裁的合法性边界,保护投资者权利。与此同时,各国对安全例外条款的重视凸显出国际投资规则的全球行政法属性。国际投资规则主要限制东道国的行政权力,与东道国的国内公法紧密相关,对安全例外的界定和全球共识有赖于全球监管和各国国内公法两个层面的发展和互动。因此,鼓励受制裁主体在美国国内法框架下挑战美国政府的制裁决定也有利于限制美国滥用安全例外,并推动根本安全例外相关规则的细化。

第一节　金融制裁的特征和发展趋势

一国实施金融制裁的能力主要来源于其金融权力,金融权力源自一国在金融结构中的地位和与其他主体的金融关系,而非其占有货币的数量。[1] 实践中,制裁国往往处于资金链的上游地位,在国际金融体系中占据结构性优势,从而有能力限制被制裁方的资金流动,因此金融制裁具有非对称性。[2] 有学者认为,最重要的金融权力是"获得他国对其创造信贷能力的信任",[3]而美元在国际金融体系和全球清算交易的中心地位使美国具有金融霸权和强大的制裁能力,成为近年来发起国际金融制裁最频繁、金融制裁国内法体系最完善、制裁手段最多样的国家。其一级制裁手段主要包括:冻结甚至没收资产、禁止被制裁方或其金融机构进入特定市场、禁止制裁国实体和个人购买被制裁方证券、暂缓或停止对被制裁方的资金援助等。[4] 美国

---

[1] Benjanzin J. Cohen. Money, Power, Authority, in *Susan Strange and the Future of Global Political Economy* (Randall Germain Ed.), Routledge, p.113.

[2] 沈伟:《论金融制裁的非对称性和对称性——中美金融"脱钩"的法律冲突和特质》,《上海对外经贸大学学报》2020 年第 5 期,第 35 页。

[3] [英]苏珊·斯特兰奇:《疯狂的金钱》,杨雪冬译,中国社会科学出版社 2000 年版。

[4] 孟刚、王晔琼:《美国一级制裁的理论基础与制度实践》,《中财法律评论》2020 年第 12 期,第 77 页。

不仅限制美国主体与被制裁方的金融往来,而且还将逐渐适用范围扩大至任何第三国实体和个人,实行二级制裁。而二级制裁在一定程度上强迫第三国实体加入美国的制裁方案中,利用其金融霸权将单边制裁变成"多边",向被制裁国施压。在美国对伊朗的制裁中,渣打银行、莫斯科银行、瑞士信贷银行、荷兰 ING、土耳其国有银行 Halkbank 等都曾沦为美国二级制裁的惩罚对象,最终被迫交出大笔和解金或罚款,[1]100 多家欧盟跨国公司停止或撤出在伊朗的经营。[2] 金融制裁的主体除了国家(以及欧盟这样的超国家组织)之外,还可能是环球银行间金融通信协会(SWIFT)等国际金融组织,但就目前实践看来,通过 SWIFT 切断被制裁方国际结算通道的制裁方式也只有美国基于其金融主导地位才可能实现,因此也可以视之为美国单边制裁的一种手段。

金融制裁和传统贸易制裁一样具有强制性,且以实现制裁国的政治外交利益为目的。但金融制裁的对象更为多元,不仅限于国家,而且还可以针对特定的个人、组织、实体,以此实现更为精细、灵活的"聪明制裁"(smart sanction)。制裁手段和对象多元化的同时,制裁方的任意性和被制裁方的不确定性也急剧上升,制裁方又有极大的自由裁量权,相关企业难以判断其被制裁的风险。[3] 这就要求潜在的被制裁方在不同层面进行应对,国家作为传统国际法主体,依然可以依据相关国际条约采取磋商、对抗措施或在新的投资协定谈判过程中有针对性地限制金融制裁的合法适用。理论上,作为私有主体的被制裁方可以考虑适用双边或区域投资协定、提起国际仲裁以维护投资利益。但目前,鲜有投资者因金融制裁而诉诸投资者—东道国争端解决机制。美国作为金融制裁的频繁发起国,并未因任何一项制裁措施而成为投资仲裁的被申请方。[4] 一个可能的原因是国际投资争端解决周

---

[1] Iran Sanctions (Updated November 18, 2020), Congressional Research Service Report RS20871, p.27; Accessed from https://fas.org/sgp/crs/mideast/RS20871.pdf.

[2] 杨永红:《次级制裁及其反制——由美国次级制裁的立法与实践展开》,《法商研究》2019 年第 3 期,第 170 页。

[3] 梁冰洁、孟刚:《美国二级制裁法律问题研究》,《财经法学》2020 年第 1 期,第 141 页。

[4] 联合国贸易和发展会议 UNCTAD 数据,https://investmentpolicy.unctad.org/investment-dispute-settlement/country/223/united-states-of-america/investor;国际投资争端解决中心数据,https://icsid.worldbank.org/cases/case-database,最后访问时间:2021 年 2 月 17 日。

期长、成本高,且国际投资规则对金融制裁的规制并不明确,投资者对投资仲裁的风险难以评估。但实践的空白不能否认被制裁方以及受制裁影响的投资主体适用国际投资规则对金融制裁发起国进行规制的可能性,这也是本章主要研究的问题。

第二节　金融制裁和国际投资规则的冲突

一、国际投资规则体系

国际投资规则的演进经历了从多边谈判框架到双边和区域性框架的演变,[①]并衍生出"小多边主义"的发展态势。[②] 国际投资的具体规则由一系列双边投资协定(BITs)以及区域协定、多边条约中的投资条款组成。根据联合国贸易与发展会议(UNCTAD)的统计,截至 2020 年年底,世界各国间共有 2 337 份现存有效的 BIT,这些投资协定的具体条款互有借鉴,在碎片化的现状下形成了一定的网络效应。在全球经贸合作深化的背景下,各国之间的经贸合作更多地以区域贸易协定而非投资协定的形式做出安排,以协调贸易、知识产权、产业竞争、投资等领域的合作,而其中的投资章节也构成国际投资规则的一部分。[③] 由于国际投资领域并不存在专门的管辖机构,关于投资的多边条约也存在碎片化的现状,但鉴于贸易全球化带来的资本全球化以及投资与金融密切联系,依然可以从贸易、货币等领域的国际组织文件和协议中梳理出对国际投资有约束力的规则。世界贸易体系下的《服务贸易总协定(GATS)》与金融服务相关的部分、《与贸易有关的投资措施协议(TRIMS)》,以及国际金融体系下的《关于解决国家与其他国家国民之间投资争端公约》(以下简称《华盛顿公约》)、《国际货币基金组织协定》(以下简称 IMF 协定)中

---

① 张悦、崔日明:《国际投资规则演进与中国的角色变迁》,《现代经济探讨》2020 年第 7 期,第 92—93 页。

② 沈伟、徐驰:《逆全球化背景下美式"小多边主义"的端倪和成型——理解〈中美经贸协议〉(第一阶段)的变局背景》,《海峡法学》2020 年第 3 期,第 41 页。

③ David Collins. *An Introduction to International Investment Law*. Cambridge University Press, 2017, p.40.

与跨境支付、外汇汇兑相关的规定也可以视为国际投资规则的一部分。

二、金融制裁的违法可能性

(一)可能构成征收

征收补偿条款是投资协定中最重要的条款。冻结或没收资产是金融制裁最常见的手段之一,可能构成征收,对此需要考虑两个方面的问题,首先,判断该笔资产是否属于投资。《华盛顿公约》第 25 条未加定义地采用"投资"这一概念来确定 ICSID 的管辖范围,"投资"的定义一直备受争议。不同的投资协定所界定的范围有所不同,基于投资保护的理念,投资协定通常会采取宽泛的定义,采用非穷尽式列举的方式,不加限制地将外国个人或实体在东道国直接或间接拥有或控制的各种资产都纳入投资的范围。[1] 国际投资可分为直接投资和间接投资。国际直接投资指在外国直接投资并经营企业,其实现方式包括在外国新设立公司、收购或兼并外国企业,以及为参与企业经营而取得外国企业的股份等;间接投资指不以控制投资企业经营活动为目的的证券投资,包括购买公司股票、债券、贷款等。[2] 在经济金融化的发展趋势下,越来越多的跨境投资逐渐从资产购置等直接投资形式转变为以金融证券为载体的间接投资,投资者的跨境资产日益金融化、无形化,[3]因此更容易受到东道国行政决定和金融制裁的影响。尽管国际证券投资关系一般由国际金融法和各国证券法进行规制,[4]实践中也鲜有投资者因其所持证券受金融制裁影响而诉诸投资争端解决机制的实例,但在近期绝大多数投资条约中,直接和间接投资受到"一体化保护",[5]股权、债券等资产被明确列为受保护的投资形式,因国际证券投资而产生的争议在理论上可以适用国际投资规则。

仲裁庭在确定管辖时往往会结合被广泛认可的萨里尼投资标准来进行判断,即资金投入、风险、持续时间和对东道国经济的贡献。[6] 在这四项标

---

[1] See e.g. US - Argentina BIT,article 1.1(a);《中国—新西兰自由贸易协定》第 135 条。

[2] 季烨:《国际投资条约中投资定义的扩张及其限度》,《北大法律评论》2011 年第 1 期,第 87 页。

[3] 韩龙:《金融法与国际金融法前沿问题》,清华大学出版社 2018 年版,第 14 页。

[4] 韩龙:《金融法与国际金融法前沿问题》,清华大学出版社 2018 年版,第 257—276 页。

[5] 韩龙:《金融法与国际金融法前沿问题》,清华大学出版社 2018 年版,第 88 页。

[6] Salini v. Morocco,ICSID Case No. ARB/00/4,Decision on Jurisdiction (23 July 2001),para. 56.

准中,具有一定投机性和流动性的证券投资有可能不完全符合持续性要求。对间接投资的持续性要求在泊斯托瓦银行诉希腊一案中有所涉及。斯洛伐克的泊斯托瓦银行于 2010 年购买了超过 5 亿欧元的希腊政府债券,通过二级市场交易获利,但随后希腊经济及政府债券信用评级下滑,希腊于 2012 年 2 月 23 日通过了《希腊债权持有者法案》(Greek Bondholder Act),并于次日启动债务重组,重组范围包括泊斯托瓦银行持有的债券。[1] 尽管泊斯托瓦银行表示反对,但依旧没能阻止重组方案的推进,其账户上的原有债券被替换。泊斯托瓦银行随后依据斯洛伐克—希腊 BIT 提出仲裁申请。泊斯托瓦银行主张,二级市场交易不等同于投机和非持续性,其于 2011 年卖出和买入同种债券的行为是为了经营需要和满足法定资本充足率的要求,且其将 80% 的债券放在"持有至到期"(HTM)类别下,而仅有 18% 列为"可售资产"(AFS),也体现了稳定投资的意图。[2] 仲裁庭认可了申请方关于投资持续性的主张,即应依据"计划的持续时间"(intended duration)而非实际持有时间来判断投资持续性。[3] 据此可以看出,仲裁庭在判断一项证券投资是否属于投资仲裁所管辖范围内的"投资"时,会综合考虑该笔投资的交易历史和目的。

在目标资产属于投资的前提下,没收该笔资产必然构成征收,而冻结则须进一步根据具体情况分析是否构成间接征收。在投资协定中,间接征收通常表述为"等同"于征收或国有化的措施,是否"等同"主要取决于对经济利益的影响和对资产的控制权。[4] 如果冻结资产这一制裁措施实质剥夺了投资者对该笔资产的经济利益和控制权,且到达一定强度和时长,[5]则会被认定为构成间接征收。对于实质剥夺的程度没有统一的标准,需要个案衡量,但以往案例中都强调损失的严重性和不可挽回性。例如在坡普和塔尔博特诉加拿大一案中,虽然加拿大政府的出口限制措施给坡普和塔尔博特公司造成了一定的经济损失,但其并未干预该公司的经营管理、扣押其工作

---

[1] See Poštová banka, a.s. and Istrokapital Se v. The Hellenic Republic, ICSID Case No. ARB/13/8, Award (9 April 2015) [Poštová banka v. Greece], para. 267.

[2] Poštová banka v. Greece, para. 148.

[3] Poštová banka v. Greece, paras 366, 371.

[4] Rudolf Dolzer & Christoph Schreuer. *Principles of International Investment Law* (2nd ed.). Oxford University Press, 2012, p.160.

[5] Telenor v. Hungary, ICSID Case No. ARB/04/15, Award (13 September 2006), para. 70.

人员或剥夺投资者对公司的控制权,因此不构成征收。[①] 而在特斯迈德诉墨西哥一案中,墨西哥危险废物管理机构拒绝更新塞塔尔公司垃圾填埋许可证的行为被仲裁庭认定构成间接征收,原因之一是塞塔尔以垃圾填埋为主营业务。[②] 两相对比可以看出,间接征收要求达到剥夺投资者对其投资的主要控制权及主要收益来源的程度。从这一标准来看,仲裁庭在判断冻结资产等制裁措施是否构成间接征收时,可能会考虑被冻结的资产或被限制的业务范围占全部投资的比例以及对实际投资收益的影响。

要求投资者在限定期间内转让其资产也可能构成征收。在 PL 控股公司诉波兰一案中,注册地在卢森堡的 PL 控股公司收购了波兰的两家银行,并经波兰银行管理机构的同意,于 2013 年将两家合并为一家银行。后因波兰银行管理机构不满意其管理层变动和经营情况禁止 PL 控股公司行使投票权近 18个月,并要求其转让股权,导致 PL 控股公司在极端不利的市场条件下转出其股权,损失超过 7 000 万波兰兹罗提。[③] 仲裁庭认为,征收并不必然要求国家从投资者手中获得资产所有权,强制转让构成间接征收。[④] 同理,金融制裁的手段之一,即强制投资者在限定期间内转让特定投资也应属于间接征收。

(二) 违反投资保护标准

在国际投资规则碎片化的现状下,仍存在一些被广泛接受的对外国投资者的保护标准。金融制裁可能违反公平公正待遇、国民待遇、最惠国待遇等实体标准,投资者可以依据这些规则提起投资仲裁。

绝大部分投资协定都要求东道国向外国投资者提供公平公正待遇,其核心是善意原则[⑤]和正当程序。[⑥] 投资者在决定投资时往往期待东道国的投资环境和相关政策能在其投资期间维持稳定,因此,其对东道国可能影响其投资的政策的持续性有值得保护的合理期待。但与此同时,东道国对其

[①] Pope & Talbot Inc. v. The Government of Canada, UNCITRAL. Interim Award (26 June 2000), para. 100.

[②] Tecmed v. Mexico, ICSID Case No.ARB (AF)/00/2, Award (29 May 2003), para. 151.

[③] See PL Holdings v. Poland, SCC Case No.2014/163, Partial Award (28 June 2017).

[④] PL Holdings v. Poland, paras. 320 - 322.

[⑤] Tecmed v. Mexico, para. 153.

[⑥] David Collins. *An Introduction to International Investment Law*. Cambridge University Press, 2017, p.125.

境内的经济活动有规制权。为平衡东道国规制权和投资者的合理期待,东道国在做出可能影响投资者利益的行为时应出于善意并遵循合理程序,让投资者在受到规制时充分了解其权利义务并有机会调整其投资。① 在特斯迈德诉墨西哥一案中,西班牙特斯迈德公司在墨西哥投资成立了塞塔尔公司,其于 1996 年首次获得危险工业垃圾填埋的运营许可,须每年更新,墨西哥危险废物管理机构(INE)于 1998 年以塞塔尔的运营行为不合规为由拒绝更新许可并要求其关闭垃圾填埋场,特斯迈德因此提起仲裁,认为该行为打破了投资者对于投资业务持续性的合理预期。② 仲裁庭支持了特斯迈德的观点,认为 INE 没有给予塞塔尔整改的机会而直接拒绝更新许可,不利于投资者知悉其为获得许可所应遵守的规范,违反了公平公正待遇标准。在解释公平公正待遇时,仲裁庭强调东道国在投资立法、执法过程中应避免任意性、模糊性,保证透明度,保护投资者的信赖利益。③ 而单边金融制裁作为实现外交目的的工具,往往因国际关系的突变而非投资者的违规行为而采取,具有临时性和模糊性,受影响的主体对制裁措施不具有合理预期,最有可能违反公平公正待遇条款。典型例证如于 2020 年 11 月 12 日发布的美国 13959 号总统行政令,以国家安全为由限制与"中国军工企业"相关的证券交易,④要求在 2021 年 1 月 11 日后,任何"美国人"不得持有相关企业的证券,也不得向其提供融资渠道,⑤而财政部外国资产监控处(OFAC)直到 2020 年 12 月 28 日才首次公布制裁清单,⑥并解释何为同样被列入制裁清单的"企业名称高度相似"的实体,⑦制裁范围至此具体化,并且可能随时更新。由于"美国人"包括所有处于美国管辖范围内的外国投资者,⑧因

---

① Roland Kläger. *"Fair and Equitable Treatment" in International Investment Law*. Cambridge University Press, 2011, pp.117-118.

② Tecmed v. Mexico, para. 45.

③ Tecmed v. Mexico, para. 154.

④ See Executive Order 13959 of November 12, 2020.

⑤ Executive Order 13959 of November 12, 2020, section 1(a).

⑥ See OFAC, Publication of Communist Chinese Military Companies Frequently Asked Questions and Related List. Accessed from https://home.treasury.gov/policy-issues/financial-sanctions/recent-actions/20201228.

⑦ See OFAC FAQ858. Accessed from https://home.treasury.gov/policy-issues/financial-sanctions/faqs/858.

⑧ Executive Order 13959 of November 12, 2020, section 4(f).

此相关投资者必须在短短十几天内撤资,其正常的投资利益无法得到保障,这样的制裁手段明显违反了公平公正待遇。

投资协定中广泛采用的非歧视原则要求国家不得对投资者做出不合理的区别对待,以国籍为标准的歧视性措施属于该原则的限制范围。而国际贸易体系下 GATS 将最惠国待遇列为一般义务,[1]TRIMS 保留了《关税及贸易总协定(GATT)》的国民待遇条款,[2]进一步限制了对不同国籍的服务提供者的区别对待。金融制裁具有明确的目标,其针对某个国家的制裁行为必然构成对该国被制裁主体和他国投资者的区别对待,而这种区别对待可能违反非歧视原则、最惠国待遇和国民待遇条款。例如,美国和欧盟于2014 年起对俄罗斯发起经济金融制裁,俄罗斯的大型国有银行在美欧市场遭到封杀,融资渠道被阻断,在相关市场无法维持其正常经营。[3]俄罗斯与英国、德国、荷兰等国均签有 BIT,并约定不得采取歧视性措施伤害投资者利益,[4]这些国家在欧盟制裁框架下针对俄罗斯采取的措施存在违反相关条款的风险,但目前并没有俄罗斯投资者提出仲裁请求。

(三) 可能构成货币限制性措施

如果外国投资者在东道国无法提取、使用其在本国的资金,跨境投资就无法实现,[5]因此资金流动自由是国际投资的保障。而金融制裁对资金流动、跨境支付的限制可能构成 IMF 协定项下相关义务的违反。尽管 IMF协定的主要目的并非保护跨境投资本身,但其旨在提高外汇稳定性、维护多边支付系统的目标间接地起到了保护作用。IMF 成员国不得限制国际经常性交易的支付和资金转移。[6]而美国在对伊制裁中所采取的切断国际结算通道的制裁方式明显违反了该义务。

---

[1] GATS, article 2.

[2] TRIMS, article 2.

[3] 陶士贵、徐婷婷:《西方国家对俄罗斯经济金融制裁的演进、影响及启示》,《国际金融》2016 年第 2 期,第 60—61 页。

[4] See Russian Federation-United Kingdom BIT (1989), article 2(2); Germany-Russian Federation BIT (1989), article 3(1); Netherlands-Russian Federation BIT (1989), article 3(1).

[5] David Collins. *An Introduction to International Investment Law*. Cambridge University Press, 2017, p.55.

[6] Articles of Agreement of the International Monetary Fund, 27 December 1945, article 8, section2(a).

第三节　国家安全泛化背景下的
金融制裁及其边界

尽管从投资者的角度看,金融制裁可能违反前述国际投资规则,但制裁发起国也有可以抗辩的理由。以美国为例,其决定实施金融制裁的国内法律和行政命令中最常援引的理由是国家安全。《伊朗全面制裁、问责和撤资法》明确指出,伊朗发展核武器、支持国际恐怖主义活动对美国国家安全造成了威胁,对伊朗实施经济制裁是"保护美国的根本安全利益所必需的"。[①]在美国对俄罗斯、中国等特定实体发起金融制裁的行政命令中,发起制裁的原因都包含对美国国家安全的"非同寻常的威胁"或对美国本土和海外力量的"直接威胁"。[②]在针对伊朗政府和金融机构的制裁命令中,美国认为伊朗对洗钱活动的打击力度不足,给国际金融体系带来了"持续且不可接受的风险"。[③]

国家安全抗辩对应国际投资规则中的根本安全利益(essential security interests)和非排除措施(non-precluded measures)。如果某一措施是为了维护一国的根本安全利益而采取的,该措施不被视为违反投资保护义务,东道国不需要对投资者的损失承担责任。[④]根本安全例外条款体现了国际法对国家主权的认可,在国际法的各个领域广泛存在,[⑤]但条款表述有所不同,规则体系较为混乱。国际贸易体系中与投资有关的安全例外规定基本都源自GATT第21条,GATS基本照搬,[⑥]TRIMS则直接不加改动地沿用GATT

---

① Comprehensive Iran sanctions, accountability, and divestment act of 2010, section 2(10).

② See Executive Order 13660 of March 6, 2014; Executive Order 13936 of July 14, 2020; Executive Order 13959 of November 12, 2020.

③ See Executive Order 13599 of February 5, 2012.

④ David Collins. *An Introduction to International Investment Law*. Cambridge University Press, 2017, p.284.

⑤ Susan Rose-Ackerman & Benjamin Billa, Treaties and National Security, 40 NYU J Intl L & Pol, 2008, p.437.

⑥ GATS, article 14 bis.

的所有例外条款。① GATT 的安全例外条款分为三项,第一项信息保护与金融制裁措施无关;第二项允许缔约方采取"其认为对保护其根本安全利益所必需的任何行动",虽然在这一条中有"其认为"(which it considers)这样的自主判断(self-judging)性质的表述,但这部分行动被限制在与可裂变物质、军事建设相关的交易中,或只能在战争或国际关系中的紧急情况下采取。② 该例外的第三项允许缔约方"根据《联合国宪章》规定的义务为维护国际和平与安全"而采取相应的行动,③在本项中并无自主判断的表述,表明这部分行动需要联合国授权。

许多投资协定和经贸协定中的安全例外条款援用了 GATT 第 21 条,④但美国作为金融制裁最频繁的发起国,在签订投资协定时表现出明显的国家安全泛化趋势。例如,《北美自由贸易协议(NAFTA)》中对国家自决的根本安全例外与 GATT 第 21 条的表述相近,有军事建设、核武器、战争或紧急情况这三项限制。⑤ 而在新签订的 UMSCA 中,这三项限制不复存在,安全例外条款的表述跟 BIT 范本相近,给予了国家更大的自决空间。⑥ 美国 BIT 范本中的根本安全例外条款将国际和平与安全和国家安全合并在一起,至少在字面上都成为可由国家自主判断的事项,通常表述为"本协定的任何规定不得解释为阻止一方采取其认为对维护、恢复国际和平或安全或保护国家根本安全利益所必需的任何措施"。⑦ 美国一贯的主张是,其援引自主判断性安全例外而采取的措施可以排除国际法院或仲裁庭的管辖,不受第三方实质审查。⑧ 这一立场在伊朗诉美国违反 1955 年《友好经济关系及领事权利条约》一案中也有所体现。尽管该条约第 20 条根本安全例外中并没有自主判断的表述,但美国依然认为缔约国依据有权自主决定国家

---

① TRIMS,article 3.

② GATT,article 21(b).

③ GATT,article 21(c).

④ See e.g. Canada - China BIT,2012,article 33.5;EU - UK Trade and Cooperation Agreement,2020,article EXC.4;《中国—新西兰自由贸易协定》,2021,第 201 条。

⑤ NAFTA,article 2102 (1b).

⑥ USMCA,article 32.2(b).

⑦ U.S. Model BIT,2012,article 18.2.

⑧ See D. Greig,Nicaragua and the United States:Confrontation over the Jurisdiction of the International Court,B YIL 62,1991,pp.181 - 213.

安全利益的内容和措施的必要性,因此反对国际法院行使管辖权。[1] 国际法院认为其有权审查制裁措施的合理性和必要性,并将继续进行实体审理。[2] 除了国际司法实践之外,目前学界也普遍认为,为维护国际投资的稳定性和投资者的合理预期,安全例外不能任由国家自决,若国际争端解决机构无权进行实质审查,则存在国家滥用该例外条款的可能,致使投资协定的实质内容沦为空谈。[3]

尽管根本安全例外在国际贸易体系和投资协定中均有规定,但是目前国际社会对根本安全例外的内涵并未达成共识。国际组织和争端解决机构对涉及国家安全的争议一直以来持比较谨慎的态度。例如,IMF 默认一国以国家安全为依据做出的货币限制合法,除非其审查后作出相反的声明。[4] 又如,GATT 专家组在处理美国对尼加拉瓜的经济制裁时,避开了仲裁庭是否有权审查国家安全例外这一问题。[5] 在国际投资领域,根本安全例外涵盖的范围并不清晰,在经济全球化、投资自由化的浪潮下,也鲜有国家会实际援引该例外,直到由阿根廷金融危机而引发的大量投资仲裁案件打破了国际社会对该例外条款的沉默。传统的根本安全利益一般指向外部军事威胁或进攻,这与 GATT 对国家安全条款的三种限制情况也是相符的。以阿根廷为被诉方的一系列仲裁案引发了经济安全是否属于根本安全利益的争论,仲裁庭就此意见不一。LG&E 诉阿根廷一案的仲裁庭认为,阿根廷国内经济危机的严重程度几乎可以等同于遭受军事入侵,因此构成根本安全例外。[6] 而 CMS 诉阿根廷、安然诉阿根廷等案的仲裁庭则

---

① Alleged Violations of the 1955 Treaty of Amity, Economic Relations and Consular Rights (Islamic Republic of Iran v. United States of America), ICJ Judgment (3 February 2021) [Alleged Violations of the Treaty of Amity], para. 102.

② Alleged Violations of the Treaty of Amity, paras 111 - 113.

③ Marcin J. Menkes. *The Legality of US Investment Sanctions against Iran*. The Canadian Yearbook of International Law, 2018, p.351.

④ IMF Executive Board, Decision no 144 -(52/51) (14 August 1952). Accessed from https://www.elibrary.imf.org/view/IMF014/06133-9781589063358/06133-9781589063358/ch17.xml?language=en&redirect=true.

⑤ Hsu, L. 2000 - 2009: Decade of Security-related Developments in Trade and Investment. *Journal of World Investment & Trade*, 11(5), 2010, p.719.

⑥ LG&E Energy Corp. v. Argentine Republic, ICSID Case No. Arb/02/1, Decision on Liability (3 October 2006), para 206.

认为阿根廷的经济困难并未达到引起经济社会崩溃的程度,不足以构成安全例外。[①] 尽管仲裁庭未得出一致结论,但对根本安全利益的衡量都采用了效果标准,正如 CMS 诉阿根廷裁决中所言,对根本安全利益的理解不能仅限于传统的国家安全,[②]其他现实存在的安全问题诸如公共卫生危机、网络安全危机等只要足以对一个国家产生毁灭性影响,均有可能构成根本安全例外。

　　虽然前述效果标准较为模糊,但依然可以尝试将其用来衡量美国所发起的金融制裁是否属于根本安全例外。目前美国发起金融制裁的程序主要依据其国内的《国际紧急经济权力法》和《国家紧急状态法》,由总统发布行政命令,OFAC 具体执行,而行政命令中对发起制裁的原因和事实基础往往缺乏充分的阐释。近年来,美国发起制裁的主要目标包括反恐、遏制核武器扩散、促进民主制度、打击军事冒险行动、削弱他国军事潜力等,[③]广泛地将各种政策目标列为所谓的安全"威胁"。与国际投资仲裁案例法所确立的标准相比较,不难发现美国金融制裁所针对大部分的事项均属于他国内政范围,并不会对美国的根本安全产生直接威胁,也远没有达到案例法所确立的引起经济或社会崩溃的严重程度,美国的国家安全抗辩很难成立。而世界范围内的恐怖主义活动可能对美国构成潜在的威胁,且在"9·11"事件后,这种危险变得紧迫和现实化,这可能也是美国主张应由国家自主判断其根本安全利益的内容并表现出国家安全泛化倾向的原因之一。以阿根廷为被申诉方的一系列仲裁案是以美国—阿根廷 BIT(1991 年)为基础的,该文本规定的例外条款并不包含自主判断性质的语言,[④]因此仲裁庭在分析时也未将"其认为"所包含的国家自由裁量权纳入考量。如前所述,美国在近期签订的投资协定的根本安全例外条款中都明确加入了自主判断性质的语言,意在扩大国家的规制自由,同时也增加了根本安全例外的模糊性和不

---

① See CMS Gas Transmission Co. v. Argentine Republic, ICSID Case No. ARB/01/08, Award (12 May 2005) [CMS v. Argentina], para. 4; Enron Corp. Ponderosa Asset, L.P. v. Argentine Republic, ICSID Case No. Arb/01/3, Award (22 May 2007), para. 324.

② CMS v. Argentina, para. 360.

③ [美] 加利·克莱德·霍夫鲍尔等:《反思经济制裁》,杜涛译,上海人民出版社 2019 年版,第 153—154 页。

④ US-Argentina BIT, 1991, article 11.

确定性。

　　由于国际投资仲裁中尚无对该例外自主判断性质条款的阐释,目前只能管窥蠡测,参考 2019 年俄罗斯货物过境案中 WTO 专家组对 GATT 安全例外条款的解读,这也是国际贸易体系下 WTO 首次对该例外条款进行解读。[①] 2016 年俄罗斯以国家安全为由限制乌克兰向中亚的货物运输在俄过境,乌克兰寻求磋商无果后启动专家组程序。俄罗斯在本案中持有和美国相同的观点,即国家有权自主决定其根本安全利益的内容及措施的必要性,他方无权审查。[②] 专家组对该条款中的"其认为"所修饰的内容提出了三种可能的解释并逐一进行判断:① 国家仅有权自主决定所采取措施的"必要性";② 国家有权自主决定根本安全利益的内容以及所采取措施的"必要性";③ 除以上两项外,国家还有权自主判断该条款三个分项的情况。[③] 专家组首先否认了第三种解释,认为 WTO 有权审查是否存在三个分项所述的情况,[④]因为分项中的可裂变物质、军事建设以及战争或国际关系中的紧急情况均可进行客观判断(objective test)。[⑤] 在确认"其认为"所含的自主判断性不及于对三个分项的客观判断后,专家组进一步分析国家是否有权决定何为"根本安全利益"。鉴于不断变化的情形和国家对具体情况的认知,专家组认为国家有权在善意的前提下自主决定"根本安全利益"的内容,善意原则要求国家不得利用该例外逃避 GATT 项下的国际义务。[⑥]

　　具体到本案,援引"国际关系中的紧急情况"例外进行抗辩的国家有义务充分证明其对根本安全利益的考量,客观情况的紧急性越高,证明的充分性要求越低:若客观存在"武装冲突或(援引国或其邻近区域的)法律和公共秩序崩溃",则对援引国的证明要求较低;若是"自卫、军事利益、维护法律

---

① 梁咏:《论国际贸易体制中的安全例外再平衡》,《法学》2020 年第 2 期,第 142—155 页。

② Russia-Measures Concerning Traffic in Transit, WT/DS512/R, Panel Report (5 April 2019) [Russia-Traffic in Transit], para. 7.129; Third-Party Oral Statement of the United States of America (January 25, 2018), para. 1.

③ Russia-Traffic in Transit, para. 7.63.

④ Russia-Traffic in Transit, para. 7.101.

⑤ Russia-Traffic in Transit, paras. 7.69 - 7.71.

⑥ Russia-Traffic in Transit, paras. 7.131 - 7.133.

和公共秩序的利益"等不属于明显紧急的情况,则援引国需要提供更多的细节来证明其根本安全利益受到威胁。[1] 除了证明根本安全利益需要遵循善意原则外,援引国也须证明其采取的措施与根本安全利益的关联性。[2] 最后,专家组根据文义解释和 GATT 第 21 条的立法背景确认国家有权自主判断其所采取措施的必要性。[3]

综上,俄罗斯货物过境案的专家组对根本安全例外采取了主观标准和客观标准相结合的解释路径,承认"其认为"所含的国家自由裁量权,同时以分项的客观性限制自由裁量的范围,这一解释"很大程度上反映了除美国外的第三方成员的意见",[4]也为未来投资仲裁庭解释以 GATT 第 21 条为范本的投资协定中的根本安全例外提供了参考。在上述解释框架下,以反恐为目标的金融制裁措施可能属于非明显紧急的情况,制裁发起国若想要以此正当化其制裁措施,则必须充分证明本国遭受的恐怖主义威胁以及其制裁措施与遏制恐怖主义的关联。

然而许多国际投资协定中的安全例外条款不以 GATT 第 21 条为模板,例如美国签署的现行有效的 39 项双边投资协定中的根本例外条款均不存在任何类似 GATT 第 21 条三个分项的限制。[5] 这就限制了客观解释的路径,给予制裁发起国滥用安全例外正当化其制裁措施的空间。尽管从各方对俄罗斯货物过境案的意见可以看出,大多数国家认为一国对其根本安全利益的自由裁量权应受到合理限制,但国际投资规则中的根本安全例外条款缺失客观规制条件,给客观解释的适用带来了难以逾越的障碍,从而纵容某些国家以国家安全的名义不受约束地发起单边制裁。因此,各国在签订或修订投资协定时,有必要对国家安全例外条款进行细化,明确"根本安全利益"的范围、援引该例外需满足的标准以及国家可自由裁量的范围。

---

① Russia-Traffic in Transit, para. 7.135.

② Russia-Traffic in Transit, para. 7.138.

③ Russia-Traffic in Transit, paras. 7.90 - 7.92, 7.146.

④ 梁咏:《论国际贸易体制中的安全例外再平衡》,《法学》2020 年第 2 期,第 146 页。

⑤ 数据来源:联合国贸易和发展会议统计,https://investmentpolicy.unctad.org/international-investment-agreements/countries/223/united-states-of-america,最后访问时间:2021 年 2 月 20 日。

第四节　全球行政法视角下根本
安全例外的界定

　　有关根本安全例外的争议和不确定性实际反映出,现有的国际投资规则未能充分考量国际投资争端中国家规制权所涉及的公共利益问题。学者对国际投资仲裁有两种分析视角,本章暂且分别称之为私法视角和公法视角:私法视角强调投资仲裁和国际商事仲裁的相似性,将投资仲裁视为具有一定商业性质的争端解决方式,因此以当事人意思自治、双方地位平等为基本逻辑,更多关注单个案件的规则适用和争议解决;而公法视角将投资仲裁放在国际公法和国家间争端解决的大框架下,关注超出仲裁案件当事人意思自治的更大范围的影响,例如,国际投资治理体系、东道国-投资者利益平衡等。[①] 私法视角的背后逻辑在于,投资仲裁在形式上具有商业性质,投资者直接对国家提起仲裁程序体现了常见于国际商事交易纠纷解决中的私法逻辑而非传统的国家对国家的公法路径,且在实践中,仲裁庭通常以表意模糊且具有开放性的投资协定为依据,着重考虑东道国是否违反投资协定的条款,而鲜少关注该国的其他国际法义务和国内利益考量。[②] 但实际上,由于投资争端的一方当事人是国家,投资争端与投资者在东道国行政法和宪法上的权利无法分离,与公共利益和私有主体利益的平衡息息相关。[③] 因此,学者着手对国际投资法进行公法视角的"概念重建"(reconceptualizaiton),并引入全球行政法视角去分析国际投资规则对国际经济政治秩序的塑造作用。

　　公法视角涉及两个层面:一是限制政府行为以保证私主体权利;二是

[①] Stephan Schill. International Investment Law and Comparative Public Law (OUP 2010) 3, 11.

[②] Inga Witte. *Interactions between International Investment Law and Constitutional Law: Promoting the Dialogue: A European Perspective on Judicial Cooperation and Deference.* Max Planck Yearbook of United Nations Law 2017, p.468, 470.

[③] Inga Witte. *Interactions between International Investment Law and Constitutional Law: Promoting the Dialogue: A European Perspective on Judicial Cooperation and Deference.* Max Planck Yearbook of United Nations Law 2017, p.468, 470.

明确公共权力的合法来源和问责机制。[①] 晚近,公法视角又增添了新的维度,东道国规制权的再回归和再平衡。在国际投资仲裁中,由于当事人一方是国家,在其管辖范围具有公共权力,而投资仲裁裁决可能会直接要求东道国改变其行使公共权力的行为或方式,因此国际投资仲裁不仅是解决投资争端的机制,而且更是一种对国家行为合法性的审查机制。[②] 斯蒂芬·希尔指出,国际投资法和投资仲裁在构建投资者—东道国合作的法律框架以及限制政府滥用权力等方面,与国内法层面的财产权等宪法权利和政府受法律约束等行政法原则在功能上是相似的。相比于商业仲裁,国际投资仲裁与行政法或宪法上的司法审查更为相似,因此有必要引入国际投资法和各国公法的比较研究,通过对比不同国家和国际机制对公平公正待遇等投资保护原则的法律定义,来探寻投资者和东道国都能接受的标准界定,平衡投资保护和公共利益,并增强国际投资规则的体系性。[③] 殷哥·威特通过分析大量的国际投资仲裁案例及不同国家国内法院有关外国投资判决,总结出国际投资规则与国内宪法体系的三种冲突情形:投资仲裁庭和东道国国内法院对某一项措施的平行裁判;国内法院对国际投资规则与国内法兼容性的决定;投资仲裁中对宪法的援引。[④] 殷哥·威特认为,解决冲突的办法是打破国际投资法和国内宪法的上下层级关系和对立状态,促进投资仲裁和国内法院之间的司法对话,让仲裁庭更多地参考各国宪法、行政法对相关概念的解释,以作为解释投资协定条款的依据。[⑤]

　　基于国际投资规则和国内公法的密切联系,以及全球范围内的 BIT 以及区域性投资协定所形成的网络效应,金丝贝瑞和希尔敏锐地观察到,国际投资领域公平公正待遇、比例原则等规则实际上为一国的国内行政程序设

[①] Armin von Bogdandy et al. Developing the Publicness of Public International Law: Towards a Legal Framework for Global Governance Activities. *German Law Journal*,(2008)9,p.1375,1380.

[②] Stephan Schill. International Investment Law and Comparative Public Law (OUP 2010) 3,17 – 23.

[③] Stephan Schill. International Investment Law and Comparative Public Law (OUP 2010) 3,24 – 25.

[④] Inga Witte. *Interactions between International Investment Law and Constitutional Law: Promoting the Dialogue: A European Perspective on Judicial Cooperation and Deference*. Max Planck Yearbook of United Nations Law 2017,p.468,pp.476 – 487.

[⑤] Inga Witte. *Interactions between International Investment Law and Constitutional Law: Promoting the Dialogue: A European Perspective on Judicial Cooperation and Deference*. Max Planck Yearbook of United Nations Law 2017,p.468,475.

定了标准,因此国际投资法(BIT)具有全球行政法的性质。① "全球行政法"(global administrative law)这一概念由金丝贝瑞、库里奇和斯特瓦特等学者在 21 世纪初提出。一个国家的行政权力在传统意义上属于国家的保留领域,但全球经济金融合作的加深必然会带来对国家机关行政权力的限制。"各种跨国规制体系或规制合作通过国际条约和较为非正式的政府间合作网络建立起来,使得许多规制决策从国内层面转移到全球层面。"②在超国家机制兴起的大背景下,存在一个超越传统国际法和国内法二元框架的"全球行政空间"(global administrative space)。在这个空间中,"受到全球规制治理影响或在其中具有利益关切的国家、个人、企业、非政府组织和其他国内和全球社会经济利益群体或代表以复杂的方式相互作用。"③全球行政法被定义为"包括那些促进或以其他方式影响全球行政机构问责性,特别是确保其达到透明度、参与性、合理决策和合法性方面的充分标准以及对其形成的规则和决定提供有效审查的机制、原则、惯例和支持性的社会认同。"④而在这种国际社会认同形成的过程中,全球治理与国家主权各自规制的范围和力度在不断地发生着变化。

圣地亚哥·蒙特在其《投资条约仲裁中的国家责任:BIT 时代的全球宪法行政法》一书中指出,在国际投资领域,以禁止任意征收、公平公正待遇为两大核心原则的全球行政法已形成雏形。⑤ 与此同时,安全关系国家主权,往往是国家行政权保留的部分,绝大多数投资协定中均含有根本安全例外条款,⑥因此也确实存在一块独属于国家主权范围的国家安全领域,不能

---

① See Benedict Kingsbury and Stephan Schill. *Investor-State Arbitration as Governance: Fair and Equitable Treatment, Proportionality and the Emerging Global Administrative Law*, IILJ Working Paper, 2009/6.

② 本尼迪克特·金斯伯里、尼科·克里希、理查德·B. 斯图尔德:《全球行政法的产生(上)》,范云鹏译,《环球法律评论》2008 年第 5 期,第 117 页。

③ 本尼迪克特·金斯伯里、尼科·克里希、理查德·B. 斯图尔德:《全球行政法的产生(上)》,范云鹏译,《环球法律评论》2008 年第 5 期,第 123 页。

④ 本尼迪克特·金斯伯里、尼科·克里希、理查德·B. 斯图尔德:《全球行政法的产生(上)》,范云鹏译,《环球法律评论》2008 年第 5 期,第 118 页。

⑤ See Santiago Montt. *State Liability in Investment Treaty Arbitration: Global Constitutional and Administrative Law in the BIT Generation*. Oxford, Hart Publishing, 2009.

⑥ 张乃根:《国际经贸条约的安全例外条款及其解释问题》,《法治研究》2021 年第 1 期,第 130 页。

为全球行政法所覆盖。在全球化迅速推进、国际合作氛围良好的情况下,国家安全并未得到清晰界定,而随着环境、网络安全、金融安全等各类全球性风险的凸显,国家安全的范围愈发模糊。近年来,各国开始重视全球化对国家安全的影响,国家安全在国际话语体系中频繁出现,各国也更重视使用行政规制权保护关涉国家安全的重要产业。在单边金融制裁和国际投资规则的冲突中,制裁发起国援引安全例外以正当化其违反投资保护基本原则的行政行为,本质上是在试图界定国家主权和全球治理的边界。

在全球行政法视角下,全球治理发生在两个层面:一是全球监管主体本身的监管活动;二是全球监管主体与国家行政主体之间的互动关系。在国际投资领域的全球行政法框架下,由美国单边金融制裁引发的对安全例外边界的界定在两个层面同时进行。

一、全球监管层面

国际投资协定中一般都含有投资仲裁条款,约定投资者在其投资利益受到不当侵害时有权在未穷尽当地救济的情况下诉诸投资者—国家争端解决机制(以下简称 ISDS 机制)。ISDS 机制创建了一个以平衡投资保护和国家主权为目的的审查和限制国家行政行为的全球司法和监管机制。然而,由于两方面的原因,目前 ISDS 机制面临正当性危机,很难完成界定安全例外边界的任务。一方面,BIT 条款具有开放性和模糊性。为了降低磋商成本,各国签订的 BIT 条款都非常宽泛,根本安全等很多关键概念都缺乏清晰的定义,实体条款缺乏具体解释。如此含混的约定实际上将细化实体规则的权力交给了争端解决主体,即允许投资仲裁庭通过"裁决立法"(adjudicative law-making)的方式对投资规则进行解释和适用。[①] 另一方面,ISDS 机制下的投资仲裁具有临时性,仲裁庭针对单个案件组成、审理并作出裁决,各个仲裁庭之间缺乏协调性,存在对相近的 BIT 条款作出不同解释的情况,甚至在背景相同的一系列案件中也会作出截然不同的适用和裁决。正如前文所述,对于阿根廷经济危机是否属于根本安全例外这一问题,不同仲裁庭给出

① Jose E Alvarez. *International Organizations as Law Makers*. New York, OUP, 2005, pp.523-524.

的意见并不统一,同时在裁决中格外强调个案考量(case-by-case analysis),而惮于对"根本安全"作出明确定义。BIT 条款的宽泛性以及投资仲裁的临时性两方面原因导致 ISDS 机制缺乏稳定性和可预测性,在缺乏规则指引或较为明确的国际共识的情况下难以对根本安全例外作出具体界定。

除 ISDS 机制之外,作为全球司法监管机构之一的国际法院(ICJ)也在一些综合性经贸协定中被约定为争端解决机构。投资利益因金融制裁而受损的缔约国有权依据协定中的投资保护条款向国际法院提起诉讼,追究制裁发起国的国家责任。根据《国家对国际不法行为的责任条款草案》,可归责于一国的作为或者不作为若违反该国应承担的国际义务,则构成国际不法行为,若无可以免除不法性的事由,则该国应承担相应的国家责任。① 金融制裁是发起国利用其金融实力和金融影响力采取的一系列制裁措施的集合,根据措施是否违反制裁发起国的国际义务及制裁发起国是否需要承担国家责任,可分为"报复"(retorsion)、"反措施"(countermeasure)和"国际不法行为"(internationally wrongful act)。"报复"指该措施虽然对目标国不利,但在国际法层面并不违反任何义务,只是客观上减损了目标国的利益,例如暂停对目标国的金融援助。② 如果一项措施虽然在客观上违反了国际法义务,但是受害国为制止目标国不法行为而采取的措施,则依据国际习惯法,该措施为"反措施",不具有违法性。③ 而如果一项措施违反国际法义务也不存在排除违法性的原因时,即构成普通的国际不法行为,采取措施的国家须承担国家责任。

国际法院审理的伊朗诉美国违反 1955 年《友好、经济关系和领事权利条约》(以下简称《友好条约》)一案或许将成为全球监管层面对于根本安全例外和单边金融制裁引起的国家责任进行界定的关键案例。长期以来,美国对伊朗及伊朗籍个人、企业发起过多次金融制裁。早在 1979 年伊朗人质危机发生时,美国就采取了冻结伊朗在美资产的制裁措施。④ 1983 年驻扎

---

① International Law Commission. Draft Articles on Responsibility of States for Internationally Wrongful Acts [ARSIWA], article 2.

② ARSIWA, chapter 2, p.128.

③ ARSIWA, article 22.

④ Kenneth Katzman. Iran Sanctions (November 15, 2019), p.3.

在黎巴嫩首都贝鲁特的美军军营遇袭,随后伊朗就在1984年被美国认定为恐怖主义活动的资助国。除了冻结资产并将部分资产用于补偿美国的恐怖活动受害者之外,美国还暂停了对伊朗的金融援助,并依据其国内的《国际金融机构法》(International Financial Institutions Act),在所有决定是否向伊朗提供国际资助的表决场合投反对票。① 自2005年起,美国就伊朗核问题启动新一轮制裁,其中第13382号行政命令将制裁范围扩大到为伊朗核计划提供帮助的所有实体,实际上产生了次级制裁效力。② 2011年,美国认定包括伊朗中央银行在内的伊朗金融体系存在重大缺陷,认为伊朗境内的洗钱活动对全球金融系统构成严重威胁,并因此出台措施冻结伊朗央行以及国有实体在美资产。③ 2016年伊核协议生效实行,美国解除了对伊朗的部分制裁,但2018年美国退出伊核协议,重新实施各项制裁,并给环球银行金融电信协会(SWIFT)施压,SWIFT暂停为多家伊朗银行提供金融通信服务,使伊朗沦为金融孤岛。④

2018年7月,伊朗正式向国际法院提起诉讼,认为美国的制裁行动违反美伊1955年签订的《友好条约》,应承担国家责任。在投资保护领域,伊朗诉称美国的制裁措施违反《友好条约》第4条所约定的公平公正待遇和禁止采取歧视性措施的义务。⑤ 伊朗在其诉状中指出,一项措施的合理性须经双重判断:一是是否存在合理的政策;二是该措施是否能够实现该政策。⑥ 该标准实际指向全球行政法中的"合理决策"(reasoned decision)这一标准。美国在针对国际法院管辖权的初步反对意见中援引了《友好条约》第20条中约定的根本安全例外,但该例外的适用属于实体问题,需要国际法院对措施合理性和必要性进行审查。在后续的实体审理中,根本安全例外无疑将成为美国进行抗辩的核心,以及美伊双方庭辩交锋的核心问题。如果国际法院最终判定美国对伊采取的冻结资产等制裁措施不属于根本安全例外所规定的非排除措施,则美国须承担国家责任,然而考虑到美国对伊的

① Kenneth Katzman. Iran Sanctions (November 15, 2019), p.5.
② See Executive Order 13382 of June 29, 2005.
③ Kenneth Katzman. Iran Sanctions (November 15, 2019), p.35.
④ Kenneth Katzman. Iran Sanctions (November 15, 2019), p.52.
⑤ Iran Memorial, pp.136-149.
⑥ Iran Memorial, p.148, para. 4.26.

长期制裁原因复杂、手段多样,国际法院需一一进行审查,故这一案件的审理因美国宣布《友好条约》无效而结束。

除投资条约外,国际金融法中与跨境支付、外汇汇兑相关的规定也可以视为国际投资规则的一部分。美国利用 SWIFT 切断、拒绝提供美元汇兑服务等金融制裁措施可能因限制货币流通而违反 IMF 协定,而 IMF 作为保障全球货币流通的主要监管和协调机构有权认定美国的制裁行为是否合法。可惜的是,IMF 目前对此持较为保守的态度,依旧默认一国以国家安全为依据而做出的货币限制合法,除非其审查后作出相反的声明。[1] 迄今为止,IMF 未有就相关案例行使过审查权。

在 ISDS 机制和 IMF 失语、国际法院审理进展缓慢的现状下,国际投资领域的全球监管似乎并不能对根本安全例外的界定提供太多助益。然而近年来美国以国家安全为由频繁实施单边金融制裁,颇有愈演愈烈之势,许多被制裁主体在美国国内法框架下寻求救济。因此,从全球行政法与国家行政法的互动这一层面来观察根本安全例外的发展或许更有助益。

二、全球监管与国内公法互动层面

全球行政法与国家层面的司法行政系统有着密切联系,全球行政法并非高于各国行政法的上位规范,而是与国家层面的法律规范密切联系且相互渗透的全球规则,是国家规制与全球治理的混合。[2] 全球监管主体(global regulatory bodies)和国家司法行政机关之间的影响是双向的。一方面,由于全球监管主体一般不具备强制执行力,国家司法行政机关除了履行其本国的行政职能外,往往还承担着全球监管机制中的一部分职能,成为全球治理体系的"分布式行政机构"(distributed administration)。[3] 在这样双重角色的影响下,全球性的投资规则对一国的国内法律制度具有塑造作

---

[1] IMF Executive Board. Decision no 144 -(52/51) (14 August 1952). Accessed from https://www. elibrary. imf. org/view/IMF014/06133-9781589063358/06133-9781589063358/ch17. xml? language＝en&redirect＝true.

[2] Sabino Cassese. *Research Handbook on Global Administrative Law*. Edward Elgar Publishing Limited,2016, p.2.

[3] Sabino Cassese. *Research Handbook on Global Administrative Law*. Edward Elgar Publishing Limited 2016, p.178.

用。在 BIT 为发展中国家所广泛接受之初,其目的是将国际投资争议的管辖权从资金流入国的国内管辖中剥离出来,避免资金流入国的法治水平和国家行政权力对外国投资造成无法救济的侵害。① 投资协定要求发展中国家逐步建立起规制权受到法律限制的外资行政监管体系,禁止行政权力对投资的任意侵害。② 为了消除逆向歧视,签署 BIT 的发展中国家也会逐步将 BIT 所确定的国际投资保护标准逐渐推广适用到国内的投资者,从而整体提高本国的投资保护水平和行政透明度。③

另一方面,国家司法行政机关对全球规则具有塑造作用。习惯国际法的形成有赖于国家实践,一国往往可以通过其司法行政行为展示其政策偏好,在全球治理规则较为模糊的领域创造性地解释或细化规则,以推动国内法的国际法化。④ 目前的国际法在很大程度上受到美国制度和文化的影响,许多程序性的国际规则都以 1946 年美国《行政程序法》(Administrative Procedure Act)为蓝本。⑤ 如今,美国援引国家安全例外正当化其单边金融制裁的行为,并试图将安全问题完全纳入国家主权和国际经贸协定的范围,限制国际投资保护规则的适用,这正是美国为塑造有利于其本国利益的国际规则而做的努力。在频繁发起单边金融制裁的同时,美国政府也不得不应对被制裁主体在美国国内提起的诉讼。在全球监管机制失灵且低效的情况下,美国国内法院对政府制裁决定的审查成为被制裁主体进行反抗、降低损失的唯一救济渠道,同时也成为被制裁主体与美国政府对正当程序、合理决策等关键概念进行界定的主战场。美国国防部、财政部等行政机关对安全例外作出的解释以及国内法院的审查标准和结果很有可能成为引领并塑造全球规则的国家实践,进而影响相关领域国际规则的发展。

---

① Santiago Montt. *State Liability in Investment Treaty Arbitration: Global Constitutional and Administrative Law in the BIT Generation*. Oxford,Hart Publishing,2009,p.12.

② Michael Reisman and Robert D Sloane. Indirect Takings and its Valuation in the BIT generation. *British Ybk Intl Law*,2003,p.115,117.

③ Santiago Montt. *State Liability in Investment Treaty Arbitration: Global Constitutional and Administrative Law in the BIT Generation*. Oxford,Hart Publishing,2009,p.155.

④ Sabino Cassese. *Research Handbook on Global Administrative Law*. Edward Elgar Publishing Limited,2016,p.491.

⑤ Sabino Cassese. *Research Handbook on Global Administrative Law*. Edward Elgar Publishing Limited,2016,p.8.

　　小米公司及其自然人股东诉美国国防部一案在一定程度上反映了美国法院对国家安全相关的制裁措施的审查态度。美国《1999财年国防授权法》第1237条将"中国军工企业"定义为任何"由中国人民解放军或国家部门所有、控制或隶属,或者由附属于中华人民共和国国防工业基地的实体所有或控制"的实体。[①] 2021年1月14日,美国国防部依据该条将小米公司列为"中国军工企业"(communist Chinese military company),要求美国证券市场上的投资者抛售小米公司的证券,以断绝小米在美融资渠道。2021年1月29日,小米公司及其自然人股东向美国哥伦比亚特区联邦地区法院提交诉状,起诉美国国防部违反三项法律:第一,违反《行政程序法》;第二,超出《1999财年国防授权法》第1237条给予美国国防部的授权;第三,未经正当程序任意剥夺个人资产和自由,违反美国宪法(第五修正案)。[②] 小米公司于2021年2月17日向法院申请临时禁令,后于2021年3月12日获得临时禁令,暂缓美国投资者购买及持有小米证券的限制。2021年5月25日,法院最终判决撤销美国国防部对小米公司"中国军工企业"的认定。

　　哥伦比亚特区联邦地区法院认为,在审查涉及国家安全的案件时,法院应对行政机关的决定保持"较高的尊重"(heightened deference),考虑到本案涉及的制裁决定是美国外交政策的重要组成部分,应予"特别的尊重"(particular deference)。[③] 即便如此,法院依然应当确保行政机关的行为属于"合理决策"(reasoned decisionmaking),即行政机关至少应证明其行政决定和所依据的事实之间具有合理联系。[④] 美国国防部提出了两项证据:一是小米重点投资的5G和人工智能领域都属于重要的现代军事科技;二是小米公司创始人兼首席执行官受到中国工业和信息化部的表彰,而该部大力促进"军民融合发展"(military-civil fusion)。[⑤] 法院经审查认为,5G和人工智能技术具有军事应用前景这一事实并不足以证明小米公司为军工企

---

① National Defense Authorization Act for Fiscal Year 1999, Section 1237.

② Xiaomi Corporation v. Department of Defense, No.CV 21－280 (RC), 2021 WL 950144 (D.D.C. Mar. 12, 2021), pp.5－6.

③ Xiaomi Corporation v. Department of Defense, p.8.

④ Xiaomi Corporation v. Department of Defense, pp.8－10.

⑤ Xiaomi Corporation v. Department of Defense, pp.14－15.

业,且鉴于来自各行各业的企业家都受过同样的表彰,该表彰无法证实小米公司和中国军工发展之间的关系,因此,美国国防部的认定缺乏"实质证据"(substantial evidence)。① 基于以上证据,以及庭辩过程中被告未能证明小米公司和中国政府之间存在任何技术转让的事实,法院对该案是否涉及重要的国家安全利益存疑。② 与此同时,保证政府机关依照联邦法律的规定运行涉及重大公共利益,两相比较,美国国防部的国家安全利益抗辩很难得到支持。③ 除此之外,法院还依据《1999 财年国防授权法》中"中国军工企业"的定义对国防部的认定进行了合法性审查。美国国防部主张,由于事关国家安全,定义中的"附属于"(affiliated with)应进行扩张解释,包含与中国国防和军事建设具有紧密联系、共同目的或共享特质的实体。④ 这一解释因过于宽泛、不当扩大了法令所指向的实体范围而未能得到法院的支持,法院最终采纳了小米公司所提出的"实际控制"解释,认为小米公司不属于"中国军工企业"。⑤

从该案可以看出,美国国内法院对涉及国家安全的投资限制措施进行审查的主要着眼点是措施能否合理实现政策目标,采用"实质证据"标准,对证据的来源、证明力进行综合认定以判断措施的合理性。值得注意的是,尽管法院对利益衡平所提出的审查标准是比较原告利益和公共利益,但在实际进行利益衡量时,法院是以政府依法行政所包含的公共利益远大于该案中可能涉及的国家安全利益为由支持了原告的请求。换言之,法院实际采取的审查方式是公共利益和公共利益之间的比较,而非小米及其投资人的私人利益和公共利益之间的比较。后者往往是国际投资仲裁庭的审查进路,相比之下,美国法院对国家规制权和国家公共利益的重视程度显然更高。此外,对比伊朗在其诉美国一案中所提出的"合理决策"标准,美国国内法院只对第二项(措施与政策目标的合理关联)进行了审查,而对第一项(政策合理性)并未多言,这也反映出美国法院对政府在国家安全方面的决策给

① Xiaomi Corporation v. Department of Defense, pp.15 - 16.

② Xiaomi Corporation v. Department of Defense, p.25.

③ Xiaomi Corporation v. Department of Defense, p.25.

④ Xiaomi Corporation v. Department of Defense, p.11.

⑤ Xiaomi Corporation v. Department of Defense, p.13.

予了很大的自由裁量空间。

在全球行政法视角下,国内公法的逻辑规则适用对国际投资法中根本安全例外的适用具有借鉴意义。

目前国际投资规则中对于根本安全例外条款的解释空间较大,关于该例外的内容、范围、适用等问题还存在大片空白,有待世界各国共同填补。这个过程是国家层面的法律与正在形成中的国际规则互动、博弈的过程,而大国往往会通过其单边行为先发制人,成为规则制定的引领者。目前美国作为金融制裁的主要发起国,在其制裁决定中频繁援引国家安全例外,正在自行填补该例外的解释空白。为防止美国完全主导国家安全相关的概念界定和话语体系,受制裁主体在美国国内法框架下挑战美国政府依赖国家安全例外所做的制裁决定不失为一种策略。尽管小米案中法院的判决思路体现了美国法院对涉及国家安全的投资限制措施的有限审查,但小米的胜诉也反映出美国政府对安全例外的援引依然受到"合理决策"等行政法原则的限制。2021 年 5 月 6 日,同样被美国国防部列入"中国军工企业"名单的筹筐技术公司也通过美国国内诉讼拿到了临时禁令。法院的备忘意见书显示:原被告双方对"附属于"这一概念的定义、企业与政府合作与国家安全利益的关联性等问题进行了更深入的辩论。[1] 这两个案件由同一制裁措施引起,情形相似,虽然都只涉及国家安全框架下国防和科技这一个很小的维度,但至少证明,在美国国内法框架下,政府援引安全例外并非完全不受限制。鉴于国内公法和国际投资法在审查政府行为合法性方面的相似性,美国在国际投资仲裁中坚持的"援引安全例外而采取的措施可以排除国际法院或仲裁庭的管辖"的主张显然过分扩张其国家主权,与其国内法的审查逻辑不符。

有关安全例外的国际共识的形成有赖于各国的态度和国家实践。在美国频繁发起单边制裁、被制裁国缺乏对等报复措施的情况下,可以鼓励更多的私有主体通过国际和国内司法审查机制参与对安全例外的界定和全球规则的制定。

---

[1] Luokung Technology Corporation v. Department of Defense, No.CV 21 - 583 (RC), 2021 WL 1820265 (D.D.C. May 5, 2021).

第五节　结　语

金融制裁本身是一种具有进攻性和经济侵害性的手段，并非单纯的政府管理行为，其目的是对被制裁方造成经济压力从而迫使其改变现有行为，因此会在很大程度上侵害投资者的对其资产或业务的控制权和决定权。从受制裁影响的投资者及其母国的角度分析，金融制裁与现有国际投资规则存在冲突，没收、冻结资产、强制转让证券、限制金融市场准入等制裁措施可能构成间接征收、违反投资保护标准或不合理地限制资本的跨境流动。制裁发起国很难否认其制裁措施对投资者造成的实际损害，但其可能以国家安全为由主张金融制裁措施属于根本安全例外下的非排除措施。因此，根本安全例外的内涵和援引条件是金融制裁和国际投资规则的冲突焦点。

由于国际投资规则的碎片化，不同投资协定中安全例外条款的表述不同，授予东道国自由裁量权的大小也不同，大致可分为以下三种：① 无自主判断性质的语言和无客观限制条件（例如美国—阿根廷 BIT）；② 有自主判断性质的语言和有客观限制条件（例如参考 GATT 第 21 条的 GATS、中国—加拿大 BIT 等）；③ 有自主判断性质的语言和无客观限制条件（例如 USMCA）。在第一种安全例外条款下，只有当一个国家在客观上面临可能引起社会崩溃的危机，才能援引根本安全例外，而以进攻和遏制为目的的金融制裁措施往往不符合这一标准。第二种安全例外条款采取主客观相结合的解释方法，尽管国家有权自主判断根本安全利益的内容以及其措施的必要性，但其采取措施时必须符合一定的客观限制条件且遵循善意原则。在此条件下，以反恐为目的的金融制裁有可能落入根本安全例外的范围，但制裁发起国仍需提供充分的证据证明该安全威胁的严重性和措施的关联性。而第三种安全例外条款主要为美国所倡导，在字面上对根本安全利益的范围、事态的紧急性、措施的必要性没有任何客观限制，呈现出国家安全泛化的倾向，因此有可能被制裁发起国滥用，逃避其投资保护义务。

金融制裁具有非对称性，被制裁方以及受制裁影响的投资主体几乎不可能以同样的渠道或方式实施对等报复，因此，国际规则的规制和救济尤为重要。各国应积极参与国际投资规则的塑造,坚持投资自由化的立场,在后续的投资协定谈判中,细化对根本安全例外的规定和限制,具体可以考虑以下几个方面:一是"根本安全利益"除了包含传统的国家安全利益之外,恐怖主义等未知安全风险是否应纳入安全例外的范围?是否应对两者进行差异性保护?二是援引安全例外应满足何种标准?金融制裁往往具有预防性,许多制裁措施意在早期而非危险现实化之后控制风险,投资者应在多大程度上容忍国家的提前行动?三是是否应保留自主判断性质的表述?若保留,国家的自由裁量权有多大?只有解决以上问题,合理限制安全例外的范围,通过广泛的国家实践塑造国际社会关于国家安全的共识,才能建立更为合理的国际投资规则框架,规制某些国家滥用金融优势地位以国家安全的名义发起不正当金融制裁的行为。

　　除了制定新的规则之外,在现有的规则框架下对安全例外进行解释和界定也同样重要。在全球行政法视角下,国际规则的形成有赖于全球监管与国内公法两个层面的活动和互动。由于国际投资仲裁目前面临正当性危机,仲裁庭很难对根本安全例外作出清晰界定,需要从各国的国内公法和国家实践中发掘有关安全例外的全球共识。美国政府以国家安全例外正当化其金融制裁措施,有利于其继续利用金融优势地位向他国施压。在缺乏国际规制的情况下,应重视全球行政空间中私有主体对国际规则制定所起到的促进作用,更多地鼓励受金融制裁影响的投资者在美国国内法院挑战美国政府对安全例外的扩张性界定,为国际规则的制定打下基础。

美国金融制裁法的新发展

第三章
美国法律外交与新法律霸权主义
——以《全球马格尼茨基人权问责法》为例

近年来,国际局势风起云涌。随着国际权力结构的变化,国际秩序也在发生着巨变。为了维持国家的优势和核心利益,全球霸主美国正在采用各种政策工具和外交方式,试图维持其实力和地位。而法律工具在美国的外交战略和国际事务中发挥着越来越大的作用。

法律工具在国际事务中的作用向来不容小觑。国际法和国际关系的联动关系最早可以追溯到国际法产生的时期。格劳秀斯为寻求调解国内外战争的方案,提出应建立以一套国际性的权威机制和秩序来对国家进行约束,这套体系的法理基础为自然法。[①] 直到 19 世纪,自然法都与国际法紧密地结合在了一起。19 世纪开始,实证化成为国际法的主流趋势,各种国际法以解决问题为主要导向。最早将国际法引入国际关系学科领域的是道格拉斯和麦克杜格尔,创立纽黑文学派。他们将国际政治理论引入国际法中,认为国际法是国家制定外交政策过程中的工具。[②] 而早期国际政治中对国际法的否定性评价大多来自以国内法评价国际法的角度。

国家使用法律工具过程中可能会对国际法造成冲击,国内法和国际法之间存在一定的张力。国家使用的法律带有本国的意识形态色彩和意图,因此,可能和国际法难以共存。冲突的主要原因在于管辖权重叠以及政治利益和文化观点之间的冲突。[③] 这种张力有多重表现形式,但也可能被消

---

① 高全喜:《格劳秀斯与他的时代:自然法、海洋法权与国际法秩序》,《比较法研究》2008 年第 4 期。

② 王林彬:《为什么要遵守国际法——国际法与国际关系:质疑与反思》,《国际论坛》2006 年第 4 期。

③ Knop Karen et al. International Law in Domestic Courts: A Conflict of Laws Approach. *Proceedings of The ASIL Annual Meeting*, Vol.103, 2009, pp.269-274.

解,即国际法被霸权国主导解释,与霸权国推行的法律工具高度一致而不再具有分歧。无论是国际法还是国内法,很大程度上都是由国家建构的,而此种建构离不开国家的强制力和软实力。从现实主义视角来看,法律工具的使用和强制推行表现为依托于国家实力的法律霸权主义,学术界又称为法律霸权主义。

第一节　"法律霸权主义"论

法律霸权主义被相对普遍接受的定义是由卡亚奥卢作出的,即法律霸权主义为"西方列强将其法律权威向他国延伸至本国的国民、商业利益以及疆域安全等诸多方面,从而使受众国法律对此领域的权威作进一步限缩的过程"。① 法律霸权主义源于政治霸权主义,其通常凌驾于国际法主权平等基本原则之上,主要体现在国际法和国内法两个方面,包括将国内法扩展到国际层面和主导国际规则的制定等。法律霸权主义在不同时期有不同的内涵和表现,其既可以用来描述 16 世纪英国对爱尔兰的法律殖民,也可以用来解释 19 世纪中叶欧洲在亚洲推行的治外法权实践。②

法律霸权主义的起源和发展分成几个阶段。施米德霍伊泽认为法律霸权主义起源于经济统治或军事征服,最早可以追溯到日耳曼在罗马帝国瓦解后的征服战争,再到葡萄牙、西班牙在大航海时代的对外殖民。日耳曼民族将罗马法律在欧洲的推广,随后又伴随着对外殖民进一步影响了美印文明,罗马天主教宗教权威、声称欧洲优越的思想贯彻在殖民地的法治建设中,而殖民地原有的本土法制被宗主国摧毁。③ 早期法律霸权主义的研究往往都和法律殖民主义挂钩,两者都在 15 世纪欧洲国家的对外殖民中正式

---

① Turan Kayaoglu. *Legal Imperialism: Sovereignty and Extraterritoriality in Japan, the Ottoman Empire and China*. Cambridge: Cambridge University Press, 2010, p.6.

② 李洋:《从"非正式帝国主义"到"法律霸权主义":以近代中国的境遇为例》,《法学家》2020 年第 1 期。

③ John R. Schmidhauser. The European Origins of Legal Imperialism and Its Legacy in Legal Education in Former Colonial Regions. *International Political Science Review*, Vol.18, No.3, 1997, pp.337 - 351.

成型,与殖民过程密不可分。到了 18 世纪,殖民国家形成帝国后的扩张带来了国际法的普遍化(universalization)和欧洲法律的主导地位,亚洲、非洲和太平洋的大部分国家都被主要的欧洲国家殖民统治,这导致了殖民地适用法律被同化为一个从根本上讲是欧洲化的法律体系,在此过程中,法律霸权主义开始盛行。① 殖民帝国倡导的国际法在这个时期脱离了自然法的框架,更多地从实证主义进行设计,在殖民地国家普遍推行。相比 16—17 世纪流行的国际法依从自然法倡导人类理性和平等适用的观点,这个时期的实证主义国际法进一步剥夺了非欧洲人民的公民权,并使他们处于从属地位。通过区分文明国家和非文明国家,实证主义国际法只适用于组成文明"国际大家庭"的外围,也就是被殖民国家。② 该时期法律霸权主义典型代表是大英帝国所属殖民地的法治化。英国在殖民地废除奴隶制、改变基层暴政、派遣法律专家前往殖民地建立法律秩序和推动全球范围内宪政文明建设的原因并非为了构建国际人权法和国际法,而是为了建立一个足够包容、能够容纳一切的帝国法律秩序,以便在任何臣服于或不属于帝国的殖民地和国家进行广泛意义上的域外管辖,以形成英国为核心的包容全球的世界秩序,但这一行为客观上也推进了殖民国家法律体系的发展和中层法治的建设。③

　　进入现代,法律霸权主义和法律殖民主义逐渐脱钩,20 世纪后的法律霸权主义被西方学者重新构建,赋予了积极的意义,例如有学者用此阐释 20 世纪美国对拉丁美洲和加勒比海地区国家的法律援助,以此来证明美国参与这些国家当地的法律教育改革、法律精英素养、法律职业培训、程序法制构建及法律思维塑造等举措带来的积极意义。④ 欧洲殖民时代国家的法律霸权主义和法律殖民主义不能等同于美国当代法律霸权主义,两者的内涵和特征也会有所区别,在内容、构建方式和时代背景上,美国当代构建的

---

① Anghie Antony. *Imperialism*, *Sovereignty and the Making of International Law*. Cambridge: Cambridge University Press, 2005, pp.13 - 31.

② Anghie Antony. *Imperialism*, *Sovereignty and the Making of International Law*. Cambridge: Cambridge University Press, 2005, pp.32 - 114.

③ 劳伦·本顿、利萨·福特:《法律帝国的铸就——大英帝国法律史(1800—1850)》,龚宇等译,法律出版社 2018 年版,第 12—82 页。

④ Turan Kayaoglu. *Legal Imperialism: Sovereignty and Extraterritoriality in Japan*, *the Ottoman Empire and China*. Cambridge: Cambridge University Press, 2010, pp.20 - 24.

法律霸权主义都与欧洲殖民帝国在 16—19 世纪推行的法律霸权主义有着显著差异。①

　　关于法律霸权主义的起源和内涵,中国学者有着区别于西方学者的视角和观点,他们更多地从现代化语境下的国际政治视角进行分析。公丕祥以"中心—边缘"理论解释国际法制定中的自主—依附类型的国家关系,即西方民族国家建立完整的法律体系后,逐渐失去国际中心地位的东方国家则通过"采用西法"的体系化改造而使本国法律融入西方法律主导的全球法律发展进程之中,从而在国际法和国内法层面被动边缘化,这是近现代西方国家推行法律霸权主义的一个途径。② 龚廷泰从列宁的帝国主义理论入手,从政治学角度讨论了当代法律霸权主义本质和内涵,提出经济垄断是法律霸权主义的坚实基础,主动或被动的法律输出是巩固霸权的手段和工具,价值观树立和宣传是法律霸权主义国家构建行为合法性的意识形态手段。法律霸权主义本质是一个或者少数几个霸权国垄断了处理国际经济、政治、文化、军事关系规则和法律的制定权、执行权和司法权,并用这种方式控制和建立国际秩序,从而维护自己的霸权利益。③ 魏磊杰援引美国左派学者乌戈·马太、劳拉·纳德的观点,将法律霸权主义置于全球化背景下,认为全球化很大程度上是新帝国主义构建全球垄断结构的一种工具与修辞表达,并将法律霸权主义定义为推动这种不公平全球化的现代性子话语机制的法律和法治的使用,是一种"西方法霸权的话语建构"。④ 杨锦帆以亚太区域经济规则一体化为例,将法律霸权主义阐释为大国建立起以自身为核心的经济领域、贸易领域等方面的法律规则,进而深入影响其他国家国内政策与法律构建的联动过程。⑤ 郑戈以法律东方主义为切入,从文明交流角度理解法律霸权主义,将其定义为西方大国的实力带来的对东方法律体系的轻慢、对东方国家制度

---

① 欧洲殖民帝国的法律霸权主义影响范围主要包括殖民地,其内容主要包括协助被殖民国家建立欧洲法律体系、管辖被殖民国家的司法事务等,而美国法律霸权主义影响力覆盖全球,其内容包括长臂管辖、国内法的域外适用等。
② 公丕祥:《全球化与中国法制现代化》,《法制与社会发展》2000 年第 4 期。
③ 龚廷泰:《论当代法律霸权主义的本质及其表征——以列宁〈帝国主义论〉为方法论视角》,《法治现代化研究》2017 年第 5 期。
④ 魏磊杰:《全球化时代的法律霸权主义与"法治"话语霸权》,《环球法律评论》2013 年第 5 期。
⑤ 杨锦帆:《试论超越法律霸权主义的德政智慧——一种其普遍合作的法律哲学》,《学术界》2016 年第 9 期。

体系文化的强加。① 李洋则以治外法权为例,将法律霸权主义表述为处于主导地位的国家推行法治的主观意愿,是帝国主义在法律上的折射和体现。②

　　关于法律霸权主义的批判不在少数,主要体现在几个方面。双重标准成为法律霸权主义的非法"法治"的重要特征。霸权国通过建立双重规定的法律,③实际上形成了在国际社会横行的特权,以法律话语为一种更高程度的不平等的新帝国主义世界秩序构建了正当性与合法性,④通过武装干涉以实现法律霸权主义的军事霸权。帝国主义需要军事实力支撑,在法律无法实现其目的时,霸权国会利用若干"合情合理"的理由发动不法战争,⑤以阻碍法制全球化和全球化。全球法律发展就是各个主权国家协调行动、共同参与的积极进程,争夺中心地位、制造边缘地区的霸权过程只会带来西方主义和民族沙文主义横行的分裂后果,⑥进而阻碍全球合作和区域一体化的发展。⑦ 法律霸权主义在地区和全球层面会进一步加大不公正的秩序和规则,不利于发展的全面和公平。霸权大国可能通过主导区域经济规则的制定来影响甚至干预区域内国家的内政与法律,这种方式不仅会让霸权国以本国利益为原则借助法律规则的方式来影响其他国家的经济布局,而且还可能造成其他国家在经济上对霸权国产生结构性依赖,⑧从而诱发国际社会的动乱、政权的更迭和各民族国家的两极乃至多极分化加剧。⑨ 而霸权国还能通过主导全球的法制建设来借助体制化的力量,为本国企业在全球范围内垄断和掠夺大开方便之门。⑩ 干涉别国内政和主权,以法律输出

---

① 郑戈:《法律霸权主义、法律东方主义与中国的法治道路》,《交大法学》2017 年第 3 期。
② 李洋:《法律霸权主义的另一种叙说?——评络德睦〈法律东方主义〉》,《人大法律评论》2017 年第 1 期。
③ 龚廷泰:《论当代法律霸权主义的本质及其表征——以列宁〈帝国主义论〉为方法论视角》,《法治现代化研究》2017 年第 5 期。
④ 魏磊杰:《全球化时代的法律霸权主义与"法治"话语霸权》,《环球法律评论》2013 年第 5 期。
⑤ 龚廷泰:《论当代法律霸权主义的本质及其表征——以列宁〈帝国主义论〉为方法论视角》,《法治现代化研究》2017 年第 5 期。
⑥ 公丕祥:《全球化与中国法制现代化》,《法制与社会发展》2000 年第 4 期。
⑦ 杨锦帆:《试论超越法律霸权主义的德政智慧——一种其普遍合作的法律哲学》,《学术界》2016 年第 9 期。
⑧ 杨锦帆:《试论超越法律霸权主义的德政智慧——一种其普遍合作的法律哲学》,《学术界》2016 年第 9 期。
⑨ 刘志:《法律全球化冲突的解决路径》,《青海社会科学》2010 年第 4 期。
⑩ 魏磊杰:《全球化时代的法律霸权主义与"法治"话语霸权》,《环球法律评论》2013 年第 5 期。

进而影响别国的规范建设乃至经济、政治领域决策。强行输入法律和话语体系不仅损害别国主权、领土完整和文化传统,而且损害殖民帝国自身的宪法原则和公民权利。例如,轻视东方的观念固化了美国国内的种族主义,使美国国内白人歧视甚至区别对待黑人,激化了国内的种族矛盾,反噬了霸权国自身。① 霸权主义本身也存在着诸多弊端,且不论"权力转移"会产生竞争者挑起的霸权战争,②失衡的权力结构会让霸权国实现自己以自由为目的的权力意志,③突破国际秩序和法律的限制无底线追求本国利益。

也有学者认为法律霸权主义并非毫无益处。施米德霍伊泽认为,借助法律霸权主义进行的法律推广可以培养输入国的法律规范和基本法律准则,对于职业法律人和社会有教育作用,例如后殖民时期非洲国家法律职业人对于欧美法律体系的借鉴等。④

美国利用法律工具实现其外交和国际目的、构建法律霸权主义有着悠久的历史。早在19世纪,美国就已经利用其在殖民地获得的治外法权来实施特别的司法管辖权,干涉别国司法体系。第二次世界大战结束后,美国通过长臂管辖和国内法域外适用等方式将其管辖权扩展到了境外乃至国际事务上;通过在WTO和布雷顿森林体系中主导规则的制定,在国际条约规范中附加美国的意志;并通过经济制裁、法律输出等方式,以霸权推广对其有利的法律模式和国际惯例。近年来,美国对外使用法律工具的方式和趋势发生了变化,表现得更加强势、深入和法律化,国内法域外适用和制裁成为一对相辅相成的工具,构建了新的法律霸权主义形态,其对于中国的影响和干涉越来越大。

本章尝试以美国于2016年通过的《全球马格尼茨基人权问责法》为例,从法律霸权主义视角来解读美国利用法律工具构建的新法律霸权主义的特点、趋势以及对国际法的冲击。为方便区分和客观起见,下文将把美国实施的以巩固和推行霸权为目的的思想形态统称为法律霸权主义。

---

① Winthrop D. Jordon. *The White Man's Burden: Historical Origins of Racism in the United States*. Oxford: Oxford University Press, 1974, pp.34 - 50.

② A.F.K. Organski. *World Politics*. New York: Alfred A. Knopf, 1968, pp.326 - 330.

③ J. Mearsheimer. *The Tragedy of Great Power Politics*. New York: W. W. Norton & Company, 2014, p.40.

④ Schmidhauser John R. The European Origins of Legal Imperialism and Its Legacy in Legal Education in Former Colonial Regions.

第二节　美国法律霸权主义历史和现状

美国作为当代实行法律霸权主义的代表国家,有着悠久的法律工具使用历史,其也善于利用国内法和国际法的联动来掌握和巩固国际法治的霸权。美国的法律霸权主义的工具包括治外法权、国内法域外适用、长臂管辖、经济制裁、法律援助(以变更法律为条件提供海外援助)等。

美国法律霸权主义构建的开端是治外法权。治外法权在不同语境下有着不同的含义,在当代语境下的治外法权含义为"产生于国与国之间交流日益增多的条件下,为了维持相互间的和平关系,按照国际法和外交惯例,对外国的政治、军事、外交等代表在不妨碍本国主权的前提下给予的一种优待",①其本质是基于平等互惠的基础。美国法律霸权主义在 19 世纪末到 20 世纪初表现形式之一的治外法权则不具有这一特点,而是通过不平等条约的形式,在殖民或半殖民地国家实践领事裁判权或这一意义上的治外法权。② 这种治外法权基于国家权力和实力,属于单方面施加的"强者的特权"。③ 以美国在华实践为例,络德睦将 1844 年中美《望厦条约》中美国获得的治外法权特权作为美国在中国开始推行法律霸权主义的开端。④ 在获得治外法权之初,美国未在中国设立专门司法机构,而是由美国驻华领事、公使来对在华美国人或涉及的事务进行管辖和审判,形成了"领事法庭",其适用法律为美国法、普通法和美国驻华公使制定的法律法规。⑤ 但领事审判存在缺乏强制性、领事法律专业性有限、财务预算紧缺以及审判流程有缺

---

① 曹彩云:《浅析美国"治外法权"对国际人道法的现实冲击与挑战——以"3·11 事件"为视角》,《辽宁行政学院学报》2013 年第 8 期。

② 黄兴涛:《强者的特权与弱者的话语:"治外法权"概念在近代中国的传播与运用》,《近代史研究》2019 年第 6 期。

③ 黄兴涛:《强者的特权与弱者的话语:"治外法权"概念在近代中国的传播与运用》,《近代史研究》2019 年第 6 期。

④ 络德睦(Teemu Ruskola):《法律东方主义:中国、美国与现代法》,魏磊杰译,中国政法大学出版社 2016 年版,第 108 页。

⑤ 李洋:《从领事法庭到驻华法院:美国在华治外法权模式转型》,《南京大学法律评论》2014 年第 1 期。

陷等问题,甚至有部分领事为满足私欲随意执法。为此,1904年,美国国务卿海约翰向罗斯福总统呈递《建立美国在华及韩国地区法院》(草案),随后,1906年,美国国会通过《设立美国驻华法院并限定其管辖权的法案》,正式对美国治外法权进行改革。① 自此,美国在华正式设立了驻华法院,开始充分使用其获得的治外法权,统揽在华司法管辖权并拥有对在华美国人案件的专属管辖。② 美国在华行使的治外法权奠定了美国法律霸权主义基础,具体表现在利用治外法权审判包括中国等被殖民统治国家或地区的案件中,美国领事和裁判人员往往存在偏袒美国人的倾向,例如涉及在华美国人杀害、伤害、抢劫中国人等刑事案件,美国驻华法院裁决有重罪轻判的倾向,以及对中国法管辖和适用的限制。③ 美国治外法权本质是为控制、压缩殖民地国家和殖民统治国家或地区的司法主权而将法律权威延伸至殖民地国家的司法体系,并相应地限缩了所在国家非美国法律权威和司法理念适用范围的行为,④是法律霸权主义的典型表现之一。

　　第二次世界大战结束后,随着大部分殖民地、半殖民地国家收回治外法权,美国法律霸权主义采用了新的法律工具和途径进行构建,典型的表现就是长臂管辖、法律输出以及依附前两者的经济制裁。长臂管辖国际法化的关键一步是《海外反腐败法》。美国1977年通过的《海外反腐败法》(FCPA),明确禁止美国跨国公司向非美国公职人员行贿,随后又通过向经济合作与发展组织(OCDE)施压,使OCDE于1997年通过了基本照搬FCPA的打击在国际经贸中向外国公职人员行贿的公约。通过《海外反腐败法》及其国际法化,美国的长臂管辖就此有了法理支撑,其管辖范围扩展到全世界。⑤ 在强世功看来,美国构建霸权依托的法律工具还包括为全球范围内收集数据和证据提供法律依据的《爱国者法案》、对互联网监控的《云法案》,以及直接以"制裁"作为武器来巩固自己霸权的《古巴自由与民主团结法案》和后续对

① 李洋:《从领事法庭到驻华法院:美国在华治外法权模式转型》,《南京大学法律评论》2014年第1期。
② 李洋:《美国驻华法院:近代治外法权的另一重实践》,《法学家》2015年第6期。
③ 李洋:《美国驻华法院:近代治外法权的另一重实践》,《法学家》2015年第6期。
④ 李洋:《美国驻华法院:近代治外法权的另一重实践》,《法学家》2015年第6期。
⑤ 强世功:《帝国的司法长臂——美国经济霸权的法律支撑》,《文化纵横》2019年第4期。

朝鲜、伊朗、中国的制裁等。① 美国运用国际法和国内法进行的经济制裁是法律霸权主义的典型表现，这种做法也饱受诟病。例如有学者以古巴制裁为例，强调了美国在运用法律工具进行制裁等行为时违反了国际法的国家管辖原则，被制裁国与美国并无任何联系，并且美国在制裁上存在选择性和双面性，美国一边反对他国实施"二级制裁"，一边却自己对外实施"二级制裁"。②

美国在第二次世界大战后的法律输出是另外一种法律霸权主义的表现。尽管美国法律 19 世纪就在拉美地区产生了广泛影响，但这种被动输出并不属于法律霸权主义的范畴。美国法律输出真正成为法律霸权主义的工具是在20 世纪后期，美国在拉美、东欧、亚洲等地进行的法律输出。这种输出基于美国强大的经济实力、频繁的经济制裁和高额的经济援助。③ 法律输出的手段多种多样，包括在发展中国家设立法律教育试点、通过政府间国际组织推动其他国家建立宪政民主体制、大型律所的海外活动、以海外援助和经济制裁为筹码迫使其他国家适应和效仿美国法律等。美国法律输出的目的有取代社会主义法律、改变其他国家的法律体系、塑造有利于美国商业活动和自由贸易的国内法、④形成覆盖全球的以美国法为主导的法律体系等。⑤

特朗普上台后，美国国内法的域外适用作为法律工具的使用频率开始增加，体现了美国新法律霸权主义构建的趋向。国内法域外适用是一种类似但又区别于长臂管辖的法律工具，是指用国内法律管辖、适用于域外的人、事或法律关系。虽然国内法域外适用和长臂管辖都是通过美国国内法来管辖和裁决美国境外事务，但是主要差别在于长臂管辖需要遵循最低联系原则，管辖的域外物或人需要和本国国民或本国内物有一定的联系，管辖对象通常为私法主体，而国内法域外适用可以无需遵守这种原则，管辖对象可以是私法主体，也可以是担任公职的国家工作人员乃至国家本身，管辖事项也更加多元。除此之外，长臂管辖的执行机关通常为美国司法机关，而国内法域外适用除了司法机关以外，行政机关也能起到核心作用。比较来说，

① 强世功：《帝国的司法长臂——美国经济霸权的法律支撑》，《文化纵横》2019 年第 4 期。
② 杜涛：《美国单边域外经济制裁的国际法效力问题探讨》，《湖南社会科学》2010 年第 2 期。
③ 高鸿钧：《美国法全球化：典型例证与法理反思》，《中国法学》2011 年第 1 期。
④ 例如美国以对韩援助为筹码，要求韩国等改变国内破产法以满足美国企业的投资需求。
⑤ 高鸿钧：《美国法全球化：典型例证与法理反思》，《中国法学》2011 年第 1 期。

国内法域外适用远不止长臂管辖适用法律的范围,也无需遵照最低联系原则,行使领域囊括了出口管制、反腐败、反洗钱等范围。国内法域外适用针对的主体包括公私主体,美国不仅能行使长臂管辖中的司法管辖权,而且可以授权国内行政机关行使执法管辖权。[①] 通过国内法域外适用,美国插手别国政治事务、干涉别国内政有了更加方便的手段和更加隐蔽的霸权构建形式。其可以通过"正义"的理由,以国内法和国内行政机关的内部判断,来对别的国家重要的政治人物进行制裁,并且裁决对象和事由无需与美国有任何关联。这种更为隐蔽的新型法律霸权主义可以让美国能够在插手和干涉别国事务时更加肆无忌惮,且针对的对象更加细化和具体,以实现美国维护霸权、掌握世界司法话语权和世界事务管理权的目的。

可见,学界对于历史上的法律霸权主义起源有着较为充分的研究,对于法律霸权主义的内涵存在一定分歧,但在关于法律霸权主义带给国际法的影响和当代霸权国家使用法律工具维护霸权的现状问题上,相关研究尤其是国内研究较为有限。下文从近年美国出台的一部制裁国际对象的人权问责国内法为例,探讨其对国际法的影响,分析美国法律霸权主义构建的新趋势。

第三节　《全球马格尼茨基人权问责法案》介绍

一、法案内容

《全球马格尼茨基人权问责法案》的前身是《马格尼兹法案》。此法案以俄罗斯前税务会计师马格尼茨基命名,他因为揭发当地官员腐败行为而被囚,在狱中遭到酷刑并于 2009 年 11 月在狱中身亡。[②] 为制裁此类事件中违反人权的俄罗斯官员,美国国会在 2012 年通过《马格尼茨基人权问责

[①] 廖诗评:《国内法域外适用及其应对——以美国法域外适用措施为例》,《环球法律评论》2019年第 3 期。

[②] Firestone Tom and Kerry Contini. The Global Magnitsky Act. *Criminal Law Forum*,Vol.29,No.4,2018,pp.617 - 628.

法案》。该法案授权美国政府能够制裁采用酷刑等方式侵犯人权的俄罗斯个人,包括俄罗斯政府官员。[①] 而在2015年,民主党议员本杰明 L. 卡丁提出将该法案的制裁范围进一步扩大至全球,该提案得到国会通过后,法案更名为《全球马格尼茨基人权问责法案》(Global Magnitsky Human Rights Accountability Act,以下简称《全球马格尼茨基法案》)。[②] 相比《马格尼兹法案》,《全球马格尼茨基法案》的制裁对象范围得到了飞跃式的扩大,世界范围内所有侵犯人权和存在腐败的非美国人员都可以成为制裁对象。

　　《全球马格尼茨基法案》主要针对被美国认定为侵犯人权或贪污腐败的外国人士,具体制裁对象包括四类:负责执行非法处决、酷刑或其他严重侵害人权,并妨碍争取人权的任何人士;有严重贪污受贿或腐败行为的任何人士;为上述人士转移非法收入或提取贿款到外地的任何人士;为上述人士提供便利、财政或技术支援的任何人士。由于执行处决和存在腐败的先决条件,制裁对象多为各国官员,其中不乏相当高级别的官员和政治人物。对于被认定的制裁对象,该法案赋予了美国总统和行政机关制裁的权力。其制裁直接措施包括:禁止入境、冻结相关个人或组织的资产。[③] 从本质上讲,《全球马格尼茨基法案》依然属于国内法的范畴。[④] 它由美国国会通过,由美国政府采取行动,对特定个人实施制裁。[⑤]

二、执行情况

　　美国对于违反《全球马格尼茨基法案》对象的制裁方式包括直接和间接两种。直接方式包括冻结制裁对象在美国的财产、限制制裁对象入境美国。

---

① Implementation of The Global Magnitsky Act: What Comes Next? *Law Columbia Edu*, 2018, https://www.law.columbia.edu/sites/default/files/microsites/public-integrity/magnitsky_wcn_final.pdf.

② S.284 - 114Th Congress (2015 - 2016): Global Magnitsky Human Rights Accountability Act. *Congress.Gov.*, 2020, https://www.congress.gov/bill/114th-congress/senate-bill/284.

③ S.284 - 114Th Congress (2015 - 2016): Global Magnitsky Human Rights Accountability Act. *Congress.Gov.*, 2020, https://www.congress.gov/bill/114th-congress/senate-bill/284.

④ Robertson Geoffrey and Chris Rummery. Why Australia Needs a Magnitsky Law. *AQ: Australian Quarterly*, Vol.89, No.4, 2018, pp.19 - 27.

⑤ Robertson Geoffrey and Chris Rummery. Why Australia Needs a Magnitsky Law. *AQ: Australian Quarterly*, Vol.89, No.4, 2018, pp.19 - 27.

同时,被列入美国制裁名单的个人也可能被禁止进入其他国家,例如一旦被列入美国制裁对象名单,其就很难获得前往欧洲的签证,甚至被制裁者的家庭成员也会受到影响,受到签证禁令的约束。①

间接制裁依托于美国的国际影响力和对美国企业的控制。被制裁者不能在美国进行买卖、投资等经济活动,他们的所有美国财产被查封,美国企业和个人通常被禁止直接或间接地与被制裁者进行交易。② 其具体执行方式是通过公布特别指定国民名单,即被美国认定的制裁对象会被列入美国财政部的特别指定国民名单,③这份名单将会发放给美国和欧洲的各个银行和大型公司。根据《全球马格尼茨基法案》,金融机构和公司负有责任来禁止"任何逃避或避免"制裁的交易,④因此任何与名单上的个人进行商业交易的美国公司或银行都将被处以巨额罚款。对于美国和欧洲公司来说,与制裁名单上的任何人有商业往来都有巨大的公共关系风险和财务风险。⑤

在美国内政部看来,《全球马格尼茨基法案》的制裁手段,能够对特定对象采取更加有针对性和有效性的警示和惩戒措施。"当可以针对那些对重大的人权事件或腐败负有最明确责任的人实施制裁时,美国可以避免那些伤害民众的广泛的制裁制度,又可以使美国获得更广泛的支持。"同时,由于美国在全球经济和国际体系中的地位和影响力,美国采取的针对性的金融制裁能够对个人产生重大影响,无论他们是否在美国有账户和财产。⑥

《全球马格尼茨基法案》在实践中的执行机关主要是美国行政机关。美

---

① Servettaz Elena. A Sanctions Primer: What Happens to the Targeted? *World Affairs*, Vol.177, No.2, 2014, pp.82 - 89.

② Firestone Tom and Kerry Contini. The Global Magnitsky Act. *Criminal Law Forum*, Vol.29, No.4, 2018, pp.617 - 628.

③ Firestone Tom and Kerry Contini. The Global Magnitsky Act. *Criminal Law Forum*, Vol.29, No.4, 2018, pp.617 - 628.

④ Implementation of The Global Magnitsky Act: What Comes Next? *Law Columbia Edu*, 2018, https://www.law.columbia.edu/sites/default/files/microsites/public-integrity/magnitsky_wcn_final.pdf.

⑤ Servettaz Elena. A Sanctions Primer: What Happens to the Targeted? *World Affairs*, Vol.177, No.2, 2014, pp.82 - 89.

⑥ Malinowski Tom and Anna Newby. Assessing Diplomatic Tools for Advancing Human Dignity and Democracy: An Interview with Tom Malinowski. *Georgetown Journal of International Affairs*, Vol.16, No.1, 2015, pp.224 - 227.

国财政部外国资产管制办公室(OFAC)是负责评估证据、实施和解除制裁的主要部门,其有义务审查国会委员会主席、外国组织或个人和非政府组织提出的证据,并根据"可信的证据"实施制裁。OFAC 在收到国会委员会主席的证据后,有 120 天的时间决定是否实施制裁,但不一定要对非政府组织提供的信息和证据做出回应。除此之外,美国国务卿也可以援引该法律来采取行动,其不仅负有与财政部同样的证据审查义务,而且有权力解除或实施制裁。① 同时,总统根据该法案也享有自由裁量权,可以执行或拒绝实施制裁。签署该法案的美国前总统奥巴马表示,该法案第 1263(d)条关于对总统的授权"目的是要求我(总统)在收到某些国会议员的请求时,确定一个外国人是否犯下了应受制裁的侵犯人权行为。宪法规定的权力分立限制了国会决定行政部门如何执行法律的能力,与此相一致,我将保持我的自由裁量权,在适当的时候拒绝对这种要求采取行动"。②

《全球马格尼茨基法案》通过于 2016 年,但直到 2017 年才开始正式实施。特朗普政府在 13818 号行政命令中援引该法案作为依据,要求在全球范围内针对侵犯人权者和贪污腐败官员采取制裁,直到此时才真正开始运用这一法案中的制裁机制。③ 2017 年 12 月 21 日,特朗普在认定"侵犯人权和腐败的普遍性和严重性……已经达到了威胁国际政治和经济体系稳定的范围和严重程度",并且"对美国的国家安全、外交政策和经济构成了不寻常和非常的威胁"的基础上,④签署了 13818 号行政命令,决定"封锁涉及严重侵犯人权或腐败的人员的财产",并首次将 13 名个人列入制裁名单。随着行政命令的实施,外国资产管制处等行政机关获得了有效的执行权。⑤ 截

① Implementation of The Global Magnitsky Act: What Comes Next? *Law Columbia Edu.*, 2018, https://www.law.columbia.edu/sites/default/files/microsites/public-integrity/magnitsky_wcn_final.pdf.

② Dianne E. Rennack. The Global Magnitsky Human Rights Accountability Act. *Congressional Research Service*, 2018, https://www.leahy.senate.gov/imo/media/doc/MagnitskyFactSheet.pdf.

③ Sultoon Samantha. Global Magnitsky Sanctions: Raising The Human Rights And Anti-Corruption Bar—Worldecr. *Worldecr*, 2018, https://www.worldecr.com/archive/global-magnitsky-sanctions-raising-the-human-rights-and-anti-corruption-bar/.

④ Dianne E. Rennack. The Global Magnitsky Human Rights Accountability Act. *Congressional Research Service*, 2018, https://www.leahy.senate.gov/imo/media/doc/MagnitskyFactSheet.pdf.

⑤ Firestone Tom and Kerry Contini. The Global Magnitsky Act. *Criminal Law Forum*, Vol.29, No.4, 2018, pp.617–628.

至 2017 年年底,根据《全球马格尼茨基法案》,13 名个人以及 39 个关联个人或商业实体受到制裁,包括 1 名国家前总统。[①] 2018 年 6 月 12 日,又有两人因腐败和侵犯人权而受到制裁。[②] 2018 年 11 月 15 日,特朗普政府再次将 17 名沙特国民列为制裁目标,以应对卡舒吉被杀事件。[③] 截至 2019 年 12 月,共有超过 90 人被列入制裁名单。[④]

以维护人权为目的的法律和法规在美国数量众多,构成了针对特定或不特定的人权主体制裁的法律依据,并通过贸易、军事、经济制裁等手段来执行。美国人权保护历史最早可追溯到 18 世纪。18—20 世纪,美国主要倡导的是两项与美国国家历史密切相关的基本权利,即自治权和自由权。早在 1872 年,美国就与欧洲列强一道呼吁罗马尼亚政府停止虐待犹太人。随着冷战的开始,美国对于人权的关注开始有了选择性,对社会主义国家进行所谓的人权问题制裁。随着美国国会对人权议题的重视程度和相关行动的增加,关于保护海外人权的立法行动在第二次世界大战结束后开始增加。国会一开始采取了较为温和、非强制性和有限的保护人权立法行动,例如在 1973 年的《对外援助法》中,国会规定:"国会认为总统应拒绝向出于政治目的拘留或监禁该国公民的任何外国政府提供任何经济或军事援助",该条款具有普适性且并非针对特定国家。为了加强制裁的有效性,法案中增加了总统暂停或终止对违反人权外国政府的安全援助的规定,随后国际发展和

---

① 这些人包括冈比亚前总统叶海亚·贾梅、尼加拉瓜最高选举委员会主席罗伯托·何塞·里瓦斯·雷耶斯、矿业大亨丹·格特勒、军火商斯洛博丹·特西奇和建筑大亨本杰明·博尔·梅尔。在这些因侵犯人权而受到制裁的人中,有几个犯罪组织的领导人,还有 1 名下令袭击罗兴亚平民的缅甸将军。Dianne E. Rennack. The Global Magnitsky Human Rights Accountability Act. *Congressional Research Service*,2018,https://www. leahy. senate. gov/imo/media/doc/MagnitskyFactSheet. pdf.

② Implementation of The Global Magnitsky Act: What Comes Next? *Law Columbia Edu*,2018,https://www. law. columbia. edu/sites/default/files/microsites/public-integrity/magnitsky_wcn_final. pdf.

③ Sultoon Samantha. Global Magnitsky Sanctions: Raising The Human Rights And Anti-Corruption Bar—Worldec. *Worldecr*,2018,https://www. worldecr. com/archive/global-magnitsky-sanctions-raising-the-human-rights-and-anti-corruption-bar/.

④ 参见美国内政部制裁名单,https://www. treasury. gov/resource-center/sanctions/OFAC-Enforcement/Pages/OFAC-Recent-Actions. aspx.

粮食援助法将援助终止范围扩展到经济援助领域。[1] 国际安全援助和武器出口管制法进一步将外国援助和人权情况挂钩。从第二次世界大战结束到苏联解体冷战结束,美国国会立法中以人权为由进行的法定制裁越来越直接、细化和扩大。这一阶段针对的制裁对象主要是国家政府,被制裁的对象包括朝鲜、智利等国家。同时,此阶段美国人权制裁的法律也逐渐变得更有指向性。

冷战结束前后,美国的人权制裁更加具有针对性和目的性,人权立法和执法不再仅致力于促进人权,还与实现美国其他外交目标以及国内政策目标结合在一起。[2] 除此之外,美国制裁手段进一步多样化,增加了针对国家的美国进出口许可、银行投融资限制等制裁方式,例如援引《进出口银行法》人权条款对南非种族隔离政府进行限制出口。[3] 相比之前的人权法案和人权保护规定,《全球马格尼兹法案》显然更加深入、规定更为严苛,是美国在推行人权外交道路上的又一个重要法律工具。该法案一改美国过去制裁针对国家主体的方式,将制裁对象确定为个人,将非国际法主体的个人纳入国内法域外管辖之中,并以国家而非国际组织的形式追究他们的责任。它不仅针对在任官员,而且对于离任的国家高级官员也有着制裁能力。同时,这也是美国第一个全面覆盖全球人权问题并追究个人责任的法律制度。此外,该法案的决策过程纳入了包括非政府组织、个人在内的民间主体,[4]授予他们举报、提名和提供证据的权力,这也是前所未有的。而在法案执行过程中的区别对待和政治化也让该法案的执行存在主观性和偏见性。以一个国家的身份去制裁他国内政中制定政策的责任承担者,并干涉他国政策设计和制定行为,将个人支配的财产和往来自由与人权挂钩是美国试图塑造新法律霸权主义的典型表现。

---

[1] David Weissbrodt. Human Rights Legislation and U. S. Foreign Policy. 1977,https://scholarship.law.umn.edu/faculty_articles/340.

[2] David Weissbrodt. Human Rights Legislation and U. S. Foreign Policy. 1977,https://scholarship.law.umn.edu/faculty_articles/340.

[3] V. Rock Grundman. The New Imperialism: The Extraterritorial Application of United States Law. *The International Lawyer*,Vol.14,No.2,1980,pp.257 – 266.

[4] ICAR. Tools of Trade: U.S. Sanctions Regimes And Human Rights Accountability Strategies. *The Enough Project*,2018,https://enoughproject.org/reports/tools-of-trade.

三、外国蔓延

《全球马格尼茨基法案》的影响不仅局限在美国国内,而且西方国家在此影响下也纷纷开始效仿美国的做法,制定和通过相似的法案。爱沙尼亚、加拿大、立陶宛、拉脱维亚和英国海外领地直布罗陀已通过以美国为蓝本的《全球马格尼茨基人权问责法案》。而加拿大在 2017 年推出自己的版本,名为《外国腐败官员受害者正义法》。荷兰于 2019 年 11 月通过荷兰版本的《马格尼茨基人权问责法案》。鉴于美英加都已通过该法案或类似法案,澳大利亚官员指出,不制定这样一部法律可能导致被制裁者将财产转移至澳大利亚来为其逃脱制裁提供便利。[1] 因此,澳总理莫理逊当时考虑制定澳洲版本的《全球马格尼茨基人权问责法案》,并且已开展公众咨询。[2] 欧盟外交部长于 2019 年 12 月 9 日宣告将开始制定一项欧盟版本的《马格尼茨基法案》,也是通过冻结在欧盟资产和签证禁令来制裁全球侵犯人权者。[3]

该法案的蔓延带来的影响意味着越来越多国家有权以本国国内法的名义制裁域外实体和个人。尽管其冠以人权或反腐败之名,但这种做法对国际法产生了巨大冲击。同时,此法案有利于美国以更加便捷的手段来实现其构建法律霸权主义的目的。

第四节　《全球马格尼茨基法案》特点

《全球马格尼茨基法案》通过两个特点构建美国新法律霸权主义。国内法域外适用和制裁的政治化既是该法案体现法律霸权主义的特点,也作为

---

[1] Robertson Geoffrey and Chris Rummery. Why Australia Needs a Magnitsky Law. *AQ: Australian Quarterly*, Vol.89, No.4, 2018, pp.19 – 27.

[2] "Australia: Enact New Law to Sanction Rights Abusers", *Human Right Watch*, 2020, https://www.hrw.org/news/2020/02/17/australia-enact-new-law-sanction-rights-abusers.

[3] Alexandra Brzozowski. EU Ministers Break Ground on European "Magnitsky Act". *EURACTIV.com*, 2019, https://www.euractiv.com/section/justice-home-affairs/news/eu-ministers-break-ground-on-european-magnitsky-act/.

手段构成了美国新时期维持霸权和法律霸权主义体系的两大支柱。

一、国内法域外适用和依托国内法的经济制裁

在司法实践中，国内法域外适用一般表现为国家针对本国管辖领域之外的私人主体进行管辖，法理管辖依据在于属地管辖、属人管辖、保护性管辖或普遍性管辖。[①] 近年来，美国将国内法的域外适用范围不断扩大，尤其是在特朗普当选美国总统后，美国面临国内治理困境和其主导的自由主义国际秩序相对衰落的问题，亟须通过新的治理手段来维持其国际利益。因此，美国开始倡导"美国利益优先"和"美国第一"，重新评估各类国际机制和安排对于实现本国利益的作用，退出了不少其认定为有损美国利益的国际条约和国际组织，减少通过以国际组织和国际条约参加国际事务和争端解决的场合，国际法的地位在美国的对外法律适用中不断下降。同时，美国试图通过国内法域外适用来实现既定政策目标，针对外国各类主体，对个人、国家和企业采取国内法域外适用及配套措施。[②] 对域外国家和主体适用美国国内法来进行制约和制裁正在成为美国未来法律工具运用的一大趋势。

国内法适用于域外是《全球马格尼茨基法案》的主要特点之一。通过行政机关实施制裁、以国内法制裁域外行为并赋予国内法院域外管辖权就是域外适用的典型特征。尽管管辖范围包括全球，但该法案依然是由美国国内机关立法形成的国内法。无条约授权且未经过相关国际组织和国家主体的授权和许可，美国将本国法进行域外适用显然远远超过了合理的管辖范围。但通过此法案，美国国内机关却被授予了很大的权力。不仅美国立法机关国会能够直接参与裁定外国国民是否侵犯人权的过程，而且以总统为代表的行政机关直接掌握着对于外国人的制裁权力，将美国政府的域外管辖权扩大到了不可思议的地步。而该法案从针对某国转移到针对所有美国视为对手的国家也可窥见美国法律霸权主义的色彩。此外，法案中终止制裁的救济程序的设置是为了保障国家安全和美国的利益，而非保护被不公

[①] 廖诗评：《国内法域外适用及其应对——以美国法域外适用措施为例》，《环球法律评论》2019年第3期。

[②] 廖诗评：《国内法域外适用及其应对——以美国法域外适用措施为例》，《环球法律评论》2019年第3期。

平制裁的个体,这一条款的设计也体现了该法案的核心仍然为保护美国核心利益,为美国提供特殊性法律和机制保障。该法案的域外适用将让美国处在百利而无一害的绝对优势地位。①

除了《全球马格尼茨基法案》,近年来,美国还有许多将其他国内法进行域外适用的行为,这些域外管辖的行为都建立在美国政治化法律的基础上,美国国内法成为美国在外横行霸道、干涉他国内政的工具,这不仅使美国凌驾于国际法律秩序之上,而且也会给其他效仿国家带来更大范围的消极影响。

二、制裁手段的政治化

制裁作为法律域外适用中保障执行的主要手段,也逐渐偏离美国自诩的公正范畴,越来越带有政治化偏见。

以《全球马格尼茨基法案》为例,其执行机关已非常政治化。政府"在国务院的每个外交职位和部门"和"情报和执法部门、财政部、非政府组织和国会"进行合作,以实施制裁,②并将结果对国会进行报告。③而这些政府机关本身带有很强的政治性。

该法案制裁的主要对象也是他国政府官员,包括政府官员或官员的高级助理,以及任何负责或共谋、下令、控制或以其他方式进行重大腐败行为或者侵犯人权的官员或参与者等。由于不同国家对于人权的定义和保护方式存在差别,以人权作为制裁理由更具有主观因素和道义色彩,且制裁大多指向政府官员。④

该法案救济途径和程序也受政治操纵。被列入制裁名单的个人,救济途径非常有限,只能通过上诉美国国务卿或总统来申请取消制裁。而

---

① Firestone Tom and Kerry Contini. The Global Magnitsky Act. *Criminal Law Forum*,Vol.29, No.4,2018,pp.617-628.

② Firestone Tom and Kerry Contini. The Global Magnitsky Act. *Criminal Law Forum*,Vol.29, No.4,2018,pp.617-628.

③ Nunnenkamp Kenneth J. The Global Magnitsky Human Rights Accountability Act. *Morganlewis. Com*,2018,https://www.morganlewis.com/events/-/media/a3bceb6926c1472e80e4a06dcc1d0c00. ashx.

④ Firestone Tom and Kerry Contini. The Global Magnitsky Act. *Criminal Law Forum*,Vol.29, No.4,2018,pp.617-628.

美国国家行政和立法机关却可以指定制裁者并将制裁某人的决策过程保密。根据法案第 1263(i) 节授予国务卿的权力,鉴于"事先通知不利于制裁",故认定是否制裁的过程事实通常是保密的,除非得到批准,且制裁一经宣布立即生效。[1] 在此法案背景下,一国重要领导人物将可能因美国政治机关的内部操作而成为一个所谓的"违法者",但其救济途径却是与作出该决定的美国机关进行磋商。且不论国家领导人等政治人物与美国国务卿协商的成本之大和可能性之小,裁判和外交决策机关一体的设置注定让制裁很大程度上沦为政治服务的工具。而一经做出立刻生效的设计也会让救济途径形同虚设。[2] 在此种制裁机制之下,已经出现了制裁机制启动的特定化的现象——同样的行为,有些人被制裁,有些人却没有,选择性执法的问题已经成为许多国家对《全球马格尼茨基法案》的主要批评之一。

《全球马格尼茨基法案》还为非政府组织和民间个人提供了一个指定制裁对象的机会,即该法案规定在决定是否实施制裁时,负责机关应考虑"由非政府组织获得的、监测到的侵犯人权行为的可信信息",[3]并且负责机关接受任何来源的"提名要求"和"可信证据"。"可信证据"通常指原始文件和直接证词原件(书面或抄写)[4]而不追究信息来源。这一设置实际上为许多国家的叛乱和试图颠覆政权的组织提供了机会,使他们能够与美国官僚沆瀣一气,试图以此干预本国政治。

在执行方面,《全球马格尼茨基法案》甚至为美国盟国提供了一个机会,即对他们所认定的涉及侵犯人权或腐败的目标采取双边行动。例如 2018

① Nunnenkamp Kenneth J. The Global Magnitsky Human Rights Accountability Act. *Morganlewis. Com*,2018,https://www.morganlewis.com/events/-/media/a3bceb6926c1472e80e4a06dcc1d0c00. ashx.

② Nunnenkamp Kenneth J. The Global Magnitsky Human Rights Accountability Act. *Morganlewis. Com*,2018,https://www.morganlewis.com/events/-/media/a3bceb6926c1472e80e4a06dcc1d0c00. ashx.

③ Firestone Tom and Kerry Contini. The Global Magnitsky Act. *Criminal Law Forum*,Vol.29, No.4,2018,pp.617 - 628.

④ Nunnenkamp Kenneth J. The Global Magnitsky Human Rights Accountability Act. *Morganlewis. Com*,2018,https://www.morganlewis.com/events/-/media/a3bceb6926c1472e80e4a06dcc1d0c00. ashx.

年2月,加拿大政府追随美国的步伐,对缅甸军事领导人实施了制裁。美国政府似乎正在利用搜集到的信息及其国际伙伴关系来支持《全球马格尼茨基法案》的权威与制裁行动,并借此拉近与盟友的关系。[①]

从决策过程、执行程序、制裁对象和执行情况来看,《全球马格尼茨基法案》带有浓厚的政治意味,偏离了法律的公正定位,其在很大程度上已经沦为了美国推行霸权政治的工具和打着人权旗号的法律霸权主义的支柱。

第五节　对国际法的冲击和影响

一、美国构建霸权主义途径

美国通过国内法域外实施构建法律霸权主义的体系,进而维护国家核心利益和霸权秩序。该途径的基础就是权力和实力,这一点既体现于美国在国际体系中的地位,能够有效拉拢盟友获得支持,也体现在美国巨大的经济体量和贸易进出口体量,这构成了美国能够有效实施制裁的基础和保障。权力和实力的基础能够使美国拥有强制执行手段以让他国个人或国家遭到制裁。在执行过程中,美国可以拥有多种手段打击不配合的制裁对象,而被制裁对象的救济手段渺茫,且少有能与美国对抗的被制裁者和对美国进行制裁的国家和个体。这也意味着美国可以毫无障碍地推行其法律霸权体系。

法律霸权主义的构建手段多样,除了《全球马格尼兹法案》使用的国内法域外适用外,还有长臂管辖、主导制定国际法、经济制裁和法律输出等手段。在以《全球马格尼兹法案》为代表的国内法域外适用中,美国构建法律霸权主义的路径如下:通过强大的实力来制定和执行有效的制裁手段,针对国家政府或者政府官员采取经济制裁来干涉和影响别国的政策过程和国家行为。制裁的手段依托于美国的实力和国际权力,国际秩序中的权力不

[①] Sultoon Samantha. Global Magnitsky Sanctions: Raising The Human Rights And Anti-Corruption Bar—Worldecr. *Worldecr*, 2018, https://www.worldecr.com/archive/global-magnitsky-sanctions-raising-the-human-rights-and-anti-corruption-bar/.

平衡给美国以单边意志推行的绝对制裁能力。除了《全球马格尼兹法案》，美国还谋求利用贸易部门作为工具，跨国公司也被视为美国推行法律霸权主义的主要工具之一。[①]　同时，美国国内法为其采取的政治手段提供合法性。美国国内法用单边主义的方式来自发采取行动，为美国针对政治相左或构成竞争的对手提供了一种域外干涉的合法性解释。在此基础上，一旦美国的国内法域外适用得到推广和盟国的支持，美国还能通过国内法的制定和域外实施，以美国政治理念和意识形态构建国际话语霸权和解释权，掌控国际社会中的一些规则和理念设计。这一路径的结果是，美国能够全面掌控国际法律实践的合法性构建，并成为各国行为的裁定者和惩罚者，进而成为"世界法官"，以其自身意愿推行法律霸权，为其掌握世界霸权、巩固其主导的国际秩序提供了工具和基础（见图3-1）。

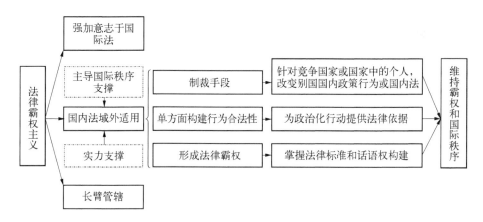

图3-1　法律霸权主义构建途径

二、对国际法的影响

（一）降低国际法权威

鉴于国际法和美国的域外适用法律存在重合的管辖范围（见图3-2），在美国实施《全球马格尼兹法案》的过程中难免会与国际法的管辖范围冲突。而跳出国际法框架、使用国内法域外管辖既体现了美国从全球治理

① V. Rock Grundman. The New Imperialism: The Extraterritorial Application of United States Law. *The International Lawyer*, Vol.14, No.2, 1980, pp.257-266.

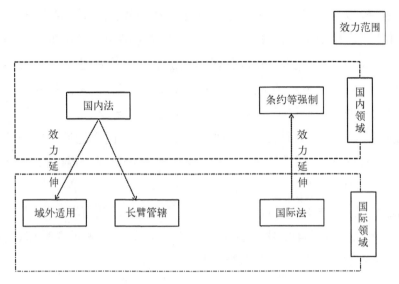

图 3-2　美国国内法域外适用和国际法管辖范围的比较

的退出趋势和采取单边主义的倾向,也让其具有与国际组织和国际条约同等的效力。

　　美国国际法和国内法域外法治冲突或者重合带来的结果是国际组织和追求国际法实现法治国家所不愿意看到的。这不仅会导致越来越少的国家采用国际法框架解决争议和问题,而且也会让国际法倡导的多边主义和公正合理的国际秩序被双边乃至单边的解决方式和实力至上的国际秩序所取代。实力强大的国家将不再愿意付出维持国际组织和国际法治的成本,而是倾向于建立小范围内的排他性法律公共产品。早在 1992 年,在古巴危机期间,联合国大会就通过了一项决议,谴责域外制裁,呼吁会员国减少颁布和实施其域外效力影响其他国家主权的法律和条例,应承担《联合国宪章》规定的义务并在国际法框架下解决争议和问题。[①] 2001 年,联合国国际法研究所两次审查了一个关于"国际法规定的各国对其管辖下的人的管辖权的限制"的项目,该项目重申各国应避免通过违反国际法、侵犯其他国家管辖权的手段来推行自己的政策,主张国家不得滥用其权力和管辖权以促进

① Charlotte Beaucillon. Practice Makes Perfect,Eventually? Unilateral State Sanctions and the Extraterritorial Effects of National Legislation, in Natalino Ronzitti eds. *Coercive Diplomacy*,*Sanctions and International Law*,Leiden:Brill,2016.

其利益,损害其他国家的利益。① 然而,随着美国推行《全球马格尼兹法案》并从中获益,美国乃至其他西方国家会倾向于采用国内法域外适用的方式来进行国际管辖,这会让国际法的建构体系及其运行陷入困境,无政府状态的弊端将会凸显。

(二) 违背国际法基本原则

推行国内法域外适用意味着美国无需遵守长臂管辖的最小联系管辖原则,即可以管辖任何与美国无实际关联的个人和实体,此种管辖本身就不属于国际法倡导和鼓励的行为。且由于《全球马格尼兹法案》制裁的对象多为政府官员,因此,制裁他们会对一国政治行为和内政决策过程产生干涉效果。美国在寻求执行其法律的域外适用时,常常被批评其企图单方面强加一个解决多边问题的办法。美国用法律对其他国家进行干涉的问题,例如人权问题其实有着广泛的、多边解决的余地,但美国以单边主义来实施制裁,对于解决问题往往并无实际帮助。② 而美国选择通过制裁等方式进行直接裁决和执行的方式,不仅失去了多边行动的合法性支撑,而且也干涉了他国的内政。美国为促进别国或地区的人权而单方面授予或扣留出口许可证、对个人实施财产处罚和入境限制的行为将导致美国法凌驾于其他国家法之上;对他国官员的国家行为进行定性并以美国国内法实施制裁的行为是强硬干涉他国政治事务的表现;直接处罚无管辖权实体也会带来国际法治的混乱。

以实力一意孤行地推行本国国内法域外适用的做法侵犯了国际法主权平等的原则。国际法治的基础即为国家主权平等,在国际法推行过程中,尽管存在恃强凌弱的行为,但由于国际法治的多边主义特点,冷战结束后,国际法治趋向国家间平等。随着一大批发展中国家登上国际舞台,部分霸权国掌控国际法制定和执行的时代已经一去不复返。在国际法治的基础上,国家间协商合作,解决问题途径多样且建立在平等基础上,往往不针对国家

---

① Charlotte Beaucillon. Practice Makes Perfect, Eventually? Unilateral State Sanctions and the Extraterritorial Effects of National Legislation, in Natalino Ronzitti eds. *Coercive Diplomacy, Sanctions and International Law*, Leiden: Brill, 2016.

② V. Rock Grundman. The New Imperialism: The Extraterritorial Application of United States Law. *The International Lawyer*, Vol.14, No.2, 1980, pp.257 - 266.

或国家政府官员采取强制措施,以保障国家豁免权利,规避干涉国家内政的嫌疑。但是美国推行国内法域外适用的本意并非为全球治理改善和公平国际秩序建立,而是为了维护本国的利益,这是美国优先的表现。目前,鲜少有国家和美国一样强力和大范围推广其国内法域外适用,而且也缺少能力和影响力将美国列入制裁范围。美国在国内法域外适用中立于不败之地,本身就是强权政治的表现,违背了主权平等原则的体现(见表3-1)。

表3-1　国际法与美国国内法域外适用的区别

比较内容	国　际　法	美国国内法域外适用
法律渊源	国家间条约、国际习惯、国际法原则	国内立法
授权主体	两个及以上国家	国内立法机关
执行方式	通常需要国家间表决通过	国内行政机关或立法机关通过
执行强制力	仅有少量国际组织拥有强制权	以美国国家机器为基础的强制力
执行手段	柔性为主,具有强制力的往往是多边决议	制裁、禁止、武力等强制手段
限制	受到国家主权的拘束	无
适用范围	通常仅针对国际组织成员国和国际条约签字国	全球范围
基础	主权平等和不干涉原则	单边主义

(三) 权力代替法律的实证主义

美国推行以实力构建法律霸权主义的国内法域外适用、维持霸权秩序将带来法律实证主义的弊病。国家间权力结构将取代正义公平,成为法治的依据。法律霸权主义的隐蔽性也让美国等霸权国能够以制裁之名推动其他国家内政事务朝着有利于美国的方向发展。跳出国际法体系的法律霸权主义,相比传统的霸权主义,霸权国不必再供给法律公共产品,而是能够完全按照自己意志推行有利于自身的法律在域外适用,进而形成权力结构型的司法管辖,给国际社会的法治蒙上尘埃。

第六节　结　语

　　《全球马格尼茨基法案》是美国行政部门武库中的一个强大武器，它授权美国行政部门单方面冻结全球任何行为人的美国资产，并赋予美国行政机关以强大的裁决和执行权力。但由于执行部门可以依靠机密证据和秘密过程来决策，且执行过程中深受政治化影响，以《全球马格尼茨基法案》为基础进行的制裁很难被证明合理性和合法性。《全球马格尼茨基法案》将于2022 年到期，而美国政府表示，有意在未来几年通过该法案的实施充分显示其打击海外腐败和侵犯人权行为的决心，[①]并通过该法案的制裁机制广泛地影响和干预别国政治领导人决策和内政事务。美国也正在通过该法案来对付其潜在对手，通过单边主义的制裁试图插手他国内政，并手握《全球马格尼茨基法案》站在"道德高地"对他国人权状态进行谴责、制造不利于他国的国际舆论导向。《全球马格尼茨基法案》的执行和实施反映了美国推行新法律霸权主义依托于国内法域外适用，且具有制裁政治化的特点。

　　美国新法律霸权主义既是美国当代外交中重要的一部分，也是美国维持其霸主地位的重要工具之一。尽管美国使用法律工具在世界范围内构建法律霸权主义已经有很长的历史，但近年来其构建方式出现的新趋势依然值得重视。美国的新法律霸权主义采用更加隐蔽的手段进行合法性构建，并通过美国国家实力和影响力为支撑来进行推行，国内法域外适用和经济制裁组成相辅相成的工具，在世界范围内对影响其他国家的实体和个人。

　　美国新帝国主义不仅对他国的干涉更为深入，而且对国际法的权威和基本原则也构成了挑战，对于全球治理和国际法治的实现有着极其消极的影响。为了维持其霸权地位和秩序，美国不惜以牺牲包括中国在内的其他国家的利益为代价，一味推行新法律霸权主义，试图垄断国际法律的话语权和司法执行权，对于解决当前国际社会面临的重要议题和难题毫无帮助，对

---

① Implementation of The Global Magnitsky Act：What Comes Next? *Law Columbia Edu*，2018，https：//www.law.columbia/edu/sites/default/files/microsites/public-integrity/magnitsky_wcn_final.pdf.

于构建各国合作共赢、世界人民共同繁荣的人类命运共同体更是有害无益。因此,我们需要充分认识美国推行新法律霸权主义的目的和后果,以全球命运为先,杜绝国家单边主义、霸权主义和利益至上的思想,构建一个法治秩序和谐、国家合作有序的公平公正的国际社会生态。

第四章
《以制裁反击美国敌人法案》背景下的
美国经济制裁及其他国应对实践

第一节　概　　论

一、文献综述

对于经济制裁的法律性质,伊莱休·鲁特认为,国际法制裁与所有国内法制裁是一致的,但国际社会没有超越国家主权的立法、司法和执法机构,需要靠成员国自觉遵守法律规定。[①] 葛淼认为,目前没有任何国际法规定禁止使用经济制裁,而《联合国宪章》仅禁止了武力强制,默示了经济制裁为国际法所允许,同时美国采取的单边主义措施也属于主权国家的自由,承诺放弃单边措施是主权的让渡。[②]

经济制裁主要分为贸易和金融两个方面的制裁。近年来,金融制裁已经成为美国政府的政策偏好。在金融制裁的分析上,刘瑛对单边金融制裁进行了界定,包括强权的制裁主体、宽泛的被制裁资产、丰富的手段、无限的时间和突出的实施效果等特征。[③] 徐以升、马鑫将金融制裁定义为:"使用各种金融手段的经济制裁,是国际经济制裁的内容之一,它属于一种高烈度的经济制裁"。[④]

[①] See Elihu Root. The Sanction of International Law. *Law Student's Helper*,Vol.16,1908,p.30.

[②] 葛淼:《美国单边金融制裁的国际法性质与应对》,《上海金融》2018 年第 10 期,第 56—57 页。

[③] 刘瑛、黎萌:《美国单边金融制裁的国际法分析》,《国际经济评论》2020 年第 3 期,第 160—162 页。

[④] 徐以升、马鑫:《美国金融制裁的法律、执行、手段与特征》,《国际经济评论》2015 年第 1 期,第 134 页。

黄风认为,金融制裁的法律依据来自《联合国宪章》、国家间共同体的决定以及国内立法,[①]并阐述了金融制裁的具体措施和相关义务。葛淼认为,美国能够实施经济制裁依靠的是美元在国际金融体系中的核心地位。[②] 刘威分析了金融制裁成为美国政府"新宠"的原因在于美国金融领域的优势、金融制裁的难以规避性、金融制裁影响范围大于贸易制裁,以及金融制裁可以弱化联合抵抗。[③]

加利·克莱德·霍夫鲍尔对经济制裁进行了明确的定义,他认为经济制裁是"蓄意的、由政府发起的、断绝或威胁断绝惯常贸易或金融关系的行为"。[④] 国外学者认为,实现经济制裁的最高程度是禁止一切贸易,包括禁止成员国国民进入侵略者领土、禁止侵略国国民进入成员国领土、控制所有运输和国际货物交换,以及断绝成员国和侵略者之间的外交和领事关系。[⑤] 贾斯汀·斯托斯将经济制裁定性为非暴力的胁迫行为,决策者避免暴力冲突的愿望导致 20 世纪下半叶经济制裁的使用频率急剧上升。制裁国通过操纵税收、进出口贸易、对外援助和金融机构准入等方式实施强制性经济制裁措施,以强制改变目标国的政策和做法。[⑥] 埃乌内蒂·梅孔南认为,联合国安理会更倾向于针对性的制裁而不是一般性的制裁,金融制裁、商品抵制、武器禁运和旅行禁令取代了一般贸易制裁,成为联合国的首选工具。[⑦]自第二次世界大战以来,美国金融制裁的使用频率上升,国际金融交易的迅速增长和恐怖主义兴起是两个重要原因。金融制裁侧重于目标国家、公司、个人或其他实体之间的资金和其他形式价值往来。[⑧] 奥德·科特里教授以

---

① 黄风:《国际金融制裁法律制度比较研究》,《比较法研究》2012 年第 3 期,第 100—101 页。
② 葛淼:《美国单边金融制裁的国际法性质与应对》,《上海金融》2018 年第 10 期,第 55 页。
③ 刘威:《美式金融制裁的实施体系、功效评价与可能趋势》,《当代美国评论》2020 年第 1 期,第 110—112 页。
④ [美] 加利·克莱德·霍夫鲍尔等:《反思经济制裁》,杜涛译,上海人民出版社 2019 年版,第 3 页。
⑤ Sanction(notes). *Digest of International Law*, Vol.1, 1963, pp.65 - 66.
⑥ Justin D. Stalls. Economic Sanctions. *University of Miami International & Comparative Law Review*, Vol.11, 2003, pp.115 - 119.
⑦ Nega Ewunetie Mekonnen. The United Nations Security Council Targeted Sanction and Its Impact on Economic, Social and Cultural Rights. *Bahir Dar University Journal of Law*, Vol.5, 2014, pp.171 - 173.
⑧ Barry E. Carter, Ryan M. Farha. Overview and Operation of U.S. Financial Sanctions, Including the Example of Iran. *Georgetown Journal of International Law*, Vol.44, 2013, p.904.

美国对伊制裁为视角,分析了伊朗追求核武器和支持恐怖主义是美国实施金融制裁的主要原因,并阐述了对伊制裁后的影响,全球主要的银行撤出伊朗市场,破坏了伊朗包括能源部门在内的主要贸易关系。① 有针对性的经济制裁或金融制裁,无论是针对伊朗等国家,还是武器扩散、毒品贩卖和国际恐怖主义,对于试图解决国际问题的美国政府而言都是越来越重要的工具。然而美国制定的针对性制裁方案仍存在许多问题,破坏了方案的合规性和合法性。② 保罗·威斯和里夫金德·沃顿等人对 2017—2020 年美国经济制裁和反洗钱进行了回顾和展望。2017 年,经济制裁形势发生了许多变化,特朗普继续将经济制裁作为强大的国家安全和外交政策工具,在朝鲜和伊朗经济制裁问题上采取了激进的立场,扩大了制裁力度。2018 年,OFAC 加大了对虚拟货币领域的监管,发布了多项指南。2019 年制裁格局发生重大变化,特朗普政府对伊朗采取了极限施压,OFAC 也将关注点置于伊朗、古巴、委内瑞拉和打击恐怖主义。2020 年,美国 OFAC 执法数量大幅减少,但仍延续了对伊朗的极限施压,发布了新行政命令进行行业制裁和次级制裁。

经济制裁根据制裁对象不同分为初级制裁和次级制裁。在初级制裁方面,孟刚、王晔琼对一级制裁进行了理论界定:"一级制裁是指美国限制美国人与目标方进行经贸往来的制裁行为",他们认为美国扩大连接点主张域外管辖违背了国际法。③ 在次级制裁方面,梁冰洁、孟刚剖析了次级制裁的实质是域外管辖的扩张,"美国制定的相关法案得以在域外适用,构成了二级制裁的法律依据,得以实现二级制裁的效果",并认为二级制裁不符合国际法规则,违反了国际法管辖权原则和联合国决议。④ 杜涛分析了美国经济制裁的域外管辖标准和国际法效力,提出"通过双边或多边协商机制来解决这一问题应该是更为有效的途径"。⑤ 刘道纪、高祥阐述了次级制裁产生的原因和效果,对

---

① Orde F. Kittrie. New Sanctions for a New Century: Treasury's Innovative Use of Financial Sanctions. *University of Pennsylvania Journal of International Law*, Vol.30, 2009, pp.794 - 800.

② Peter L. Fitzgerald. Smarter Smart Sanctions. *Penn State International Law Review*, Vol.26, 2007, pp.37 - 38.

③ 孟刚、王晔琼:《美国一级制裁的理论基础与制度实践》,《中财法律评论》2020 年第 1 辑,第 76—81 页。

④ 梁冰洁、孟刚:《美国二级制裁法律问题研究》,《财经法学》2020 年第 1 期,第 136—139 页。

⑤ 杜涛:《美国单边域外经济制裁的国际法效力问题探讨》,《湖南社会科学》2010 年第 2 期,第 70 页。

其合法性进行了分析，认为次级制裁违反了不干涉内政的国际基本原则。[①]
况腊生、郭周明分别梳理了三种制裁形式并进行了评价，对于联合国安理会
批准的制裁应当被国际社会遵守；对于报复性经济制裁是一种合法的对抗措
施；对于第三国单方的侵害性经济制裁在不违背国际法的前提下是合法的；
对于外交性经济制裁具有干涉他国内政的性质违背了国际法基本准则。[②]

　　在经济制裁体系方面，李峥将美国经济制裁分为了三类，分别是贸易制
裁、金融制裁和待遇制裁。[③] 郑联盛指出，美国经济制裁是一个复杂体系，
其中贸易制裁是传统的经济制裁方式，而近年来金融制裁成为美国日益频
繁使用的外交工具；此外，他还介绍了美国经济制裁的组织架构，分为决策
和执行两个部分，其中国会和总统是决策主体，财政部是主要的执行主
体，[④]而 OFAC 是财政部的主要执行部门。王佳将美国经济制裁的立法体
系分为授权型、直接制裁型以及其他类型，其中直接制裁型又包括针对特定
领域或国家的制裁。[⑤] 对于美国总统和国会的权力博弈，孙仲对美国宪法
进行分析，表示"宪法对外政策上分别赋予国会和总统极大的权力，而没有
把所有的外交权力单独赋予哪个部门"。[⑥] 贾圣真认为总统发布行政命令
的权力主要源于宪法、国会立法和职权固有权力。[⑦] 薛天赐认为国会赋予
了总统对外实施经济制裁的权力，但部分法律规定允许总统绕过国会审查
程序，[⑧]为国会全面介入的发展埋下了铺垫。

　　2017 年 8 月 2 日，特朗普政府签署 CAATSA，对伊朗、俄罗斯和朝鲜展开
新一轮的制裁措施，三部子法案包括《2017 年打击伊朗破坏稳定活动法》[⑨]

---

① 刘道纪、高祥：《美国次级制裁合法性问题研究》，《南京社会科学》2018 年第 10 期，第 103 页。
② 况腊生、郭周明：《当前国际经济制裁的法律分析》，《国际经济合作》2019 年第 3 期，第 146—
　149 页。
③ 李峥：《美国经济制裁的历史沿革及战略目的与手段》，《国际研究参考》2014 年第 8 期，第 14 页。
④ 郑联盛：《美国金融制裁：框架、清单、模式与影响》，《国际经济评论》2020 年第 3 期，第 125—
　130 页。
⑤ 王佳：《美国经济制裁立法、执行与救济》，《上海对外经贸大学学报》2020 年第 5 期，第 54—
　56 页。
⑥ 孙仲：《论美国总统与国会外交决策权的消长》，《浙江大学学报（人文社会科学版）》2000 年第 2
　期，第 71 页。
⑦ 贾圣真：《总统立法——美国总统的"行政命令"初探》，《行政法学研究》2016 年第 6 期，第 132 页。
⑧ 薛天赐：《论美国经济制裁中的总统权力边界》，《政法论丛》2020 年第 2 期，第 103—106 页。
⑨ CAATSA. Title 1 - Countering Iran's Destabilizing Activities Act of 2017.

（以下简称《反击伊朗法案》）、《2017 年反击俄罗斯在欧洲和欧亚大陆影响力法案》①（以下简称《反击俄罗斯法案》）和《朝鲜封锁和现代化制裁法案》②（以下简称《制裁朝鲜法案》）。针对伊朗的经济制裁研究上，肯尼斯·卡茨曼分析了伊朗的外交和防御政策，详细阐述了武器扩散、恐怖主义以及人权等领域的美国制裁历程和伊朗的对抗历程。③ 肯尼斯·卡茨曼还阐述了历届美国国会和政府利用经济制裁来试图改变伊朗的行为。美国对伊朗的制裁主要是针对与伊朗进行某些交易的公司的次级制裁，并分析了制裁对伊朗的经济产生了不利影响。④ 艾丽卡·唐斯和苏珊娜·马洛尼认为美中双方是针对伊朗经济制裁的关键，美国对于伊朗采取极限施压的态度，而中方却积极构建广泛而稳定的中伊关系。⑤

　　针对俄罗斯的经济制裁，姜毅梳理了《反击俄罗斯法案》的文本内容，并介绍了《反击俄罗斯法案》新增的内容、制裁趋势以及俄罗斯的对抗措施分析和评价。⑥ 马雪分析了 2014 年俄罗斯在遭受美国金融制裁后，虽然短期内对俄罗斯影响有限，但却形成了不可逆的长期影响，同时美国也陷入了制裁困境，例如人道主义危机、制裁的执行力降低、盟友的"背叛"等。⑦ 冯绍雷概述了"通俄门"和"黑客门"等事件引发美国对俄罗斯实施新一轮制裁，阐述了 CAATSA 的制裁若干特点，包括最严厉的制裁措施、俄罗斯政府的隐忍态度、加速国际格局的分化以及美国的国会和总统的博弈之争。⑧ 许文鸿以环球银行间金融电信协会（Society for Worldwide Interbank Financial Telecommunications，SWIFT）作为美俄双方经济制裁与反制裁的切入点，主要分析了美国切断 SWIFT 系统后俄罗斯采取的对抗措施，主要包括建

---

① CAATSA. Title 2 – Countering Russian Influence in Europe and Eurasia Act of 2017.
② CAATSA. Title 3 – Korean Interdiction and Modernization of Sanctions Act.
③ Kenneth Katzman. "Iran's Foreign and Defense Policies", https://crsreports. congress. gov/，R44017，最后访问时间：2021 年 3 月 9 日。
④ Kenneth Katzman. "Iran Sanctions", https://crsreports. congress. gov/，RS20871，最后访问时间：2021 年 3 月 9 日。
⑤ Erica Downs，Suzanne Maloney. Getting China to Sanction Iran—The Chinese—Iranian Oil Connection. *Foreign Affairs*，Vol.90，2011，pp.15 - 17.
⑥ 姜毅：《解析美国对俄制裁新法案》，《俄罗斯东欧中亚研究》2018 年第 1 期，第 33—36 页。
⑦ 马雪：《美国对俄罗斯金融制裁的效力、困境及趋势》，《现代国际关系》2018 年第 4 期，第 34—39 页。
⑧ 冯绍雷：《"对俄制裁案"和俄罗斯与西方关系的未来》，《欧洲研究》2018 年第 1 期，第 2—12 页。

立本国金融体系、开拓国际市场以及推进国际合作机制。^① 科里·威尔特、克里斯汀·阿其克、蕾贝卡·尼尔逊和迪安·雷纳克阐述了美国对俄制裁的具体措施。^② 科里·威尔特分析了俄罗斯的对抗历程和对俄罗斯国内经济、能源、金融、投资等领域的影响。^③ 马克·皮特斯分析了应对金融制裁措施应考虑网络为基础的战略,科技手段可以加强制裁战略,以便更有效地实现国家目标。^④

针对朝鲜的经济制裁,沈文辉、江佳唯认为"美国对朝'极限施压'的主要手段是全面制裁和军事威慑"。^⑤ 王怡文介绍了特朗普政府时期经济制裁的原因和特点,并预示了美国经济制裁的前景倾向于全面制裁。^⑥

迪安·E.雷纳克、肯尼斯·卡茨曼和科里·威尔特分别对《反击伊朗法案》《反击俄罗斯法案》和《制裁朝鲜法案》进行了条文梳理和制裁趋势分析。^⑦ 迪安·E.雷纳克梳理了 CAATSA 中各项总统和国务卿义务的履行期限和限定周期。^⑧ 克里斯汀·阿其克、迪安·E.雷纳克和科里·威尔特阐述了克里米亚问题爆发后,欧盟对俄罗斯的经济制裁措施。^⑨ 维恩·莫里森从关税、贸易以及其他经济措施的角度分析了中美贸易战加剧的原因。^⑩

---

① 许文鸿:《SWIFT 系统:美俄金融战的博弈点》,《俄罗斯东欧中亚研究》2019 年第 6 期,第 25—28 页。

② Cory Welt, Kristin Archick, Rebecca M. Nelson, Dianne E. Rennack. "U. S. Sanctions on Russia", https://crsreports.congress.gov/, R45415, 最后访问时间:2021 年 3 月 9 日。

③ Cory Welt. "Russia Poisoning of Alexei Navalny and U.S. Policy", https://crsreports.congress. gov/, IN11596, 最后访问时间:2021 年 3 月 9 日。

④ Mark Peters. Cyber Enhanced Sanction Strategies: Do Options Exist? *Journal of Law & Cyber Warfare*, Vol.6, 2017, pp.95 - 102.

⑤ 沈文辉、江佳:《美国对朝"极限施压"政策的内涵、逻辑与困境》,《美国研究》2019 年第 1 期,第 33 页。

⑥ 参见王怡文:《特朗普上任以来美国目标制裁的原因、特点及前景》,《国际研究参考》2020 年第 8 期,第 11—15 页。

⑦ Dianne E. Rennack, Kenneth Katzman, Cory Welt. "Countering America's Adversaries Through Sanctions Act", https://crsreports.congress.gov/, IF10694, 最后访问时间:2021 年 3 月 9 日。

⑧ Dianne E. Rennack. "Countering America's Adversaries Through Sanctions Act (CAATS Act) Deadlines, Time Frames, and Start Dates", https://crsreports.congress.gov/, IF10805, 最后访问时间:2021 年 3 月 9 日。

⑨ Kristin Archick, Dianne E. Rennack, Cory Welt. "EU Sanctions on Russia Related to the Ukraine Conflict", https://crsreports.congress.gov/, IF10614, 最后访问时间:2021 年 3 月 9 日。

⑩ See Wayne M. Morrison. "U. S. Trade Friction with China Intensifies", https://crsreports. congress.gov/, IN11135, 最后访问时间:2021 年 3 月 9 日。

近年来中美贸易战的形势加剧,从贸易领域不断向其他领域扩张,中国企业在国际交往中也多次遭到美国次级制裁。因此,中国当前构建了不可靠实体清单制度和阻断办法来应对美国的经济制裁措施。张辉认为不可靠实体清单的本质是对外经济制裁措施。① 廖凡指出我国不可靠实体清单制度"是一种应激反应,基本上定位于对美国滥用出口管制行为的反制和对可能实施断供行为的外国企业的威慑"。② 在中美法律战背景下,沈伟提出了美国的法律工具是长臂管辖与次级制裁,我国将"不可靠实体清单制度和阻断办法作为反制措施的有力武器"。③

二、研究背景、目的和意义

自特朗普政府上台以来,美国经济制裁的趋势愈演愈烈,对中国开展了多次经济制裁。例如 2017 年 3 月 7 日,OFAC 对中兴通讯设备有限公司和中兴康讯通信有限公司(以下简称中兴通讯)展开了调查,最终中兴通讯以11.92 亿美元的高额罚款与美国政府达成了和解。④ 2018 年 10 月,美国商务部以福建晋华集成电路有限公司和台湾联华电子股份有限公司窃取美国存储芯片公司美光 DRAM 的关键技术为由将其列入了实体清单。此后,美国司法部于 11 月 2 日对上述中国实体提起了诉讼,指控其涉嫌窃取美国企业的商业机密和知识产权,对美国国家安全利益产生威胁。最终,双方协商达成了 6 000 万美元高额罚金的和解方案。⑤ 2018 年 12 月 1 日,华为技术有限公司由于被指控违反了美国对伊的制裁政策,与伊朗进行了相关违禁品

---

① 张辉:《论中国对外经济制裁法律制度的构建——不可靠实体清单引发的思考》,《比较法研究》2019 年第 5 期,第 150 页。

② 廖凡:《比较视角下的不可靠实体清单制度》,《比较法研究》2021 年第 1 期,第 176 页。

③ 沈伟:《中美贸易摩擦中的法律战——从不可靠实体清单制度到阻断办法》,《比较法研究》2021 年第 1 期,第 186—190 页。

④ "Economic Sanctions and Anti-Money Laundering Developments: 2017 Year in Review", https://www. paulweiss. com/practices/litigation/economic-sanctions-aml/publications/economic-sanctions-and-anti-money-laundering-developments-2017-year-in-review?id=28205♯_ednref28,最后访问时间:2021 年 3 月 25 日。

⑤ 参见爱集微 APP 号:"和解方案罚金 6 000 万美元? 晋华、联电被控窃取机密案或将尘埃落定",https://baijiahao. baidu. com/s?id=16812308877568172808&wfr=spider&for=pc,最后访问时间:2021 年 3 月 25 日。

的交易,华为首席财务官孟晚舟在加拿大遭到美加双方的扣留。①

　　2017 年 8 月 2 日特朗普签署了 CAATSA,旨在对伊朗、朝鲜和俄罗斯实施最严厉的全面经济制裁。美国将对中国的经济制裁扩展到了军事国防领域,限制了与三国在军事国防领域的"重大交易"。例如,我国中央军委装备发展部于 2017 年向俄罗斯购买了 10 架苏 - 35 战斗机,又于 2018 年购买了 S - 400 防空导弹系统,而美国政府认为这两份军备武器采购协议违背了对俄制裁的"重大交易"限制条款。因此,2018 年 OFAC 根据 CAATSA 的规定,对我国的实体和个人开展了次级制裁,将中央军委装备发展部及其负责人列入了特定指定制裁清单(Specially Designated Nationals and Blocked Persons List,SDN 清单)。②

　　2021 年 1 月 21 日,拜登政府上台,其依旧延续了特朗普对中的政治表态,将中国视为"最严峻的竞争对手"。③ 因此中国实体在当前国际交往中面临着巨大的法律风险。

　　本章的研究目的是通过对 CAATSA 条款进行分析,研究该法案下美国经济制裁的特点,并分析伊朗、俄罗斯和朝鲜三国的有关对抗措施。结合中国在国际交往中遭受到美国的次级制裁,分析次级制裁风险的根本原因,并就金融、外交和法律层面三个角度,提出了应对经济制裁的对策。

　　在理论层面上,CAATSA 是特朗普时期颁布的经济制裁法律规定的"集合",三部子法案分别针对伊朗、俄罗斯和朝鲜,不仅做到了形式上的创新,而且法案新增了多项制度和规定。拜登政府延续了特朗普政府的政治态度,将中国定性为美国"最严峻的竞争对手",CAATSA 的次级制裁规定成为拜登政府"解决"挑战的重要法律工具。研究 CAATSA 可以反映出美国政府在当前形势下的对外法律特点,对于我国构建经济制裁反制法律制

---

① 参见环球网:"孟晚舟时隔两个月再出庭,华为今天凌晨发布四点声明",https://baijiahao. baidu.com/s?id=1633007740192350270&wfr=spider&for=pc,最后访问时间:2021 年 3 月 25 日。

② "Economic Sanctions and Anti-Money Laundering Developments:2018 Year in Review",https:// www.paulweiss.com/practices/litigation/economic-sanctions-aml/publications/economic-sanctions-and-anti-money-laundering-developments-2018-year-in-review?id=28205♯_ednref28,最后访问时间:2021 年 3 月 25 日。

③ Susan V. Lawrence, Karen M. Sutter, "China Primer: U.S.-China Relations", https://crsreports. congress.gov/, IF10119,最后访问时间:2021 年 3 月 29 日。

度具有重要的理论价值。

在实践层面上,国会通过的 CAATSA 限制了美国总统及其他行政部门的权力,国会的全面介入提升了美国在经济制裁实践领域的制裁力度。

近年来,随着我国国家经济实力的不断增强,我国实体多次遭到美国司法部门的调查和 OFAC 的执法,而且拜登政府上台后依旧延续了特朗普政府"全面竞争"的政治态度,因此,中国在国际社会交往中仍然面临巨大的经济制裁风险。而对 CAATSA 的研究,可以反思当下我国在外交、金融、法律等领域上的不足,进而寻求优化的路径,以实现我国反制经济制裁体系的构建,提升国际话语权。

第二节 CAATSA 的背景

美国国会分别于 2017 年 7 月 25 日和 7 月 27 日以压倒性的票数通过了 CAATSA,并于 2017 年 8 月 2 日由特朗普签署。

按照国会立法的分类,CAATSA 属于针对主权国家的制裁法案。在形式上,区别于先前的众多同类型的法案,特朗普政府签署的 CAATSA 是对伊朗、俄罗斯、朝鲜三国制裁的"升级集合",为美国政府在新时期实施经济制裁提供了重要的法律依据,具有重大的里程碑意义。该法案共分为三部子法案,具体包括《反击伊朗法案》《反击俄罗斯法案》和《制裁朝鲜法案》。在内容上,CAATSA 在继承和发展了以往法案初级制裁内容的基础上,国会在编纂过程中收录了多项总统的行政命令作为补充,同时扩充了各个领域的次级制裁措施,是一部以次级制裁措施为主的制裁法案。

一、CAATSA 的具体内容

(一) 针对伊朗的经济制裁

自 1980 年美国正式与伊朗断绝外交关系起,美国开启了对伊制裁,先后出台了《伊朗制裁法案》《伊朗全面制裁、问责和撤资法》(Comprehensive Iran Sanctions, Accountability, and Divestment Act of 2010, CISADA)和《伊朗减少威胁与叙利亚人权法》(Iran Threat Reduction and Syria Human

Rights Act of 2012，ITRSHRA)。2015 年 7 月 14 日,伊朗与美英法俄中德 6 国达成了《关于伊朗核计划的全面协议》(Joint Comprehensive Plan of Action，JCPOA),旨在促进消除国际和平与安全的核威胁。此后,美国退出了 JCPOA,并颁布了《反击伊朗法案》。

一方面,美国进一步发展了被动国籍管辖权理论。被动国籍管辖权是指对外国人在外国针对本国国民的犯罪行使的管辖权,本质上是属人管辖原则的延伸。① 自"9·11"事件后,国际恐怖主义行为的频繁发生成为国际社会面临的严峻问题,大多数国家认为承认被动国籍管辖权是打击恐怖主义的合法工具。《反击伊朗法案》进一步扩大了该原则的适用范围,对恐怖主义犯罪的行为主体认定范围进行了扩充,将外国政府军事机构或组织也纳入犯罪主体。由于伊朗伊斯兰革命卫队(Islamic Revolutionary Guard Corps，IRGC)对中东地区的和平进程构成了威胁,13224 号行政命令将 IRGC 认定为恐怖主义组织,要求对 IRGC 及其官员、特工和附属机构实施制裁,具体措施包括冻结财产和禁止与实施、威胁实施或支持恐怖主义的人进行交易,②从而进一步加强和巩固措施以打击国际恐怖主义所带来的持续威胁。该举措得到了联邦政府各部门机构的支持,也是美国政府首次将主权国家的军事机构纳入恐怖主义组织的范围。2021 年 1 月 15 日,国务卿蓬佩奥表示会继续扩大国务院实施的与伊朗金属材料有关的制裁范围,针对 IRGC 的制裁措施将会逐步提高。③

另一方面,人权保护的额外制裁超越了"人道主义干涉"。在长期的国际交往实践中,国际社会通过制定国际条约或签署国际文件,对各国提出了一系列需要遵循的国际法基本原则。然而美欧等西方国家经常违背互不干涉内政这一基本原则,并在他国人权问题上提出了"人道主义干涉"。人道主义干涉,即在他国严重侵犯基本人权的情形下,对该侵害国施加一定强制措施。然而,如今国际社会对于人道主义干涉别国内政的行为尚存争议,美

① 参见王虎华:《国际公法学》,北京大学出版社 2015 年版,第 84 页。

② CAATSA Sec. 105. (c).

③ Increasing Iran Metals Sanctions Targeting Iran's Nuclear, Military and Ballistic Missile Programs and the IRGC, https://2017-2021. state. gov/increasing-iran-metals-sanctions-targeting-irans-nuclear-military-and-ballistic-missile-programs-and-the-irgc/index. html,最后访问时间:2021 年 3 月 9 日。

欧国家擅长借助人权保护等隐蔽方式对他国进行政治或经济干预。[①]

美国政府认定伊朗政府采取了破坏国家稳定的活动,对本国公民人权进行了大规模、系统和特别的侵犯,威胁了国际社会的和平与安全。因此,在 2013 年《国防授权法案》(National Defense Authorization Act,NDAA)第 1243 节中规定了应对方式:一是表明政治立场,例如否认伊朗政府有能力对政权反对者使用暴力和处决行为以及公开支持伊朗人民建立基本自由,为构建民主、自由和开放的政治制度奠定基础。二是国际援助,例如帮助伊朗人民通过互联网和其他媒体自由安全地生产、获取和分享信息,以及挫败伊朗政府干扰或以其他方式阻碍国际卫星广播信号的所有企图。[②]《反击伊朗法案》在 NDAA 的基础上作出了额外规定,第 106 节新增了国务院的两项义务:一是查明义务。查明伊朗境内实施严重侵犯人权行为的主体、伊朗政府官员非法活动的告密者和人权自由支持者等人员。二是代理义务。作为外国代理人,代理上述人员参加相关事务。[③]

《反击伊朗法案》涉及的措施甚至超越了西方国家设想的"人道主义干涉"概念。美欧国家主张"合理的"人道主义干涉行为一般注重两个方面:一是应当首先明晰有关国家是否存在侵害人权行为,即查明侵害行为应当作为干涉行为的前置程序。《反击伊朗法案》赋予国务院查明侵害人权行为的义务的同时,规定了对伊朗进行额外制裁的干涉行为,违背了前置的查明事实程序。二是应当由中立、权威的国际机构来判断国家是否存在侵害人权行为。[④] 然而,对于伊朗的人权侵害行为,联合国安理会的决议和其他国际机构均未明确做出判断,而美国政府仅依靠本国搜集的情报,单方面宣布认定伊朗政府的违法侵害人权事实,并采取了后续的制裁行为,超越了人道主义干涉的内涵。

(二)针对俄罗斯的经济制裁

克里米亚地区举行公民投票并宣布脱离乌克兰后,奥巴马政府认定俄

---

① 王虎华:《国际公法学》,北京大学出版社 2015 年版,第 59 页。
② 2013 National Defense Authorization Act (NDAA) Bill: Subtitle D - Iran Sanctions. Sec. 1243. (a) & (b).
③ CAATSA Sec. 106. (a).
④ 王虎华:《国际公法学》,北京大学出版社 2015 年版,第 59 页。

罗斯兼并了克里米亚地区。自 2014 年直至奥巴马卸任的期间,奥巴马政府陆续颁布了 13660、13661、13662、13685、13694 和 13757 号 6 项行政命令,对俄罗斯的金融机构、命脉行业以及重要官员展开了全面的制裁措施。[①] 此后,在特朗普上任 6 个月后签署了《反击俄罗斯法案》,对俄罗斯实施了新的一轮制裁,具体包含了以下几个方面。

一是国会立法直接限制总统"放松"对俄制裁的行政决策。法案第 216 节要求总统任何"放松"与俄罗斯有关的制裁措施需要通过国会审查程序,包括《乌克兰自由支持法案》(Ukraine Freedom Support Act of 2014,UFSA)、《支持乌克兰主权、统一、民主和经济稳定法案》(Support for the Sovereignty,Integrity,Democracy and Economic Stability of Ukraine Act of 2014,SSIDESUA)和 CAATSA 等规定的制裁措施。[②] 例如第 222 节(b)款限制总统终止制裁措施的决策权力,新增总统的通知义务;(c)款对总统就网络安全领域免除制裁措施进行了限制,即总统必须向国会提出申请报告,以证明符合美国国家安全利益,以及俄罗斯政府减少了网络入侵行为的次数和强度;(d)款限制了总统对乌克兰制裁措施的豁免,即总统必须在符合特定情形下才可向国会提出申请。

二是总统行政命令立法域外化。美国国会在《反击俄罗斯法案》中汇总了奥巴马时期的多项行政命令,例如在 13660、13661 和 13662 号行政命令中规定了美联储应冻结对乌克兰局势有实质贡献的个人财产;13685 号行政命令规定了禁止与乌克兰克里米亚地区有关的交易,以及在 13757 号行政命令中规定了采取进一步措施解决与重大恶意网络活动有关的国家紧急情况,扩大了原来命令的范围,包括与选举有关的活动。[③] 此外,国会还对纳入的行政命令进行了扩充。例如第 223 节还对 13662 号行政命令所规定的制裁措施进行了发展。一方面,禁止美国管辖范围内主体为支持俄罗斯境内的深海、北极近海和页岩油项目的勘探或生产而向制裁名单指定主体

---

① "俄罗斯制裁概述(上)",https://mp.weixin.qq.com/s/Cw-_GoivOBwR6IgAiTsnFw,最后访问时间:2021 年 3 月 9 日。

② CAATSA. Sec. 216.

③ Dianne E. Rennack, Kenneth Katzman, Cory Welt. "Countering America's Adversaries Through Sanctions Act",https://crsreports.congress.gov/,IF10694,最后访问时间:2021 年 3 月 9 日。

提供货物、服务和技术(金融服务除外)。另一方面,限制向指定金融机构提供贷款的最长期限从 30 天缩减到 14 天,限制向指定能源公司提供贷款的最长期限从 90 天缩减到 60 天。①

三是首次对俄罗斯开展次级制裁。在 CAATSA 签署前,美国对俄制裁措施的对象限于美国个人和实体,自对伊朗开启次级制裁后,《反击俄罗斯法案》同样激活了次级制裁措施。一方面,重启了搁置的涉及乌克兰制裁的法案,并强制执行可自由裁量的制裁措施。第 225 节重启了 UFSA 中规定的尚处于自由裁量中的次级制裁措施,即要求对在俄罗斯境内的深海、北极近海以及页岩石油开采项目中进行重大投资的外国人以及参与重大交易的外国金融机构实施制裁。② 根据 SSIDESUA 规定,针对俄罗斯政府官员、家庭成员以及其他对实施或协助腐败行为负有责任的主体授权但不要求强制实施该制裁措施,而法案第 227 节强制执行了该酌情制裁措施。③ 法案第 228 节是关于针对俄罗斯人权侵害的制裁措施,该节照搬了 SSIDESUA 第 8919 条"关于对侵害人权责任人的强制制裁措施"的规定,对于俄罗斯强行占领的或控制的境内实施任何人权侵害行为的实体,包括任何外国实体直接或间接提供的实质性协助行为,总统可以对其施加制裁措施,具体包括冻结美国境内资产、驱逐出境、取消美国签证等制裁措施。④ 另一方面,次级制裁覆盖了网络安全、国防军事、海外投资等俄罗斯的关键领域。第 224 节对网络安全进行了规制,对于向俄罗斯破坏网络安全活动提供财政、物资或技术方面支持的任何主体实施制裁。⑤ 在国防军事方面,第 231 节规定了对与俄罗斯国防或情报部门从事重大交易的主体实施制裁。⑥ 此外,第 234 节在武器转让以及叙利亚物资转移问题上作出了制裁规定,外国实体在明知美国政府对俄制裁政策的情况下,将生化武器、核武器、导弹技术和先进常规武器以及相关军用物资转移至叙利亚,或为叙利亚政府提供财政、物资或技术支持,对叙利亚政府发展上述武器做出实质贡献,此类主体将会

① CAATSA. Sec. 223.
② CAATSA. Sec. 225.
③ CAATSA. Sec. 227.
④ SSIDESUA. § 8910.
⑤ CAATSA. Sec. 224.
⑥ CAATSA. Sec. 231.

受到美国经济制裁。① 在国有资产私有化问题上，第 233 节中美国政府严格限制了海外对俄投资，即明知美国对俄制裁政策的主体向私有化的俄罗斯国有资产进行不公正的重大投资，②使得俄罗斯政府官员及其亲属获利的将受到美国政府的制裁。③

四是能源领域成为美国对俄制裁的重点。美国政府深知能源领域是俄罗斯的经济命脉，因此《反击俄罗斯法案》重点制裁了俄罗斯能源行业，其中北溪二号（Nord Stream 2）天然气管道建设项目自 2019 年至今受到了多次制裁。

2021 年 1 月 19 日，美国政府根据 CAATSA 第 232 节的规定对俄罗斯境内实体 KVT‐RUS 实施经济制裁，理由是该实体明知美方对俄经济制裁政策而向俄罗斯出售、租赁或提供商品、服务、技术和信息，以支持俄罗斯能源出口管道项目。美国政府明确表明自身立场，北溪二号项目的建成将为俄罗斯完全绕过乌克兰提供重要途径，从而影响乌克兰经济收入。此外，俄方利用本国优势的自然资源作为政治压力影响西欧局势，符合《反击俄罗斯法案》的反击目标。美国将继续加强与欧盟合作，以确保欧洲拥有安全可靠的多元化能源供应网络，保障欧盟的集体安全。④

法案第 257 节以"乌克兰能源安全"为主题，延伸至欧洲和亚洲等其他国家，旨在削弱俄罗斯在欧洲和欧亚大陆的政治影响力。在克里米亚问题上，美方发出政策声明：一方面，美方支持乌克兰政府主权和领土的完整，不承认俄罗斯联邦政府非法吞并的克里米亚地区。此外，谴责俄罗斯违反国际法基本原则，使用武力在乌克兰实施的破坏地区稳定的行为。另一方面，对乌克兰提供多方面的国际援助：① 完善乌克兰能源监管。协助促进乌克兰能源部门监管监督和运作方面的改革，包括建立独立的监管组织。② 摆脱对俄罗斯能源依赖。由于美国认定俄罗斯政府利用天然气的优势地位胁迫、恐吓和影响其他国家，因此帮助乌克兰及其他美国欧洲盟友，以

---

① CAATSA. Sec. 234.

② 重大投资原则上总额不少于 1 000 万美元。有多笔投资的情况下，每笔投资不少于 100 万美元的任何组合，且总额不少于 1 000 万美元。

③ CAATSA. Sec. 233.

④ "Sanctions on Russian Entity and a Vessel Engaging in the Construction of Nord Stream 2"，https://2017-2021. state. gov/sanctions-on-russian-entity-and-a-vessel-engaging-in-the-construction-of-nord-stream-2/index. html，最后访问时间：2021 年 3 月 9 日。

减少对俄罗斯能源的依赖。③ 构建能源市场，保障能源安全。美国试图与欧盟各成员国以及欧盟机构展开合作，通过发展多样化的能源自由市场，为欧盟市场提供多样化的能源来源、供应商和路线，从而保障欧盟集体的能源安全。④ 阻挠俄罗斯入侵乌克兰能源领域。以保障欧盟能源安全、东欧天然气市场发展以及乌克兰能源改革为由，反对继续实施北溪二号管道项目。

在欧亚其他国家或地区，美国同样试图减少对俄罗斯能源的依赖。俄罗斯在能源领域具有较强的地区影响力，不仅在石油和天然气资源方面，而且还在于国有核电等电力公司，其能够凭借其强大的能源优势取得这些国家或地区的政治影响力。因此，美国主要采取以下措施：一是提高海外投资力度，以对抗俄罗斯影响。美国的进出口银行和海外投资公司尝试支持和发展重大能源项目。设立对抗俄罗斯影响的基金组织，以便提供能源技术咨询和保障能源安全，削弱对俄能源依赖。二是授权拨款，支持和发展与能源安全有关的其他活动。2018、2019 两个财政年度美国国务院批准拨款3 000 万美元，以实施上述战略和活动。

（三）针对朝鲜的经济制裁

自 20 世纪 50 年代朝鲜开启核武器计划以来，美国进行了多轮外交，致力于消除朝鲜半岛构成的核威胁。1994 年，美国和朝鲜就半岛无核化相关事宜达成协议。2003 年以来，美国提出了有关朝鲜核问题的多边谈判，并展开了六轮六方会谈促使达成半岛无核化。[①] 2016 年 1 月，朝鲜进行了第四次核试验，引发了国际社会的强烈反应。同年 2 月，美国颁发了《朝鲜制裁和政策增强法案》(North Korea Sanctions Policy and Enhancement Act, NKSPEA)加强了对朝鲜经济制裁，具体规定了针对朝鲜在武器扩散、人权侵犯、网络安全破坏、恐怖主义支持等领域的制裁措施。同年 3 月 2 日，联合国安理会针对朝鲜第四次通过了第 2270 号决议。2017 年 4 月，美国前国务卿雷克斯·蒂勒森在联合国安理会就朝鲜问题发表讲话，称朝鲜核威胁是真实存在的，联合国成员国必须共同努力，对朝鲜施加更大的外交和经济压力，以进入无核化的谈判。同年，联合国安理会先后通过了 2356、2371、2375、2397

---

① U.S. Department of State. "U.S. Relations with North Korea", https://www.state.gov/u-s-relations-with-north-korea/，最后访问时间：2021 年 3 月 9 日。

号决议,旨在消除武器扩散对国际和平与安全构成的威胁。2017年8月2日,美国特朗普政府颁发《制裁朝鲜法案》,具体措施体现在以下几方面。

一是《制裁朝鲜法案》扩大了以往法案的制裁范围。一方面,扩大了强制性制裁范围。法案第311节"关于修改和扩充指定主体的要求"对NKSPEA中规定的"指定主体"进行了新的补充。在NKSPEA基础上,该节(a)款对5个特殊领域的限制进行了修改和扩充:① 限制指定主体以任何方式从朝鲜购买贵重金属或稀土矿石;② 限制指定主体以任何方式向朝鲜政府转让或出售火箭、航空器或喷气燃料等物资;③ 限制指定主体以任何方式向朝鲜提供大量燃料等物资或服务;④ 限制指定主体以任何方式为朝鲜拥有或控制的船只提供登记、保险等服务;⑤ 限制指定主体以任何方式在朝鲜金融机构名下开设银行账户。① 第312节延续和补充了NKSPEA关于"禁止以间接方式设立代理账户"的规定,对于向朝鲜实体提供任何金融服务的外国金融机构,美国金融机构可以拒绝向此类主体提供金融服务,此外新增了两个授权美国金融机构为朝鲜政府转移资金的例外规定。② 第313节对不遵守美国法律政策规定的外国主权国家可以限制提供国际援助。③ 第321节修订了NKSPEA的规定,补充了明知美国制裁政策仍雇用朝鲜劳工的外国人名单,新增了对于朝鲜劳工制造的货物的直接认定标准和推定认定标准。④ 另一方面,扩充了额外的酌情制裁规定。第311节(b)款涵盖了对指定主体的酌情制裁领域:违反联合国安理会决议规定的指定主体;限制以任何方式从朝鲜购买超过安理会决议规定限额的煤或铁矿石;限制从朝鲜购买或其他方式获得大量纺织品、农产品以及捕鱼权;限制以任何方式向朝鲜政府出售或转让石油、天然气及其副产品等能源;限制参与或协助朝鲜进行现金等大宗财产交易、运营网上商业活动以及运作金融机构(包括分支机构、附属机构和办事处);限制雇用劳工出口以便对朝鲜产生可观收入;限制与朝鲜运输、采矿、能源和金融服务行业的重要交易。⑤

---

① CAATSA. Sec. 257. (a).

② CAATSA. Sec. 312.

③ CAATSA. Sec. 313.

④ CAATSA. Sec. 321.

⑤ CAATSA. Sec. 311. (b).

二是试图再次将朝鲜列为"支持恐怖主义国家"。《制裁朝鲜法案》新增了国务卿确认朝鲜是否"支持恐怖主义国家"的义务。从 1979 年 12 月 29 日，美国自主发起"支持恐怖主义国家"的黑名单后，此类国家通过直接或间接的方式为恐怖主义活动提供任何形式的援助①都会被列入这一名单。根据《2019 财年国防授权法》第 1754 条（c）款、《武器出口管制法》第 40 条和 1961 年《外国援助法》第 620A 节三项法律指定由美国国务卿确定某个主权国家是否支持恐怖主义的国家。②

20 世纪 80 年代末，朝鲜曾被列入支持恐怖主义国家的黑名单，后因朝鲜积极配合实施朝鲜半岛无核化，美国政府于 2008 年 10 月将朝鲜从该名单上除名。2017 年 11 月 20 日，美国前国务卿蒂勒森正式宣布将朝鲜重新列入"支持恐怖主义国家"黑名单，以阻挠朝鲜核试验进程。对于列入黑名单的国家将受到美国具体的制裁措施，包括限制美国对名单内国家的国际援助、禁止本国国防产品的出口和销售、控制两用物品的出口以及其他金融限制措施。《制裁朝鲜法案》第 324 节要求美国国务卿在 90 天内向国会提交报告，以确定朝鲜是否符合被指定支持恐怖主义国家的标准。③ 换言之，对于朝鲜是否属于支持恐怖主义国家的认定，国会设置了 90 天的"考核期"。而事实上，美国特朗普政府于 2017 年 11 月 20 日再次将朝鲜列入了该黑名单，为美国后续对朝制裁提供了"合理"依据。

二、CAATSA 下美国经济制裁的特点

CAATSA 是特朗普政府时期签署的第一部经济制裁法案，包含军事、国防、金融、经济、投资等众多领域。美国政府一并通过了对伊朗、俄罗斯和朝鲜三个国家的制裁法案，形成了三国制裁法案合集，并将这三个国家列为新时期的"敌国"。在前文对 CAATSA 具体内容概括和梳理的基础上，三部小法案中存在着多处相似的立法逻辑和执法操作，一方面，继承和发展了

---

① "美国对朝又搞事，是啥套路?"https://mp.weixin.qq.com/s/5DgmoC8CZKHTlxYQTvQ66A，最后访问时间：2021 年 3 月 9 日。

② "State Sponsors of Terrorism". https://www.state.gov/state-sponsors-of-terrorism/，最后访问时间：2021 年 3 月 9 日。

③ CAATSA. Sec. 324.

以往多部制裁法案或条例;另一方面,也新增了多项新规定。结合当下逆全球化背景和美国对外贸易政策,下文将分析 CAATSA 内单边经济制裁措施的特点。

(一)总统行政权域外立法的升级

经济制裁作为美国外交政策重要工具,美国总统在该领域长久以来扮演着重要角色。总统通过行政命令将行政权与立法权的界限模糊化已屡见不鲜,在奥巴马政府时期的行政命令更是被国会纳入 CAATSA 中,成为新时期美国对外实施经济制裁的法律规范。美国联邦宪法确立的三权分立制度,将各项权力拆分以实现权力平衡,因此,总统和国会之间在外交事务上的关系上处于"零和游戏"的状态,一方掌握行政决策权以企图干涉立法权,从而扩大行政权;另一方控制立法权,试图干涉行政权以巩固自身地位,[①]而此次 CAATSA 的颁布,既保持了总统将行政命令与国会立法模糊化处理的传统,又实现了国会对总统行政权立法域外化行为的首次肯定。

根据美国宪法的授权,总统享有众多的法律权力,例如颁布行政命令、提出立法建议、召集国会召开会议、执行条约的权力等,在国际实践中,总统行政权逐步向国会立法权靠拢,划分各个权力分支行动领域的传统界限被模糊化。尽管美国宪法规定立法权归国会享有,但总统在执行国会和最高法院制定的法律政策时享有一定的立法权,这也是总统行政权向行政立法权的升级。然而,在国际交往中,总统支配的行政命令权力不断扩展,尤其是在经济制裁领域呈现出立法域外化,完成了总统行政权域外立法的第二次升级,例如 CAATSA 中将奥巴马政府时期的多项行政命令升级为法律。

虽然 CAATSA 的颁布表面上是对总统行政权的强化,但实质是国会对于总统行政权的变相强制干预,因此,特朗普政府也将其认定为是一部"存在缺陷"的法案。由前文可知,传统形式上的国会干预手段主要以事前立法为主,并且国会干预力度也逐渐增强和细化,例如 1976 年《国家紧急状态法》(National Emergency Act,NEA)和 1977 年《国际紧急经济权力法》(International Emergency Economic Powers Act,IEEPA)等冷战期间的法

---

① 薛天赐:《论美国经济制裁中的总统权力边界》,《政法论丛》2020 年第 2 期,第 105 页。

案均以笼统的法律规定授予总统以保障美国国家利益为由，可以对发生在美国境外的行为进行经济制裁，并没有限制具体的国家、行业、组织或个人。因此，在决策和执行经济制裁时，总统享有广泛的自由裁量权，甚至可以绕过国会的监督，国会只是宪法规定"纸面上"的制约和平衡。冷战结束后，"国会对几乎所有的经济制裁产生了实质影响"，[①]限制了美国总统对外经济制裁决策时的自由度，CAATSA 便是其中的典型代表。

而 CAATSA 对总统行政权进行了升级，总统通过行政命令进行域外立法的行为得到了进一步的发展。一方面，国会将行政命令纳入法案以支持总统的行政决策，并通过立法的形式确保未来的政府不能随意修改或撤销该行政命令，维护了法律的稳定性和可预见性；另一方面，总统的行政立法权得到了国会的接受，即通过行政命令进行的域外立法活动获得了国会的认可并被升级为法律，对未来美国总统的域外立法行为起到了鼓励和借鉴作用。

（二）单边主义美式标准的兴起

1. 认定国际恐怖主义行为的美式标准

对于国际恐怖主义行为的认定，当前国际社会尚未形成确定的参考标准，而作为积极打击恐怖主义的美国在 1996 年颁发的《伊朗制裁法案》(Iranian Sanctions Act，ISA)中给出了明确定义，《反击伊朗法案》第 102 节并未对此概念做出发展，只是照搬了对于"国际恐怖主义行为"(Act of International Terrorism)的认定标准。ISA 第 14 节中规定，国际恐怖主义行为包括两类行为：① 对他人的生命造成暴力或危险，且违反美国或任何州的刑法或在美国或任何州的管辖范围内构成犯罪的行为；② 计划恐吓或胁迫公民，通过恐吓或胁迫影响政府政策，以及通过暗杀或绑架方式影响政府的行为。上述两类行为标准为美国定义"国际恐怖主义行为"提供了法律参照，然而这一认定标准尚未得到国际上的广泛承认。

在认定伊朗涉及恐怖主义的方面，《反击伊朗法案》第 105 节规定，根据关于国际恐怖主义 13224 号行政命令，对 IRGC 和涉及 IRGC 的其他外国

[①] ［美］加利·克莱德·霍夫鲍尔等：《反思经济制裁》，杜涛译，上海人民出版社 2019 年版，第 162 页。

主体(包括官员、特工或分支机构等)实施经济制裁。对此展开的经济制裁分为两步,在 2017 年 10 月 13 日之前根据 13382、13553 和 13606 号行政命令对 IRGC 实施了经济封锁,同时对涉及 IRGC 的其他外国主体采取了次级制裁。在此之后,OFAC 采取了更加严厉的行动,冻结了上述外国主体的境内财产及财产权益,甚至禁止适用个人通信、人道主义捐赠、旅行等豁免。[①] 作为伊朗政府机构的 IRGC 被美方定义为恐怖主义组织,这也是一国政府机构在国际交往中首度被另一主权国家认定为恐怖主义组织。

美国扩大恐怖主义组织认定范围的举措旨在对 IRGC 施加经济压力和削弱伊朗在中东地区的军事实力,以提高军事话语权,体现了其外交政策的单边主义,对其他主权国家在国际交往中埋下了政治威胁,巩固了自身的霸权地位。然而,该举措违背了相关的法律规定,美国政府在主张认定伊朗涉恐的同时并无相关涉恐的证据支撑。换言之,美国主张伊朗涉恐威胁美国国家安全的事实违背了相关举证责任的法律逻辑。此外,ISA 规定的"国际恐怖主义行为"的认定标准并未得到各国的广泛承认,缺乏法律约束力,通过该标准进行的认定存在违背国际法之嫌。

2. 国家管辖权的美式标准

国际法决定了一个主权国家是否拥有管辖权,而主权国家的国内法决定是否能够实际行使管辖权。CAATSA 的多项条款中,对美国的管辖权做了扩大解释,体现了单边主义的美式标准。

根据第二章对于被动国籍管辖权的分析可知,当前学术界对此管辖权的适用存在争议。

美国在司法和立法均支持将此原则适用于恐怖主义犯罪,其是否违背了国际法值得商榷。而《反击伊朗法案》第 105 节认定了 IRGC 属于恐怖主义组织,将其扩大解释为恐怖主义犯罪的犯罪主体,进一步扩大了犯罪主体的认定范围,存在违背管辖权原则之嫌。

此外,《反击俄罗斯法案》第 224 节"破坏网络安全活动"对于犯罪对象未做区分,犯罪行为指向的对象包含了美国人与非美国人。当受害主体为

---

① U.S. Department of the Treasury. https://home.treasury.gov/policy-issues/financial-sanctions/faqs/topic/1551,最后访问时间：2021 年 3 月 9 日。

美国人时,被动国籍原则成为美国管辖权的来源,扩大了美国的域外管辖权;当受害主体为非美国人时,根据法案的表述美国依然享有管辖权,参照普遍性管辖权的适用理论。然而,普遍性管辖权针对的对象是国际犯罪行为,虽然恐怖主义犯罪的危害超越国界,但国际实践尚未将其被纳入国际犯罪行为的范围。因此,该条款的规定超越了既定的管辖权理论,无法为美国行使管辖权提供合法的辩护。

　　3. 强迫或强制劳动的美式标准

　　在强迫劳动标准的认定上,国际劳工组织大会于 1930 年通过的《强迫劳动公约》第 2 条第 1 款中对"强迫或强制劳动"作出了明确解释,即"以惩罚相威胁,强使任何人从事其本人不曾表示自愿从事的所有工作和劳务"。[1] 对该定义展开分析可知,实施强迫劳动者存在强迫从事工作和劳动的主观故意,并在客观上有惩罚威胁的行为;而劳动者主观上违背了自身的意志,客观上从事了指定的工作和劳务。

　　《制裁朝鲜法案》第 321 节规定了关于"朝鲜海外强迫劳动和奴隶"的制裁措施,总体上照搬了 NKSPEA 第 302 节的规定,仅新增了故意雇用朝鲜劳工的外国实体名单。一方面,该节继续沿用 NKSPEA 第 302A 节的规定,强调"可反驳的假设"的制度处理。具言之,由朝鲜国民或公民组成的劳工全部或部分开采、生产或制造的产品均应当被视为"强迫劳动产物",而禁止进入美国的任何港口,除非朝鲜能够提供令人信服的证据证明上述产品与强迫劳动无关。"可反驳的假设"的法律制度设计体现了举证责任倒置的法律逻辑,而从传统举证责任分配原则上,如果没有特殊事项的规定,一般均适用"谁主张谁举证"的责任分配。当前国际社会并未将强迫劳动行为的举证责任进行倒置,应当默示为遵循一般的举证责任,因此美国通过国内立法擅自倒置举证责任违背了国际法基本原则和国际习惯。另一方面,美国对朝鲜采取了严厉的制裁措施,并扩展了次级制裁措施,包括禁止成员国增加对朝鲜出口劳动力的使用;禁止成员国为朝鲜国民提供工作授权,但在 2017 年 9 月 11 日前完成书面合同的工作授权除外;要求成员国在两年内遣返朝鲜出口劳动力。在执法方面,总统可以采取冻结相关实体境内资产、

---

[1]《强迫劳动公约》第 2 条。

禁止与相关实体交易等制裁措施，而美国海关和边境保护局负责阻止来自朝鲜国民或公民的劳工开采、生产或制造的产品入境。

然而，美国采取的经济制裁措施有违《强迫劳动公约》的相关规定。例如该公约第 1 条第 2 款规定，在符合公共目的或例外措施的情况下，设置了过渡期间，在此期间内仍可继续强迫或强制劳动，[①]而美国无视了过渡期间的要求，并规定了两年遣返劳工的具体时限；再如公约第 25 条，对于非法强迫或强制劳动的主体应当依照刑法进行处罚，且成员国负有义务严格依照公约执行，[②]而美国对朝鲜和外国实体均以经济制裁的形式进行处罚，违背了依照刑法执行的法律规定。因此，美国《制裁朝鲜法案》不仅在立法上违背了国际法基本原则和国际习惯，而且还在执行上违背了公约的相关规定。

综上，CAATSA 呈现出的美国经济制裁特点，对受制裁国家和其他潜在影响国家具有重要意义。一方面，国会的变相强制干预牺牲了总统行政权域外立法的自由度，对于总统"放松"经济制裁政策的决策进行了限制。具言之，前任奥巴马政府时期对俄制裁的行政命令被国会认可后而延续使用，并将上述多项行政命令纳入法案，升级为法律。国会采用这种形式的立法行为形成了变相的干预手段，对于特朗普及后续总统而言是行政命令自由度的约束。后任美国政府的行政决策权变相遭到了约束，即使未来的美国政府有加大或减小对外制裁的力度，都会引发相应的法律冲突，阻挠了美国总统通过行政命令自由地行使域外立法权，例如 CAATSA 第 216 节设立了前置的国会审查，要求总统任何"放松"与俄罗斯有关的制裁措施。此举大幅提高了受制裁国家希望美方减轻或解除对本国的制裁措施的门槛。另一方面，美式单边主义的标准不断在各个领域实践，具有扩张的趋势。美国在金融领域的霸权地位使得金融制裁措施能够很好地达到实现对受制裁国家经济封锁的效果，这也同样使得美国在其他国际领域中有着不平等的话语权，而这种不平等的优势在单边主义标准上得到了很好的体现。美国在 CAATSA 制定的恐怖主义、管辖权和强迫劳动单边标准上，打破了诸多传统法律规则，对全球治理和国际秩序产生了不利影响。

---

① 《强迫劳动公约》第 1 条第 2 款。
② 《强迫劳动公约》第 25 条。

第三节 当前美国经济制裁的概述

20世纪以来,经济制裁在国际社会中不断被频繁利用,根据制裁对象的不同,经济制裁又分为一级制裁和次级制裁。其中美国施行的经济制裁实践最为丰富,这类制裁措施融合了外交、政治、法律、经济、金融等要素。[①]当下世界正面临"百年未有之大变局",美式单边主义和保护主义抬头,不稳定因素骤增,导致逆全球化趋势盛行,全球化进程受阻,美国政府凭借其固有的经济优势、国际地位和法律体系不断对外施行经济制裁。CAATSA的颁布,将伊朗、俄罗斯和朝鲜共同列为美国新时期的敌对国,预示着美国经济制裁的实践不断扩张。美国经济制裁决策和执行体系是如何发展?当前中国又面临着美国施加的何种经济制裁措施?

一、美国经济制裁的决策和执行体系

当下经济制裁作为非战争手段,在反击恐怖主义、核武器扩散、毒品生产和运输、保护和改善人权情况等多个领域中起到了"奇效",经济制裁的高效率和低成本逐渐得到了美国政府的"偏爱"。在此基础上,美国在长久的对外制裁实践中健全了国内经济制裁的决策和执行体系,有利于美国继续对外延伸和扩张经济制裁的对外政策,以削弱潜在的对手国家,稳固自身的霸权主义和国际霸主地位,继续主导世界经济的发展进程。

(一)经济制裁的决策体系

美国国会和总统是美国对外经济制裁决策的两个核心主体。美国宪法确立的三权分立体制,使得立法权、行政权和司法权形成内在的平衡。在履行国际责任和保障国家安全等外交事项时,基于政治原因和司法独立,司法部门往往不会参与博弈。因此,美国对外经济制裁是作为行政决策核心的总统和享有最高立法权的国会相互配合和制约的结果。

---

① 郑联盛:《美国金融制裁:框架、清单、模式与影响》,《国际经济评论》2020年第3期,第125页。

1. 美国国会

从权力分配上看,由于大部分的经济制裁实践中都涉及贸易方面的制裁措施,例如限制或禁止任何实体与被制裁国在特定领域进行商业往来、禁止颁发技术出口许可证等措施。根据《美国联邦宪法》第 1 条第 8 款的规定,[①]国会享有管理与他国贸易的权力,换言之,宪法赋予国会对外实施经济制裁的权利,而总统对外实施经济制裁的权力也源自国会的授权。

国会通过立法直接或间接地参与经济制裁的决策,具体体现如下：一方面,国会直接行使立法权,通过各类法律法规直接对他国实施经济制裁,包括上述的直接授权型、针对特定领域型和主权国家型的三类法律。另一方面,国会在立法过程中设置特殊条款以干预总统的对外决策,从而间接参与经济制裁的决策。例如 CAATSA 在第 216 节中设置了国会审查程序,美国总统若要采取任何"放松"对俄制裁的措施需要通过国会的审查。

近年来,总统行政命令在经济制裁领域的立法域外化发展。基于三权分立的基本原则,国会无法进行事后的修改或废止,因此国会只能通过以下两条途径对总统的行政立法加以限制：① 国会通过事前立法规定直接对总统加以限制,例如 CAATSA 中设置了国会的审查程序以及总统的报告义务；② 国会通过其他立法进行间接限制,例如通过拨款法案,拒绝或附加条件地为执行总统行政命令提供资金。因此,总统行政命令和国会立法成为美国经济制裁决策的主旋律。

2. 美国总统

作为美国对外决策的"代表",总统在经济制裁的决策中处于核心地位。一方面,虽然美国总统实施经济制裁的决策权力源自国会,但并不意味着总统完全受制于国会的意志。例如在国会通过相关的制裁法案时,最终需要交给总统签署；在面临多个制裁方案抉择时,总统掌握着最终的决策权,决定如何实施具体的制裁措施。另一方面,总统的行政权逐渐向立法权靠拢。行政命令这项总统专属的法律工具在对外的国际实践中不断发展,并逐步立法域外化,总统行政命令能够直接对别国施加临时性的制裁措施。这些措施的裁

---

① 《美国联邦宪法》第 1 条第 8 款：国会有权管理与外国的、州与州间的,以及对印第安部落的贸易。

量权在战争时期实施的更广泛,例如《对敌贸易法案》(Trade with Enemy Act,TWEA)规定总统在战争时期可以自行决定进入紧急状态,并采取更广泛的经济制裁措施,以绕开国会程序上的限制。① 而在和平时期颁布的制裁法案中,以 2017 年通过的 CAATSA 为例,国会介入经济制裁决策的程度较高,有对采取具体经济制裁措施时的严苛报告义务,使得特朗普政府表示 CAATSA 存在"严重缺陷",但屈服于国会压力只能签署实施。②

(二) 经济制裁的执行体系

美国作为实施经济制裁次数最多的国家,在实践过程中形成了"完善"的执行体系。经济制裁执行的过程中需要多个部门分工和参与,其中的主要参与者是国务院、财政部和商务部。

1. 美国国务院

美国国务院旨在促进美国人民的利益、安全和经济繁荣,通过外交、倡导和援助等方式来推进美国的外交政策。一方面,国务院通过国家报告的形式,评估全球人权侵害、国际恐怖主义的状况,为美国实现经济制裁战略目标提供切入点。例如其于 2020 年 3 月 11 日发布的《人权实践国家报告》对比了全球国家侵犯人权的严重程度。此外,国家报告与美国的外交政策存在紧密联系,是美国政策重要的信息来源。《人权实践国家报告》涵盖了外国援助、庇护和其他重大事项决定,成为美国人权领域经济制裁的重要参考工具。③ 然而,该份国家报告并未涵盖美国本国的人权状况,并且针对的国家主要都是美国新时期的经济制裁的目标国,存在一定的政治化风险。另一方面,在制裁实践中,国务院负责重要的沟通角色,对外向被制裁国传递美国的制裁政策要求和盟友达成多边制裁的意图;对内与总统的外交团队沟通协商制裁方案。此外,国务院通过其下设的经济制裁政策和执行办公室(Office of Economic Sanctions Policy and Implementation,SPI)来具

---

① 参见薛天赐:《论美国经济制裁中的总统权力边界》,《政法论丛》2020 年第 2 期,第 103 页。

② Aaron Stein. "Compromise or Double Down: U. S.-Turkey Relations after CAATSA Sanctions", https://www. fpri. org/article/2020/12/compromise-or-double-down-u-s-turkey-relations-after-caatsa-sanctions/,最后访问时间:2021 年 3 月 9 日。

③ Michael A. Weber. "Global Human Rights: The Department of State's Country Reports on Human Rights Practices", https://crsreports. congress. gov/, IF10795,最后访问时间:2021 年 3 月 27 日。

体执行制裁项目。该办公室主要负责制定和执行与外交政策有关的制裁，以应对特定活动和国家对国家安全的威胁，此外还向美国财政部和商务部提供有关制裁实施的外交政策指导，并与国会合作起草美国在诸多领域外交政策的立法。[1]

2. 美国财政部

美国财政部主要负责执行金融制裁方面的措施。长期实践以来，"金融制裁一般比贸易制裁更为有效，这是因为受制裁国意图摆脱金融制裁而实施防御性策略要比摆脱贸易制裁更为困难"，[2]美国贸易制裁措施会遭受到受制裁国的对称性报复措施或逃避制裁。而处于资金链上游的美国对下游国家实施的金融制裁具有非对称性，并且受制裁国难以采取同等有效的对抗措施，可以有效地达到美国政府的预期。因此，财政部的地位在经济制裁体系中也逐渐提高。

财政部恐怖主义和金融情报办公室下属的 OFAC 是美国经济制裁的核心执行部门之一，主要涉及恐怖主义、大规模毁灭性武器扩散、毒品贩运等威胁美国国家安全领域，OFAC 可以冻结被制裁对象在美资产，监控被制裁账户的资金往来，对违反相关制裁措施的个人或企业做出罚款等处罚。此外，通过管理制裁清单的方式实施金融方面的制裁措施，包括 SDN 清单、综合制裁清单（consolidated sanctions list）以及其他制裁清单。金融制裁的便捷和灵活使得近些年金融制裁使用频率大幅提升，在总统的授权下可以随时对清单上的名单做出调整。

3. 美国商务部

美国商务部主要负责执行贸易制裁方面的措施，其下属的工业和安全局（Bureau of Industry and Security, BIS）主要负责确保有效的出口管制和条约合规体系，以保障美国的国家安全，外交政策和经济目标。BIS 根据主体的不同类型设立了两类清单进行出口管制，包括实体清单（entity list）和被拒绝个人清单（denied persons list）。在贸易执法方面，近年来我国实体

---

[1] Economic Sanctions Policy and Implementation, https://www.state.gov/economic-sanctions-policy-and-implementation/，最后访问时间：2021 年 3 月 9 日。

[2] 沈伟：《论金融制裁的非对称性和对称性——中美金融"脱钩"的法律冲突和特质》，《上海对外经贸大学学报》2020 年第 5 期，第 35 页。

多次遭到 BIS 的执法,例如由于我国军民融合发展战略以及中芯国际与中国军事工业园区中相关实体之间的合作。2020 年 12 月 18 日,BIS 将中芯国际列入了实体清单,计划将封禁利用先进技术节点生产的半导体材料,并且限制了其对美国关键技术的访问,以阻挠我国建立现代化军队而保障美国国家安全。[①] 此外,2021 年 1 月 14 日,BIS 又以南海问题争议破坏了美国在该地区伙伴的主权,进而有可能参与违反美国国家安全或外交政策利益,将中国海洋石油总公司(CNOOC)添加到了实体列表中。[②]

二、中国面临美国经济制裁的概述

近年来,美国司法部门和执法部门频繁对中国实体和个人展开调查,并且美国政府在各个领域上发动了多起次级制裁。

在经济贸易领域,美国扩大对伊朗、俄罗斯和朝鲜三国制裁措施的同时,也使得中国实体和个人在与三国相关交易中的次级制裁风险大幅提高。在出口管制上,美方加强了对中国高新技术企业的监管。例如,OFAC 于 2017 年 3 月 7 日对中兴通讯展开调查,并控告中兴通讯与伊朗存在大量的违规交易,并对中兴通讯处以 11.92 亿美元的高额罚款,[③]迫于美国政府施加的压力,中兴通讯以接受高额罚款的代价达成了和解。2018 年 10 月,美国商务部以福建晋华窃取美国半导体公司美光 DRAM 的商业机密为由将其列入了实体清单。而后美国司法部起诉了福建晋华窃取美国企业技术机密,最终双方达成了以福建晋华赔偿 6 000 万美元的和解方案。[④] 再如美国

---

① U.S. Department of Commerce,https://www.commerce.gov/news/press-releases/2020/12/commerce-adds-chinas-smic-entity-list-restricting-access-key-enabling,最后访问时间:2021 年 3 月 9 日。

② U.S. Department of Commerce,https://www.commerce.gov/news/press-releases/2021/01/commerce-adds-china-national-offshore-oil-corporation-entity-list-and,最后访问时间:2021 年 3 月 9 日。

③ "Economic Sanctions and Anti-Money Laundering Developments:2017 Year in Review",https://www.paulweiss.com/practices/litigation/economic-sanctions-aml/publications/economic-sanctions-and-anti-money-laundering-developments-2017-year-in-review?id=28205♯_ednref28,最后访问时间:2021 年 3 月 25 日。

④ "和解方案罚金 6 000 万美元? 晋华、联电被控窃取机密案或将尘埃落定",https://baijiahao.baidu.com/s?id=1681230887756817280&wfr=spider&for=pc,最后访问时间:2021 年 3 月 25 日。

政府指控华为技术有限公司违反了美国对伊制裁的法律政策，与伊朗进行了违规交易。2018年12月1日，美国FBI部门联合加拿大相关部门对华为首席财政官孟晚舟进行了非法扣押和搜查，[①]美方甚至向加拿大政府提出引渡孟晚舟的请求，遭到我国的强烈反对。此外，美国基于朝鲜的次级制裁措施，对我国的金融机构也开展了调查。例如，2019年6月美国政府以违反中国三家大型银行违反美国对朝制裁政策为由，展开司法调查，三家银行面临着被移除美元金融体系的法律风险。[②]

在军事国防领域，美国继续对外"长臂管辖"。CAATSA对三国经济制裁进一步升级，其中包含对三国多个领域的次级制裁措施，例如在军事国防领域上限制了与别国的重大交易。2018年，我国与俄罗斯达成了苏-35战斗机和S-400防空导弹等武器装备的采购协议，OFAC认定我国在明知CAATSA的情况下与俄罗斯达成了"重大交易"，并基于CAATSA的规定采取了次级制裁措施。

在人权领域上中美双方存在较大的冲突。美国以"香港自治"和"新疆人权"为由，多次通过经济制裁措施干涉我国内政，违背了国际法的基本原则。例如，在我国香港地区问题上，特朗普于2020年7月14日签署了"香港自治法案"，对中国部分官员采取了相关制裁措施，切断了与国际金融体系的联系。再如在新疆问题上，特朗普政府于2020年9月以"强制劳动"和"人权侵害"为借口，宣布禁止进口新疆地区的棉花和番茄产品，并于当年12月扣留了新疆生产建设兵团的货物，要求中国提供充分证据证明在生产过程中没有涉及"强制劳动"。[③] 2021年3月，在欧盟对新疆宣布经济制裁后，美国也一同对中国采取制裁行动，极力打压中国的棉花及棉花制品的生产。自中国重返联合国和加入WTO后，中国彻底摆脱了此前被国际社会孤立的状态，中国始终坚持对外开放的基本国策，坚持维护全球多边主义和着力于全球多领域合作，2018年，中国占全球经济比重达到15%，对世界经

---

① "孟晚舟时隔两个月再出庭，华为今天凌晨发布四点声明"，https://baijiahao.baidu.com/s?id=1633007740192350270&wfr=spider&for=pc，最后访问时间：2021年3月25日。

② "三大银行遭美国调查？违反朝鲜制裁，或被切断美元清算，中银协回应"，https://www.sohu.com/a/323075695_557006，最后访问时间：2021年3月25日。

③ "下手了！特朗普政府宣布禁止从新疆生产建设兵团进口棉花及制品"，https://baijiahao.baidu.com/s?id=16850391802965084828&wfr=spider&for=pc，最后访问时间：2021年3月3日。

济增长贡献率超过30％。[1] 面对如此崛起的经济体，给美国政府在对外推行本国政策时带来了不小的挑战。因此自2016年起，美国国防部定义了美国国家安全面临的5个迫在眉睫的挑战。[2] 而2017年出台的CAATSA已将俄罗斯、朝鲜和伊朗共同列为美国新时期的"敌人"，并在该法案中附带了多项打击国际恐怖主义的制裁措施规定。而从美国政府的对外"解决问题"的逻辑角度来看，中国当然地成为下一个解决的"挑战"。特朗普政府上台之后，美国始终奉行的贸易保护主义和"美国优先"原则，使得中美两国在2018年爆发了贸易摩擦并有逐渐升级趋势，从贸易领域延伸到了投资、金融和军事等各个方面，陷入了崛起大国与守成霸王的"修昔底德陷阱"。[3]

第四节　中国面临美国经济制裁的原因分析

　　自工业革命以来长期居于全球产业与金融分工之巅的美欧国家，在面临新兴经济体成为全球资源配置的重要参与主体时[4]做出的国际权力结构和经济结构上的应激反应[5]是逆全球化的本质，也是加剧"中心—边缘"两极化的重要原因。中国作为崛起的新兴经济体代表，不断积极地参与到国际社会治理体系和维护国际社会秩序中，在经济贸易、国际投资、国际合作等领域中有着不俗的表现。本节将分别从美国和中国的视角，分析当下中国面临经济制裁风险的原因。

---

[1]　"2018年政府工作报告"，http://www.gov.cn/zhuanti/2018lh/2018zfgzbg/2018zfbgdzs.htm＃book7/page2-page3，最后访问时间：2021年3月9日。

[2]　Emma Chanlett-Avery, K. Alan Kronstadt, Susan V. Lawrence, "The Changing Geopolitics of Asia: Issues for Congress", https://crsreports.congress.gov/, IF10560, 最后访问时间：2021年3月9日。

[3]　沈伟：《"修昔底德"逻辑和规则遏制与反遏制——中美贸易摩擦背后的深层次动因》，《人民论坛·学术前沿》2019年第1期，第40—41页。

[4]　章玉贵："搞保护主义绝非'新型全球化'"，https://baijiahao.baidu.com/s?id＝1655092555590773032＆wfr＝spider＆for＝pc，最后访问时间：2021年3月9日。

[5]　沈伟、徐驰：《逆全球化背景下美式"小多边主义"的端倪和成型——理解〈中美经贸协议〉（第一阶段）的变局背景》，《海峡法学》2020年第3期，第42页。

一、美国视角下的分析

(一) 完善的经济制裁实施基础

根据霍夫鲍尔的定义可知,经济制裁作为一种非军事制裁,主要分为贸易和金融两个方面的制裁措施。而美苏冷战成为美国经济制裁实施的"分水岭",随着"聪明制裁"和"目标性制裁"等新兴概念逐渐被提出,以及"9·11"事件后国际恐怖主义的发展趋势亟须金融手段的遏制。因此,金融制裁措施从冷战前的辅助制裁手段在冷战后跃升为美国政府对外经济制裁的"首要选择"。区别于贸易制裁的实施基础,金融制裁的实施基础主要源于金融和法律两个层面。

1. 金融基础方面

(1) 美元在金融交易中的霸权地位。纵观美元发展史,第一次世界大战期间金融业务从伦敦大规模分流,转移至纽约,导致 1931 年英国正式宣布放弃金本位制度,直接促成英镑的旁落和美元的崛起。第二次世界大战结束后,在美国罗斯福总统的领导下,确立了以美元为中心的"布雷顿森林体系",奠定了日后美元的货币霸权地位。此后,尼克松总统于 1971 年宣布推迟美元兑换黄金,致使美元与黄金脱钩,布雷顿森林体系也随之解体。但与黄金脱钩的美元不仅没有丧失国际货币地位,而且建立了"石油美元",将美元作为石油贸易结算的唯一货币。此后进入信用货币时代,美元霸权在信用货币体系下被进一步强化。[①]

自第二次世界大战以来,美元一直是世界上最重要的储备货币,在金融交易中形成了垄断地位。一方面,美元被广泛用于进行金融交易,消除了跨国结算时涉及不同货币汇兑的交易成本。在货币储备方面,根据国际货币基金组织(International Monetary Fund, IMF)的数据表明,2020 年在各国中央银行的货币储备中,美元占比约 61%,欧元占比为 20%,而人民币仅占 2%;在国际贸易领域,大约 50% 的国际贸易均以美元结算并开具发票;在货币外汇方面,美元参与了近 90% 的货币交易。此外,美元具有极强的规

[①] 参见任泽平:"'嚣张的美元霸权':如何在全世界剪羊毛",https://mp.weixin.qq.com/s/xlc2lzH5vJGuRvCH7GDaFg,最后访问时间:2021 年 3 月 9 日。

避风险能力。在重大经济危机期间,投资者偏向于将美元作为各类交易的首选货币。例如在 2008 年全球金融危机期间,大部分投资者寻求涉及美元的金融交易,美联储采用了特殊货币政策,与其他国家的中央银行进行互换货币额度,以提高美元的流动性。[①] 美元的垄断地位使得美国在金融领域中享有了"特权"地位,美元支撑着美国在金融领域的话语权。由于美元在金融市场便捷的流动性,使得各国金融机构对美元有较大的需求,使其能够以较低的价格和利率获得借款。因此,各国围绕美元为核心形成了国际金融体系,为美国实施制裁提供了金融基础。

在金融领域的规则制定方面,美元的垄断地位使得美国长期处于优势地位,为实施金融制裁提供了便利。例如美国通过非对称性的金融制裁措施,阻碍他国进入美元体系,迫使他国政府调整政策或改变行为,从而实现本国外交政策目标。

(2)国际金融机构的主导控制。第二次世界大战后,国际社会在华盛顿设立了世界银行和国际货币基金组织(IMF),这两个国际金融机构成为美国巩固霸权的"帮手"。首先,制度层面。世界银行和 IMF 均规定了重大事项的同意需要 85% 总投票数,而美国作为主导者,分别持有世界银行 15.85% 的投票权和 IMF17.69% 的投票权,变相持有了任何重大决定的一票否决权。其次,实践层面。两个机构的人事权基本由美国和其盟友欧盟掌控,例如世界银行的历任行长均为美国公民(截至目前共 12 任,其中 10 任为美国自然出生的公民),而 IMF 历任总裁均来自欧盟(截至目前共 12 任,包括 2 名美国籍代理)。美国政府通过看似中立的国际金融机构进一步实现世界经济领域的"霸权"地位。2014 年由于俄罗斯受到美国的经济制裁,世界银行下的美国股东放弃了参与发展俄罗斯司法系统项目的第二阶段,直至 2017 年金砖国家新开发银行(New Development Bank,NDB)接手了这个被世界银行放弃的项目,批准向俄罗斯提供 4.6 亿美元的主权项目贷款用于发展基础设施和信息技术系统,来推动《2013—2020 年"俄罗斯司法系统

[①] See Rebecca M. Nelson, James K. Jackson, Martin A. Weiss. "The U.S. Dollar as the World's Dominant Reserve Currency", https://crsreports.congress.gov/, IF11707, 最后访问时间:2021 年 3 月 29 日。

发展"联邦规划》的进程。①

（3）金融交易工具的垄断地位。在货币霸权的影响下,纽约清算所银行同业支付系统（Clearing House Interbank Payment System，CHIPS）和SWIFT系统两大金融交易基础设施在20世纪70年代相继成立。CHIPS作为全球最大的私营支付清算系统,由纽约清算所协会经营,主要提供跨国美元交易的支付和清算服务,而SWIFT系统主要业务是为各国金融机构提供安全报文和接口软件,是重要的国际金融通信窗口。在"9·11"事件后,美国借反击恐怖主义为由,逐步控制了SWIFT系统,并从2011年开始对系统内的数据进行监控。具言之,美国政府可以监管任何一笔涉及美元的跨国交易,能够从技术层面上禁用被制裁国的美元流动,将该国移出国际贸易体系。因此,当下国际社会在使用CHIPS和SWIFT系统的同时,也面临着随时遭到美国经济制裁的风险。乌克兰危机爆发后,美欧西方国家在多次经济制裁措施中提出将俄罗斯的金融机构同SWIFT系统切断的极端措施,虽然没有实施,但这种威胁就像一把达摩克利斯之剑高悬在俄罗斯的上空,②间接导致俄罗斯国内经济大幅跳水。波兰外交部长称,断绝俄罗斯与SWIFT的联系这一极端措施是一种双向作用的武器,将会强烈影响国际社会。③

2. 法律基础方面

作为经济制裁实践最多的国家,美国的经济制裁的法律基础源于国内相关的法律法规和《联合国宪章》的授权,凭借"长臂管辖"的域外效力将国内经济制裁法律体系域外化,同时制定有利于本国的国际金融规则。"依据这些法律,美国总统、财政部、国务院和商务部等机构颁布行政命令与规章,对金融制裁内容进一步细化"。④ 具言之,美国的经济制裁法律体系由以下

---

① NDB Board of Directors Approves 4 Projects in China, Russia and India with Loans Aggregating over USD 1.4 BLN, https://www.ndb.int/press_release/ndb-board-directors-approves-4-projects-china-russia-india-loans-aggregating-usd-1-4-bln/,最后访问时间：2021年3月9日。

② 许文鸿：《SWIFT系统：美俄金融战的博弈点》,《俄罗斯东欧中亚研究》2019年第6期,第25页。

③ Russia's disconnection from SWIFT tantamount to atomic weapon—Polish foreign minister, https://tass.com/economy/781482,最后访问时间：2021年3月9日。

④ 陈宇曈、成弋威：《美国金融制裁的法律分析与风险防范》,《金融监管研究》2017年第1期,第36页。

几个方面构成。

（1）美国国内法律体系。在国内法方面，美国构建了完善的经济制裁法律体系，主要法律渊源源自国会立法、总统行政命令。根据上述法律渊源，国务院、财政部和商务部等行政部门在执行经济制裁时会颁布相应的规章和条例，进一步细化具体措施。

根据美国宪法授予的立法权力，国会立法处于美国经济制裁法律体系的核心地位，通过立法的形式赋予总统对外实施经济制裁的自由裁量权力。

第一类是直接授权型的法律，即明确授予总统或其他行政部门在符合一定条件下可以实施经济制裁措施。例如 NEA 和 IEEPA 分别规定了总统宣布进入国家紧急状态的权力和采取具体经济制裁措施的权力；2001 年"9·11"事件后颁布的《爱国者法案》（USA Patriot Act）授予总统在特定情形下可以采取没收金融资产、限制金融交易等制裁措施的同时，还拓宽了财政部部长的权力，控制和监管相关境外实体的金融活动。此外，国会在每一财政年度通过 NDAA，法案的内容根据美国不同时期的国情和政策倾向进行更新调整，其中也包含了相关金融制裁方面的法律条文。例如 2013 年 NDAA 单独列出了对伊朗实施制裁的法律条文，其中第 1246 节规定，为伊朗提供保险或再保险金融服务的任何人员将会受到美国的制裁措施。[①]

第二类是特殊领域的针对性制裁法律，即该类法律内容具体表现为针对特定行为和事项。一般法律内容包括反击国际恐怖主义、反击毒品或麻醉品、反击武器扩散活动以及保护人权等。这类法案主要采取的措施是在指定的情况下减少经济援助，并且授予总统判定侵害的裁量权力，[②]例如 1996 年颁布的《反恐和有效死刑法》（Antiterrorism and Effective Death Penalty Act of 1996，AEDPA），OFAC 可以根据该法授予的权力对恐怖分子等采取控制交易活动和冻结境内资产等措施。

第三类是特定主权国家的针对性制裁法律，即美国政府对于不同受制裁国家实行的受制裁行为采取更为具体的制裁措施。该类法案旨在实现对

---

① NDAA Sec. 1246.
② 参见［美］加利·克莱德·霍夫鲍尔等：《反思经济制裁》，杜涛译，上海人民出版社 2019 年版，第 161 页。

受制裁国的全面经济封锁。例如1979年美国开始展开对伊制裁,1996年颁发《伊朗—利比亚制裁法案》对伊朗和利比亚在石油贸易领域展开了全面制裁,并且在此后不同美国政府时期不断延续和修订,直至布什政府时期正式更名为ISA,成为专门的对伊制裁法案。此外,还有《伊拉克制裁条例》《利比亚制裁条例》、CAATSA等。

在美国三权分立体系下,立法权、司法权和行政权各司其职,承担着广泛的角色,以执行宪法授予的权力。然而三权分立制度划分的界限在实践中逐渐模糊不清,尤其是总统的行政权,其在实践中逐渐向立法权靠拢,形成了特有的域外立法权。总统可以支配的法律工具主要是行政命令,其可以创设行为规则,具有行政立法的法律效力,同时又为下级行政机关立法活动提供指导,存在向立法权扩张的趋势。总统行政权的增长得益于其自身"隐蔽"的法律体系地位:一是美国法院没有为总统行政命令设置前置的审查程序;[1]二是三权分立制度规定国会无权在行政命令颁布后,通过事后的立法修改或废除行政命令。[2]

在经济制裁领域,总统通过行政命令逐步立法域外化,总统行政命令是美国总统对外施行或取消经济制裁的重要决策体现形式。因为克里米亚地区问题,自2014年3月—2016年12月,美国总统奥巴马在最后的任期时间内先后签署了5项行政命令以加大对俄罗斯的经济制裁力度。[3] 此外,奥巴马政府从2011年开始逐步放松对缅甸的经济制裁,并于2016年10月7日发布行政命令,宣布美国终止实施针对缅甸的《国家应急法》,并由此解除针对缅甸的相关制裁措施,并加强与缅甸合作,执行强有力的反洗钱措施以保证缅甸金融系统安全。[4]

(2)"长臂管辖"的域外效力。国家管辖权作为主权国家享有的基本权

---

[1] 参见贾圣真:《总统立法——美国总统的"行政命令"初探》,《行政法学研究》2016年第6期,第129页。

[2] Ben Wilhelm. "Presidential Directives: An Introduction", https://crsreports.congress.gov/, IF11358,最后访问时间:2021年3月20日。

[3] "美国大幅度扩大对俄罗斯的经济制裁", https://mp.weixin.qq.com/s/BpwsklTJUzS_QP6NaegTvA,最后访问时间:2021年3月9日。

[4] "奥巴马发布行政命令 宣布美国解除针对缅甸制裁",2016年10月8日,http://www.chinanews.com/gj/2016/10-08/8023784.shtml,最后访问时间:2021年3月9日。

利,是指"国家通过立法、司法、行政等各种手段,对其领域内的一切人、事、物以及领域外的本国人所施行的统治权"。[1] 该管辖权原则在各国遵循国际法基本原则的基础上构建,然而美国频繁主张域外管辖权,突破了传统管辖权的限制而将国内法域外化,对境外实体产生直接的法律约束力。

域外管辖权,又称"长臂管辖",最初源自美国国内跨州司法管辖权引发的纠纷,并在法律实践中被不断发展而形成。[2] 该原则起源于一个州的法院对另一个州的人何时行使司法管辖权,而近些年来美国政府不断将该理论推广延伸到国际交往中。该原则包含两层含义:"一是指美国有关法律明确规定对境外当事人或行为具有法律效力;二是指美国法院根据相关法律或判例,对外国被告(非居民)所主张的法院管辖"。[3]

一方面,长臂管辖坚持主张国籍原则,包括属人管辖权和被动国籍管辖权,只要享有美国国籍的实体,美国就可以对其行使管辖权。属人管辖权是国际司法实践的传统做法,而当前被动国籍管辖原则并未得到广泛的承认,仍存在争议。20 世纪以来,美国在立法和司法层面上均支持被动国籍管辖原则,并将该原则适用于国际恐怖主义、战争罪、种族灭绝罪等特别严重的罪行,以追求国际社会的和平与安全。例如在 1984 年美国缔结的《劫持人质公约》中,授权对受害者为美国国民的人在美国境外遭遇劫持的行为行使管辖权;在 1986 年签署的《外交安全和反恐怖主义法》中,对于外国人在境外对美国国民犯下的暴力罪行主张被动属人管辖权。在司法实践中,美国法院也开始适用被动国籍管辖权原则。

另一方面,长臂管辖所坚持采用的效果原则(effect doctrine)是指"国家对外国人在外国所做的,对本国商业造成影响的行为享有管辖权"。[4] 效果原则源于美国反托拉斯的判例,并被不断发展成为长臂管辖的核心理论基础。虽然该原则在实践中饱受各国诟病,但在经济制裁领域的适用效果显著。国家对本国领域内产生直接、可预见和实质性后果的违法行为行使管

---

[1] 王虎华:《国际公法学》(第四版),北京大学出版社 2015 年版,第 84 页。

[2] 强世功:《帝国的司法长臂:美国经济霸权的法律支撑》,《文化纵横》2019 年第 4 期,第 85 页。

[3] 陈宇瞳、成弋威:《美国金融制裁的法律分析与风险防范》,《金融监管研究》2017 年第 1 期,第 38 页。

[4] 王虎华:《国际公法学》(第四版),北京大学出版社 2015 年版,第 85 页。

辖权,而不论该行为发生在何处。① 此外,被告与美国存在足够的"最低限度联系"(minimum contacts),即可认为美国有权行使管辖权。此后,该原则经过各州司法实践和国内判例发展不断扩大了州法院的司法管辖权,并且推动了"长臂管辖"的国际法化。

基于美国对国际法传统管辖权理论的扩张,美国不断扩充了本国"长臂管辖"的适用范围,积极推动法律域外立法化,涉及民事侵权、金融投资、反垄断、出口管制、网络安全等众多领域。同时,在国际事务中动辄要求外国实体必须服从美国国内法,否则随时可能遭到美国的民事、刑事、贸易等制裁。② "我国企业已经在跨境交易和诉讼中频繁成为长臂管辖的受害者",③长臂管辖使得以美国法为依据的经济制裁措施具有主动性、进攻性和针对性强、管辖范围广泛的特点,④为美国施行初级制裁和次级制裁提供了抗辩理由。

(3)国际层面。一方面,美国经济制裁的基础来自《联合国宪章》的授权。《联合国宪章》第41⑤和42条⑥规定了遵循联合国安理会决议时,会员国可以采取包括经济制裁在内的非武力措施,即赋予了会员国行使经济制裁权力和参与多边经济制裁的权力。第41条"促请联合国会员国执行"授予会员国对是否施行经济制裁自由裁量的权力。换言之,安理会决议作为补充性的国际法渊源并无强制性,会员国可以在合理范围内采取适当的措施执行决议内容。例如,2015年7月14日,伊朗与6国达成JCPOA,

① 沈伟:《中美贸易摩擦中的法律战——从不可靠实体清单制度到阻断办法》,《比较法研究》2021年第1期,第7页。
② "《关于中美经贸摩擦的事实与中方立场》白皮书",http://www.scio.gov.cn/zfbps/32832/Document/1638292/1638292.htm,最后访问时间:2021年3月9日。
③ 沈伟:《论金融制裁的非对称性和对称性——中美金融"脱钩"的法律冲突和特质》,《上海对外经贸大学学报》2020年第5期,第42页。
④ 沈伟:《中美贸易摩擦中的法律战——从不可靠实体清单制度到阻断办法》,《比较法研究》2021年第1期,第1—7页。
⑤ 《联合国宪章》第41条规定:"安全理事会决定所应采武力以外之办法,以实施其决议,并促请联合国会员国执行此项办法。此项办法包括经济关系、铁路、海运、航空、邮电、无线电及其他交通工具之局部或全部停止,以及外交关系之断绝。"
⑥ 《联合国宪章》第42条规定:"安全理事会如认第四十一条所规定之办法为不足或已经证明为不足时,得采取必要之空海陆军行动,以维持或恢复国际和平及安全。此项行动包括联合国会员国之空海陆军示威、封锁及其他军事举动。"

伊朗通过承诺限制核活动以换取国际社会解除对其的经济制裁。同年7月20日,联合国安理会一致通过了第2231号决议支持有关伊朗核问题的协议,促进解除对伊朗的经济制裁。然而,2018年5月特朗普政府单方宣布退出JCPOA,并对伊朗实施了新一轮更严厉的经济制裁,极力阻挠其他各方执行全面协议,试图无限期延长对伊武器禁运,旨在进一步对伊朗施压。[①]

(二)美国政府的政策延续和执法激进化

1. 美国政府政治态度的延续

出于国家安全利益的动机考虑,历任美国政府都将经济制裁视为最重要的对外政策之一。对受制裁国而言,美国的经济制裁可以起到强大的威慑作用,可以使受制裁国在未来避免做出类似的损害美国国家利益的行为;对美国盟国而言,实施经济制裁可以凸显美国在金融、投资、贸易、军事等多个国际领域的领导力和话语权,以进一步扩大其在各个领域的伙伴圈,巩固美国的霸权地位;对美国而言,总统通过经济制裁既可以实现民众所愿的国内政治目标而获得支持,也可以转移民众的目光而掩饰其在外交政策上失利,稳定国内政权。[②]

根据前文论述,在经济制裁的决策方面,特朗普与国会的博弈中落败而受到了限制,虽然在CAATSA签署时他指出了该法案侵害了行政部门的谈判权力以及国会介入存在明显的违宪行为,但其还是延续了将经济制裁作为强大的国家安全和外交政策工具,并于2017年8月2日签署了CAATSA,以国会立法的形式确立了对伊朗、朝鲜和俄罗斯三国的经济制裁措施。根据前文对CAATSA的剖析可知,特朗普政府对朝鲜和俄罗斯采取了激进的制裁措施,多项条款规定了将对与两国有贸易往来的非美国人实施次级制裁,同时在伊朗问题上中止了伊核协议,并恢复和发展了对伊朗的新一轮制裁。美国财政部长姆努钦曾在首届POLITICO Pro峰会上表示,他每天需要花费50%以上的时间与特朗普讨论关于国家安全和经济

---

① "共同推动伊核问题政治外交解决进程",https://baijiahao.baidu.com/s?id=1675311303270155583&wfr=spider&for=pc,最后访问时间:2021年3月9日。

② 参见[美]加利·克莱德·霍夫鲍尔等:《反思经济制裁》,杜涛译,上海人民出版社2019年版,第7页。

制裁的问题。① 2017 年 12 月 18 日,特朗普在发布《国家安全战略报告》的演讲中又将矛头指向了中国,多次批评了中国的内政和外交政策,并将中国视为了美国利益的"竞争对手"。②

2021 年 1 月 20 日,拜登当选美国第 46 届总统,并于 2 月声明将延续特朗普政府对中国的看法,他认为,中国目前对美国国家利益构成了挑战,同时将中国视为"最严峻的竞争对手"。此外,拜登政府还认为中国正在挑战美国的繁荣、安全和民主价值观,并呼吁盟友共同做好准备与中国进行长期战略竞争。③ 从历史经验可知,美国长期战略竞争的对手便是冷战时期的苏联,在苏联解体后,作为其主要继承者俄罗斯近年来在金融、贸易、投资、人权、军事等多方面遭到美国的制裁,导致国内经济水平增幅缓慢和国际竞争力下降。作为目前美国的竞争对手,中国成为美国对外政策主要目标,近年来也屡次遭到 OFAC 执法和司法调查。

2. OFAC 经济制裁的执法激进化

2017—2020 年,中国实体遭到了 OFAC 的多次执法,面临着重大的制裁风险。2017 年 OFAC 扩大了其监管范围,加大了对中国非金融实体的关注。例如 2017 年中兴通讯遭到 OFAC 违反出口管制的指控,最终处以 11.92 亿美元的罚金而与 OFAC 达成和解。

2018 年,中国区块链产业的迅速发展,数字货币匿名性的特征对 OFAC 在金融交易领域的监管产生了冲击。因此,OFAC 就虚拟货币领域的相关规定陆续更新了多项指南,加强了对比特币在内的虚拟货币业务监管,并首次将虚拟货币地址也纳入 SDN 制裁清单的范围。换言之,OFAC 可以冻结受制裁主体的虚拟货币,同时该主体未经 OFAC 许可不得进行虚拟货币的交易,从而扩大了对受制裁国家的经济封锁。

2019 年,特朗普政府继续加强对多个领域的制裁,致使 OFAC 全年

---

① Mnuchin. "Honeymoon plane was staff idea", https://www.politico.com/story/2017/09/14/mnuchin-honeymoon-plane-request-was-about-national-security-not-about-convenience-242735,最后访问时间:2021 年 3 月 9 日。

② "特朗普视中国为对手,将对美中关系有何影响?" https://www.sohu.com/a/211908500_756056,最后访问时间:2021 年 3 月 9 日。

③ Susan V. Lawrence, Karen M. Sutter. "China Primer: U.S.-China Relations", https://crsreports.congress.gov/, IF10119, 最后访问时间:2021 年 3 月 9 日。

执行制裁量大幅增加,做出的罚款金额超过 12.8 亿美元,创造了历年的最高纪录。2019 年 5 月,OFAC 首次发布"制裁合规计划"指南,并要求相关国家遵守该指南规定的 23 项合规承诺清单,以作为和解协议的一部分。[1]

二、中国视角下的分析

我国正在积极倡导的"一带一路"倡议,以促进基础设施建设和经济互联互通。从地理位置的角度,"一带一路"沿线地区包含了受到 CAATSA 制裁的俄罗斯和伊朗。此外,在美国和欧盟重点制裁的国家当中,除了朝鲜、古巴以外等其他国家大多数位于"一带一路"沿线。经济制裁作为一种外交手段服务于政治和经济目的,具有强制效力。美国多项国别型制裁政策给"一带一路"倡议带来了极大的法律风险。近年来美国政府多次更新升级经济制裁措施,对受制裁国家和潜在影响国都产生了不可预测的法律风险。中国作为"一带一路"倡议的主要发起者、推动者和建设者,在此过程中必定与美国的对外战略形成冲突,美国的单边经济制裁措施为了服务于本国政府的政治目的,往往会超过联合国的授权范围,例如对朝制裁法案中的制裁措施就超越了联合国安理会的决议内容。

美国多次将中美双方经贸问题向军事领域转移,美国海军和空军频繁实施军事挑衅行为。自 2017 年以来,美国海军以"自由航行"的名义驶入我国有关岛礁的海域,进行军事挑衅活动。2017 年 10 月 10 日,美国"查菲"号驱逐舰擅自进入中国西沙群岛领海;[2]2018 年 1 月 17 日,美国海军"霍珀"号驱逐舰擅自进入中国黄岩岛邻近海域;[3]同年 5 月 27 日,美国派遣了"希金斯"号和"安提塔姆"号两艘驱逐舰以"自由航行"的名义驶入西

---

[1] "Economic Sanctions and Anti-Money Laundering Developments: 2019 Year in Review", https://www.paulweiss.com/practices/litigation/economic-sanctions-aml/publications/economic-sanctions-and-anti-money-laundering-developments-2019-year-in-review?id=30585#_Toc31285634, 最后访问时间:2021 年 3 月 9 日。

[2] "我军警告驱离擅入中国西沙群岛领海的美国军舰", https://baijiahao.baidu.com/s?id=1580957337263200681&wfr=spider&for=pc,最后访问时间:2021 年 3 月 9 日。

[3] "美国军舰进入黄岩岛邻近海域 外交部:中国海军予以警告驱离", https://www.guancha.cn/military-affairs/2018_01_20_443936.shtml,最后访问时间:2021 年 3 月 9 日。

沙群岛 12 海里以内,进行机动训练。[1] 2019 年 1 月 7 日,美方一艘阿利·伯克级驱逐舰再次驶入西沙群岛 12 海里以内进行军事挑衅。[2] 2017 年至今,美国空军也多次未经我国允许,擅自飞经我国海域。2018 年 7 月,美国助理国务卿福特表示,中国有意规避美国出口控制政策,通过民用核合作等途径合法或非法获得美国先进技术,并通过军民融合转用于军事目的。中国坚决反对美方上述的多项指责,并严格履行国际防扩散义务和相关国际承诺,同时促进军民融合发展是包括美国在内的国际社会的通行做法。[3] 2021 年 1 月,拜登政府上台后,美国在军事战略上依旧将中国视为"地区霸主"。现任国防部部长劳埃德·奥斯汀宣称,崛起中的中国是美国未来最大的威胁,而俄罗斯的威胁在逐渐衰落,应当将中国视为核心全球竞争对手。[4]

第五节 受制裁国家的对抗措施

自 CAATSA 的颁布后,美国对俄罗斯、朝鲜及伊朗三国实施的经济制裁措施,形成了经济封锁屏障,迫使三国在政策上做出调整或改变。受制裁的三国均依据自身国情采取了相应的对抗措施,以缓解经济制裁带来的政治、经济、军事等压力。此外,美式的单边经济制裁一贯带有"霸权主义"特征,对国际社会经济交往也产生了巨大冲击,加剧了世界格局的两极化,涉及其他潜在的受影响国家。在 CAATSA 影响的背景下,受制裁国家是如何对抗美国的经济制裁呢? 本节将对该问题进行具体阐释。

一、伊朗的对抗措施

美国单方认定伊朗有试图阻止或挫败任何入侵、恐吓或推动政权更迭

---

① "两艘美军舰 27 日驶入西沙群岛 12 海里以内进行了机动训练",https://www.sohu.com/a/233085970_403246,最后访问时间:2021 年 3 月 9 日。

② "美军舰今天闯我西沙海域 进入我岛礁 12 海里",https://www.guancha.cn/military-affairs/2019_01_07_485937.shtml,最后访问时间:2021 年 3 月 9 日。

③ "外交部就美国声称中国通过民用核合作等途径获得美先进技术等答问",http://www.gov.cn/xinwen/2018-07/19/content_5307794.htm,最后访问时间:2021 年 3 月 9 日。

④ See Susan V. Lawrence, Karen M. Sutter, "China Primer: U.S.-China Relations", https://crsreports.congress.gov/, IF10119,最后访问时间:2021 年 3 月 9 日。

的企图,伊朗利用地区冲突,以推翻中东地区的权力结构。根据美国国务院关于国际恐怖主义的年度报告显示,伊朗仍然是国际恐怖主义行为最重要和最活跃的支持者。此外,伊朗为地区盟国政府和武装组织提供了技术、物质等方面支持(包括精确的导弹系统)。特朗普政府对上述行为做出明确表态,要求伊朗停止此类"恶意活动",并由此形成了美国对伊制裁的战略。2017 年 8 月,特朗普通过《反击伊朗法案》,对伊朗经济和政权实施制裁。2018 年 5 月 8 日,特朗普宣布退出 JCPOA。2018 年 11 月 5 日又重新启动了所有对伊制裁措施。自 2019 年 5 月以来,特朗普政府对伊朗实施了额外经济制裁,企图在外交、政治和经济上进一步孤立伊朗。伊朗对美国的经济封锁从以下多个领域进行回应。

一是在法律对抗方面,在国内,伊朗于 2020 年 12 月 10 日通过《反制裁战略法》。同年 12 月 16 日,伊朗讨论了 JCPOA 的最新执行情况,外交部表示伊朗政府将尊重议会的决定,在必要法律程序后执行《反制裁战略法》。该法案共有 9 款规定,规定了伊朗核计划的具体措施,强调如果 JCPOA 签署国违反协议内容、伊朗同国际银行的关系没有完全正常化、没有完全消除伊朗石油及化工产品的出口障碍且伊朗无法快速获取石油收入,则伊朗将在本法生效两个月后,暂停自愿履行《核不扩散协定》的附加议定书。[①] 在国际层面,伊朗减少了对 JCPOA 的承诺,一定程度上违背了国际协议,试图对抗美国施加的政治压力。然而当前对伊制裁的前景依旧不明朗。2020 年 12 月 4 日,伊朗外交部长扎里夫表示,美国若能无条件地履行其在 JCPOA 下的义务,并保证重返该协议后不再轻易退出,伊朗将完全按照伊朗核协议行事。美国总统拜登表示,伊朗应该知道如果美国认为伊朗不遵守协议,美国可能将"迅速恢复"联合国安理会决议的制裁措施,但尚未明确是否重返 JCPOA。[②]

二是在经济对抗方面,伊朗采取了报复性措施。2019 年 8 月 26 日,基

[①] "伊朗外长阿拉格齐:伊朗将执行《反制裁战略法》",http://www.chinanews.com/gj/2020/12-17/9364209.shtml,最后访问时间:2021 年 3 月 9 日。

[②] "伊朗外长:一旦拜登政府取消所有制裁,伊朗将立即全面遵守核协议",https://baijiahao.baidu.com/s?id=1685126756613473844&wfr=spider&for=pc,最后访问时间:2021 年 3 月 9 日。

于美国 NGO 组织"美国保卫民主基金会"及其 CEO 马克·杜博维兹对伊朗采取敌对措施,例如捏造和散布虚假信息,参与煽动、游说及组织负面活动以加剧针对伊朗的"经济恐怖主义"的影响,破坏伊朗人民的切身利益和安全,伊朗外交部将该 NGO 组织及其 CEO 列入本国制裁名单①以反击美国对伊经济制裁。

三是在军事对抗方面,伊朗部队在中东地区多次袭击美国军队和设施,为地区盟国政府和武装派系提供物质支持,包括越来越精确的导弹系统。

二、俄罗斯的对抗措施

从 2014 年开始的美俄经济对抗中,俄罗斯在美俄博弈中的表现明显"偏科",即俄罗斯缺乏经济反制手段。而在《反击俄罗斯法案》颁布后,普京政府逐渐将对抗措施向经济方面转移。根据 IMF 世界经济展望报告中的数据统计,2014—2015 年国际能源价格断崖式下跌,2015 年后才逐步恢复,而 2020 年年初的俄罗斯和沙特阿拉伯之间关于石油生产水平的冲突导致石油价格下跌,甚至低于 2015 年的最低水平,使得作为能源大国的俄罗斯财政收入锐减。

在经济对抗方面,俄罗斯继续实施报复性的反制裁措施。2020 年 12 月 21 日,普京签署总统令,将针对美欧国家的反制裁措施延长至 2021 年 12 月,其反制裁措施主要以限制农产品、原料和食品的进口为主,该措施从克里米亚地区问题爆发以后已做了多次延长。② 2017 年至今,能源和国防作为俄罗斯的命脉已成为美国攻击俄罗斯的"弱点"。能源是俄罗斯经济中最重要的部门。石油和天然气占俄罗斯商品出口总值的一半以上,石油和石油产品约占俄罗斯石油和天然气出口总值的 80%。反观俄罗斯的经济对抗举措,仅在替代性很强的货物出口上进行了限制。早在 2014 年克里米亚事件之前,美国便不是俄罗斯的主要经济伙伴。根据美国国会研究局(CRS)的数据统计,2019 年俄罗斯在美国进出口占比不到

---

① "伊朗将美国 NGO 组织列入制裁名单",https://baijiahao.baidu.com/s?id=1642927237694209895&wfr=spider&for=pc,最后访问时间:2021 年 3 月 9 日。

② "俄罗斯延长对西方的反制裁措施",https://baijiahao.baidu.com/s?id=1684108338322800308&wfr=spider&for=pc,最后访问时间:2021 年 3 月 9 日。

1％。美国与其他国家的经济交往更加频繁，例如欧盟、北美自由贸易区等，这些国家或地区的占比约为美国出口的 47％，而俄罗斯仅占 0.4％。而俄罗斯货物的出口去向主要以欧盟（42％）和中国（13％）为主，对美出口仅占 3％。因此在双方制裁与反制裁过程中，俄罗斯显然处于劣势地位。基于经济制裁、石油价格下跌以及受新冠肺炎疫情的影响，2020 年6 月，IMF 预测俄罗斯的 GDP 将在 2020 年收缩 6.6％，在 2021 年增长 4.1％。与其他新兴市场和发展中国家相比，这些国家平均预计在 2020 年收缩3.0％，在 2021 年增长 5.9％，俄罗斯正面临更严重的经济收缩和更缓慢的经济复苏。①

在法律对抗方面，俄罗斯总统普京于 2018 年 6 月 4 日签署了《关于影响（反制）美国和其他国家不友好行为的措施》（以下简称《俄罗斯反制法》），以反击美国日益扩大的域外管辖权，对抗美国全面的经济制裁措施。《俄罗斯反制法》旨在反制两类主体：① 对俄罗斯国家、个人或企业等实施不友好行为的主权国家，包括美国以及其他国家；② 直接或间接参与对俄制裁的实体（外国个人、企业或组织），且受前类主体直接或间接控制。②

根据《俄罗斯反制法》第 1 条的规定，针对美欧或其他国家日益"不友善行为"的恶劣影响，该法旨在保护俄罗斯国家安全、主权和领土完整以及公民的权利不受到侵犯，并且明确了俄罗斯反制的"不友善行为"的范围，主要是指对俄罗斯国家、个人和企业等实体实施的制裁行为，以及其他威胁国家安全利益的行为。③ 该条款明确回应了美国《反击俄罗斯法案》第 228 节中对俄罗斯主权和领土侵犯的行为，并且明确了对俄罗斯公民的人权保护措施，以对抗美欧的"人道主义干涉"行为。《俄罗斯反制法》第 2 条具体列出了多项反制裁措施，具体包括：① 国际合作的反制。在俄罗斯总统授权下，政府机构有权终止或暂停与"不友善"主权国家或相关组织的国际合作。② 国际贸易的反制。该条款禁止或限制了俄罗斯实体与"不友善"主权国

---

① Cory Welt，Rebecca M. Nelson. "Russia：Domestic Politics and Economy"，https://crsreports.congress.gov/，R46518，最后访问时间：2021 年 3 月 9 日。

② "普京签署针对美国的反制裁法：总统有权中断与不友好国家的关系"，https://baijiahao.baidu.com/s?id＝1602376219147341968&wfr＝spider&for＝pc，最后访问时间：2021 年 3 月 29 日。

③ 《关于影响（反制）美国和其他国家不友好行为的措施》第 1 条。

家或相关组织进行指定产品和原材料的进出口贸易活动。③ 国际劳务的反制。该条款禁止或限制了"不友善"的外国企业从事特定领域的劳动或提供服务。④ 保护本国私有化资产。禁止或限制"不友善"的外国实体参与俄罗斯政府采购和资产私有化等项目。①

《俄罗斯反制法》作为俄罗斯对抗美国的反制裁法律文件,其采取的主要反制裁措施均为初级制裁措施,未包含任何次级制裁的内容。此外,该法第 4 条对"国民待遇原则"的适用问题进行了特别说明,俄罗斯政府根据"不友善"国家的具体法律政策,可以决定是否适用国民待遇原则。换言之,俄罗斯政府始终遵循和维护传统的多边主义体制,在制裁领域并未采取积极的攻击性策略,而采取消极而对等的防御性策略。

此外,迫于国内和国际双重经济压力,总统普京对国内展开了经济改革行动。一方面,对养老制度进行改革。当前俄罗斯仍延续了苏联普惠式养老金系统,养老保险覆盖范围在上一次改革中的扩充反而成为当下俄罗斯的"累赘"。此外,突然的新冠肺炎疫情、财政收入的锐减以及美国的全面经济制裁加剧了俄罗斯的养老隐患,为了更好规划俄罗斯的养老金资源,普京于 2018 年 10 月签署了一项有争议的法案,旨在修改养老保险制度,包括延迟 5 年退休年龄等措施。② 另一方面,大力投资基础设施建设。2019 年普京公布了一项为期 6 年的俄罗斯现代化建设计划,投资约 6.3 万亿卢布(约960 亿美元),以在 2024 年之前改造该国的公路、机场、铁路、港口以及其他基础运输设施,既改善了俄罗斯各个地区之间的连通性和促进了地区的交流发展,也致力于恢复经济增长和发展海外交流,包括发展欧洲—中国西部运输路线和北海航线。③

三、朝鲜的对抗措施

在美国对朝制裁史上,仅在 2008 年美国小布什政府宣布将朝鲜从支恐

---

① 《关于影响(反制)美国和其他国家不友好行为的措施》第 2 条。

② "Putin signs bill that raises pension age in Russia",https://www.foxbusiness.com/markets/putin-signs-bill-that-raises-pension-age-in-russia,最后访问时间:2021 年 3 月 9 日。

③ "Russia's Massive Infrastructure Overhaul, in 5 Examples", https://www.themoscowtimes.com/2019/04/03/russias-infrastructure-overhaul-explained-a64839,最后访问时间:2021 年 3 月 9 日。

国家名单中除名。朝鲜主要以发展本国军事力量为主,朝鲜领导者坚信核武器是朝鲜政权生存的关键,核武器能够起到树立国际社会威望和推行强制性外交的作用。《制裁朝鲜法案》的颁布标志着美国国会支持对朝鲜实施广泛的次级制裁,将朝鲜纳入次级制裁的对象名单。2017 年 9 月 20 日,特朗普签署了第 13810 号行政命令,该命令广泛授权财政部对从事或促进与朝鲜贸易的个人和实体包括非美国金融机构实施制裁,并对《制裁朝鲜法案》进行了全面升级。① 金正恩于 2018 年 4 月与韩国发表联合宣言,此后又于 6 月与美国发表了美朝联合声明,旨在改善半岛局势和美朝关系,努力实现朝鲜半岛的完全无核化。然而,美国国家情报办公室(Office of Director of National Intelligence)在 2019 年向国会提交的国家安全报告中指出,朝鲜不太可能放弃其所有的核武器,尽管朝鲜寻求通过谈判实现部分无核化,以获得美国和国际社会的关键让步,但其仍然拥有核武器和生产能力。虽然在 2019 年第二次峰会上特朗普和金正恩就朝核问题达成协议,但核裁军始终没有进展。②

在此番经济制裁下,朝鲜在恐怖主义和人权问题上并未做出积极回应,而在美国重点制裁的军事和国防领域上颇有成就,诸多核项目和导弹项目的发展表明朝鲜仍然积极采取军事方面的对抗措施,以消除经济制裁带来的影响。在核试验方面,仅在法案颁布后的一个月,朝鲜于 2017 年 9 月 3 日进行了一次核试验,并且在 2018 年 4 月宣布其核目标已经实现,将不再举行核试验,并且于当年 5 月对丰溪里核试验场多条坑道和附属设施进行爆破,正式废弃该核试验场。③ 在核材料生产方面,朝鲜于 2007 年关闭了宁边核设施,配合美国推进半岛无核化,但 2017 年 8 月美国国防情报局(Defense Intelligence Agency, DIA)提交报告称,朝鲜每年可以生产足够的

---

① "President Trump Signs Executive Order Authorizing Sweeping Secondary Sanctions On Entities Involved In North Korean Trade", https://www.paulweiss.com/practices/litigation/white-collar-regulatory-defense/publications/president-trump-signs-executive-order-authorizing-sweeping-secondary-sanctions-on-entities-involved-in-north-korean-trade?id=25166, 最后访问时间:2021 年 3 月 9 日。

② Mary Beth D. Nikitin, Samuel D. Ryder. "North Korea's Nuclear Weapons and Missile Programs", https://crsreports.congress.gov/, IF10472, 最后访问时间:2021 年 3 月 9 日。

③ "朝鲜废弃丰溪里核试验场", https://baijiahao.baidu.com/s?id=1601357160543932442&wfr=spider&for=pc,最后访问时间:2021 年 3 月 9 日。

核材料用于制造核弹头。① 此外在弹道导弹项目上的发展，朝鲜通过一系列军事活动提高了其洲际弹道导弹打击美国大陆的能力。2017 年 11 月 29 日，朝鲜宣布成功试射"火星－15"型洲际弹道导弹，完成国家核武力建设，② 展示了朝鲜导弹技术的重大进步。

第六节　中国面临的法律风险应对

当前美国政府对中国的次级制裁已从贸易领域扩展到军事领域，呈现出激进化的趋势，并在未来有扩展到其他领域的趋势。CAATSA 存在许多潜在的次级制裁规定，这些措施均有可能在未来对中国造成影响。中国应当在明确认识美国对中国次级制裁的原因后采取有效的措施去应对。

一、加速推进人民币国际化

从俄罗斯 2014 年遭受美国经济制裁以后，OFAC 宣布将 300 余个俄罗斯实体和个人列入 SDN 制裁清单，此外还禁止美国个人、实体以及金融机构向这类主体提供任何形式的金融服务。俄罗斯作为当今世界发达国家，美国能够迅速使其陷入经济被动，达到了对俄罗斯经济全面封锁的目的。根据前文分析，这一系列措施成功的原因来自美元的霸权地位。自建立布雷森顿体系以来，美元占据了国际金融领域的主导地位，美国可以通过 SWIFT 金融系统任意切断受制裁国家与国际支付体系的联系。俄罗斯政府及金融机构正是由于被美欧国家从 SWFIT 金融体系移除后导致国内经济陷入低谷，使得俄罗斯在短时间内失去了与国际社会的经济交往，从而使其走向国际社会的"边缘"。

摆脱对美元的依赖、构建独立的金融交易体系是众多受制裁国和潜

---

① See Mary Beth D. Nikitin, Samuel D. Ryder. "North Korea's Nuclear Weapons and Missile Programs", https://crsreports.congress.gov/, IF10472，最后访问时间：2021 年 3 月 9 日。

② "朝鲜宣布新型洲际导弹火星－15 试射成功"，https://www.sohu.com/a/207381765_100005176，最后访问时间：2021 年 3 月 9 日。

在受制裁国的当务之急。俄罗斯在遭受经济制裁后,一方面,积极降低对美元依赖和扩大卢布在国际社会的使用,具体表现为与盟国积极展开谈判,达成了多项本币结算的双边协议,其中包括 2014 年中国人民银行和俄罗斯联邦中央银行签署了为期三年的双边本币互换协议,规模高达 8 150 亿卢布(1 500 亿元人民币)。[①] 另一方面,俄罗斯作为"金砖五国"的一员,2019 年以来试图推动构建独立于 SWIFT 以外的支付体系,以防止美国随意实施金融制裁。

根据俄罗斯的经验,中国应当从以下方面推进人民币国际化。一是在外汇储备上逐步实现"去美元化",中国通过减持美债的方式降低美元在外汇储备中的占比,以抵御美元的金融风险。2018 年我国持有美元外债 11 243 亿美元,2019 年和 2020 年共计抛售了 520 亿美元美债。[②]

二是推广人民币债券,吸收海外资金,扩大主权债务规模。近年来,人民币债券受到各国青睐,2019 年,境外机构在银行间债券托管达到近 2.19 万亿元,全年增加 4 577.5 亿元,[③]2020 年境外机构持有 3.25 万亿元,全年增持债券规模超过了 1 万亿元。[④] 此外,根据境外机构进入我国银行间市场债券投资的数据,2017 年境外机构在我国投资的数量为 617 家,此后两年共计增加了约 2 000 家机构,2019 年高达 2 610 家境外机构,2020 年受到新冠肺炎疫情的影响,境外机构投资数下降至 905 家,但仍高于 2017 年的数值。[⑤] 随着我国开放型经济国策的逐步推进,人民币对海外投资者的吸引力逐步提升,境外机构在银行间市场的参与积极性大幅提高,人民币国际化有良好的前景。中国可以借此发展趋势,继续减少外汇储备中美元的占

---

① "中俄两国央行签署双边本币互换协议 有效期三年",https://www.chinanews.com/gn/2014/10-13/6673862.shtml,最后访问时间:2021 年 3 月 9 日。

② "美债不断'膨胀',规模已破 28 万亿! 减持成大趋势,我国也在其中",https://baijiahao.baidu.com/s?id=1693583996383966423&wfr=spider&for=pc,最后访问时间:2021 年 3 月 9 日。

③ "金砖五国达成一致,去美元化加速! 4 577.5 亿,人民币债券受到青睐",https://baijiahao.baidu.com/s?id=1656518929126426140&wfr=spider&for=pc,最后访问时间:2021 年 3 月 9 日。

④ "债市开放程度持续提升 境外机构持有银行间市场债券规模达 3.25 万亿元",https://sghexport.shobserver.com/html/baijiahao/2021/01/14/336292.html,最后访问时间:2021 年 3 月 9 日。

⑤ "2020 年中国银行间债券市场运行情况、公开市场业务的影响及积极投资策略分析",https://www.chyxx.com/industry/202102/930090.html,最后访问时间:2021 年 3 月 9 日。

比,逐渐摆脱美元的依赖,以及效仿俄罗斯推广人民币在国际交往中的使用率。同时可以在已经达成的"金砖五国"、《区域全面经济伙伴关系协定》(Regional Comprehensive Economic Partnership,RCEP)等国际合作中推动建立专有的金融支付系统,规避美国金融制裁的风险。

三是逐步构建人民币结算体系。当前,我国已与 39 个国家达成了双边货币互换协议,并积极推进实施。例如 2019 年中国与土耳其签订本币互换协议以来,于 2020 年 6 月 18 日实现了人民币结算从中国进口的商品费用,加强了中土双方的金融合作。① 2020 年 10 月 22 日,韩国银行与中国银行续签了规模最大的双边货币互换协议,为期 5 年,金额规模高达 590 亿美元。② 在铁矿石贸易中,2020 年 5 月 11 日,中国钢铁集团中国宝武宣布与澳大利亚力拓集团利用区块链技术实现人民币结算,总金额超过 1 亿元,③ 该规模的交易货币安排体现了中国巨大的实体经济能力和人民币大宗商品期货建设的成果。④ 此外,在石油交易方面,中国与俄罗斯早在 2016 年便实现石油交易的人民币结算,且于 2021 年 3 月 27 日又与伊朗达成为期 25 年的全面合作协议,中国对伊朗的电信、基础设施等多个领域进行 4 000 亿美元的投资,以换取伊朗石油的供应,绕开美元进行交易。⑤

二、维护多边主义,扩大区域合作

当前,美国与多个重要的 WTO 成员方达成了 WTO 框架以外的新贸易规则,形成了"美国会员制"的盟友圈,挑战最惠国待遇和国民待遇这两项非歧视性原则,冲击着 WTO 倡导的公平高效的传统多边主义贸易体系。美国制造的碎片化国际格局有利于美国在经济制裁上寻找到盟

---

① "土耳其央行宣布以人民币结算从中国进口商品",https://baijiahao.baidu.com/s? id＝1670006509371664158&wfr＝spider&for＝pc,最后访问时间：2021 年 3 月 27 日。

② "韩媒：中韩签署 590 亿美元货币互换协议,系中国对外最大规模",https://author.baidu.com/home?from＝bjh_article&app_id＝1546608532556400,最后访问时间：2021 年 3 月 27 日。

③ "中国宝武与全球三大铁矿石供应商均实现以人民币结算",https://baijiahao.baidu.com/s?id＝1666470618393714741&wfr＝spider&for＝pc,最后访问时间：2021 年 3 月 27 日。

④ 沈伟：《论金融制裁的非对称性和对称性——中美金融"脱钩"的法律冲突和特质》,《上海对外经贸大学学报》2020 年第 5 期,第 50 页。

⑤ "中国伊朗签署 25 年全面合作协议,是中国重要的战略布局",https://www.163.com/dy/article/G68TLD6S0511TE4H.html,最后访问时间：2021 年 3 月 29 日。

友的支持,形成有效的多边制裁。此外,美方恶意利用"协商一致"原则使WTO争端解决机构(Dispute Settlement Body,DSB)陷入停滞状态,在规避经济制裁实施后引发的争端解决的同时也为美国推行的霸权主义扫除了障碍。

一方面,恢复DSB的运行是当务之急,能够有效限制美方实施经济制裁的任意性。DSB为解决经济制裁引发的纠纷提供了国际层面的法律救济途径,相比寻求美国法院或外国法院,DSB作出的裁决具有更强的国际信服力。在执行方面,美国放弃实施经济制裁措施的案例,例如美国与欧盟在古巴制裁问题上产生纠纷,欧盟向WTO寻求整顿解决,最终美国同意放弃对欧盟实施次级制裁。①

另一方面,WTO多边主义的存续有助于消除碎片化国际格局,削弱多边制裁的可能性。从俄罗斯的经验可知,2014年美国单方面对俄实施经济制裁并没有使俄罗斯迅速陷入困境,然而当欧盟以美国盟友的身份加入多边制裁时,导致2015年俄罗斯与欧盟双边贸易额共计下降了1 500亿美元,同比下降40%。② 欧盟作为俄罗斯最大的贸易出口伙伴,欧盟的加入对美国对俄实施经济制裁起到了重要的作用。

因此,中国应当继续维护WTO多边主义的存续,并尽快寻找WTO的改革方案。2018年11月23日,中国在《中国关于世贸组织改革的立场文件》中表明了自身的立场,即始终坚持维护WTO多边主义,并阐明了中国对WTO改革的4项主张,鼓励各成员国积极探索解决WTO困境的方案。③ 此外,在维护WTO存续的同时,中国还应保持开放的姿态继续寻求区域合作。在区域安排上,《全面与进步跨太平洋伙伴关系协定》(CPTPP)在美国退出后实现了"复活"。李克强总理在2020年5月28日记者会上回答了是否参加CPTPP的提问,表示中方会保持积极开放的态度。④ 2021

① 参见王佳:《国经济制裁立法、执行与救济》,《上海对外经贸大学学报》2020年第5期,第60页。
② "2015年俄罗斯与欧盟进出口贸易额同比下降40%",http://ru.mofcom.gov.cn/article/jmxw/201601/20160101235331.shtml,最后访问时间:2021年3月9日。
③ "中国关于世贸组织改革的立场文件",http://www.mofcom.gov.cn/article/jiguanzx/201812/20181202817611.shtml,最后访问时间:2021年3月9日。
④ "李克强总理出席记者会并回答中外记者提问",http://www.gov.cn/premier/2020-05/29/content_5515798.htm#1,最后访问时间:2021年3月9日。

年 3 月 8 日,我国商务部部长王文涛在第二次全体会议结束后回答了记者的采访,"十四五"时期,我国将构建以国内大循环为主体、国内国际双循环相互促进的新发展格局,联通国内和国际两个市场,形成产业相融、市场相通、创新相促、规则相连的良性循环。在 RCEP 问题上,当前中国政府已经正式核准了 RCEP,该协定的签署意味着占全世界三分之一经济总量的地区能够形成统一的市场。另外,我国将坚定不移地坚持优化营商环境和扩大对外开放。①

三、国内法律制度的完善

美国丰富的对外经济制裁实践使得各国在遭受美国长臂管辖后,通过国内立法的方式在不同程度上构建了本国的反制措施法律体系,例如 1980年英国出台的《贸易利益法案》、1996 年加拿大颁布的《外国域外措施法案》等。而欧盟于 2018 年 8 月 6 日完成了对 1996 年版《阻断法令》的升级,欧盟《阻断法》正式生效。欧盟《阻断法》在一定程度上限制了美国的域外管辖权和有效对抗了美国次级制裁措施,有学者认为该阻断法包含了"补偿性立法、否认性立法、抵制性立法和制裁性立法"②四种反制性的法律措施,具有积极的借鉴意义。

根据前文风险分析可知,中美双方在多项战略上的冲突其深层原因是两国在经济增长方式、经济治理模式、市场经济范式、意识形态等多个方面存在差异而形成的战略冲突,因此,中美双方制裁与反制裁将长期持续,中国构建反制措施也是必然选择。

(一)《不可靠实体清单规定》的完善

我国商务部于 2019 年 5 月 31 日宣布建立不可靠实体清单制度,将对中国企业采取封锁断供和其他歧视性措施、损害中国企业的正当权益以及危害中国国家安全的外国法人、其他组织或个人列入该清单。③ 2020 年 9

---

① "商务部部长王文涛出席 2021 年全国两会'部长通道'",http://www.mofcom.gov.cn/xwfbh/20210308.shtml,最后访问时间:2021 年 3 月 9 日。
② 沈伟:《中美贸易摩擦中的法律战——从不可靠实体清单制度到阻断办法》,《比较法研究》2021 年第 1 期,第 189 页。
③ "商务部:中国将建立不可靠实体清单制度",http://www.mofcom.gov.cn/article/i/jyjl/e/201905/20190502868927.shtml,最后访问时间:2021 年 3 月 9 日。

月 19 日,《不可靠实体清单规定》正式被批准施行,意味着我国反制裁法律制度建立的初步形成,以对等方式实施反制措施应对美国的霸权行径。[1]《不可靠实体清单规定》体现了"制裁与保护并重的价值取向",[2]具有一定的进攻性反制战略。《不可靠实体清单规定》第 1 条明确了立法目的,旨在维护国家利益、维护国际经贸秩序和保护中国实体的合法权益,[3]而维护国际经贸秩序成为我国设置不可靠实体清单,对外实施制裁措施的另一支撑点。第 2 条明确了本法针对的对象是外国实体在国际经贸活动中的"不当行为",[4]即以规制外国实体行为而维护本国实体利益为落脚点,本质上区别于针对欧盟成员国实体的欧盟《阻断法》。

一方面,《不可靠实体清单规定》规定了对外国实体的制裁措施,体现了我国进攻型的反制战略。例如第 2 条明确了外国实体在危害中国国家安全和利益时或损害中国实体合法权益时会被列入不可靠实体清单,遭到中方的制裁措施,体现了立法域外化;[5]第 10 条明确了对被列入该清单的外国实体的报复性措施,包括对外国实体在贸易和投资领域的限制、外国个人在中国待遇上的限制以及处以罚款等反制措施。[6] 根据美国次级制裁域外适用的性质,反制美国经济制裁的传统思路有以下两种:一是制定一般的反制立法,授权本国政府实施报复性行为对抗制裁,例如限制货物或技术进出口、禁止金融交易等;二是效仿美国立法域外化,将本国法适用到美国实体,以抵消美国经济制裁。[7] 我国构建的不可靠实体清单法律制度是两种思路的结合。

另一方面,《不可靠实体清单规定》也为外国实体提供了被我国制裁后的保护策略,例如第 6 条授予了有关外国实体陈述和申辩的权利。[8] 第 11 条规定了"改正期限"条款,即设置了缓冲的过渡期,在此期限内,我国有关

---

[1] 张辉:《论中国对外经济制裁法律制度的构建——不可靠实体清单引发的思考》,《比较法研究》2019 年第 5 期,第 141 页。

[2] 韩露、程慧:《以惩促治——不可靠实体清单制度的建立》,《中国外汇》2020 年第 21 期,第 66 页。

[3] 《不可靠实体清单规定》第 1 条。

[4] 《不可靠实体清单规定》第 2 条。

[5] 《不可靠实体清单规定》第 2 条。

[6] 《不可靠实体清单规定》第 10 条。

[7] 廖诗平:《国内法域外适用及其应对——以美国法域外适用措施为例》,《环球法律评论》2019 年第 3 期,第 175 页。

[8] 《不可靠实体清单规定》第 6 条。

行政机构不会立刻对其采取具体的制裁措施。① 此外,第 13 条明确了外国实体一旦被纳入不可靠实体清单后,仍有从该清单中移出的可能,并且规定了移出清单的构成条件,不仅要在改正期限内采取有效措施,而且该措施能够消除先前行为的影响。②

然而,不可靠实体清单的规定较为简略,尚处于筑基和探路的阶段,③存在不足之处亟须完善:一是尽快完善列入不可靠实体清单的标准的立法解释。在实践中,该标准难以全面兼顾,《不可靠实体清单规定》第 8 条明确规定了商务部对于是否将某一外国主体列入该清单需要"综合考虑"第 7 条规定的因素,④即中国国家利益受到危害的程度、中国实体合法权益受到侵害的程度、是否符合国际通行经贸规则以及其他考虑因素。⑤ 而第 8 条中"综合考虑"和"其他考虑因素"的含义赋予了商务部执法实践中解释的灵活性,但也意味着立法的不可预测性和不稳定性。换言之,执法部门在实践中是否需要同时具备上述所有列举条件,或是仅需充分满足其中一款规定,或是满足何种兜底的其他因素即可将外国实体列入该清单。从条款的设计上可知,立法者更加强调对国家利益、实体利益等客观因素的考虑,但商务部在执法实践中如何判定危害或侵害的"程度"标准仍然是主观裁量的难点。因此,立法机关应当尽快对此类法律术语作出详细的立法解释,以便于商务部在执法实践中有法可依、合理行政。

二是形成指导性案例和主观考虑的标准。参照美国商务部工业与安全局在实践中的裁定进行个案判定与审查。⑥ 我国首次推行的不可靠实体清单制度在执法实践中存在个案裁定和自由裁量权行使经验不足的问题。目前,我国还未正式公布不可靠实体清单的制裁名单。2020 年 9 月 24 日,北京字节跳动科技有限公司提交了技术出口许可申请,从《不可靠实体清单规定》第 12 条可以推断出,与北京字节跳动公司达成技术出口协议的外国实

---

① 《不可靠实体清单规定》第 11 条。
② 《不可靠实体清单规定》第 13 条。
③ 廖凡:《比较视角下的不可靠实体清单制度》,《比较法研究》2021 年第 1 期,第 167 页。
④ 《不可靠实体清单规定》第 8 条。
⑤ 《不可靠实体清单规定》第 7 条。
⑥ 周勇、覃宇、罗诗静:"对'不可靠实体清单'的法律分析",http://www.junhe.com/legal-updates/962,最后访问时间:2021 年 3 月 9 日。

体(外国公民、法人或者其他组织)可能已经被商务部列入了不可靠实体清单。因此,商务部应当尽快披露首批不可靠实体清单的信息,形成指导性的个案裁定,并同时向外界透露在实际操作中主观考虑的相关标准。

三是完善"改正期限"条款。《不可靠实体清单规定》第 11 条规定了将外国实体列入清单后,外国实体将获得改正期限,在该期限内暂时免予第 10 条规定的制裁措施,在期限结束后将采取措施。[1] 在反制裁领域立法中,我国首创了改正期限条款,但仍存在设计不足之处。根据第 7 条的前三款规定,当出现外国实体的行为危害我国国家安全利益、侵害我国实体合法权益以及不符合国际通行经贸规则这三种情形时适用"改正期限"条款,即外国实体应当在此期限内"改正"其行为。对于外国实体对我国实体合法权益的侵害行为是否可以类比适用民法的侵权行为和责任承担规定[2]需要明确,若引入民法上的规定,则外国主体应当在改正期限内承担"恢复原状"的责任,具体表现为外国主体需要在改正期限内排除妨碍和消除危险。而在外国实体的行为危害国家安全利益以及不符国际通行经贸规则这两类情形时,一方面,外国实体的行为触犯的标准是否能够借鉴刑法上的"行为犯"的规定需要明确;另一方面,这两类情形造成的结果往往具有不可逆性和难以恢复性,因此"改正期限"的存在是否与实践产生矛盾? 同时第 10 款的处理措施在惩罚力度是否需要调整? 以上几个问题需要立法机关给出明确回答,并对此条款进行完善,这样既能便于外国主体尽快有效地改正行为,也能使不可靠实体清单法律制度更具可操作性。

(二)《阻断办法》的补充

我国于 2021 年 1 月 9 日批准施行了《阻断外国法律与措施不当域外适用办法》(以下简称《阻断办法》),[3]以维护国家利益和中国实体权益,应对美国的次级制裁。因此,该办法与不可靠实体清单共同构成了我国对外反制措施的法律体系,兼具进攻和防御的反制裁战略。《阻断办法》在应对外国法律和措施不当的域外适用情形时,区别于进攻型的《不可靠实体清单规

---

[1] 《不可靠实体清单规定》第 11 条。

[2] 《民法典》第 1205 条。

[3] "商务部令 2021 年第 1 号阻断外国法律与措施不当域外适用办法",http://qdtb.mofcom.gov.cn/article/b/202101/20210103030931.shtml,最后访问时间:2021 年 3 月 20 日。

定》,该办法偏向于防守型策略。该办法实质上是受制裁的中国实体(公民、法人或者其他组织)的事后救济手段,旨在阻断外国法律与措施不当适用对中国的影响。① 有学者认为我国的《阻断办法》主要参照了欧盟《阻断法案》,具体在报告制度、禁令、拒绝执行、禁令豁免、民事追索制度等具体措施上有相似之处,而在必要反制措施上参考了俄罗斯总统普京于 2018 年签署的《俄罗斯反制法》。此外,我国形成了独有的工作机制和行政支持。② 欧盟的《阻断法案》在实践中被受制裁实体采用次数较少,在司法实践中的效果并不佳的原因主要在于该法的立法目的,即为欧盟成员国实体提供“不遵守美国长臂管辖和制裁规定的法律依据”,③从而达到限制美国扩张的管辖权原则和域外法律适用,同时规定了遵守他国长臂管辖原则的惩罚措施,对相关实体而言存在一定的“选边”强制性。基于上述分析可知,欧盟《阻断法案》针对的对象为欧盟成员国实体,并非针对外国实体实施惩罚措施。换言之,欧盟相关实体在适用该法时必定会受到来自其中一方的不利影响。

反观我国《阻断办法》的立法目的,第 1 条中详细规定了本法旨在维护国家利益和本国实体合法权益,④对比《不可靠实体清单规定》可见,《阻断办法》更侧重于防御性策略,以国家和本国实体的利益为出发点。第 2 条明确了《阻断办法》的适用对象为外国法律与措施域外适用的“不当情形”,⑤可知《阻断办法》与《不可靠实体清单规定》相同,针对的对象为外国相关实体,与欧盟《阻断法》存在本质上的区别。

一方面,《阻断办法》规定了受制裁中国实体的相关权利和义务。例如,第 9 条赋予了受制裁的中国实体向法院提起诉讼、行使民事追索的权利,该款也是本法具体的司法救济途径。⑥ 在义务方面,第 5 条规定了适用本法的前提条件,即中国实体在不遵循外国法律的情况下,并在 30 日内向主管部门披露有

① 《阻断外国法律与措施不当域外适用办法》第 1 条。
② 商舒:《中国域外规制体系的建构挑战与架构重点——兼论〈阻断外国法律与措施不当域外适用办法〉》,《国际法研究》2021 年第 2 期,第 72 页。
③ 沈伟:《中美贸易摩擦中的法律战——从不可靠实体清单制度到阻断办法》,《比较法研究》2021 年第 1 期,第 189 页。
④ 《阻断外国法律与措施不当域外适用办法》第 1 条。
⑤ 《阻断外国法律与措施不当域外适用办法》第 2 条。
⑥ 《阻断外国法律与措施不当域外适用办法》第 9 条。

关情况,方可适用本法进行阻断。[1] 该款对中国实体在适用《阻断办法》时设置了向国务院商务主管部门报告披露相关信息的义务。此外,《阻断办法》通篇并未规定相关不适用本法的惩罚措施,中国实体可以自愿选择是否适用本法进行阻断。另一方面,《阻断办法》为相关的行政机构同样设置了多项义务,构建了整体的防御型应对战略。例如第 10 条为工作机制设置了提供指导和服务的义务,即工作机制应当为中国实体应对外国法律与措施不当域外适用提供有关的指导和服务。[2] 再如,第 11 条中规定了中国实体未遵循制裁实施国的长臂管辖而遭受重大损失时,政府部门负有给予其必要支持的义务。[3]

然而,《阻断办法》的 16 个条款显得过于简略,在完善《阻断办法》方面仍需进一步解释和补充。一方面,应补充该办法的立法解释空白。其第 6 条中设置了 3 项具体的考虑因素以及兜底条款,赋予了工作机制"综合考虑"的权力。该条款与《不可靠实体清单规定》第 8 条的规定有相似之处,都赋予了工作机制解释的灵活性,但无法保障法律适用的稳定性。换言之,在实践中是否需要同时具备上述所有列举条件,或是仅需充分满足其中一款规定,或是满足何种兜底的其他因素。此外,第 11 条的"重大损失"和"必要的支持"等概念存在讨论的空间,需立法解释尽快给出具体标准。

与此同时,完善与法院的"互动"机制。《阻断办法》第 9 条第 2 款规定了在禁令范围内的外国裁定或判决中遭受损失的中国实体可以向人民法院提起诉讼请求,要求获益的当事人赔偿。此外有关当事人拒绝履行判决或裁定的,可以向人民法院申请强制执行。[4] 该条款赋予了中国当事人司法救济的权力,但在实践中存在问题考量。裁定或判决的域外承认与执行往往具有较大的阻碍,若双方存在互惠关系的前提下或许存在便利,然而在经济制裁对抗中,双方以往的互惠关系是否仍能存续值得思考,具体可以参照欧盟《阻断法》的司法救济未曾有过相关实践,[5]因此操作的难度不言而喻。

---

[1] 《阻断外国法律与措施不当域外适用办法》第 5 条。
[2] 《阻断外国法律与措施不当域外适用办法》第 10 条。
[3] 《阻断外国法律与措施不当域外适用办法》第 11 条。
[4] 《阻断外国法律与措施不当域外适用办法》第 9 条。
[5] 沈伟:《中美贸易摩擦中的法律战——从不可靠实体清单制度到阻断办法》,《比较法研究》2021 年第 1 期,第 199 页。

第七节　结　语

汉斯·摩根索曾言:"良好的动机可以保证避免有意制定坏政策,但它们不能保证其产生的政策在道德上是仁慈的,在政治上是成功的。"[1]

国际形势时逢"百年未有之大变局",以美欧为首的西方发达国家为了维护其在全球治理体系中的主导地位,"通过利己主义、保护主义、单边主义、霸权主义和民粹主义策略,对他国的经济活动进行诸多限制甚至极限施压",[2]对外实施经济制裁成为其最有效的施压手段。美国作为当今世界对外实施经济制裁经验最丰富的国家,其制裁措施融合了外交、政治、法律、经济、金融等要素。而美国经济制裁的有效实施主要依靠美元的货币霸权、系统的立法体系以及核心的长臂管辖法律工具。自 2017 年特朗普政府上台以来,美国对外实施经济制裁愈加频繁,次级制裁扩张趋势明显。CAATSA 文本中详细规定了对伊朗、俄罗斯和朝鲜的具体制裁措施,形成了全面的经济封锁"屏障"。自 2017 年至今,我国实体也多次遭到美国司法部门的调查和 OFAC 的惩罚,因此我国当前在国际交往中推行的多项战略存在较大的次级制裁风险。

2021 年拜登政府上台后延续了特朗普对中国的政治态度,公开宣布将中国视为"最严峻的竞争对手"。面对美国愈演愈烈的经济制裁"包围",我国应当积极从金融、外交、法律等层面上进行应对。在金融层面上,尽快摆脱美元依赖,推动人民币国际化,逐步实现"去美元化",从根源上规避经济制裁的风险;在外交层面上既要坚定维护多边主义的延续,也要积极开展国际合作,推进区域性安排的建立,以削弱多边经济制裁,防止国际格局的进一步碎片化;在法律层面,《不可靠实体清单》和《阻断办法》应尽快落实到法律实践中,形成有效指导,完善我国在国际法上的经济制裁对抗,为他国在构建反制裁法律制度上提供范式,提升我国在全球治理体系中的国际地位。

---

[1] [美]汉斯·摩根索:《国家间政治——权力斗争与和平》,徐昕、郝望、李保平译,北京大学出版社 2017 年版,第 9 页。

[2] 沈伟:《"两个大局"下的人类命运共同体:从意识自觉到责任担当》,《人民论坛·学术前沿》2021 年第 1 期,第 78 页。

美国金融制裁实施
工具研究

第五章
美国单边金融制裁实效分析
——以对澳门汇业银行和伊朗的制裁为例

制裁作为一种外交和法律手段由来已久,而金融制裁因其有效、精准且成本较低的特征已经成为美国常用的法律政策工具之一。从 20 世纪 90 年代开始,金融制裁以较高的频率出现在美国的政策中,成为美国达成政治目标、巩固金融霸权的工具和手段。特朗普上台后,更是通过《全球马格尼茨基法案》等国内法作为法律依据,对中国的企业和个人进行精准的金融制裁。因此,只有了解美国金融制裁有效性的逻辑,才能有助于我国思考如何进行应对和反击。

本章将应用排斥机制以及制裁博弈(sanction game)框架,分析美国对伊朗和澳门汇业银行的金融制裁,从而探究美国金融制裁有效的逻辑以及有效性差异的原因。

第一节 概 论

对于金融制裁,国内外学者主要从基本概念(定义、种类、手段、历史等)和金融制裁的合法性、有效性进行分析。国内外学者对于金融制裁的研究焦点也有所差异。

制裁是指对违背意愿、法律或法规的一种惩罚,[①]或者说是对违反法

---

① David Brown. *The Utility of International Economic Sanction*. New York: St. Martins Press, 1987, p.21.

律、法规或秩序行为的惩罚或强制措施。① 金融制裁作为经济制裁的一种特殊形式，主要指"通过冻结或没收资产、拒绝金融服务、禁止投融资活动等直接或间接措施"；② 也可以被广义定义为"一种经济手段，迫使被制裁方改变政策、行动甚至政权组织"。③ 根据发起制裁主体的差异，制裁可以分为多边制裁和单边制裁。多边制裁是指多个国家或国家集团共同对制裁目标实施制裁的行为；单边制裁则是指单个国家单方面决定和实施的制裁行为。④ 单边制裁和多边制裁的层级有所差异，多边制裁一般为全球或全区域内的集体行动，而单边制裁为个别国家的单边行动。⑤ 根据制裁对象的不同，制裁可以分为一级制裁和二级制裁。一级制裁指制裁国直接对制裁目标实施的制裁行为；⑥ 二级制裁指制裁国对制裁目标进行制裁的同时限制第三国的公司或个人与制裁目标进行金融往来，并对违反规定的第三国公司或个人施加处罚的制裁行为。⑦ 一级金融制裁的手段包括冻结或没收制裁目标的海外资产，甚至联合其他国家在更大范围内冻结制裁目标的资产，⑧ 切断其获取和使用美元的渠道，禁止其他金融机构与制裁目标进行交易，⑨ 以及停止向制裁目标提供经济援助或发展援助基金。⑩ 通过使用二级金融制裁，可以迫使第三方国家（地区）的金融机构参与一级制裁，全面断绝制裁目标进入全球金融体系的渠道。⑪

　　金融制裁的目标是多样化的，包括改善制裁目标国内人权状况、打击恐

---

① 李寿平：《二级制裁的国际法审视及中国的应对》，《政法论丛》2020 年第 5 期，第 29 页。

② 葛淼：《美国单边金融制裁的国际法性质与应对》，《上海金融》2018 年第 10 期，第 56 页。

③ Andreas Lowendfeld. *International Economic Law*. Oxford：Oxford University Press，2002，p.22.

④ 李寿平：《二级制裁的国际法审视及中国的应对》，《政法论丛》2020 年第 5 期，第 28 页。

⑤ Jana Ilieva, Aleksandar Dashtevski and Filip Kokotovic. Economic Sanctions in International Law, *UTMS Journal of Economics*，2018，Vol.9，pp.201 – 211.

⑥ Scott Maberry. Overview of US Economic Sanctions. *International Trade*，2008，Vol.17，pp.108 – 125.

⑦ Scott Maberry. Overview of US Economic Sanctions. *International Trade*，2008，Vol.17，pp.108 – 125.

⑧ 黄志凌：《关于金融战的理解》，《全球化》2020 年第 3 期，第 23—39 页。

⑨ 黄志凌：《关于金融战的理解》，《全球化》2020 年第 3 期，第 23—39 页。

⑩ Simond Galbert. "*A Year of Sanctions Against Russia—Now What?*" https：//www.csis.org/analysis/year-sanctions-against-russia%E2%80%94now-what.

⑪ 黄志凌：《关于金融战的理解》，《全球化》2020 年第 3 期，第 32 页。

怖主义、保障金融安全、履行大国责任、服从联合国或其他国际组织的动议决议、限制武力的使用、保障国家安全,[①]也包括实现象征或引导、颠覆某个政府或政权。[②]近年来,也有大国将单边制裁作为政策工具来实现对外政策目标、政治利益或经济利益。[③]不同的目标也会导致金融制裁的合法性程度不同。根据《联合国宪章》第 41 条:"安全理事会决定所应采武力以外之办法,以实施其决议,并促请联合国会员国执行此项办法。此项办法包括经济关系之局部或全部停止。"而经济关系的停止包含金融制裁。联合国实施制裁的目标包括限制武力使用、保障人权以及维护世界和平安全,而国家服从联合国安理会决议进行的多边金融制裁是有国际法依据的。[④]国际法并没有禁止国家使用金融制裁这一手段,因此,各国为了维护自身合法利益、依据国际条约打击恐怖主义、维护国家安全而实行的金融制裁并不违反国际法。但是,霸权国将金融制裁作为政策工具,试图干涉别国主权内政、不合理地实现本国利益,显然与国际法基本原则背道而驰。

国内学界的研究主要聚焦于美国单边金融制裁的合法性和应对措施上。金融制裁的国内核心论文数量以 2018 年为分界点,2018 年后出现了激增,这与特朗普政府对华实施的金融制裁有关,而这些金融制裁文献多以合法性、最新发展和应对方式为关键研究内容(见图 5-1)。采用的研究方法包括案例分析和法教义学分析,较少使用定量分析。

国内学界对于美国单边金融制裁的有效性持肯定态度,普遍认为金融制裁尤其是美国的金融制裁打击力度和影响力度显著,这是由美国金融制裁的核心特征——非对称性所决定的。这种非对称性具体表现在美国在金融领域的霸权地位[⑤]和反制措施的失效。美国是全球金融中心且美元清算交易体系应用广泛,并占据垄断地位,而美国和美国主要金融机构在全球范

[①] Jana Ilieva, Aleksandar Dashtevski and Filip Kokotovic. Economic Sanctions in International Law. *UTMS Journal of Economics*, 2018, Vol.9, pp.201-211.

[②] James Lindsay. Trade Sanctions as Policy Instruments: A Re-Examination. *International Studies Quarterly*, 1986, Vol.30, pp.153-173.

[③] 郑联盛:《美国金融制裁:框架、清单、模式与影响》,《国际经济评论》2020 年第 3 期,第 123—143 页。

[④] 黄风:《联合国安理会金融制裁措施的国内法实施程序》,《法学》2006 年第 4 期,第 62—66 页。

[⑤] 邵辉、沈伟:《"你打你的,我打我的":非对称性金融制裁反制理论及中美金融脱钩应对》,《财经法学》2020 年第 6 期,第 142—160 页。

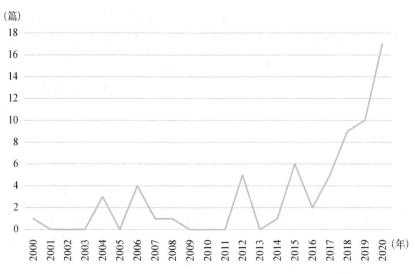

（篇）

(年)

图 5 - 1　中文核心期刊关于金融制裁论文的发表趋势[1]

围内实施的金融监管措施在制度层面加强了这种霸权。[2] 同时，制裁目标反制措施不存在同等报复的可能性。[3] 由于经济实力的有限性和国内金融法的天然属地性，制裁目标无法采取类似国际贸易领域的同等或对等反报复措施。[4] 美国编织的全球金融网络赋予了发动金融制裁的特权，其他国家几乎没有这种权力，只能以其他手段进行应对，即无法"以其人之道还治其人之身"。[5] 美国非对称性的保障除了本身的霸主地位，还包括技术条件，即环球银行间金融电信协会（SWIFT）和纽约清算所银行同业支付系统（CHIPS）。美国对 CHIPS 有着绝对的掌控，而全球绝大部分跨境美元交易都由 CHIPS 完成支付清算。一旦美国禁止一个国家的金融机构使用 CHIPS 进行跨境美元支付清算，这个国家的对外经济将遭受巨大打击。[6]

---

① 在知网中，以"金融制裁"为关键词进行检索，并将文献来源限定为核心期刊和中文社会科学引文索引，共得到 71 篇文献，笔者根据这 71 篇文献的发表时间进行制图。

② Juan Zarate. Treasury's War：The Unleashing of a New Era of Financial Warfare. *Public Affairs*，2013，Vol.3，pp.130 - 152.

③ 邵辉、沈伟：《"你打你的，我打我的"：非对称性金融制裁反制理论及中美金融脱钩应对》，《财经法学》2020 年第 6 期，第 152 页。

④ 邵辉、沈伟：《"你打你的，我打我的"：非对称性金融制裁反制理论及中美金融脱钩应对》，《财经法学》2020 年第 6 期，第 143 页。

⑤ 马鑫、许钊颖：《美国对俄罗斯的金融制裁》，《美国研究》2015 第 5 期，第 35—47 页。

⑥ 黄志凌：《关于金融战的理解》，《全球化》2020 年第 3 期，第 23—39 页。

借助 SWIFT 系统的力量,美国的金融制裁也发挥了巨大威力,例如在美国正式认定汇业银行为"主要的洗钱活动关切"之前,仅是美国的威胁认定就引发了汇业银行的挤兑现象。[①]

美国的金融制裁框架并非一蹴而就,而是经历了漫长的发展过程。从 19 世纪末到第二次世界大战前,美国金融制裁的主要措施是冻结制裁目标在美资产,且制裁的方式多为多边制裁。这是因为当时美国初步建立起世界金融中心地位,金融影响力不足,发动金融制裁需要通过联合英国等主要国家才能取得效果。[②] 而 1950—1990 年,美国金融制裁的手段更加多样化,例如 1956 年"苏伊士河危机",美国对英国发动货币金融制裁,迫使英国退兵埃及。[③]

美国构建金融制裁的特权,并大量发起金融制裁尤其是单边金融制裁主要是在冷战之后,其背后的原因是多方面的。首先,最直接的导火索是"9·11"事件以及恐怖主义的猖獗。国际恐怖主义成为危害美国国家安全和社会秩序的主要因素之一,[④]而恐怖组织居无定所,传统的经济制裁无法有效封锁恐怖组织的经济活动,[⑤]因此,封闭对方贸易结算通道手段的重要性不断上升。[⑥] 其次,相比贸易制裁,金融制裁的有效性和精准性让美国意识到采取"聪明制裁"的必要性。以贸易制裁为代表的"全面制裁"造成了一系列恶劣影响,给制裁目标造成了严重的人道主义灾难,美国也需要承担巨大的经济代价,例如面对制裁对象的反制措施,甚至是道义上的责任。贸易政策由于贸易的对称性,被制裁国家可以报复或逃避,[⑦]因此美国的贸易制裁在 20 世纪末经常失灵,并没有真正实现外交目标。[⑧] 美国发现针对银行

① 陈尧、杨枝煌:《SWIFT 系统、美国金融霸权与中国应对》,《国际经济合作》2021 年第 2 期,第 82—96 页。
② 黄志凌:《关于金融战的理解》,《全球化》2020 年第 3 期,第 23—39 页。
③ 马鑫、许钊颖:《美国对俄罗斯的金融制裁》,《美国研究》2015 年第 5 期,第 35—47 页。
④ 黄志凌:《关于金融战的理解》,《全球化》2020 年第 3 期,第 23—39 页。
⑤ 刘建伟:《美国金融制裁运作机制及其启示》,《国际展望》2015 年第 2 期,第 111—116 页。
⑥ 马鑫、许钊颖:《美国对俄罗斯的金融制裁》,《美国研究》2015 年第 5 期,第 35—47 页。
⑦ 沈伟:《论金融制裁的非对称性和对称性——中美金融"脱钩"的法律冲突和特质》,《上海对外经贸大学学报》2020 年第 5 期,第 35—51 页。
⑧ 杨祥银:《迈向更为人道和富有成效的制裁?——"聪明制裁"初探》,《国际论坛》2002 年第 2 期,第 14—19 页。

或其他实体等的针对性打击可以较为有效地提高制裁的政策效果，能够在最大化经济金融制裁力度和影响力的同时[1]避免军事人员的伤亡，减少对"弱势群体"和第三方的消极影响，[2]从而既大大节约了制裁成本，又避免了国际舆论的指责。[3] 最后，冷战后，美国确立和巩固了金融霸权的地位。全球经济金融化和互联网信息技术革新提供了技术基础，[4]而美元霸权的建立消除了阻碍金融制裁的因素。SWIFT 和 CHIPS 系统作为美国金融制裁的两大支柱，[5]能够进一步保障金融制裁的有效性。

美国金融霸权的特征表现为，美国的金融制裁建立在美国的金融霸权之上，美国的金融霸权具有非公正性、非传统性和非对称性。首先，美国的金融霸权建立在不公平、不公正的国际经济金融秩序基础之上。美国事实上控制了以美元为核心的国际支付清算基础设施和货币体系，其他国家无力采取对等的反制措施，而美国可以通过金融霸权实施金融制裁，继而巩固其在各个领域的霸权。制裁的目标并非为了保障和平安全，而是为了维护国家利益，甚至是阻挠公平、公正的国际秩序的形成。[6] 其次，美国的金融霸权兼具非传统和传统的特点。美国一方面继续巩固第二次世界大战后形成的美元霸权，另一方面，又在全球技术革新、全球化不断深入的背景下，通过掌握 SWIFT 和 CHIPS 系统的主导权，不断扩张实施金融霸权的覆盖范围。[7] 最后，美国的金融霸权也具有非对称性，其霸权在国际金融秩序中处于主导地位，没有国家能够与其分庭抗礼。

国内学者关注的另一个焦点是如何应对金融制裁。国内学者对于应对手段的研究主要分为四种进路：一是"制度基础—金融制裁"研究进路，以

① 陶士贵：《美国对华实施金融制裁的预判与应对策略》，《经济纵横》2020 年第 8 期，第 69—76 页。
② 杨祥银：《迈向更为人道和富有成效的制裁？——"聪明制裁"初探》，《国际论坛》2002 年第 2 期，第 14—19 页。
③ 陶士贵：《美国对华实施金融制裁的预判与应对策略》，《经济纵横》2020 年第 8 期，第 69—76 页。
④ 陈尧、杨枝煌：《SWIFT 系统、美国金融霸权与中国应对》，《国际经济合作》2021 年第 2 期，第 82—96 页。
⑤ 陈尧、杨枝煌：《SWIFT 系统、美国金融霸权与中国应对》，《国际经济合作》2021 年第 2 期，第 82—96 页。
⑥ 邵辉、沈伟：《"你打你的，我打我的"：非对称性金融制裁反制理论及中美金融脱钩应对》，《财经法学》2020 年第 6 期，第 152 页。
⑦ 黄志凌：《关于金融战的理解》，《全球化》2020 年第 3 期，第 23—39 页。

金融制裁的法律依据为基础,寻求通过法律渠道进行应对;①二是"权力基础—金融制裁"研究进路,以批判金融制裁的霸权属性和金融特权为重点,并认为被制裁国应通过获得国际舆论的支持进而对制裁国施压;②三是"实体基础—金融制裁"研究进路,从金融制裁的基础和金融霸权的支柱出发,主张被制裁国通过摆脱对美元清算体系、美国主导金融市场的脱钩,从而实现独立和反制;③四是以"核心特征(非对称性)—反制措施"的研究进路,通过分析金融制裁的本质特征——非对称性,并基于此构建制度型反制措施、物理型反制措施以及话语型反制措施三种类型的多重反制体系。④

　　区别于国内学者,国外学界尤其是美国学界对于金融制裁的研究开始较早、范围较广(不仅局限于美国发起的,而且包括欧洲国家以及联合国等国际组织发动的金融制裁),且学界的观点和研究方法也在不断改进。其中,对于美国金融制裁的研究重点主要聚焦于如何评价(包括有效性等多个评价维度)和如何改进金融制裁两方面。

　　区别于国内的定性、案例分析的研究方法,国外学者对于金融制裁有效性的研究方法更加多样化。根据使用的方法可以分为量化研究、理论进路研究和案例分析三种方法,而理论进路通常也会结合定量方法进行。

一、"信号灯"理论

　　金融制裁有效性的理论分析的起点逻辑,即制裁目标为了不遭受制裁行动带来的损失,会根据制裁国的意愿来调整自身行动。⑤

　　但在现实中,这样的理论会遭到许多挑战,例如无法解释为何同样的制裁对不同制裁目标效果不同,也无法解释并不以规制制裁目标行动为目的的制裁行动,⑥因此,学者们也通过不断修正理论进路解释金融制裁有

① 黄志凌:《关于金融战的理解》,《全球化》2020 年第 3 期,第 23—39 页。
② 葛森:《美国单边金融制裁的国际法性质与应对》,《上海金融》2018 年第 10 期。
③ 李寿平:《二级制裁的国际法审视及中国的应对》,《政法论丛》2020 年第 5 期。
④ 邵辉、沈伟:《"你打你的,我打我的":非对称性金融制裁反制理论及中美金融脱钩应对》,《财经法学》2020 年第 6 期,第 142—160 页。
⑤ Lee Jones. *Societies under Siege: Exploring how International Economic Sanctions (do Not) Work*. Oxford: Oxford University Press, 2015, pp.12 - 25.
⑥ Ioana Petrescu. *Rethinking Economic Sanction Success: Sanctions as Deterrents*, https://www.aeaweb.org/conference/2011/retrieve.php?pdfid=433.

效或无效的原因。例如,约安娜·M. 彼得雷斯库通过量化方法分析了为了遏制军事行动而采取的金融制裁的结果,提出"制裁就是遏制"的"信号灯"(signal)理论。这一理论基于约翰·加尔通的"制裁可以通过交流从而对不同国家施加影响"的理论,[①]而量化结果证明金融制裁可以减少其他国家未来参与类似军事行动的可能性(约 9%),因此,金融制裁的效果并非立刻实现,而是通过对其他国家施加一个"制裁国/国际社会对此类行动不同意"的信号,从而遏制其他国家在未来采取违反制裁国意愿的行动来达到制裁的目的。[②]

二、美元霸权进路

美元霸权也是一种分析进路,即金融制裁之所以有效是因为美元在当今世界所具有的无可替代的垄断地位。[③] 正因为别无选择,制裁目标严重依赖美元融资体系,而其他第三方主体,例如银行或金融机构要继续与制裁目标或银行进行业务往来将承担法律风险,可能会导致其失去其他的业务、被罚款、被处以刑事责任,甚至被吊销营业许可。因此,美国金融市场准入对外国银行的重要性意味着美国单方面的金融制裁往往成为事实上的二级制裁。[④]

三、成本收益进路

结合实证案例的另一个理论进路是成本收益分析。基于欧美对俄罗斯制裁的不同阶段的量化分析,有学者发现俄罗斯比欧美遭受更大的损失(付出更大的成本),而欧盟比美国付出更多代价,但未参与制裁的相关国家却能通过"分散效应"(diversion effect)从金融制裁中获利。因此,采取这样的

---

① Johan Galtung. On the Effects of International Economic Sanctions: with Examples from the Case of Rhodesia. *World Politics*, 1967, Vol.19, pp.378 - 416.

② Ioana Petrescu. "*Rethinking Economic Sanction Success: Sanctions as Deterrents*", https://www.aeaweb.org/conference/2011/retrieve.php?pdfid=433.

③ Mahvash Alerassool. *Freezing Assets: The USA and the Most Effective Economic Sanction*. New York: St. Martin's Press, 1993, p.18.

④ Jim Zoffer. The Dollar and the United States' Exorbitant Power to Sanction. *American Journal of International Law Unbound*, Vol.113, 2019, p.153.

金融措施从绝对收益角度来说，对美俄来说都有害无利。[1] 同样采用成本分析法的学者基于俄罗斯案例也证明，金融制裁对于俄罗斯的打击虽然让俄罗斯付出了经济代价，但俄罗斯并没有改变其对乌克兰的政策，且这一代价是由金融制裁还是国际油价暴跌的影响造成的还有待商榷。

金融制裁对于欧美尤其是欧洲的经济打击是巨大的。不对等的成本与收益使得金融制裁有效性被欧洲实行制裁的决策者所怀疑。[2]

四、公众选择进路

公众选择（public choice）也是另一种理论进路。

制裁目标的公众与制裁国之间关于金融制裁会不断进行互动，金融制裁对制裁目标经济水平的打击力度并不是政策制定者的优先考虑因素，制裁国真正考量的是真正让金融制裁达到预设目标的，是对制裁目标国家的民众和利益集团的打击力度（无论这种打击带来的影响发生在当下或者是未来），尤其是对那些因制裁目标政策受益的民众和利益集团。即使只是预料到未来的损失，民众和利益集团都可能不再支持制裁目标所在国政府，进而实现制裁国的目标（例如改变政策、颠覆政权等）。[3]

五、实证分析进路

金融制裁的案例分析依托大量美国的金融制裁行为，但基于不同案例，美国金融制裁的有效性评价也会有所差异。1979 年 11 月 4 日，伊朗占领了美国驻德黑兰大使馆，并将使馆内的美国工作人员劫持为人质；随后，美国一边对伊朗展开包括冻结资产在内的金融制裁，另一边又与伊朗进行谈判，最终，美国和伊朗就解决伊朗人质危机而达成了一系列协议（《阿尔及尔协议》）。有学者认为，美国冻结伊朗资产的行为与伊朗后续的妥协并没有

[1] Khalifany Shidiqi. "*A Game Theoretical Analysis of Economic Sanction*," https://mpra.ub. uni-muenchen.de/30481/1/MPRA_paper_30481.pdf.

[2] Galbert Simond. "*A Year of Sanctions Against Russia—Now What?*" https://www.csis.org/ analysis/year-sanctions-against-russia%E2%80%94now-what.

[3] William Kaempfer & Anton Lowenberg. The Theory of International Economic Sanctions: A Public Choice Approach. *The American Economic Review*, 1988, Vol.78, pp.786 - 793.

直接的关系,只是给美国与伊朗的谈判提供了筹码,外交目标的实现需要政治手段和制裁手段共同作用。[①] 而在 1939—1941 年,美国为了阻止日本在亚洲进一步扩大法西斯战争,通过冻结日本在美国、英国的财产,让日本陷入金融停滞,付出了巨大的代价,使其失去了大量海外贸易的机会;日本也无法获得工业原材料和石油,从而限制了日本正常的经贸和金融秩序。[②] 但在乌克兰危机爆发后,尽管美国通过了多个行政命令、冻结俄方相关人员的资产并限制俄罗斯的金融机构获得融资,但美国的金融制裁并不奏效,俄罗斯不仅没有改变政策,而且甚至寻求其他渠道例如声称美国违反了国际法、非法干涉他国内政和主权来进行反击。[③]

　　金融制裁的评价维度可以分为多个,不同维度也会带来不同的评价结果。通过比较法横向对比军事手段和金融制裁手段,金融制裁的"性价比"更高。[④] 但如果强调目标导向的评价方式,基于不同目标的金融制裁会呈现差异。那些旨在改善人权的金融制裁,结果并不尽如人意。例如,联合国对伊拉克的多边制裁旨在改善人权状况,却最终导致 1 500 万人丧生,显然从目标维度是彻底失败的,因此有学者将金融制裁称为"大规模杀伤性"工具。[⑤] 但对于另一些目标,金融制裁可能十分奏效,例如将金融制裁作为精准打击国家政治精英的手段,美国的单边制裁是相当有效的。[⑥] 在评价金融制裁时,美国的智库和学者可能还会存在偏见,这种偏见通过低估制裁成本的方式来高估金融制裁的有效性,而鉴于这些权威机构的话语权将会导致美国政策制定者在事先评价时高估金融制裁的有效性,从而更轻易地发动金融制裁。[⑦]

---

① Mahvash Alerassool. *Freezing Assets: The USA and the Most Effective Economic Sanction.* New York: St. Martin's Press, 1993, p.33.

② Miyagawa Makio. *Do Economic Sanctions Work?* New York: Springer Publishing, 2016, pp.38 - 45.

③ Shinar Chaim. Vladimir Putin's Aspiration to Restore the Lost Russian Empire. *European Review*, 2016, Vol.25, pp.642 - 654.

④ Jana Ilieva, Aleksandar Dashtevski and Filip Kokotovic. Economic Sanctions in International Law. *UTMS Journal of Economics*, 2018, Vol.9, pp.201 - 211.

⑤ Farrokh Habibzadeh. "*Economic Sanction: A Weapon of Mass Destruction*," https://www.thelancet.com/pdfs/journals/lancet/PIIS0140-6736(18)31944-5.pdf.

⑥ Kaempfer William & Anton Lowenberg. The Theory of International Economic Sanctions: A Public Choice Approach. *The American Economic Review*, 1988, Vol.78, No.4, pp.786 - 793.

⑦ Peter Bergeijk & Shahadat Muhammad. Methodological Change and Bias in Economic Sanction Reconsidered. *International Interactions*, 2017, Vol.33, pp.2 - 30.

评价金融制裁的另一个维度是金融制裁的合法性。不同主体发起的金融制裁一般基于不同的法律渊源。联合国发起的金融制裁,其依据是《联合国宪章》第七章第 41 款,授权联合国安理会及其成员国对于使用武力的目标对象采取金融制裁。① 对于区域性组织发起的制裁,法律渊源通常是该组织的规章或国际条约。尽管学者对于区域性组织是否有权发动金融制裁存疑,但是区域性组织,例如欧盟可以通过订立条约的方式为自己的行动提供法律基础。② 美国发起的单边制裁的法律依据可能是国际条约,但在更多情况下是国内法的域外适用。国际法为这种通过国内法域外适用进行金融制裁的行为留了一扇门。③

学者对国家单边金融制裁的合法性争论不休。批评者认为,国内法可能与国际法相抵触,且基于国内法进行金融制裁本身就违反了国际法秩序,即只有联合国有权对主权国家进行制裁。④ 此外,如果通过国内法的域外适用进行金融制裁,那可能会导致不同国家间的法域、主权和管辖冲突,例如"基于英国法在伦敦建立的美国银行支行,被美国法令阻止去完成其和客户基于英国法构建的合同义务"。⑤ 即使依据国际法进行单边制裁,这种国际法可能也会因为经济、政治目的而被曲解,以霸权国的方式被解读,从而实现其目标。⑥

在国内外学者的研究中,如何评价及分析金融制裁有效性的进路是一个焦点话题,但学者们多聚焦于对制裁目标为国家的制裁,而较少关注美国金融制裁尤其是二级制裁对企业的影响力。同时,国外学界在评价时多使

① Jana Ilieva, Aleksandar Dashtevski, Filip Kokotovic. Economic Sanctions in International Law. *UTMS Journal of Economics*, 2018, Vol.9, pp.201 – 211.

② Inken Borzyskowski & Clar Portela. The Rise of Sanctions Cooperation between Regional Organizations, the United States and the EU. *Research Collection School of Social Sciences*, http://ink.library.smu.edu.sg/soss_ research/1874.

③ Jana Ilieva, Aleksandar Dashtevski, Filip Kokotovic. Economic Sanctions in International Law. *UTMS Journal of Economics*, 2018, Vol.9, pp.201 – 211.

④ Marossi Ali & Marisa Bassett, eds. *Economic Sanctions in International Law: Unilateralism, Multilateralism, Legitimacy and Consequences*. New York: Springer Publishing, 2015, p.386.

⑤ Mahvash Alerassool. *Freezing Assets: The USA and the Most Effective Economic Sanction*. New York: St. Martin's Press, 1993, p.36.

⑥ Mahvash Alerassool. *Freezing Assets: The USA and the Most Effective Economic Sanction*. New York: St. Martin's Press, 1993, p.18.

用量化研究,并借由量化方式进行客观分析,从而考量如何改善美国金融制裁的效果;而国内学界主要通过案例分析和定性研究的方法,鲜少使用量化研究,且虽然对于应对之道有较多讨论,但这些讨论并没有结合金融制裁有效性的原因、金融制裁对不同主体影响的情况进行,即没有深入讨论美国金融制裁对不同制裁目标有效性差异的原因及背后的逻辑。同时,这些研究对于美国金融制裁的影响讨论较为宽泛,对于美国金融霸权导致被制裁对象金融边缘化的特点没有深入讨论。

鉴于金融制裁目标和手段的多样化,有必要观察并分析美国对不同层级的主体采取的多种制裁手段及其效果,以便制裁目标更好地应对美国单边金融制裁。本章选取美国对澳门汇业银行和伊朗的单边金融制裁实例,观察并对比美国对私有实体和国家的制裁方式,从微观到宏观分析美国单边金融制裁的路径,引入国际法执行机制中的排斥机制和可量化的模型,对案例进行分析,以探析美国金融制裁有效性差异的原因。

第二节　美国对澳门汇业银行和伊朗的金融制裁:以排斥机制为研究框架

奥娜·哈撒维和斯科特·夏皮罗引入"排斥"(outcasting)这一概念重构了国际法的执行机制,指出国际法的执行机制不仅包括现代国家执行法律的一般方式,即具有明显强势地位的国家组织机构对被执行主体进行威胁和暴力压制,而且包括将违法主体驱逐出所属的群体,使其无法享受群体合作带来的利益这一非暴力的排斥机制。[①] 传统的国家强制执行展现的是上下层级的压制关系,而排斥机制则是平行层面的排斥关系,体现了内外关系,符合国际关系的"中心—边缘"理论。国际法中的排斥机制包括内部和外部两种,内部排斥指国际组织剥夺违法主体在该组织的成员资格或限制其权利。例如《世界卫生组织宪章》第 71 条规定,若会员国未按期缴纳会费

---

① Oona Hathaway & Scott Shapiro, Outcasting: Enforcement in Domestic and International Law, *Yale Law Journal*, 2011, pp.257 - 58.

或在其他特殊情况下,世界卫生大会有权暂停其投票权,并停止向其提供服务;外部排斥指国际组织授权国家实施非暴力制裁,例如世界贸易组织争端解决机制中的授权报复制度、联合国安全理事会授权国家实施经济制裁等。[①] 可以依据五项指标对外部排斥进行进一步界定,即自愿(permissive)/强制(mandatory)、经过裁判(adjudicated)/未经过裁判(nonadjudicated)、以相同方法报复(in-kind)/以不同方法报复(not-in-kind)、合比例(proportional)/不合比例(nonproportional)、仅涉及当事方(first parties only)/涉及第三方(third parties as well)。[②]

虽然奥娜·哈撒维和斯科特·夏皮罗的讨论仅限于国际法现有的合法执行机制,但用"排斥"这一概念及相关指标可以更好地理解美国单边金融制裁的路径和效果。美国单边金融制裁正是通过"排斥"的方式,在世界范围内"执行"其国内法和国内行政机构所作出的决定。其未经任何国际机制的裁判或授权,以遏制恐怖活动、打击金融犯罪、保护人权等为由,采用冻结资产、切断融资渠道、银行结算等非对等且往往难以判定是否合比例的金融制裁手段强迫一些国家和私有主体改变其行为,并常使用二级制裁手段迫使第三方加入其制裁框架。这与现有国际法的排斥机制不同。奥娜·哈撒维和斯科特·夏皮罗将排斥机制视为一种具有对抗性的国际法执行机制,旨在通过与违法国家切断合作的方式敦促其尽快修正违法行为。排斥机制在国际法的责任机制和惩罚机制中均有体现。在国家责任机制中,最简单的、可由主权国家自主当时采取的排斥方式为反措施(countermeasure),包括受害国为制止违法国的不法行为而采取与之断绝某些领域经贸往来的措施。[③] 而欧洲人权公约确立了典型的以排斥为惩罚机制的规则,如果成员国拒绝执行欧洲人权法院的判决,其在欧洲委员会的会员资格可能会被暂停或撤销。[④]

[①] Oona Hathaway & Scott Shapiro. Outcasting: Enforcement in Domestic and International Law. *Yale Law Journal*, 2011, pp.305 - 308.

[②] Oona Hathaway & Scott Shapiro. Outcasting: Enforcement in Domestic and International Law. *Yale Law Journal*, 2011, p.310.

[③] Oona Hathaway & Scott Shapiro. Outcasting: Enforcement in Domestic and International Law. *Yale Law Journal*, 2011, p.313.

[④] Oona Hathaway & Scott Shapiro. Outcasting: Enforcement in Domestic and International Law. *Yale Law Journal*, 2011, p.338.

为避免失序范围不当扩大、维持国际秩序的稳定性,在现有的国际法体系中,若要除当事国之外的第三方共同排斥某个目标国家,一般需要经过国际机制的裁判或授权。① 未受影响的第三方一般也不会轻易加入,因为在剥夺被排斥主体的合作利益的同时,执行者也丧失了其与被排斥者的合作中所能获得的利益。② 往往在双方获利不对等且获利大于损失的情况下,执行者才会主动采取排斥这一执行机制。而美国正是发现并利用其在国际金融领域的主导地位,才会在近年来频繁使用金融制裁,并不断扩大制裁范围。

下文通过研究美国对我国澳门汇业银行以及伊朗进行金融制裁这两个案例,一方面,横向对比美国对单个金融机构和对一个国家实施制裁的效果异同;另一方面,纵向分析美国如何通过对大量私有实体的制裁来达到向一个主权国家施压的目的。

一、美国对澳门汇业银行的金融制裁

澳门汇业银行是汇业集团旗下的商业银行,在澳门地区有 8 家分行。美国对澳门汇业银行的制裁背景是美国对朝鲜金融活动的制裁。美国认为朝鲜存在伪造美元等金融犯罪,诬称澳门汇业银行长达 20 年来为朝鲜实体和个人的非法洗钱行为提供帮助。③ 因此,美国财政部金融犯罪防制署(The Financial Crimes Enforcement Network,FinCEN)于 2005 年 9 月发布初步的调查报告,认为汇业银行有"重大的洗钱嫌疑"(primary money laundering concern),拟依据《爱国者法案》第 311 条采取"第五特别措施",即禁止美国银行为汇业银行开设代理行账户或通汇账户。④ 2007 年 3 月,

---

① Elena Proukaki. *The Problem of Enforcement in International Law: Countermeasures*, *the Non-injured States and the Idea of International Community*. London: Routledge, 2009, p.74.

② Oona Hathaway & Scott Shapiro. Outcasting: Enforcement in Domestic and International Law, *Yale Law Journal*, 2011, p.320.

③ William Baity. Amendment to the Bank Secrecy Act Regulations—Imposition of Special Measure Against Banco Delta Asia, Including Its Subsidiaries Delta Asia Credit Limited and Delta Asia Insurance Limited, as a Financial Institution of Primary Money Laundering Concern. *Federal Register*, 2007, Vol.72, http://www.fincen.gov/statutes_regs/patriot/pdf/bda_final_rule.pdf.

④ US Department of Treasury. *Treasury Designates Banco Delta Asia as Primary Money Laundering Concern under USA PATRIOT Act*. https://www.treasury.gov/press-center/press-releases/Pages/js2720.aspx.

FinCEN 正式发布最终的制裁决定,完全切断了汇业银行与美国金融系统的连接。[1] 2007—2020 年,汇业银行两次向美国财政部申请解除制裁,并进行了两次财务审查和一次补充审计以证明其财务清白,但均未成功。2020年 8 月,FinCEN 发布决定,在无需进一步诉讼,亦无任何一方须承认任何责任的前提下解除制裁。[2]

　　美国对汇业银行的金融制裁效果显著。在 2007 年 3 月最终的制裁决定出台之前,仅汇业银行可能被制裁的消息已经给银行造成了重大影响。在 FinCEN 发布的初步调查报告后的数日内,储户挤兑 1.33 亿美元,占汇业银行储蓄总额的 34%。[3] 合作银行因担心受到波及,纷纷中止了与汇业银行的交易。香港金融管理局派人接管了汇业银行的香港分行,并要求所有与汇业银行有往来的香港银行向香港联合财富情报组提交报告。[4] 澳门政府也立刻采取了行动,指派人员接管汇业银行,资产共计 2 500 万美元。[5]除了对汇业银行本身采取措施之外,澳门立法会于 2006 年 4 月通过了第2/2006 号法律《预防及遏止清洗黑钱犯罪》和第 3/2006 号法律《预防及遏止恐怖主义犯罪》,扩大了洗钱及恐怖主义活动的入罪范围并加重了刑罚。仅美国财政部发布的初步调查报告就能导致储户、金融机构本身、合作实体、当地政府主动改变其行为,美国对单个金融机构的制裁效果可见一斑,而澳门汇业银行也并非个案。2005 年,在美国财政部发布了对缅甸两家银行的初步调查报告之后,这两家银行也难以维持运营,最后被缅甸军方政府以违

[1] William Baity. Amendment to the Bank Secrecy Act Regulations—Imposition of Special Measure Against Banco Delta Asia, Including Its Subsidiaries Delta Asia Credit Limited and Delta Asia Insurance Limited, as a Financial Institution of Primary Money Laundering Concern. *Federal Register*, 2007, Vol.72, http://www.fincen.gov/statutes_regs/patriot/pdf/bda_final_rule.pdf.

[2] Michael Mosier. Repeal of Special Measure Involving Banco Delta Asia (BDA). *Federal Register*, 2020, Vol.85, https://www.federalregister.gov/documents/2020/08/10/2020-17143/financial-crimes-enforcement-network-repeal-of-special-measure-involving-banco-delta-asia-bda.

[3] David Lague & Donald Greenlees. Squeeze on Banco Delta Asia hit North Korea where it hurt. *New York Times*. January 18, 2007, https://www.nytimes.com/2007/01/18/world/asia/18iht-north.4255039.html.

[4] Mark Gaylord. The Banco Delta Asia Affair: The USA Patriot Act and Allegations of Money Laundering in Macau. *Crime Law Soc Change*, 2008, Vol.50, p.299.

[5] Mark Gaylord. The Banco Delta Asia Affair: The USA Patriot Act and Allegations of Money Laundering in Macau. *Crime Law Soc Change*, 2008, Vol.50, p.298.

法经营为由吊销了营业执照。① 同样,2006 年,美国财政部把矛头指向拉脱维亚的一家银行后,银行的股东立刻大量抛售股权,银行证照同样被拉脱维亚政府吊销。②

美国对单个金融机构的制裁路径是将该机构排除出以美元为主的国际金融网络。金融机构本就依靠机构间合作来提供资本流通服务,一家实力雄厚的银行或许可以做到在一国境内依靠自身的网点分部和体系建设独立提供金融服务,但国际货币汇兑和流通无疑需要银行间跨境合作,切断其合作渠道无异于切断其生路。通常而言,排斥机制的实现也需要一定程度的合作,因为在多边合作的机制中,被排斥者可以继续与其他主体合作,通过其他路径谋取替代利益。但在以美元为主导的国际金融体系中,禁止美国银行为非美国金融机构开设代理行账户或通汇账户意味着断绝该机构接入美国金融市场的可能性,也意味着该机构无法继续为客户提供美元结算服务。

据 SWIFT 统计,过去 10 年,使用 SWIFT 进行交易的业务中以美元进行支付的比例基本稳定在 40% 上下,2021 年 3 月该比例为 44.1%。③ 国际货币基金组织 2020 年第四季度的数据显示,美元占已分配外汇储备 59.02%。④ 尽管 SWIFT 业务美元占比呈现下降的趋势,但美元在国际支付、外汇储备和交易、国际债券等领域仍占绝对优势,维持着以跨境支付清算系统为基础的"商品输入—资本输出"的全球环流机制,短期内难以彻底打破。⑤ 因此,当制裁目标为金融机构时,美国政府能利用美元的国际货币地位以一己之

① Peter Alvarado. Repeal of the Final Rule Imposing Special Measures and Withdrawal of the Findings of Primary Money Laundering Concern Against Myanmar Mayflower Bank and Asia Wealth Bank. *Federal Register*, 2012, Vol. 77, p. 59. http://www.gpo.gov/fdsys/pkg/FR-2012-10-01/pdf/2012-23995.pdf.

② FinCEN. FinCEN Withdraws Section 311 Actions Against Latvia's VEF Banka, July 26, 2011, https://www.fincen.gov/news/news-releases/fincen-withdraws-section-311-actions-against-latvias-vef-banka.

③ "最新! 美元国际支付占比 44.1%! 人民币、欧元、英镑、日元呢?",https://new.qq.com/omn/20200423/20200423A0SZYH00.html,最后访问时间:2021 年 6 月 29 日。

④ IMF. "Currency Composition of Official Foreign Exchange Reserves", https://data.imf.org/?sk=E6A5F467-C14B-4AA8-9F6D-5A09EC4E62A4.

⑤ 王朝阳、宋爽:《一叶知秋:美元体系的挑战从跨境支付开始》,《国际经济评论》2020 年第 2 期,第 37—38 页。

力达到较为理想的制裁效果。基于同样的原因,拟制裁决定往往会导致当地监管机构介入调查、合作机构因潜在风险中止合作,打断制裁目标的业务连续性,增加其经营风险,从而对制裁目标造成重创。[1]

二、美国对伊朗的金融制裁

相比之下,美国对伊朗的制裁缘由复杂、手段多样、国内法体系完善。除了《国际紧急经济权力法》《国家紧急状态法》《爱国者法案》等一般性制裁法案,出于保护人权、打击恐怖主义、遏制核扩散、反洗钱等原因,美国还专门针对伊朗出台了一系列法案,包括《伊朗制裁法案》(1996 年)、《全面伊朗制裁、问责和撤资法》(2010 年)、《伊朗自由与反扩散法》(2012 年)、《降低伊朗威胁和叙利亚人权法案》(2012 年)、《2012 财年国防授权法案》《2013 财年国防授权法案》。美国对伊朗的制裁包括贸易、金融、人员流动等各方面的限制,多种措施互相关联、共同作用。就金融领域而言,美国采取的措施包括冻结伊朗在美资产、暂停对伊金融援助、向他国主体施压禁止其与伊朗贸易或为伊朗主体提供金融服务、切断伊朗银行的 SWIFT 通信服务等。

2011 年,因认定伊朗央行及部分银行存在资助恐怖主义及洗钱行为,对全球金融系统构成严重威胁,美国《2012 财年国防授权法案》第 1245 条专门针对伊朗的金融行业进行制裁,除冻结伊朗银行在美资产外,还特别规定,所有在美国开设代理行账户或通汇账户的外国银行,若与伊朗央行或制裁名单上的伊朗银行进行重大交易或协助被制裁银行进行重大交易均可能被列入制裁名单。[2] 该规定实际意味着,任何违反该规定与伊朗金融机构进行交易或协助交易的银行都会面临和澳门汇业银行类似的结果。由于美国通过美联储和 CHIPS 系统掌控世界范围内的美元清算,因此有能力威胁超出其管辖范围的外国银行,强迫它们成为合作制裁者,减少制裁目标寻求替代方案的可能性,从而达到排斥制裁目标的效果。借用排斥机制的研究视角,美国的单边制裁虽未经国际机构裁判,却也起到了强制第三方加入执行的效果,实质上以金融霸权作为一种威胁和暴力压制的方式,将遍布全球

① Jim Zoffer. The Dollar and the United States Exorbitant Power to Sanction. *American Journal of International Law Unbound*,2019,Vol.113,p.154.

② National Defense Authorization Act for Fiscal Year 2012,Section 1245.

的第三方金融机构纳入美国"世界警察"的执行机制。

除金融机构外,美国同样利用其金融影响力向 SWIFT 施压,使其于 2018 年 11 月宣布暂停为制裁名单上的伊朗银行提供金融通信服务。[①] SWIFT 是 20 世纪 70 年代由 15 个国家的 239 家银行合作成立并建设的标准化跨境支付系统,总部位于比利时,在荷兰阿姆斯特丹和美国纽约设有数据交换中心。[②] SWIFT 系统目前已覆盖全球 200 多个国家和地区,加入该系统的银行均持有身份代码,其交易信息通过全球通信网络以标准的电文语言进行传输。SWIFT 一直宣称自己是一家"具有全球系统性的中立机构",强调其无权做出制裁决定。[③] 但它本质上是一家跨国公司,需要遵守合规要求,其运营不可避免地受到各国法律的影响。SWIFT 重要的全球金融影响力也更容易使其成为金融霸权国意图控制和利用的目标。"9·11"事件后,美国根据《国际紧急经济权利法案》启动"恐怖分子资金追踪计划"(TFTP),以打击恐怖主义、维护国家安全为名,从 SWIFT 纽约交换中心获取资金流通信息,实际上获得了监控全球金融交易数据的权力。[④] 此外,SWIFT 只是信息传递系统,该系统只有在能够接入美国金融市场的前提下才能实现各国银行通过美元支付清算体系完成交易的目标,因此无论 SWIFT 如何保持中立,都不能忽视美国对其正常运营的潜在威胁和影响力。[⑤] SWIFT 曾于 2012 年 3 月和 2018 年 11 月两次停止为伊朗银行提供服务。第一次明确援引了欧盟的制裁法令(EU Regulation 267/2012),并于 2015 年依据联合国安理会决议和相关文件恢复了对伊服务;[⑥]第二次的情形明显不同,2018 年美国单方面退出伊核协议之后,SWIFT 认为全球金

---

① SWIFT. "SWIFT and sanctions". https://www.swift.com/about-us/legal/compliance-0/swift-and-sanctions.

② SWIFT. "SWIFT history". https://www.swift.com/about-us/history.

③ SWIFT. "SWIFT and sanctions". https://www.swift.com/about-us/legal/compliance-0/swift-and-sanctions.

④ U.S. Department of the Treasury. "Terrorist Finance Tracking Program (TFTP)", https://home.treasury.gov/policy-issues/terrorism-and-illicit-finance/terrorist-finance-tracking-program-tftp.

⑤ 陈尧、杨枝煌:《SWIFT 系统、美国金融霸权与中国应对》,《国际经济合作》2021 年第 2 期,第 88 页。

⑥ SWIFT. "Iran Sanctions Agreement-Update". https://www.swift.com/insights/press-releases/iran-sanctions-agreement-update.

融系统稳定性受到非同寻常的威胁，未援引任何法律依据就停止为美国制裁名单上的伊朗银行提供服务，这与其一直宣称的无权制裁的主张相悖，明显受到外部影响。[①]

美国对伊朗金融制裁充分运用了内部和外部排斥机制，以美元结算业务强迫第三方实体加入制裁，可视为强制的、未经国际裁判的、以不同方法报复且难以判定是否合比例的、涉及第三方的外部排斥。而利用 SWIFT 系统制裁伊朗，将参与国际合作的主体从该合作性组织中除名，从而剥夺其合作利益，则类似内部排斥，由此可以将内部排斥机制的运用主体从国际组织扩大到以多方合作、利益共享为基本架构且具有广泛国际影响力的民商事主体。

各种金融制裁手段的组合使用给伊朗国内经济和政治造成了巨大的压力。尽管存在其他影响因素且难以严格区分金融制裁和其他制裁手段的影响，但通过对比 2016—2018 年美国放松制裁时期和这段时期前后美国加紧对伊制裁时伊朗的经济情况，尤其是 2018 年美国单方面退出伊核协议、重启对伊朗制裁之后的情况，可以粗略看出美国对伊朗制裁的效果（见表 5 - 1）。因美国二级制裁，各国银行纷纷中止与伊朗金融机构的合作。虽然也有昆仑银行等少数银行继续支持与伊朗实体的贸易，但同时也被列入美国制裁清单或受到美国行政处罚。瑞士信贷银行、荷兰 ING、渣打银行、莫斯科银行、土耳其国有银行等曾因违反美国制裁规定而交出大笔罚款或和解金。[②]金融结算困难直接影响了石油美元体系下伊朗的能源出口，2019 年 10 月的石油日出口量仅为 30 万桶，相比于 2017 年日均 250 万桶的出口量，伊朗石油收入损失约 500 亿美元。[③]伊朗国内货币贬值、通货膨胀使得政府不得不限制货物进口以稳定币值。[④]金融制裁所导致的各个经济领域的连锁

---

① SWIFT. "SWIFT and sanctions". https://www.swift.com/about-us/legal/compliance-0/swift-and-sanctions.

② Kenneth Katzman. *Iran Sanctions*（*Congressional Research Service Report RS20871*），2019，p.27. https://fas.org/sgp/crs/mideast/RS20871.pdf.

③ Kenneth Katzman. *Iran Sanctions*（*Congressional Research Service Report RS20871*），2019，p.63. https://fas.org/sgp/crs/mideast/RS20871.pdf.

④ Kenneth Katzman. *Iran Sanctions*（*Congressional Research Service Report RS20871*），2019，p.65. https://fas.org/sgp/crs/mideast/RS20871.pdf.

反应导致伊朗经济总量缩减,综合其他因素,2018 和 2019 年伊朗国民生产总值分别缩减 6% 和 6.8%。[①]

表 5-1　对伊朗制裁效果[②]

	2011—2015 年	2016—2018 年	2018 年之后
国民生产总值	缩减约 20%	年均增速 7%	2018 年缩减 6%;2019 年缩减 6.8%
石油出口	2011 年:250 万桶/日 2014 年:110 万桶/日	恢复到 250 万桶/日	2019 年 10 月:30 万桶/日
银行业	国际银行退出伊朗市场,部分银行被列入 CAPTA 制裁清单或受到巨额行政处罚	犹豫是否重新进入伊朗市场	再次退出
通货膨胀	价格指数增长约 60%	基本稳定	价格指数增长约 40%;限制货物进口

第三节　引入排斥机制的成本收益分析:制裁博弈的修正框架

运用制裁博弈理论(sanction game theory)分析金融制裁的学者并不少见,代表人物是乔治·泽比利斯。[③] 这种框架基于 2×2 的选择模型,一方为制裁国(sender),另一方为制裁目标(target),双方均有两种策略的选择

[①] IMF. "Real GDP growth". https://www.imf.org/external/datamapper/NGDP_RPCH@WEO/OEMDC/ADVEC/WEOWORLD/IRN.

[②] See Kenneth Katzman. *Iran Sanctions (Congressional Research Service Report RS20871)*, 2019, pp. 63 - 65. https://fas.org/sgp/crs/mideast/RS20871.pdf; IMF. "Iran Real GDP Growth", https://www.imf.org/external/datamapper/NGDP_RPCH@WEO/OEMDC/ADVEC/WEOWORLD/IRN.

[③] George Tsebelis. Are Sanctions Effective? A Game-Theoretic Analysis. *The Journal of Conflict Resolution*, 1990, Vol.34, pp.3 - 28.

(实施/不实施制裁,违反/不违反制裁国的意愿)。[1] 而通过成本分析双方采取策略时各自的成本收益,可以基于理性人的假设得出制裁目标违反制裁国意愿的可能性,即当制裁目标违反制裁国意愿时,制裁国进行制裁的成本和制裁目标因违反而获得的利益越多,制裁目标在之后行动中违反的可能性也越大。[2] 随后又有学者对这个模型进行了修正,将成本收益的指标具体化,包括名声损失/收益、直接或间接成本等。[3] 但这些成本衡量依然不够具体,只能从较为抽象的角度来分析美国金融制裁的有效性。因此,笔者将排斥机制作为成本收益变量引入这一框架,建立如下模型(见表5-2)。

表5-2　引入排斥机制的制裁博弈(Sanction Game)框架

		制　裁　国	
		实施制裁(q)	不实施制裁(1-q)
制裁目标	违反(p)	B_u-C_c B_s-C_o	B_u+B_o 0
	遵守(1-p)	B_o B_s-C_o	B_o 0

B_u:违反制裁国(sender)意愿后,制裁目标(target)获得的收益。

B_o:未违反时未被排斥机制排斥带来的收益。

C_c:违反制裁国意愿后,制裁目标因排斥机制产生的成本。

B_s:制裁国因成功实施制裁获得的收益。

C_o:制裁国因实施排斥机制制裁方式产生的成本。

　　从表5-2中,可以通过衡量不同行为策略的选择,会带来不同的选择。而美国金融制裁的有效性则取决于排斥机制带来的成本收益大小。具体来说,要让制裁目标不再违反美国意愿的可能性(1-p)增大,则需要让制裁目标继续违反所付出的成本大于收益,即证明 $B_u<q(C_c+B_o)$。

[1] George Tsebelis. Are Sanctions Effective? A Game-Theoretic Analysis. *The Journal of Conflict Resolution*,1990,Vol.34,pp.3-28.

[2] George Tsebelis. Are Sanctions Effective? A Game-Theoretic Analysis. *The Journal of Conflict Resolution*,1990,Vol.34,pp.3-28.

[3] Khalifany Shidiqi. A Game Theoretical Analysis of Economic Sanction. https://mpra.ub.uni-muenchen.de/30481/1/MPRA_paper_30481.pdf.

同时，从美国自身成本收益的角度分析，需要达到收益大于成本时，制裁才能有效又符合美国的成本收益考量，即 $B_s > C_o$。

从这一公式出发，可以分析美国针对企业和国家的制裁的有效性，以及为何美国屡次采取金融制裁尤其是二级制裁的手段。

一、针对经济实体

美国对单个金融机构的制裁路径是将该机构排除出以美元为主的国际金融网络。对金融实体来说，在遭到美国制裁后继续违反美国意志的好处约等于零。金融实体拥有大量全球客户，而被美国直接制裁后唯一能够保有的就是不使用美元结算的客户（这部分客户也会因为顾虑后续风险或美国施压而流失），以及其他制裁目标的客户。而这些客户所带来的业务相比金融机构原本拥有的业务来说数量非常稀少。因此，违反美国意志后，金融机构从中的获益 B_u 近于零。同时，金融机构付出的成本 C_c 巨大，它不仅失去了主要的客户（储户挤兑 1.33 亿美元，占汇业银行储蓄总额的 34%），[①] 而且将承受当地监管机构介入调查、合作机构因潜在风险停止合作的额外风险。因此，$C_c + B_o$ 远大于 B_u，$B_u / (C_c + B_o)$ 无限趋向于零。美国实施金融制裁的可能性 $q > B_u / (C_c + B_o)$ 必然成立，也就是说，在金融机构由于巨大的成本而不得不服从美国要求的时候，美国实施制裁的可能性必然存在。

从美国方面来说，实施制裁的成本小于收益。首先，美国获得的收益十分明确，即制裁目标服从美国要求，而 $q > B_u / (C_c + B_o)$ 这一公式的成立证明在对金融机构的打击上，美国成功率接近 100%，这将导致美国获得收益 B_s 较大（因为不存在失败的可能性）。其次，美国付出的成本 C_o 较小。美元在国际支付、外汇储备和交易、国际债券等领域占绝对优势，拥有发动金融制裁的特权。在对澳门汇业银行进行制裁的过程中，美国无需采取特别行动，仅通过美国财政部金融犯罪防制署发布初步调查报告就已经达到制裁的效果和目的。即使是切断银行的美元合作渠道，也是属于内部排斥机制，成本也比较低，对美国也不会产生实质性影响。因此，对美国而言，$B_s > C_o$。

---

① David Lague & Donald Greenlees. Squeeze on Banco Delta Asia Hit North Korea Where It Hurt. *New York Times*. https://www.nytimes.com/2007/01/18/world/asia/18iht-north.4255039.html.

收益大于成本。

综上,基于对金融机构采取制裁具有较强的有效性(金融机构收益远小于成本),同时美国又以极低的代价获得了较大的收益,因此,对金融机构采取金融制裁是一种有效且"稳赚不赔"的手段。

二、针对国家

针对伊朗的制裁,美国采取了多种手段,例如冻结伊朗在美资产、暂停对伊金融援助、向他国主体施压禁止其与伊朗贸易或为伊朗主体提供金融服务、切断伊朗银行的 SWIFT 通信服务等。对国家来说,违反后带来的收益 B_u 可能会高于金融机构,这是因为相比金融机构的商业导向,国家有更加复杂的目标和国家利益。尽管金融制裁会影响被制裁对象的经济稳定和发展,但是不妥协带来的可能是政权的稳固和国际声誉的提升。同时,违反美国意志、被排斥的代价 C_c 与不被排斥带来的收益 B_o 相比,金融机构显然也更小。以伊朗为例,在被排斥之前,其对于全球金融市场的参与度并不高,对于美元结算业务的需求主要集中在石油贸易。而在被排斥后,虽然伊朗的石油出口、国民生产总值受到了打击,但是伊朗依然有替代方案,且欧洲国家对于伊朗石油的需求使得双方能够通过替代方案来实现石油进出口,从而消弭了伊朗被排斥出美元系统的影响。[①] 因此,在有效性评价上,$C_c + B_o$ 并不一定大于 B_u,而美国实施制裁可能性 $q > B_u/(C_c + B_o)$ 也相对减小。

对美国而言,制裁国家的成本相比制裁金融机构要大得多。制裁伊朗时,美国联合运用内部排斥和外部排斥方式,既需要将制裁目标从美国主导的美元系统中除名,又需要以美元结算业务强迫第三方实体加入制裁,消耗了大量的资源,还需要付出高昂的监管成本和因不与伊朗经贸往来而寻求其他合作伙伴的成本。除此之外,为了制裁的有效性,美国还制定了多部针对伊朗的制裁法案,因此增加了立法、司法成本。以美元结算业务强迫第三

---

① Patrick Wintour. EU Powers Resist Calls for Iran Sanctions after Breach of Nuclear Deal. *Guardian*. https://www.theguardian.com/world/2019/jul/01/eu-powers-resist-calls-for-iran-sanctions-after-breach-of-nuclear-deal;"欧盟中国俄罗斯计划帮助伊朗躲避美国制裁",https://www.bbc.com/zhongwen/trad/world-45668720,最后访问时间:2021 年 7 月 11 日。

方实体加入制裁,以金融霸权作为一种威胁方式的行为也会给美国带来国际舆论和名誉上的成本。同时,美国的收益也十分有限,尽管采用内外部排斥机制,但只要伊朗并没有服从美国的意志、完成美国的目标,美国的收益就接近于零。B_s 在美国制裁未迫使伊朗改变政策的情况下将小于成本 C_0。而一旦伊朗服从了美国的要求,B_s 就有可能大于成本 C_0。

因此,制裁博弈框架分析证明了美国针对金融机构的制裁显然比针对国家的制裁更加有效。而在对金融机构等企业进行制裁时,美国所付出的成本也小于获得的收益,这也解释了为什么相比一级制裁,美国更愿意在更大范围内推行二级制裁。

第四节　结　语

本章通过引入排斥机制来分析美国对汇业银行和伊朗的金融制裁手段,并以制裁博弈框架对制裁国和制裁目标进行成本收益分析,梳理了美国单边金融制裁的机制和效果。无论是针对单个金融机构还是一个国家,美国单边金融制裁的本质都是针对制裁目标的外部排斥机制。在全球经济一体化、经济金融化程度都较高的情况下,美国能够凭借其金融霸权以极低的成本将一个金融机构从以美元为通货的全球金融网络中驱逐出去,而制裁目标势单力薄,往往不得不屈从以换取全球金融合作带来的利益。相比之下,对一个国家的主要金融机构均采取类似的制裁措施,并切断金融通信渠道,虽然会直接导致该国的金融市场与世界脱轨,从而间接影响该国的贸易往来和经济发展,但制裁主国的成本和制裁目标积极反抗的能力相对更高,制裁效果相对削弱,能够带来政治经济压力但未必能达到改变制裁目标行为的目的。

美国单边金融制裁手段的有效性主要依赖二级制裁,由于二级制裁对非美国实体加入美国制裁框架具有强迫性,该行为模式并未得到其他国家的认同。受影响的主要国家和超国家主体均采取了一定的应对措施,即时性应对包括提起国际诉讼以及通过国内立法进行反制。

2018 年 7 月,伊朗正式向国际法院提起诉讼,认为美国的制裁行动违反了美伊 1955 年签订的《友好、经济关系和领事权利条约》（以下简称《友好条约》），在金融领域主要违反了《友好条约》第 7 条所约定的禁止限制国际支付、资金流动的义务。[①] 美国在针对国际法院管辖权的初步反对意见中，针对被诉的二级制裁措施提出了"第三方措施"（third country measures）抗辩，主张第三方国家实体自主决定与伊朗断绝金融和贸易联系，不属于美伊协议的适用范围。[②] 美国对二级制裁和域外管辖的态度其实是自相矛盾的，一方面，其国内法院确立了管辖权的"效果说"，认为对美国产生效果的境外行为均属于美国法院的管辖范围；[③]另一方面，美国又无视其制裁措施只针对伊朗发生效果这一事实，采主体说而否认效果说。国际法院将这一争议留待实体审理，该案对二级制裁在国际法层面合法性的判断将具有重要意义。

在国内法层面，英国、澳大利亚、日本、法国和欧盟均颁布过阻断法令，禁止适用外国具有长臂管辖效果的法律以削弱二级制裁的影响。[④] 阻断法令的颁布以法律形式明确了相关国家反对二级制裁的政治立场，并且有利于私有主体在新的国际经贸交易中将阻断法列入义务履行的除外条款，从而让私有主体在面临制裁时不会完全陷入被动。[⑤] 中国商务部于 2021 年 1 月 9 日发布了《阻断外国法律与措施不当域外适用办法》，全国人民代表大会常务委员会又于 6 月 10 日通过了《中华人民共和国反外国制裁法》，初步建立起反制裁法律保护框架，为中国实施反制措施提供了法律依据，也有利于中国企业发展出有利于自我保护的国际商事实践。

应对美国单边金融制裁的根本之道是非物理性和非对称性路径，须以降低对美元和美国金融体系的依赖、坚持深化多边合作为目标，一方面增强自身寻求替代合作的能力，开展多边经贸和金融合作，在能源商品、基础原

[①] Alleged Violations of the 1955 Treaty of Amity, Economic Relations and Consular Rights (Islamic Republic of Iran v. United States of America). Memorial of the Islamic Republic of Iran (24 May, 2019), para. 5.3.

[②] Alleged Violations of the 1955 Treaty of Amity, Economic Relations, and Consular Rights (Islamic Republic of Iran v. United States of America). Judgment of 3 February, 2021, para. 61 - 69.

[③] 叶研：《欧盟〈阻断法案〉述评与启示》，《太平洋学报》2020 年第 3 期，第 51 页。

[④] 沈伟：《中美贸易摩擦中的法律战——从不可靠实体清单制度到阻断办法》，《比较法研究》2021 年第 1 期，第 189 页。

[⑤] 叶研：《欧盟〈阻断法案〉述评与启示》，《太平洋学报》2020 年第 3 期，第 60—61 页。

材料等大宗商品的交易和其他关键领域开拓被制裁时的替代性方案;另一方面,削弱美国金融霸权对制裁目标的威胁,建立独立的支付清算系统和金融通信基础设施,同时深化国内金融市场改革,推动人民币货币国际化。这场对美国金融霸权的突围无疑需要极大的智慧和长期的布局,也需要中国与世界各国共商共建,反对单边主义和强权政治,建立公平竞争的新型国际秩序。

第六章
"金融脱钩"背景下的美国金融制裁
及其法律应对

第一节　概　　论

一、问题的提出

近年来,随着中国经济的迅速发展、综合国力的提升,美国对华战略发生重大转变,开始加速对华"脱钩"进程。在金融领域,美国先后颁布所谓"香港自治法案""外国公司问责法案"、第 13959 号总统行政令《关于应对与"中国涉军企业"相关的证券投资威胁的行政命令》,极大地增加了中国面临的美国金融制裁风险。在此背景之下,我们应该对美国的金融制裁制度加以研究,并做好相应的应对准备,以保障我国企业和个人在国际经贸活动中享有的合法权益。

第二次世界大战结束以来,各国逐渐将经济制裁发展成一种常见的外交政策工具。20 世纪 90 年代国际上掀起一波经济制裁的热潮,甚至因此被称为"制裁十年"。美国是实施制裁次数最多、制裁范围最广、制裁手段最为丰富的国家。依托美元在国际货币金融体系中难以撼动的优势地位,金融制裁是美国特有的选择,美国在实践中逐渐形成了完备的金融制裁法律体系和各式各样的金融制裁手段。美国的金融制裁还具备一种"非对称性"特征,具体表现为只有美国能够发动单方面的金融制裁,其他国家往往无从应对。这与当前美国和美元在国际货币金融体系中的地位是相符合的,美元霸权成为美国"非对称性"金融制裁的权力基础。在此前提下,本章认为有必要从金融制裁的"非对称性"特征出发,研究切实有效的应对之策,防范美国金融制裁为我国企业及个人带来的不利影响。

二、研究现状综述

虽然最早的经济制裁可追溯到古希腊时期,但早期的制裁往往欠缺整体性的制度安排,具有较大的直觉性和偶然性,因此缺少研究的价值。直到第二次世界大战结束后经济制裁作为一种政策工具登上国际舞台,学界的研究才开始逐渐增多,渐成体系。20 世纪 80 年代,加利·克莱德·霍夫鲍尔及其团队对 20 世纪以来的大量制裁案例进行了归纳,对经济制裁政策的是否达到预期目标进行了深入分析,形成了著作《反思经济制裁》。① 巴里·E. 卡特等学者对美国的金融制裁制度进行了较为全面的梳理,指出金融制裁关注资金和其他形式的价值在目标国家、公司、个人或其他实体之间的流动,制裁产生的广泛影响不仅局限于金融领域,而且会通过对支付渠道的限制间接影响贸易领域。他们还对美国金融制裁的运行机制进行了分析,认为美国金融制裁是通过美国与其他国际金融机构的行动及自我报告、美国政府的监管两者独特的结合来实现的。②

在此基础之上,很多学者关注到美国过于宽泛的制裁范围。例如,梅雷迪斯·拉斯伯恩等学者认为美国复杂的经济制裁法律体系具有微妙性和不透明性,参与跨国商业活动的美国和非美国跨国公司都应该注意美国经济制裁的广泛范围,有时甚至是域外范围。美国和非美国公司面临的合规挑战可能有很大不同,但从事被禁止或可制裁的活动的后果都是灾难性的。在此基础上,他们建议广大公司应积极建立合规计划,并部署必要的工具来前瞻性地筛选和持续监控高风险交易,避免在一系列令人眼花缭乱的美国制裁法律规范下可能遭遇的制裁风险。③ 苏珊·埃门格尔从域外管辖的角度分析了美国经济制裁的合法性,她认为通过扩大属地管辖权的概念来消

---

① 参见[美]加利·克莱德·霍夫鲍尔等:《反思经济制裁》,杜涛译,上海人民出版社 2019 年版。
② Barry E. Carter, Ryan M. Farha. Overview and Operation of U. S. Financial Sanctions, Including the Example of Iran. *Georgetown Journal of International Law*, No. 3, 2013.
③ Meredith Rathbone, Peter Jeydel, Amy Lentz. Sanctions, Sanctions Everywhere: Forging a Path through Complex Transnational Sanctions Laws. *Georgetown Journal of International Law*, No. 3, 2013.

除域外管辖是不明智的,因为这种做法模糊了事实(域外管辖)与依据(实质性的属地联系)间的区别。美国最近出现的制裁案例显示出一种令人不安的趋势,即过度延伸传统的管辖权原则,甚至主张新的管辖权,例如代理账户管辖权。为了使其制裁制度符合国际法,美国应在传统管辖原则方面实行更多的克制,并放弃对应账户管辖的概念。[1] 久保田隆同样关注美国域外制裁对外国银行产生的影响。在目前的美元清算模式下,美国境外的外国银行需要通过纽约的代理银行才能进行美元的清算,美国便以此为由任意扩大域外管辖范围。假设日本的 X 银行向德国的 Y 银行发送美元,不仅是日本和德国,而且美国也可以主张国家管辖权,但问题在于没有明确的国际法标准来决定如何区分三者的优先顺序。为了解决这种管辖权冲突,他主张在金融制裁领域建立一项国际软法,灵活协调域外管辖问题,对美国动辄向外国银行施加天价罚单形成有效制约。[2] 帕特里克·C. R. 特里认为美国因其国内金融系统参与清算而援引国际管辖权规则中的属地原则已经超出对属地原则最宽泛的解释。外国银行在国外进行交易的过程中使用美国代理银行这一做法不能提供与美国领土的充分联系来证明领土管辖权的正当性。事实上,国际社会明确拒绝美国的域外管辖权主张。此外,美国试图通过制裁第三国公民和企业来破坏第三国的外交和贸易政策,这种胁迫相当于非法干涉这些国家的内政。利用美国优越的经济实力迫使其他国家放弃自己的外交政策是违反主权平等原则的。[3]

还有学者侧重于研究美国频繁发动金融制裁的特征和原因。例如,乔安娜·黛安·凯塔斯认为"9·11"事件后金融制裁演变成一种高效的、具备强制力的政策工具,通过对比美国和欧洲在金融制裁领域的法律、技术和市场机制。她认为迄今为止,强制性金融制裁措施几乎已经成为被美

① Susan Emmenegger. Extraterritorial Economic Sanctions and Their Foundation in International Law. *Arizona Journal of International and Comparative Law*, No.3, 2016.

② Kubota Takashi. Finanical Stability Concern of the Extraterritorial Impacts Caused by the Recent US Financial Sanctions on Foreign Banks. *Japanese Yearbook of International Law*, No.59, 2016.

③ Patrick C. R Terry. Enforcing U.S. Foreign Policy by Imposing Unilateral Secondary Sanctions: Is might Right in Public International Law? *Washington International Law Journal*, No.1, 2020.

国垄断的行为。① 约书亚·P. 佐弗同样关注到美国金融制裁的超强威力，其认为美元作为世界关键货币的特殊地位赋予了美国无可匹敌的制裁力量。因为获得美元对跨国企业和金融机构来说几乎是必不可少的，所以美国可以通过拒绝向某个目标（无论是国家、公司还是个人）提供美元来单方面实施代价高昂的制裁。这种能力是美元的国际角色赋予美国的"过度特权"的一种形式。②

近年来，随着中美经济对抗的不断升级，越来越多的学者开始关注中国对于美国金融制裁的反应和应对措施。卡梅隆·罗特布拉特的研究以美国退出伊核协议为起点，指出中美两国在次级制裁的合法性和人民币国际化问题上存在分歧，并得出结论，未来的制裁有可能使国际金融基础设施两极分化。③ 乔尔·斯拉沃茨基对于通过人民币国际化应对美国金融制裁这一选择总体呈乐观态度，肯定中国与广大发展中国家开展了强有力的经济合作，尤其强调以区块链技术为动力的数字人民币可能会成为取代美元的一条全新途径，国际化的数字人民币将极大地影响全球金融和政治经济治理，带来变革性的影响。④ 与之相对，有学者则表示短期内其他国家无法摆脱与美国金融体系的联系，对美国而言真正的危险不在于非美元计价的交易，而在于美国在全球经济运营中的基本服务方面丧失竞争力。美国拥有技术合格的公司、熟练的劳动力、透明的法治和积极的市场信誉，通过潜在地拒绝黑名单上的公司和个人获得这些服务，赋予制裁最终的效力。美元作为交换媒介和记账单位的广泛使用只是美国在全球服务市场中的中心地位的象征。⑤

我国学者对国际经济制裁领域的关注相对滞后。最早的研究可追溯到

---

① Joanna Diane Caytas. Weaponizing Finance：U.S. and European Options，Tools，and Policies. *The Columbia Journal of European Law*，No.2，2017.

② See Joshua P. Zoffer. The Dollar and the United States' Exorbitant Power to Sanction. *AJIL Unbound*，No.113，2019.

③ Cameron Rotblat. Weaponizing the Plumbing：Dollar Diplomacy，Yuan Internationalization and the Future of Financial Sanctions. *UCLA Journal of International Law and Foreign Affairs*，Vol.2，2017.

④ Joel Slawotsky. US Financial Hegemony：The Digital Yuan and Risks of Dollar De-Weaponization. *Fordham International Law Journal*，Vol.1.

⑤ Daniel P. Ahn. Economic Sanctions：Past，Present，and Future. *Georgetown Journal of International Affair*，Vol.20，2019.

夏康森 1984 年发表的《国际经济制裁与国际法》一文,该文简要分析了国际经济制裁的概念、类型和国际法上的地位等问题。[①] 2010 年后,我国国际法学界才开始涌现出大量针对国际经济制裁的研究。杜涛对美国对外经济制裁法的域外适用相关问题进行研究,研究结果显示美国经济制裁法的管辖范围存在不断扩大的趋势,从而使美国的经济制裁法具有现实层面的域外效力。[②] 随后,杜涛又将研究拓展到经济制裁的国际合法性、经济制裁与WTO 法律义务、中国与经济制裁等领域,出版了《国际经济制裁法律问题研究》一书,成为我国国际法学界系统研究国际经济制裁的代表性成果。[③]在全球贸易保护主义盛行的背景下,美国频繁向全世界挥舞起经济制裁的大棒,我国企业和个人被纳入美国制裁名单的事件也时有发生。随着美国经济制裁对我国企业和个人造成的严峻态势不断升级,2018 年以来我国国际法学界对美国经济制裁的研究呈现逐年增多的趋势。这些研究主要涉及三个方向:在制裁范围上集中于对美国次级制裁的研究;在制裁类型上集中于对美国金融制裁的研究;关注中国针对美国经济制裁的应对办法。

对于第一个方向,很多学者讨论了美国次级制裁的合法性问题,例如刘道纪、高祥指出美国多数的次级制裁在管辖权依据上是对国际法上属人、属地原则过度延伸,缺少充分的法律依据。[④] 李寿平则指出次级制裁的合法性不能一概而论,而是应该将次级制裁区分为多边次级制裁和单边次级制裁,根据特定案件具体分析。[⑤] 凌冰尧从国际公法层面对次级制裁的规制的欠缺入手,指出《联合国宪章》对安理会决议的约束不足,而域外管辖权方面也缺乏明确的规则,因此产生次级制裁合法性的争论。[⑥]

对于第二个方向,黄风在 2012 年就开始介入国际金融制裁的研究,为我国防范和化解金融制裁对我国企业和个人可能造成的危害敲响了警钟。[⑦] 徐以升、马鑫立足于美国金融制裁的发展演变,梳理了相关案例,通对美国金

① 夏康森:《国际经济制裁与国际法》,《法学杂志》1984 年第 5 期。
② 杜涛:《美国单边域外经济制裁的国际法效力问题探讨》,《湖南社会科学》2010 年第 2 期。
③ 杜涛:《国际经济制裁法律问题研究》,法律出版社 2015 年版。
④ 刘道纪、高祥:《美国次级制裁合法性问题研究》,《南京社会科学》2018 年第 10 期。
⑤ 李寿平:《次级制裁的国际法审视及中国的应对》,《政法论丛》2020 年第 5 期。
⑥ 凌冰尧:《美国次级制裁的合法性分析》,《武大国际法评论》2020 年第 5 期。
⑦ 黄风:《美国金融制裁制度及其对我国的警示》,《法学》2012 年第 4 期。

融制裁的法律体系、决策和执行机制的研究,总结出美国金融制裁的"非对称性"特征。① 还有学者专门对美国的金融制裁进行国别研究,例如马雪指出 2014 年后美国对俄罗斯施加的金融制裁引发了人道主义危机,不断升级的制裁措施引发国际社会的反对声浪,导致美国主导金融制裁的制度基础发生了动摇。②

对于第三个方向,有学者主张从立法层面寻求应对经济制裁的突破口。例如,张辉主张恰逢我国推出中国版不可靠实体清单制度,应借此机会将我国现有法律体系中有关经济制裁的零散内容进行系统整理,尽快形成完备的经济制裁法律体系。③ 除此之外,大多数学者都主张借鉴欧盟等国的立法经验,通过制定阻断法来避免美国单边对外经济制裁对我国企业和个人带来的负面影响。④ 对于金融制裁的应对方式,有学者提出通过 WTO 争端解决机制、美国国内救济等途径加以应对,同时还要构建国内反金融制裁的相关机制。⑤ 还有学者提出金融制裁非对称性反制理论,即"你打你的,我打我的",通过制度层面和科技层面的金融创新来提高反制的效果。⑥

随着"脱钩"论的盛行,2020 年以来,美国在推动中美金融领域脱钩上动作不断,先后推出多部包含金融制裁内容的法案,背后的矛头直指中国。一时间,我国企业及个人面临的金融制裁风险陡然上升。而从目前的学术研究来看,大多数研究还未涉及对"金融脱钩"这一背景的讨论,缺乏对整体背景的认知就无法正确分析美国的金融制裁制度、判断美国金融制裁的风险,并做好相应的准备。此外,目前大多数研究提供的应对之策集中于国家层面的宏观政策,缺少从被制裁企业及个人维护自身权益出发的可行办法。这对大量已经遭受到金融制裁打击的我国企业及个人来说,难解此刻的燃眉之急。

---

① 徐以升、马鑫:《金融制裁:美国新型全球不对称权力》,中国经济出版社 2015 年版。
② 马雪:《美国对俄罗斯金融制裁的效力、困境及趋势》,《现代国际关系》2018 年第 4 期。
③ 张辉:《论中国对外经济制裁法律制度的构建——不可靠实体清单引发的思考》,《比较法研究》2019 年第 5 期。
④ 叶研:《欧盟〈阻断法案〉述评与启示》,《太平洋学报》2020 年第 3 期。
⑤ 葛淼:《美国单边金融制裁的国际法性质与应对》,《上海金融》2018 年第 10 期。
⑥ 邵辉、沈伟:《"你打你的,我打我的":非对称性金融制裁反制理论及中美金融脱钩应对》,《财经法学》2020 年第 6 期。

第二节 "金融脱钩"：研究金融 制裁的新语境

一、脱钩论的源起

"脱钩"（decoupling）一词来自"decouple"这一动词，后者源于法语 "decoupler"，字面意思为"使分开、分离"。根据《牛津英语词典》，"decoupling" 指"两种或两种以上活动分离开来或以不同方式发展的情况"。经济学家将 "脱钩"一词用于学术研究领域，其基本含义为"两国经济周期同步性和敏感 性的减弱"。20 世纪 60 年代，保罗·巴兰等激进派依附论学者在分析不发 达国家经济发展水平落后的原因时指出，这些国家在经济上处于对发达国 家的从属性依附地位，而恰恰是这种不平等的依赖关系导致其难以改善经 济发展状况，因此，这些学者主张不发达国家应该主动脱离这种依赖，也就 是所谓的"脱钩"。

2008 年金融危机爆发后，有媒体将"脱钩"一词用以描述其他国家在经 济上减少与美国的关联、降低金融危机损失的做法。2018 年美国主动挑起 对华贸易争端后，美国战略界与舆论界开始重提"脱钩"，主张有意识地在各 领域减少与中国联系程度。[①] 尽管中美两国在全球供应链中承担的不同角 色已经使两国的经济紧密地交织在一起，但在美国看来这种联系具有潜在 的危险。一方面，中国近年来推行的产业政策引发美国关于中国国家战略 利益和私人商业动机融合的国家安全关切；另一方面，美国认为市场准入和 全球竞争条件日益不对称影响其获得更大的"公平"和"互惠"。因此，美国 要与中国系统性地结束这种经济联系，也就是所谓的"脱钩"。[②] 有学者提 出，"脱钩"既是美国政府向中国施压进行经济结构性改革、缩小中美经济模

---

① Oxford Analytica. "China-US relations move towards economic 'decoupling'", https://www. emerald.com/insight/content/doi/10.1108/OXAN-DB239975/full/html.

② U. S. Chamber of Commerce. "Understanding US-China Decoupling: Macro Trends and Industry Impacts", https://rhg.com/research/us-china-decoupling/.

式差异的手段,又是降低中美经济相互依存程度、减轻美国"损失",甚至打压中国经济崛起的目的。[①]

(一) 美国对华战略发生转变

2017 年发布的《美国国家安全战略报告》将中国列为首要战略竞争对手,成为美国对华政策发生巨大转变的标志性事件。该报告指出,"与竞争对手的接触以及将其纳入国际机构和全球贸易,将使他们成为良性的参与者和可信任的合作伙伴"这一假设是错误的。[②] 换言之,该报告得出一项结论:中美建交 40 年来美国与中国的战略接触并没有让中国遵守以规则为基础的全球秩序,更没有让中国成为美国价值观和美国利益的坚实拥趸。因此,一个全新的战略竞争时期是不可避免的结果。在此基础上,"脱钩"作为一种竞争的手段,被美国频繁运用于中美经贸关系之中。因此,笔者认为,脱钩论与美国对华战略的转变相辅相成,只有站在美国对华战略转变的高度才能更好地理解脱钩论的深层动因。

有一种普遍的观点认为美国对华战略转变的根本原因在于美国作为全球霸主面对中国崛起产生的焦虑。[③] 事实上,随着近年来中国综合国力的不断增强,中美两国综合国力的对比的确发生了深刻变化。在经济领域,中国国内广阔的市场规模提供了足够的发展空间,巨大的海外投资体量带来一定的经济回报,中国获得经济实力的飞速提升,发展速度相对于美国有所增强。中国的整体经济体量于 2010 年跃居世界第二位,一些经济学家预测中国将在 2030 年左右超过美国。中国加入 WTO 之后对外贸易持续增长,在近 100 个国家的对外贸易中占据最大份额,相比之下,美国的贸易地位则有所下降,只有 57 个国家以美国作为最大的贸易伙伴,与中国形成了鲜明对比。中国积极履行国际义务,推动国际经济向着共同繁荣的方向发展。美国却做出了截然相反的选择,大搞保护主义,拒绝与世界分享其经济发展的成果,削减对外援助。在科技领域,中国不断加大在人工智能、信息技术

---

① 达巍:《世界秩序的变局与中美关系的范式性转折》,载王缉思主编:《中国国际战略评论 2018 (下)》,世界知识出版社 2019 年版,第 33 页。

② National Security Strategy of the United States of America, Dec. 2017.

③ 叶晓迪:《从接触到遏制? 美国后冷战时期对华战略转变的逻辑探析》,《世界经济与政治论坛》2021 年第 1 期。

等高新科技领域核心技术的投资和研发,旨在实现从低端产品制造商到高端产品制造商的转型。工业和信息化部于2015年印发了《中国制造2025》规划,计划使中国在目前由西方主导的先进制造业领域实现自给自足,并具备全球竞争力。2019年,美国信息技术和创新基金会编写了一份报告,研究了中国在尖端技术方面追赶美国的36项措施。该报告承认,"中国在所有指标上都取得了进步,在某些领域已经领先于美国。"目前,中国企业在5G、AI等尖端技术领域有十分亮眼的表现,打破了美国一贯拥有的绝对技术优势地位,从而使美国感受到前所未有的"威胁"。而脱钩论恰恰也与美国政府中一些对华强硬派对于美国对中国工厂的依赖会使其在战略上处于弱势的忧虑有关。在他们看来,对中国企业的过度依赖会对美国的国家安全产生严峻挑战,因此主张在美国高科技产品供应链中不再使用中国生产的零部件,对中国商品征收关税以转移位于中国的生产线,限制中国对美国的投资,甚至限制对中国人发放签证。

（二）第一阶段《中美贸易协议》未解决根本矛盾

2020年1月中美签署第一阶段《中美贸易协议》（以下简称《协议》）,中美贸易摩擦暂时告一段落。在协议扩大贸易章节中,中国承诺从2020年1月1日至2021年12月31日两年内应确保在2017年1 860亿美元的采购规模基数之上扩大从美国采购和进口制成品、农产品、能源产品和服务不少于2 000亿美元,这构成了协议的核心内容。在金融服务章节,中美双方为彼此提供公平、有效、非歧视的市场准入待遇达成一致。中国承诺对美国金融机构开放证券投资基金托管等服务,取消某些领域的外资股比和业务范围限制,美国也承诺在信用评级和电子支付行业为中国企业提供非歧视待遇。在知识产权章节,双方均认可知识产权保护的重要性,条款内容涵盖立法、执法、司法以及政策制定,并有针对性地就互联网电商行业的盗版与假冒等问题进行了较高要求的规制。

然而,协议本身具有较大的临时性、局部性色彩。尽管特朗普一直将《协议》作为其2020年连任竞选的重要资本,盛赞《协议》"为美国工人、农民和家庭带来一个经济上的公正和安全的未来",但美国国内的分析人士和行业领袖却一直保持怀疑态度。他们指出《协议》存在诸多尚未解决的痛点:① 该《协议》未能解决导致贸易冲突的结构性经济问题;② 未完全取消拖慢全球经济的关税;③设定的采购目标难以实现。总体来看,美国国内舆论普遍认为该《协议》仅是两国达成的一个暂时性"停火协议",在表面上是一份在许多领域设置高标准的真正的、可执行的协议,但在美国关注的核心议题上不能从根本上起到约束中国的作用。①

长期以来,美国否认中国国有企业的平等竞争市场主体地位,指责中国国有企业在监管、税收、融资、政府补贴等方面享有特别优惠待遇,人为地损害了公平的市场竞争环境。美国以《财富》世界100强中有23家中国公司为例,指出其中20家是国企,占比高达87%。而在这20家国企中,美国认为有11家享有不允许竞争对手存在的监管壁垒,其余9家依靠政府补贴才能正常经营。美国进一步指出,中国政府在钢铁、石油、航天、信息技术等20个主要经济领域中发挥排他性或主导性作用,外国和国内私营企业的竞争受到抑制。在此次中美经贸谈判中,国企补贴问题也是中美双方争议的焦点,但从最终达成的第一阶段协议来看,中美两国尚未在这一问题上达成一致。美国国内的脱钩派对此表示不满,认为中国扩大贸易和投资的对外开放脚步将止步于国有企业,仅国有企业享有的"特权"就意味着与中国的经济关系不平衡,损害了美国的利益,而脱钩可以减少由此带来的危害。

技术政策也是美国关注的核心议题之一,美国诋毁中国开展各种形式的"技术盗窃"。对于技术转让问题,最终达成的《协议》文本中有一定体现,但协议内容远远没有达到美方期望的改革力度。协议第二章"技术转让"部分仅有5条内容,涉及市场准入、行政管理、正当程序、科学技术合作等问题。然而从整体上看,该部分内容偏向于原则性和宣示性的规定,与美国期待的深层次结构性改革不相适应。在此前提下,美国国内呼吁中美"脱钩"的舆论认为中美贸易谈判没有触及技术政策改革的核心,不能从根源上解决中国"技术盗窃"的问题,相较于与中国继续就改革问题进行谈判,不如通过减少联系降低美国受损的概率来得直截了当。

随着《协议》进入执行阶段,美国国内舆论对中国承诺履行情况有失

---

① Derek Scissors. "Partial Decoupling from China: A Brief Guide", https://www.jstor.org/stable/resrep25367.

偏颇的评价为《协议》带来的"短暂停火"增加了不确定性。按照计划,中国应在 2020 年年底前购买约 1 731 亿美元的美国商品。但美国数据统计显示,截至 2020 年 12 月,中国实际从美国采购了约 999 亿美元的商品,完成了上述目标的 58% 左右。具体来看,制成品、农产品、能源产品和服务各领域的实际进口规模均与《协议》有较大差距。[①] 于是,有部分美国媒体故意忽视新冠肺炎疫情给全球经济带来的负面影响,借此机会大肆炒作"中国没有履行协议承诺"。[②] 事实上,受新冠肺炎疫情影响,2020 年美国整体货物出口额相较往年出现明显下跌,仅前三季度就较 2019 年同期下降了 15.44%。美国刻意放大中国的《协议》执行情况,为中美经贸关系的良性发展蒙上了一层阴影。

(三) 新冠肺炎疫情加速"脱钩"进程

2020 年新冠肺炎疫情暴发之初,被称为世界工厂的中国罕见地采取了大规模限制人员流动措施,导致各地厂家停工停产,其影响范围波及整个世界的产业链,对高度依赖全球市场的美国产业打击尤其沉重,使美国开始重新审视供应链问题。在疫情不断蔓延的情况下,由于供应链受到干扰,需求量大幅增加,美国在一些个人防护装备、关键原料药等医疗产品供应方面对中国的依赖愈发凸显。中国是全球个人防护装备的重要供应商,全球范围内有超过 50% 的医用外科口罩、防护服及护目镜来自中国,美国也是中国个人防护装备的第一大出口目的地。在药品方面,中国生产全球近一半的原料药。据估计,中国生产的抗生素、布洛芬等原料药在美国市场中占据的份额高达九成。新冠肺炎疫情暴发之初,中国国内一些生产和出口环节陷入停滞,医药原料流动也减少,一度引起美国民众对于医药短缺的恐慌。美国政府也关注到这一问题,开始要求美国制药商"衡量整个供应链",把握中国生产的医药原料对美国医药市场影响的深度和广度。美国还将对中国药品供应依赖的问题上升到国家安全层面。美国议员哈茨勒尔指出,在大国

[①] Chad P. Bown. "US-China phase one tracker: China's purchases of US goods", https://www.piie.com/research/piie-charts/us-china-phase-one-tracker-chinas-purchases-us-goods.

[②] Yen Nee Lee. "China failed to buy agreed amounts of U.S. goods under 'phase one' trade deal, data shows", https://www.cnbc.com/2021/01/22/china-failed-to-buy-agreed-amounts-of-us-goods-in-phase-one-trade-deal-data.html.

竞争时代,美国军方过度依赖中国的药品供应会伤害美军的战斗力。她做出一项危言耸听的假设:由于美国军事部门无法避免使用美国医药市场中大量流通采用中国原料的药品,一旦中美之间爆发冲突,中国可以采取扣押药物必需品的手段向美国施压。在极端情况下,中国会在药物中加入有害成分打击美军的战斗力。所以,她力求通过一项法案推动药品供应链"脱钩",要求美国国防部承担审查军方对中国药物供应的依赖问题的责任,并开展行动支持美国本土制药商更多地参与基本医药原料的生产和供应。

新冠肺炎疫情对美国经济产生的消极影响是明显的,具体表现为国内生产总值(GDP)下滑,失业率攀升。美国商务部数据显示,2020 年美国 GDP 萎缩 3.5%,创 1946 年以来最大年度跌幅;传统上支撑美国经济增长的个人消费支出全年下滑 3.9%,为 1932 年以来最差表现。[①] 新冠肺炎疫情还引发失业浪潮,美国联邦储备委员会最新预测结果显示,在未来很长一段时期内,美国失业率将停留在 4.0%的较高数值。经济下滑导致美国国内矛盾加剧,美国政府多次公开使用带有"污名化"色彩的表述,抹黑中国全力抗击新冠肺炎疫情付出的努力,试图通过"甩锅"策略转嫁国内矛盾,进一步加剧了中美经贸关系的裂痕。依据美国智库皮尤研究中心发布的最新民调,美国民众对中国的看法到了有史以来的最负面水平。具体表现为近九成(89%)美国受访者视中国为"竞争对手"或"敌人",而非"合作伙伴"。同时,多数受访者支持在对华政策上采取更坚定的立场,48%的受访者认为遏制中国实力和影响力应该成为美国外交政策中的优先事务,这一数值比 2018 年高出了 16 个百分点。新冠肺炎疫情导致的经济衰退和美国政府诬蔑抹黑中国的言论彻底点燃了美国国内的极端主义民族情绪和排外心理,这种社会氛围为中美"脱钩论"的大肆宣扬和传播提供了有利的环境。

新冠肺炎疫情期间,美国还出现一系列针对中国的荒谬行径。有包含密苏里州政府在内的多个美国原告向美国法院起诉中国,指控中国政府涉嫌故意或玩忽职守导致新冠肺炎疫情传播,并要求中国承担巨额赔偿义务,这反映出美国民粹主义思潮泛滥的态势,与美国近年来反对全球化、脱离多边主

---

① 吴乐珺:《美国劳工部近日公布的数据显示——1 月份美国失业率为 6.3%》,《人民日报》2021 年 2 月 18 日,第 17 版。

义、将自身发展问题归咎于其他国家的做法如出一辙。在民粹主义影响下，美国解决问题的方法不是在遵守既定的国际法规则和秩序的前提下开展双边谈判，而是坚持单方面地通过制裁迫使对方接受其预先设定的议程和标准，甚至是执行机制，[1]而这恰好也与美国推动中美"脱钩"的做法相符合。

二、中美脱钩的表现

（一）贸易脱钩

在贸易领域，美国主动挑起的对华贸易争端严重损害了中美之间的经贸往来，中美之间双向经贸往来均呈现出较大下降趋势。据美国商务部统计，2019 年美国与中国双边货物进出口额为 5 588.7 亿美元，下降 15.3％。其中，美国对中国出口 1 066.3 亿美元，下降 11.3％，占美国出口总额的 6.5％，下降 0.7 个百分点；美国自中国进口 4 522.4 亿美元，下降 16.2％，占美国进口总额的 18.1％，下降 3.1 个百分点。[2] 由于 2019 年中美双边贸易额降幅明显，中美两国双边贸易地位均出现下滑趋势。

尽管美国政府试图通过加征关税等手段缩小中美贸易逆差，但现实证明贸易战并未实现美国政府的既定政策目标。相反，贸易战伤害了美国经济和就业，造成美国贸易逆差扩大和外国直接投资减少。据统计，2018 年美国对华贸易逆差和对外贸易逆差总额均较往年明显提升，比两年前高出了 25％，甚至突破美国历史上贸易逆差的最高水平。尽管 2019 年美国对华贸易逆差有所减少，但被世界其他地区的贸易逆差增加所抵消，美国总体贸易逆差状况并未发生根本改变，只是对华贸易逆差份额转给了墨西哥、印度、越南等国。贸易战在使就业机会回流美国方面表现得也不尽人意，美国国内制造业就业岗位增幅低于贸易战开始前的水平，甚至低于 2008 年金融危机后经济复苏时期的水平。在贸易战最激烈的时期，一度导致美国经济损失了约 245 000 个就业岗位。中国通过结构性关税调整政策使中美经贸冲突在国内实现了软着陆，将负面影响降至最低，最大限度地适应了国内产业发展和消费供需变化。

---

① 参见沈伟：《民粹国际法和中美疫情法律之困》，《中国法律评论》2020 年第 4 期。
② 商务部："2019 年美国货物贸易及中美双边贸易概况"，https://countryreport.mofcom.gov.cn/record/view110209.asp? news_id=67856，最后访问时间：2021 年 3 月 13 日。

总体来看,美国以贸易战遏制中国的战略实际发挥的效果低于预期,甚至反作用于美国,使美国陷入"杀敌一千,自损八百"的尴尬局面。因此,美国开始寻求从更多方位对中国展开猛烈攻势。

(二)科技脱钩

美国于 2018 年出台《出口管制改革法案》(Export Control Reform Act of 2018,ECRA),要求识别并建立对航空航天、生物技术、化学、电子等行业"新兴和基础技术"(emerging and foundational technologies)的出口、再出口或国内转让适当的监管措施。美国还利用实体清单制度迫使中国应对接二连三的科技脱钩动作。通过在美国商务部国际贸易局官方网站查询可知,截至 2021 年 5 月 14 日,被列入实体清单的中国实体(包括企业、个人和机构)共 389 个。被列入实体清单则意味着将难以获得《出口管制条例》(Export Administration Regulations,EAR)下的管制物项,切断美国关键技术零部件对中国企业的供应渠道。2020 年 12 月,美国将中国最大的芯片制造企业中芯国际纳入实体清单,对中芯国际发展 10 纳米以下的半导体产业造成打击。近期,美国众议院外交事务委员会麦考尔等人敦促拜登政府进一步收紧对中芯国际的出口限制,要求拜登政府游说荷兰政府阻止荷兰企业阿斯麦(ASML)与中芯国际达成的深紫外线(DUV)光刻机交易,声称必须确保中芯国际无法从世界任何地方获得关键的半导体制造设备,暴露出在国际芯片行业彻底孤立中国企业的野心。

美国以加强国家安全为由在信息技术和通信技术领域(Information and Communications Technology,ICT)采取了一系列举措。2020 年 3 月,美国通过《安全可信通信网络法》,就禁止使用联邦资金采购有危害美国国家安全风险的通信器材和服务制定相关程序和指引。美国联邦通信委员会依据该法案发布的清单中包括华为、中兴、海能达、海康威视以及浙江大华 5 家中国企业,将以上中国通信设备供应商排除于美国市场之外。清单裁定华为、中兴及其子公司生产的所有通信器材及服务对美国构成国家安全风险。至于海能达、海康威视、浙江大华及其子公司生产的通信和监控器材,清单表示在用于公共安全、政府设施保安、监控关键基建以及其他国家安全用途时会构成风险。此外,在互联网应用行业,微信、字节跳动、支付宝都曾遭到美国"封杀令"的封杀。

（三）人文教育脱钩

在人文教育领域,美国通过收紧签证政策等手段抑制中美两国开展正常的人文教育交流项目,折射出美国企图与中国"全方位脱钩"的心态。

2021 年 2 月 25 日,汤姆·科顿等 5 名资深共和党参议员正式提出议案,要求终止签发给中国公民的十年有效、多次往返签证计划,并扩大对中国公民签证申请的审查。他指出,2018—2019 年大约有 37 万名中国学生在美国学习,其中有一半学生就读科学、技术和工程相关领域学科,这些学科对美国的技术及军事进步意义重大。中国政府积极鼓励开展国际学术交流项目,资助大约 500 名科学家和工程师赴美进行科研工作,设立了 200 多个外国人才招聘项目,吸引美国专家把研究成果带往中国。这种情况加剧了美国遭遇"技术盗窃"和"间谍活动"的风险,必须收紧签证政策并加以防范。事实上,此前美国已经开展针对中国公民的签证取消行动。2020 年 9 月,美国国务院宣布已经取消超过 1 000 名中国公民的美国签证,他们大多为在美国学习和研究计算机、通信工程、自动化等专业的学生和研究人员。美方声称他们"与中国军方有联系",并基于国家安全考量采取了这一行动。

除了对中国学者和学生施加签证限制,美国政府还阻挠美国高校开展中美文化交流项目。作为一家非营利性教育组织,孔子学院致力于为外国人提供中文语言课程,却被美国视为中国政府对外渗透影响力、输出意识形态、干涉学术自由的工具。受美国政府影响,多家美国高校关闭了校内的孔子学院,中美文化交流的渠道被迫封闭。

（四）金融脱钩

金融作为现代经济的核心,也是美国对外政策的重要支柱之一。继贸易、科技、人文教育领域之后,金融脱钩成为美国谋划的下一个目标。在货币领域,美国国内有观点提出从港元与美元的联系汇率机制入手。在这一机制下,港币盯住美元,汇率一直保持在一个相对稳定的区间范围内波动。每一港币都与相应数额的美元相挂钩,随着香港地区的美元外汇储备规模的变化而变化。如果美国设法阻止香港获得美元,则必然会破坏港币汇率稳定的基础,进而对我国香港地区金融和经济的稳定产生冲击。在投资领域,中美两国双向直接投资和风险投资在 2019 年均出现下滑趋势。众多美国政客宣扬"撤资论",要求在中国投资设立的美国企业将生产活动中心转移回美国,甚至提出由美国政府承担全额搬迁费用。① 在融资领域,美国针对中国在美上市企业发布投融资禁令,为中国企业进入美国资本市场设置重重阻碍。美国的上述种种举动表明,美国在金融领域谋求中美"脱钩"意图愈发强烈。

在严峻的全球新冠肺炎疫情催化下,美国国内对华金融脱钩的舆论进一步发酵。2020 年 5 月 12 日,美国共和党多名参议员推出《2019 年新冠病毒问责法》。此法案要求中国配合美国主导的调查,"全面而完整地交代"新冠肺炎疫情暴发的始末,否则将授权美国总统对中国实施财产冻结、限制中国企业获得美国银行投资或进入美国资本市场等制裁。除了上述立法提案,美国还于 2020 年通过多项涉及对华金融制裁内容的法案,金融脱钩背景下我国面临的美国金融制裁风险大幅增加。

三、金融脱钩背景下美国对华制裁举措

(一)"外国公司问责法案"

2020 年 12 月,特朗普签署"外国公司问责法案"(Holding Foreign Companies Accountable Act,以下简称"法案"),对在美国证券资本市场活跃的外国发行人聘任特定的审计机构提出了明确要求,这些为在美上市的外国发行人出具审计报告的会计机构须在美国公众公司会计监督委员会(Public Company Accounting Oversight Board,PCAOB)的有效监管范围之内。假设 PCAOB 连续三年不能对该外国发行人选定的会计机构进行核查,则美国证监会可中止该公司的股票交易。

PCAOB 是 2001 年美国安然公司欺诈案后设立的机构,负责对上市公司的审计进行独立监管。通常而言,在美国上市的公司都要经过该委员会的审计。然而,这项要求与中国当前的监管规则相冲突。中国证监会等部门要求境外上市的公司在尽职调查阶段形成的审计底稿须保留在境内。如果境外监管机构要对某家中国公司进行审查,需要得到中国监管层的同意,合作进行审查。2020 年正式实施的《证券法》进一步彰显了我国对于严格

① Jonathan Garber. "US will Pay for Companies to Bring Supply Chains home from China", https://www.foxbusiness.com/markets/us-pay-bring-china-supply-chains-home-kudlow.

把控证券行业监管权力以及保障相关数据安全的态度,其第 177 条规定:"境外证券监督管理机构不得在中华人民共和国境内直接进行调查取证等活动。未经国务院证券监督管理机构和国务院有关主管部门同意,任何单位和个人不得擅自向境外提供与证券业务活动有关的文件和资料。"

截至 2020 年 7 月 1 日,PCAOB 不能就 250 家外国发行人选任的会计机构进行全面监督和审查,其中来自中国的公司占据多数,数量达到 227 家。就此而言,"法案"将矛头直指在美上市的中概股公司。美国的这一举动将直接影响中资企业赴美上市和融资,一方面,中资企业赴美融资的门槛大幅提高;另一方面,已在美上市的中概股公司则面临退市的风险。目前,已有多家不同体量和经营状况的中概股公司受到该法案影响。阿里巴巴等互联网巨头选择回归香港资本市场二次上市;新浪等多家公司则完成私有化,主动退出了美国资本市场;那些既不符合在港二次上市条件又缺乏大量现金流完成私有化的小型公司则面临两难的选择,要么提高审计成本设法满足 PCAOB 的监管要求,要么被迫退出美国市场。

一贯以自由、开放著称的美国资本市场对中国企业关上了大门,中美"金融脱钩"不再是美国政客口中的威胁与恐吓,而是真刀实枪的实地演练。

(二)"香港自治法案"

2020 年 7 月 14 日,特朗普签署"香港自治法案"。依据该法案,被列入制裁名单的金融机构将无法获得美国金融机构提供的贷款及信贷;无法与美国人进行投资或大额股权、债务等交易;无法处理美国管辖范围内的任何外汇、信贷、或支付业务;无法获得美国国债主要交易商及美国联邦政府基金存款机构的资格。

我国香港地区是全球第四大金融中心,高度开放和国际化的市场、完善的金融基础设施、辐射整个亚洲的绝佳区位优势等因素吸引了来自全球各个国家的金融机构,几乎所有国际上的主流金融机构都在香港设有分支机构。此次制裁措施涉及在港的众多金融机构,其影响范围之广足以令人产生充分的警惕。美国的制裁法案生效后,有部分企业及个人开始寻求规避制裁的替代方案,例如开设离岸账户、搬迁企业总部等,对我国香港地区的正常经贸秩序产生了一定的影响。

随着美国对中国的挑衅和打压愈演愈烈,有"限制中国内地及香港的金融机构使用 SWIFT 系统"的舆论受到关注,引发了大量讨论。[①] 一家金融机构被踢出 SWIFT 意味着丧失获得美元的能力。这种打击对通过美元进行国际经贸活动支付和结算的被制裁对象而言,几乎是无法承受的。伊朗、朝鲜、俄罗斯都曾在美国的制裁压力下被迫中断与 SWIFT 的所有联系,但我国香港地区的情况有所不同。原因在于,首先香港在国际金融体系中的地位比较重要和特殊。一旦将香港整体排除于 SWIFT,美国自身的利益也会受到较大损失。其次,中国必然会采取更加有力的反制措施加以抵制,美国也会面临较大压力。然而,在当前美国试图推动"金融脱钩"的背景之下,我们有必要对这一问题保持更加谨慎的态度,不能排除个别金融机构有可能会遭到美国极端制裁手段打压的情况,这一风险不容忽视。

此外,我国金融机构面临的次级制裁风险也进一步升级。过去,我国金融机构曾多次因与伊朗、朝鲜等被制裁国家的经贸往来遭到制裁。2017 年 6 月 30 日,丹东银行被美国财政部下属的金融犯罪网络(FinCEN)列为"朝鲜进入美国及全球金融系统的管道",并遭到实质性的制裁。制裁使得丹东银行无法与美国金融机构进行业务往来,与其他海外机构的联系也受到限制。美国财政部表示:"此举旨在让丹东银行不能直接或间接地进入美国金融系统,切断它和美国金融系统的联系。"

(三) 第 13959 号总统行政令

2020 年 11 月 12 日,特朗普签署第 13959 号总统行政令《关于应对与"中国涉军企业"相关的证券投资威胁的行政命令》,禁止美国人士购买任何公开发行的中国涉军企业(Communist Chinese Military Company,CMCC)证券、衍生证券或旨在为中国涉军企业提供投资敞口的任何证券。该命令是美国政府第一次涉足美国投资者与中国企业的金融联系,标志着美国推动中美"金融脱钩"的全新一步。

"中国涉军企业"的概念来自美国《1999 年国防授权法案》第 1237 条及其后续修订。根据规定,美国国防部限期发布"中国涉军企业"名单,并于每年 2 月 1 日前进行更新。2019 年 9 月,多位美国议员致信美国国防部部长,要求国防部履行法定职责,关注中国"军民融合"战略,尽快更新并公布"中

---

① 张燕玲:《未雨绸缪,防范美国金融脱钩》,《环球时报》2020 年 8 月 5 日,第 14 版。

国涉军企业"清单。2020 年 6 月 24 日,美国国防部长发布复函,公布了首批 20 家"中国涉军企业"清单。随后美国国防部又分别于 2020 年 8 月 28 日、2020 年 12 月 3 日、2021 年 1 月 14 日发布补充清单,分别将 11 家、4 家、9 家企业列入"中国涉军企业"清单,共计 44 家。

依据修订后的第 13959 号行政令,自美国东部时间 2021 年 1 月 11 日上午 9 时 30 分起,任何美国人不得实施与该行政令颁布前已被列入"中国涉军企业"清单的实体公开发行的证券、衍生证券或旨在为中国涉军企业提供投资敞口的任何证券的"任何交易","交易"不仅包括"有偿购买",而且包括"出售"。该行政令还进一步规定在 2021 年 11 月 11 日的撤资期限后美国人不得再持有被禁止证券。值得注意的是,美国财政部下属的外国资产控制办公室(Office of Foreign Assets Control,OFAC)公布的与中国涉军企业制裁项目相关的常见回答中将"公开发行证券"定义为:"在任何司法管辖区内,以任何货币计价在证券交易所进行交易或通过场外交易手段进行交易的证券",这一宽泛的定义扩大了该行政令影响的范围。

该命令施行后,被指定为"涉军企业"的中国公司将失去美国投资者。尽管目前 OFAC 公布的清单中仅包含 44 家企业,但考虑到集团相关的子公司,实际受影响的范围将扩大到 100 多家上市公司。这些企业大多为航空、电信、石油化工、基础设施建设等领域的国有企业。鉴于上述行业的敏感性和国有企业身份的特殊性,美国有可能将单一的证券投资禁令延伸到列入 SDN 名单等更严峻的制裁手段。

第三节　美国金融制裁制度概述

一、美国金融制裁的法律依据

金融制裁的核心是阻碍金融流动,例如限制商业融资、双边援助、冻结资产等。[①] 美国历来重视运用金融制裁手段,并在实践中形成了一套立法

---

① ［美］加利·克莱德·霍夫鲍尔等:《反思经济制裁》,杜涛译,上海人民出版社 2019 年版,第 23 页。

数量繁多、关系复杂的法律体系,涵盖国会立法、部门规章以及总统签署的行政命令。这套体系以普遍适用于各个国家、各个领域的一般法为基础,配合针对特定国家、特定领域实施制裁的特殊法,构成其频繁发动金融制裁的国内法律依据。

(一) 普遍适用于各个国家、各个领域的一般法

1917 年,美国通过《与敌国贸易法》(Trading With the Enemy Act, TWEA),该法赋予美国总统在国家处于战争或其他紧急状态时重新安排与非友好国家的经贸关系的权力,成为美国建立对外经济制裁法律制度的起点。尽管该法颁布之初主要针对贸易问题,但后来美国财政部根据该法律制定了《外国资产管理条例》,专门作出了冻结相关国家资产和禁止金融交易的规定。[①] 20 世纪 40—70 年代,TWEA 成为美国冷战战略下实施制裁的主要依据。美国历任总统利用 TWEA 授予的广泛权力频繁施加制裁措施,包括阻止国际金融交易、没收外国人在美国持有的资产、限制出口、修改法规以阻止黄金囤积、限制外国对美国公司的直接投资等。

美国于 1976 年通过《国家紧急状态法》(National Emergencies Act, NEA),于 1977 年通过《国际紧急经济权力法》(International Emergency Economic Powers Act, IEEPA),对总统做出经济制裁决策的广泛权力加以限制。IEEPA 成为当前和平时期美国对外施行经济制裁的法律基础,依据该法,总统可在美国的国家安全、外交政策和经济遭受严重外来威胁时宣布国家进入紧急状态。截至 2020 年 7 月 1 日,历任总统已经援引 IEEPA 宣布了 59 起国家紧急状态,其中 33 起仍在进行中。在紧急状态下,总统可依据 IEEPA 第 232 节调查、监管或禁止外汇交易、信贷转让、证券转让和支付,并可以采取与外国或个人有利益关系的财产相关的特定行动——冻结资产、冻结财产和财产权益,禁止美国人参与被冻结资产和被冻结财产相关的交易,以及在某些情况下拒绝特定人员进入美国。由于该法并未明确规定适用的对象和范围,所以,理论上可依据该法对任何一个国家实施制裁。

(二) 针对特定国家、特定领域的特殊法

目前,美国有专门针对多个国家的金融制裁立法。以针对俄罗斯的金

---

① 刘建伟:《美国金融制裁运作机制及其启示》,《国际展望》2015 年第 2 期,第 117 页。

融制裁为例,2014年,美国为切断俄罗斯关键行业的融资途径引入了"行业制裁识别名单"(Sectoral Sanction Identifications,SSI),该名单涉及俄罗斯金融服务、能源、矿业、国防等多个重要行业领域。美国任何个人与实体不得与SSI名单上的被制裁主体缔结任何债务,包括现金债务、股权债权等;同时亦不能随意延长SSI名单被制裁主体已存在债务的还款期限。2017年,美国通过《以制裁反击美国敌人法》(Countering America's Adversaries Through Sanctions Act,CAATSA),这一法案是美国针对伊朗、朝鲜、俄罗斯制裁法律的集合。CAATSA增加了此前由美国总统颁布的行政命令下针对俄罗斯的惩罚措施,并将其转化为正式法律。该法案扩大了制裁的范围,第231节允许美国总统(在国会提议之后)对任何与俄罗斯政府国防和情报部门相关人员进行"重大交易"(significant transaction)的人(包括非美国实体和个人)实施制裁。[1]

　　除了针对特定国家的金融制裁立法,美国在其关注的反恐、人权等领域也制定了一系列制裁法律。《爱国者法案》是"9·11"事件后美国专门用于惩治恐怖主义的立法。该法案第106条扩大了总统对金融制裁的决策权限,授权总统在美国遭受来自外界的武装袭击时无需宣布国家进入紧急状态,即可单方面决定对外国人、外国组织或外国主权实体实行金融制裁。[2]该法案第三章涉及金融反恐及国际反洗钱,核心内容是通过对美国金融机构规定客户识别、业务禁止、情报收集和报告等义务,保护美国金融系统的进入渠道,最终实现包括切断国际恐怖组织的经费来源、严厉打击资助恐怖活动等洗钱活动在内的目标。[3]该法案的通过扩大了美国实施金融制裁的权限,增加了美国实施金融制裁的执法手段,已经成为美国针对恐怖主义实施经济制裁的重要依据。在人权领域,美国于2016年颁布《全球马格尼茨基人权问责法》,这一法案成为美国针对全球范围内践踏人权、严重腐败对象采取制裁行动的法律依据。据统计,自2017年以来,已有来自全球28个国家的243名(个)个人或组织受到该法案的制裁。

---

[1]　Countering America's Adversaries Through Sanctions Act,Sec. 231.

[2]　USA Patriot Act,Title I,Sec. 106.

[3]　武艺、杨艳:《防范国际金融制裁风险》,《中国金融》2017年第24期,第103页。

二、美国金融制裁的范围

(一) 一级制裁

美国采取的一级制裁(primary sanction)是指美国限制"美国人"与被制裁国家之间进行经贸往来的制裁行为。[①] 当今美国各项经济制裁法律广泛使用的"美国人"概念源于 1979 年《出口管理法》(Export Administration Act,EAA)中的规定,该法将"美国人"定义为"任何美国居民……任何本地公司……和任何本地公司实际控制的外国分公司或成员"。[②] 具体可划分为四类:美国公民或具有美国永久居留权的自然人、注册于美国的企业(包括非美国企业的美国办公室和子公司)、美国个人或实体拥有或者控制的第三国企业,以及在进行违规交易时出现在美国境内的个人和企业。显然,这种定义方式下"美国人"的概念被极大地泛化了,外国企业或其在美分支机构、外国企业的美国籍员工、持有美国绿卡的员工以及在美国出差的员工等都可能落入"美国人"的范围。

除了上述限制"美国人"与被制裁国家进行直接交易外,在人、财、物三个方面具备"美国色彩"的间接交易也是一级制裁的约束对象。具体而言,不属于"美国人"定义的第三国企业所从事的交易如果包含以下三种因素之一,则依然会被 OFAC 纳入执法监管范围之中:① 美国人士;② 美国金融系统;③ 美国原产货物、科技及服务。近年来,由于使用美元交易而被控违反美国对外经济制裁法律进而遭到 OFAC 处罚的案例屡见不鲜。2021 年 1 月 14 日,印度尼西亚造纸企业与 OFAC 达成和解协议,就其向朝鲜出口烟纸引发的 28 项违法行为同意支付 1 016 000 美元罚款。2016 年 3 月—2018 年 5 月,客户根据印度尼西亚造纸企业要求向其在非美国银行开设的美元账户支付了 28 笔货款。这一行为导致美国银行采取了以下措施:① 处理 SDN 人士的财产或财产权益;② 直接或间接地向朝鲜出口金融服务;③ 以其他方式促成了《朝鲜制裁条例》第 510.201、510.206 和 510.211 条禁止美国人士从事的出口交易,因此,印度尼西亚造纸企业的行为构成对

[①] 孟刚、王晔琼:《美国一级制裁的理论基础与制度实践》,《中财法律评论》2020 年第 1 期,第 76 页。

[②] Export Administration Act of 1979,U.S.C. § 2415(2) (2000).

《朝鲜制裁条例》第 510.212 条的"表面违反"。OFAC 指出,此案进一步凸显了非美国人利用美国金融系统与 OFAC 制裁国家、地区或个人进行商业活动所面临的风险。[①]

（二）次级制裁

次级制裁（secondary sanctions）是主导制裁国对那些与原始被制裁国存在经济联系的第三方所实施的制裁。[②] 次级制裁是在一级制裁的基础上产生的,如果一级制裁未能在被制裁国实现预期的政策目标,次级制裁可能会产生一定作用。因为如果不切断被制裁国家与第三国的经济联系,第三国可能取代制裁发起国,从而无法对被制裁国造成经济上的损失,进而减损一级制裁的效果。因此,次要制裁可被定性为"反规避措施",用以保障一级制裁的影响和效力。[③]

自 1979 年伊斯兰革命以来,美国一直单方面对伊朗实施制裁。早期,制裁针对的是参与伊朗能源行业相关交易的美国实体。然而,由于美国在伊朗的投资有限,这种制裁在孤立伊朗方面是无效的。意识到这一问题,2006 年,美国开始将制裁重心放在劝阻非美国金融机构与伊朗银行开展业务上。[④] 这一战略在 2010 年发生了转变,当时联合国安理会正在就伊朗集体制裁问题进行第 1929 号决议的谈判。而在第 1929 号决议通过之前,美国财政部就根据《爱国者法案》第 311 条将伊朗中央银行列为"初步洗钱牵连",阻止了该银行进入美国金融市场。美国在谈判第 1929 号决议时的目标之一是为美国财政部的其他单方面行动提供"联合国行动的掩护",最终第 1929 号决议明确承认与伊朗中央银行的交易可能有助于核扩散,从而实现了这一目标。拥有联合国"背书"后的美国进一步扩大制裁,《2010 年伊

① Department of the Treasury. "OFAC Settles with PT Bukit Muria Jaya for Its Potential Civil Liability for Apparent Violations of the North Korea Sanctions Regulations", https://home.treasury.gov/system/files/126/20210114_BMJ.pdf.

② 刘建伟:《美国次级经济制裁:发展趋势与常用对策》,《国际经济评论》2020 年第 3 期,第 144 页。

③ Tom Ruys, Cedric Ryngaert. Secondary Sanctions: A Weapon out of Control? The International Legality of, and European Responses to, US Secondary Sanctions. *British Yearbook of International Law*, 2020.

④ Juan C. Zarate. *Treasury's War: The Unleashing of a New Era of Financial Warfare*. New York: PublicAffairs, 2013, pp.290 - 316.

朗全面制裁、问责和撤资法案》进一步明确对与伊朗存在业务联系的外国金融机构进行制裁，《2013 年国防授权法》则扩大了对与伊朗能源、航运和造船业的"重大金融"交易提供便利的外国金融机构的单方面制裁。

这些次级制裁使非美国金融机构被迫在进入伊朗金融市场或美国金融市场中做出选择。鉴于美元在全球经济中的主导作用，绝大多数银行选择减少与伊朗的业务往来也就不足为奇了。通过威胁切断与伊朗银行有业务往来的任何银行进入美国金融系统的渠道，次级制裁对伊朗产生了前所未有的制裁效果。

三、美国金融制裁的主要措施

在现代市场经济体制下，大多数国际经贸活动都无法脱离国际金融体系，金融制裁也逐渐发展出国际经济制裁的主要措施。彼得森国际经济研究所在其统计的 1914—2006 年的 204 个经济制裁案例中，发现有 153 个案例单独使用了金融制裁措施或者综合使用了金融制裁和贸易制裁措施。金融制裁的目的是限制被制裁对象的资金融通，主要有以下几种措施。

（一）冻结资产

冻结被制裁国或该国特定人员的海外资产是传统的金融制裁措施之一。美国的资产冻结对象涵盖一切位于美国境内或由美国人掌管的有形或无形资产。值得注意的是，美国的资产冻结措施可能发生域外效力。由于"美国人"过于宽泛的定义，美国可通过广大金融机构的海外分支机构冻结被制裁对象实际存在于美国领土范围之外的财产。

实践中，冻结资产的措施由美国行政机构和金融机构配合完成。OFAC 负责确定"有可能对美国国家安全、外交政策和经济行为"产生威胁的对象名单，并要求美国国内金融机构（包括海外分支机构在内）按照名单冻结其资金、债券、股票等金融资产，被冻结资产的日常管理也由金融机构负责。

（二）没收资产

《爱国者法案》第 106 条授权美国总统没收其确定策划、授权、协助或参与针对美国的武装敌对行动或攻击的任何外国人、外国组织或外国在美国管辖范围内的任何财产，总统有权指定机构或个人依照相关规定管理、出售、清算或以其他方式处理被没收财产,但必须满足符合美国利益的条件。[1]

没收资产并不是一种常见的金融制裁手段,因为一旦采取该措施,就失去了与被制裁对象"讨价还价"的机会。但是,在某些特殊情况下,美国也会动用这一手段。美国的执法机构曾于 2020 年没收并出售超过 100 万桶由委内瑞拉运往伊朗的石油,美国司法部表示所获款项将用于支付美国公民在过去几十年中对伊朗提出的索赔要求。

(三) 禁止交易

对于被制裁对象,美国禁止美国人与其进行任何形式的交易。依据 OFAC 发布的官方问答,禁止的交易是未经 OFAC 授权或法令明确豁免的美国人不得从事的贸易或金融交易以及其他交易。基于不同的外交政策考量,每个制裁项目下的具体禁令不完全相同。在次级制裁的情况下,第三国个人或实体也受制于这种约束。

值得注意的是,美国对交易的形式也有严格把控。就伊朗而言,OFAC 明确即使采用以石油为对价的"易货交易"方式,无论是否涉及金融机构,都会面临较大的制裁风险。

(四) 切断美元获取能力

对美国而言,美元也是一项重要的金融制裁工具,美国通过国内金融力量和国际支付清算系统切断受制裁国家获取美元的能力,以达到压制被制裁国家的目的。

一方面,《伊朗金融制裁条例》等法规禁止伊朗直接进入美国金融系统。2008 年后美国进一步加剧对伊朗的金融制裁,禁止一切美国银行与中间机构进行与伊朗相关的掉头交易(由中间机构代理伊朗银行进行的与美国银行之间的间接美元交易)。

另一方面,依托于美国在国际金融体系中的巨大影响力,美国要求独立的国际收付结算系统停止对被制裁国家提供美元结算或其他服务,阻碍被制裁国家进入国际金融体系。当前,国际范围内的美元支付和结算主要通过环球同业银行金融电信协会(SWIFT)和纽约清算所银行同业支付系统(CHIPS)进行。通过与 SWIFT 和 CHIPS 的合作,美国政府能够截断被制

---

[1] USA Patriot Act, Title I, Sec. 106.

裁对象使用美元的通道,使其无法使用美元转账、支付、结算等。①《降低伊朗威胁和叙利亚人权法案》第 220 条申明:"必须保持受制裁的伊朗金融机构无法获得专门的金融信息服务",要求财政部长向国会报告向伊朗中央银行或其他受制裁的金融机构提供专门金融通信服务的系统,并授权总统制裁以上对象,彻底切断了伊朗通过国际金融系统获得美元的能力。

(五) 禁止全球金融机构与被制裁对象交易

在 2006—2016 年期间,美国财政部开展了一场被称为"定向金融措施"的行动,以伊朗利用国际金融体系资助恐怖组织和获取武器为理由说服外国金融机构停止与伊朗的交易。根据美国政府问责局于 2013 年 2 月的一份报告显示,美国财政部向 60 个国家的 145 家银行示好,并说服其中至少 80 家银行停止处理与伊朗银行的金融交易。②

(六) 阻碍国际金融机构贷款

通过向世界银行或国际货币基金组织(International Monetary Fund,IMF)施压,妨碍被制裁国家获得资金也是一种重要的金融制裁措施。20世纪 90 年代,美国就曾因伊朗逮捕 13 名犹太人向世界银行施压,中断了对伊朗的 2 亿美元贷款。

近年来,美国不断升级对伊朗的制裁,在阻挠伊朗获得国际金融机构的贷款上也有所反映。2018 年美国发布的第 13849 号总统行政令指出:"各国际金融机构的美国执行董事应利用美国的话语权和投票权,反对该国际金融机构向被制裁人发放有利于其的贷款"。③ 2020 年 3 月,伊朗为应对新冠肺炎疫情向 IMF 申请 50 亿美元的紧急贷款,而据媒体报道美国试图阻止这一贷款,至今尚无进展。④

(七) 限制或阻止进入资本市场

简便的审批手续、规范的交易管理、"美国上市"带来的声誉价值等因素

---

① 徐以升、马鑫:《美国金融制裁的法律、执行、手段与特征》,《国际经济评论》2015 年第 1 期,第 149 页。

② Congressional Research Service, Iran Sanctions Updated November 18, 2020, RS20871.

③ Executive Order 13849 of September 20, 2018, Sec. 2 (a) (iii).

④ "伊朗向 IMF 申请 50 亿美元抗疫贷款,美国计划阻止",https://www.guancha.cn/internation/2020_04_08_545945.shtml,最后访问时间:2021 年 2 月 4 日。

使活跃、开放的美国资本市场持续对全球企业保持着较大的吸引力。近年来,美国通过限制或阻止被制裁对象进入美国资本市场的手段发动金融制裁,我国企业受到的影响尤为明显。2021年3月24日,美国证券交易委员会(SEC)发布一项临时最终修订措施,正式启动执行由国会授权的《外国公司问责法案》对上市公司信息披露的要求。受这一举措影响,有超过40只中概股当日跌幅超过10%。其中,腾讯音乐、唯品会跌幅均超过20%。

第四节 美国金融制裁国际法分析

无论是成文的国际性文件还是国际习惯法均未禁止经济制裁,这一事实得到学界的普遍确认。有学者通过对"禁止使用武力"这一国际法基本原则以及WTO例外规则进行解释,肯定国际法中存在经济制裁适用的一定空间。[1] 然而,美国的金融制裁仍然欠缺充分的合法性,引起了学者的广泛讨论。几种有代表性的观点均在国际公法的框架之内探讨该问题,例如有学者直接指出美国在早期的金融制裁实践中通常援引《联合国宪章》第41条的规定作为依据,但其通过分析国际法中管辖权规则的基本含义及延伸概念,最终确定美国的次级金融制裁在国际法上的合法性存在薄弱之处。[2] 还有学者指出,在绝大多数情况下,美国对其他国家施加的经济制裁带有强烈的政治色彩,美国妄图通过这种手段转换一国的政权、政党制度以及选举结果,公然践踏国家主权平等、不干涉他国内政等国际法基本原则。[3]

金融制裁涉及国际金融关系,理论上属于国际金融法的研究范畴,但很少有学者从这一角度进行研究,这一现状与国际金融法的"软法"特征有关。法国学者斯耐德将"软法"定义为:"软法是原则上没有法律约束力但有实际效力的行为规则。"[4]有学者指出,相较于贸易、投资等领域,国家主权平等

---

① 况腊生、郭周明:《当前国际经济制裁的法律分析》,《国际经济合作》2019年第3期。

② 刘瑛、黎萌:《美国单边金融制裁的国际法分析》,《国际经济评论》2020年第3期。

③ 张虎:《美国单边经济制裁的法理检视及应对》,《政法论丛》2020年第2期。

④ Francis Snyder, Soft Law and Institutional Practice in the European Community, in Steve Martin ed, *The Construction of Europe*. Dordrecht: Springer, 1994.

原则和金融领域的特殊敏感性使得在金融领域形成具有强制约束力的国际法律规范更为艰难。[1] 在当前的国际金融领域,以巴赛尔委员会为代表的非基于条约设立的、不直接代表国家和政府的国际机构所制定和实施的标准、宣言、指南等文件发挥了主导作用,在严格意义上来说均不属于国际法或国际硬法。[2] 对于金融制裁,日本学者提出了一种"软法"设想:由 G7 或者 G20 主导建立一个针对金融制裁问题的由专职工作人员组成的特别工作组,在就管辖权问题达成共识的前提下,加强关于实施制裁的双边或多边理解。[3] 目前调整国际金融关系的专门性多边条约主要有两个:《国际货币基金组织协定》(以下简称《基金协定》);WTO 框架下的《服务贸易总协定》及其关于金融服务的附件和议定书。尽管有学者认为,两者在全球金融治理中发挥的实际作用较为有限,[4]但上述条约作为少数具有强制约束力的国际金融规范,对于研究金融制裁仍具有重要意义。

一、长臂管辖问题

依据管辖权这项国家的基本权利,一方面,任何国家都可以按照本国法律和政策对在本国领土范围内的一切人和物以及一切事件主张并行使管辖权;另一方面,每个国家都可以对其本国国民行使管辖权,无论他们在国内还是在国外。[5] 原则上,一国不得擅自超越其领土边界行使管辖权,除非其遵循国际习惯或一项公约的允许性规则。这一来自常设国际法院 1927 年在著名的"荷花案"中作出的经典论断,早就被国际社会普遍接受。然而,美国在实践中的做法几乎无视该指示,各国一致认为,美国主张域外管辖权的做法是非法的,尤其是在经济制裁领域。

长臂管辖原则给予美国法律域外适用的空间。最初,美国为打破各州

---

① 漆彤:《国际金融软法的效力与发展趋势》,《环球法律评论》2012 年第 2 期。

② 廖凡:《全球金融治理的合法性困局及其应对》,《法学研究》2020 年第 5 期。

③ Takashi Kubota. Finanical Stability Concern of the Extraterritorial Impacts Caused by the Recent US Financial Sanctions on Foreign Banks. *Japanese Yearbook of International Law* 2016,Vol.59.

④ 廖凡:《论软法在全球金融治理中的地位和作用》,《厦门大学学报(哲学社会科学版)》2016 年第 2 期。

⑤ 白桂梅:《国际法》(第三版),北京大学出版社 2015 年版,第 197 页。

分割的边界从而建构统一的联邦司法体系,对传统的"属人管辖"原则进行了扩张,赋予一个州的司法机构对与该州发生"最低联系"的他州公民或法人行使司法管辖权,并由此发展出长臂管辖原则。① 依据《布莱克法律词典》,其含义为"对起诉时与管辖区域有联系的非居民被告的管辖权"。由于"最低限度联系"缺乏明确且统一的判断标准,法官可在个案中灵活适用,长臂管辖原则由传统民事案件延伸至反垄断、反腐败、反洗钱、商业秘密保护等领域。在美国霸权的驱动下,美国还将国内跨州"长臂管辖"的做法适用于跨国领域,单方面地将本国法律施加于外国实体和个人,使得"长臂管辖"这一法律术语逐渐演变为美国施展霸权主义和单边主义的政策工具。在2018 年发布的《关于中美经贸摩擦的事实与中方立场》中,我国官方将长臂管辖定义为"依托国内法规的触角延伸到境外,管辖境外实体的做法"。

美国滥用长臂管辖原则的做法在金融制裁领域表现得尤为突出。有学者指出,美国的金融制裁产生的强大域外效力来源于两个层面:① 外国金融机构经营国际业务无法背离美元及美国金融机构所产生的间接效果;② 美国主张的域外管辖突破了一国法律通常只作用于该国境内的传统,对境外实体产生了直接效力。② 美国金融制裁法律下的"美国人"范围十分宽泛,不仅包括美国公民(National)、居民(Resident)、本地公司(Domestic Concern),而且扩展到"本地公司实际控制的外国分公司或成员"。由此引发的问题是如何定义"控制"。美国在实践中通常的做法是计算持股比例,这一做法使得外国公司面临金融制裁的管辖风险。国际法上对于法人的国籍通常采取"成立学说"或"住所地学说",以公司主要股东的国籍为标准的"控制理论"并未得到普遍认可。国际法院在 1970 年 2 月 5 日"巴塞罗那电车案"中认定"控制理论不是普遍的国际法规则"。③ 此外,美国针对某些特定国家的制裁项目还要求拥有美国原产商品的外国人遵守相关法律,这实际上是一种赋予商品"国籍"的解释路径,显然不具有说服力。

美国以效果及于本国境内为由主张属地管辖的依据被称为"效果原则"。根据美国《第三次对外关系法重述》(以下简称《重述》)第 402 条第 1

① 强世功等:《超越陷阱:从中美贸易摩擦说起》,当代世界出版社 2020 年版,第 91 页。
② 陈宇瞳、成弋威:《美国金融制裁的法律分析与风险防范》,《金融监管研究》2017 年第 1 期。
③ ICJ Rep 1970,4 ff (Barcelona Traction).

款 c 项和第 403 条的规定,一个国家可以针对发生于该国境外的行为制定法律,"只要该行为在其领域内发生或意图发生实质性效果",或者至少该国行使该项立法权从各方面情况考虑都是"合理的"。① 《重述》为判断是否合理提供了一个指引,首先必须考察相关活动与管制国之间的领土是否产生了"实质性的、直接的、可预见的效果"。然而,美国对于这一表述缺乏清晰、统一的定义标准,完全依赖其单方面的判定和解释,导致该原则存在被滥用的可能性。美国的金融制裁法律包含大量对外国金融机构的规制,实践中,美国曾对多家与被制裁国家实体来往的外国金融机构施加处罚,遭到欧洲等国对其管辖权依据的质疑,但美国从未就美元交易在美国完成清算这一事实,即如何对美国领土产生"实质性的、直接的、可预见的效果"作出有说服力的解释,因此,无法主张其管辖权具有正当性。

近年来,美国政府强调和泛化"国家安全"概念,各项金融制裁手段也成为打击竞争对手的武器。美国财政部前部长史蒂芬·梅努钦曾发布声明称:"在美国和国外,财政部在促进增长和健全的安全政策方面起着至关重要的作用。我们将利用我们强大的金融制裁和其他工具来打击流氓政权、恐怖分子和其他威胁美国理想的人。"②这似乎暗示美国企图援引国际法上的保护性管辖原则,但问题在于过度扩大"国家安全"或"重大利益"概念的边界已构成对这一管辖原则的滥用。此外,美国还主张将适用于违背了对一切的义务并构成国际法上罪行的普遍性管辖原则推行到刑事领域之外,借机大搞金融制裁。这种观点只是美国的一家之言,并未得到国际社会的普遍认可。

综上可知,美国的金融制裁并不符合国际法上公认的管辖权原则。国家管辖权原则属于习惯国际法,由于习惯国际法的不成文特点,其适用往往需要经过识别,而在识别问题上可能产生一定的解释空间。③ 而美国恰好利用这种解释空间,通过与国际社会普遍认可的解读不一致的解释来为其

---

① Restatement (3rd) of the Foreign Relations Law of the United States, § § 402(1)(c),403 (1987).

② Steven T. Mnuchin. Statement by Secretary Mnuchin on National Security Strategy, December 18, 2017.

③ 凌冰尧:《美国次级制裁的合法性分析》,《武大国际法评论》2020 年第 5 期,第 115 页。

金融制裁法律域外适用的合法性背书,实质是对"长臂管辖"的强化和升级。

二、违反不干涉内政原则

不干涉内政原则作为一项国际法基本原则,包含两个基本概念:"干涉"和"内政"。"干涉"是指一个国家或国际组织通过强迫或专横的方式干预另一个国家或组织成员主权管辖范围的事务,以便强迫或阻止该国从事某种行为或采取某种政策。[①] 根据《联合国宪章》第 2 条第(7)款的规定,"内政"是指国家管辖范围内的事件。

第二次世界大战以来,美国频繁试图通过经济制裁重塑那些违背美国利益或在意识形态层面与之不相符合的国家,本质上是对别国内政的粗暴干涉,引发了国际社会的强烈不满。近年来,美国不断在我国内政问题上挑战我国的底线。2019 年 11 月 27 日,特朗普签署所谓"香港人权和民主法案",对"侵犯香港人权"的官员实施冻结资产、限制入境等制裁措施,并要求美国国务院每年向国会提交审查香港自治情况的报告以决定香港是否继续享有特殊待遇。法案中称,美国国务卿每年提交国会的报告中还应包括"中国政府的行为是否同其在《香港基本法》和《中英联合声明》中的承诺相抵触,并使香港的自治地位受到削弱"。此举可视为美国对我国内政的公然干涉。"一国两制"是我国政府一项长期不变的基本国策,香港特区是中国不可分离的部分,香港事务是中国的内政,这一点不言自明。处理香港特别行政区的事务完全是中国内政,用不着任何外部势力指手画脚。[②] 针对美国这一对我国内政进行粗暴干涉的举动,我国表示强烈谴责,也迅速予以反击。

美国利用其经济实力对第三国企业和个人加以制裁威胁,迫使其他国家遵循美国的外交政策是对其他国家内政的干涉。美国于 2018 年宣布退出伊核协议后,尽管英、法、德三国曾发布联合声明试图维持该协议,但迫于美国的制裁压力,几乎所有这些国家的企业都退出了伊朗市场,这些国家被迫眼睁睁地看着自己的外交政策目标土崩瓦解。[③] 2019 年 12 月,美国以威

---

① 白桂梅:《国际法》(第三版),北京大学出版社 2015 年版,第 336 页。

② 骆惠宁:《推动香港"一国两制"事业行稳致远》,《人民日报》2020 年 1 月 20 日,第 9 版。

③ Ali Vaez. "Europe is Running Out of Time to Save the Iran Deal", https://foreignpolicy.com/2020/01/16/europe-is-running-out-of-time-to-save-the-iran-deal/.

胁欧洲能源安全为由,将制裁"北溪-2"项目纳入《2020年国防授权法案》,再度干涉欧洲国家与俄罗斯进行经济往来。该法案要求对参与俄罗斯与德国之间的"北溪-2"项目的企业实施冻结资产等制裁措施,令德美关系陷入僵局。德国对这种"域外制裁"表现出强烈的反感,指责美国对德国及欧洲内部问题进行无端干涉。

三、联合国安理会决议扩大化适用问题

在联合国的集体制裁框架下,美国经常打着联合国集体制裁的旗号任意扩大制裁范围。

朝鲜是目前世界上唯一打破禁止核武器试验国际规范的国家。2016年朝鲜重启暂停三年的核试验,瞬间引发国际社会的强烈反应。在2016年11月—2017年9月,联合国安理会通过多项涉及朝鲜制裁内容的决议,不断向朝鲜施加集体制裁压力。美国也迅速反应,于2017年9月20日发布第13810号总统行政命令,援引联合国安理会的上述决议对朝鲜施加进一步制裁。但问题在于,美国发布的总统行政令存在将联合国安理会决议扩大化适用的问题。联合国安理会第2371号决议扩大了对朝鲜的金融制裁,要求各国不得允许朝鲜实体或个人与该国公民或在该国境内创办、投资合资企业。[1] 美国发布的第13810号总统行政命令却将金融制裁的大棒挥向外国金融机构。根据该命令,美国将对明知进行或促成任何与朝鲜贸易有关的重大交易的外国金融机构实施制裁,内容包括禁止在美国开设账户、冻结在美资产、禁止相关财产转让等措施。[2] 这一做法还被纳入美国对朝经济制裁法律中,2019年12月20日,美国对《2016年加强制裁朝鲜及政策法案》作出修订时新增加的201B节延续了此前行政命令中对外国金融机构施加制裁的规定。美国这种将制裁范围扩大到第三国的做法是典型的次级制裁,远超出联合国安理会决议确定的制裁范围。

美国还在安理会决议执行问题上充当"世界警察",多次批评其他国家的安理会决议执行情况,并借故向其他国家发动制裁。近年来,我国有多家

---

[1] 联合国安全理事会,第2371(2017)号决议。
[2] Executive Order 13810 of September 20, 2017, Sec.4.

企业因与朝鲜的经贸往来被列入美国制裁名单,行业范围涵盖金融、贸易、航运等。为保障各国切实履行制裁决议,安理会创设了一项监督机制,要求各国适时报告为执行决议采用的具体措施,专家小组同其他联合国制裁监测组可协助各国准备该报告。换言之,安理会决议从未授权任何一个单独国家负责监督其他国家履行决议的情况。美国以联合国集体制裁的名义,单方面地将制裁范围扩大到其他国家,本质上是一种谋求自身利益、打击异己的自私做法。

四、WTO 法律义务问题

金融服务贸易将金融和贸易两个范畴联系起来,将跨境金融服务纳入 WTO 多边规则体系之中。WTO 体制下的金融服务贸易是指一成员国的金融服务提供者向另一成员国提供金融服务的行为;金融服务则是指以跨境提供、境外消费、商业存在和自然人流动四种形式之一提供的任何属于金融性质的服务,涉及银行、证券、保险、金融信息服务等金融领域的各个方面。①

美国作为 WTO 成员方,其对 WTO 成员方实施的金融制裁还存在是否违反 WTO 框架下金融服务贸易义务的问题,这一问题主要涉及 GATS 及其金融附件、美国在金融服务贸易领域的承诺表和最惠国待遇豁免清单等文件。早在 1996 年《霍尔姆斯—伯顿法》颁布后,欧盟就曾于当年 10 月向 WTO 提起争端解决请求。欧盟称,美国的域外制裁措施排除了欧盟成员国根据 WTO《关贸总协定》(GATT)和《服务总协定》(GATS)享有的与古巴进行自由贸易的权利,违反"最惠国待遇""国民待遇"原则和"对贸易施加非关税壁垒"。美国援引 GATT 和 GATS 中的"国家安全例外"条款为自身辩护,坚称 WTO 没有权力在涉及"国家安全"和"外交政策"的问题上做出决断。由于当时在美国的主导下 WTO 制度刚刚得以建立,出于维护 WTO 争端解决机制权威性的考虑,美国开始与欧盟谈判,该案最终以欧盟宣布暂时冻结在 WTO 的诉讼程序告终。

2014 年 3 月,克里米亚公投成为美国对俄罗斯发起多轮金融制裁的导

---

① 温树英:《金融服务贸易的国际规制》,中国社会科学出版社、人民法院出版社 2005 年版,第 8—18 页。

火索,再度引发关于美国金融制裁措施 WTO 合规性的争议。此次金融制裁的对象经历了从个别俄罗斯政府高级官员到多家重点能源企业,再到俄罗斯金融机构的变化过程,制裁手段逐渐从冻结资产、禁止交易升级过渡到彻底断绝俄罗斯金融机构及企业的美元融资途径,呈现愈演愈烈的趋势。针对上述举措,2014 年 7 月 24 日,俄罗斯联邦经济发展部发表声明谴责美国对俄制裁违反 WTO 规则。具体而言,美国对俄制裁违反了《贸易服务总协定》(GATS)的最惠国待遇原则,同时制裁措施还与市场准入原则相矛盾。①

依据 GATS, 一方面,最惠国待遇系"一般义务与纪律",成员方必须遵守。从表面来看,美国的制裁措施导致数十家俄罗斯银行无法进行金融交易、融资或其他业务,显然在俄罗斯和其他没有受到制裁措施影响的 WTO成员方之间产生了差别待遇,构成对最惠国待遇原则的违反。然而,这样的分析路径并不全面,因为 GATS 最惠国待遇条款存在多种豁免及例外,可能会被美国援引以证明其金融制裁措施的正当性。

第一,GATS 第 2 条第 2 款设置了豁免清单制度,允许成员方开列一个具体的不遵守最惠国待遇的措施清单。美国于 1998 年 2 月 26 日最终确定金融服务部门的豁免清单,要求所有国家在部分州设立银行分支机构、获取美国国债的主要交易商资格、成为美国债券发行的唯一受托人时必须进行互惠测试,还有两项关于银行存款的豁免具有特定的适用国家。② 由此可见,美国对俄罗斯施加的金融制裁措施并不符合上述豁免清单的内容。值得注意的是,上述豁免清单还面临时限到期的问题。尽管美国提交的豁免清单没有明确实施的时限,但依据 GATS,此类豁免期限原则上不应超过 10 年。

第二,GATS 第 14 条设有"一般例外"和"安全例外"条款。对于一般例外条款,GATS 规定了两项适用要件,即采取措施是"必需的"和实施措施符合"最小歧视"要件。在马来西亚诉美国"虾和虾产品案"中,上诉机构指出美国在采取措施前没有与其他成员方进行认真的协商,因此美国采取的措施是歧视性的和无理的。③ 也就是说,美国在诉诸单边制裁措施之前应该

---

① "俄罗斯称美方制裁违反 WTO 规定,获多国支持",https://world. huanqiu. com/article/9CaKrnJFkiI,最后访问时间:2021 年 2 月 9 日。

② UNITED STATES OF AMERICA, List of Article II (MFN) Exemptions-Supplement 3.

③ WT/DS58/AB/RW, p.17.

秉持善意原则与对方进行协商解决问题。如此看来,美国单方面地对俄罗斯采取制裁之前未能与俄罗斯及其他WTO成员方进行认真、全面的协商,应当构成一种"无理的歧视",因此美国无法依据一般例外条款提出抗辩。对于安全例外条款,GATS第14条之二1(b)(iii)项"在战时或国际关系中的其他紧急情况下采取的行动"有可能为金融制裁提供一定的适用空间。但是,美国还必须证明其实施的金融措施对于保护美国的"基本安全利益"是"必需采取的"。在"欧共体海绵案"和"海上赌博案"中,将"必需的"解释为"合理可得的"(reasonably available)。如果存在与WTO协议相符合的其他替代性解决措施,则美国必须证明其为何不采用其他替代措施而必须实施金融制裁,这显然是很困难的。

第三,GATS在《金融附件一》中确立了审慎例外条款,赋予成员方为审慎原因而采取措施的权利,包括为保护投资人、存款人、保单持有人或金融服务提供者对其负有信托责任的人而采取的措施,或为保证金融体系完整和稳定而采取的措施。有学者指出,作为专门针对金融服务贸易的例外,一成员方援引该条款仅需证明基于审慎原因采取相关措施,构成"审慎例外"的条件要比"一般例外"和"安全例外"宽松,因此WTO成员方更倾向于选择审慎例外来证明其措施的合法性。[①] 2015年,WTO争端解决机构专家组在"阿根廷金融服务案"中首次就审慎例外条款做出解释,专家组将"审慎"一词解释为"预防性的"(preventive or precautionary)。[②] 将"审慎原因"定义为"促使金融部门监管者采取行动以预防风险、损害或危险的原因或理由,且该危险不必具有立即发生的性质(imminent)"。[③] 专家组还强调,条款中列明的两项审慎原因是指示性清单(indicative list),审慎原因的范围极其广泛。[④] 尽管如此,审慎例外并非毫无限制,美国能否援引审慎例外条款为其金融制裁措施辩护仍然是一个有待商榷的问题。从审慎例外条款产生的背景来看,该条款寻求在金融监管和金融服务自由化的冲突之间达成一种平衡。金融业的高风险性和内在的不稳定性客观上需要通过监管使金

---

① 彭岳:《例外与原则之间:金融服务中的审慎措施争议》,《法商研究》2011年第3期,第92页。

② WT/DS453/R, paras. 7.867.

③ WT/DS453/R, paras. 7.879.

④ WT/DS453/R, paras. 7.869.

融机构依法运作,保持合理的资产负债比例、流动性和清偿能力,以保障金融机构资金运用安全和社会公众利益。①《金融附件一》第 2(a)条第 1 句规定了援引审慎例外的积极要件以保证其目的的正当性,即维护金融体系的稳定和保护消费者权益;第 2 句规定了援引审慎例外的消极条件以防止其被滥用,即如果此类措施不符合 GATS 的规定,那么就不得被用作逃避该成员方在 GATS 项下的承诺或义务的手段。② 而美国对俄罗斯采取的冻结资产、阻止金融交易等制裁措施,既非出于上述目的,还有逃避 GATS 项下承诺与义务之嫌,因此,审慎例外条款无法使美国的金融制裁措施获得正当性。

GATS 第 16 条"市场准入"原则规定在 GATS 第三部分"具体承诺"中。依据该原则,每一成员对任何其他成员的服务和服务提供者给予的待遇,不得低于其在具体承诺减让表中同意和列明的条款、限制和条件。美国于 1998 年提交的《美国具体承诺减让表附录 3》,是判断美国对俄罗斯的金融制裁是否违反市场准入原则的重要依据。纵览美国具体承诺表中的"金融服务(限于银行和其他金融服务,不包括保险)"部门,美国的承诺主要涉及外国银行的设立,例如要求银行董事人员构成应保证美国公民达到一定比例,在某些州禁止或以其他方式限制外国人通过收购或建立州特许商业银行子公司的方式首次进入或扩张等。③ 显然,美国对俄罗斯实施的限制并不在以上承诺范围之内,美国应基于市场准入原则向俄罗斯金融机构及公司开放国内金融市场。

五、IMF 规则下的金融制裁

国际金融体系的构建发端于第二次世界大战之后,在以美国为首的西方国家引领之下,相关制度得以确立。有学者指出,目前的国际金融体系依然存在内在的"西方性"与"美国性",IMF 和世界银行本质上是"美欧共治"的体现。④ 两者在组织程序和决策内容等方面表现出对发达国家的

---

① 韩龙:《论 GATS 金融附件中的"审慎例外"》,《中南大学学报(社会科学版)》2003 年第 3 期,第 315 页。

② 彭岳:《例外与原则之间:金融服务中的审慎措施争议》,《法商研究》2011 年第 3 期,第 93 页。

③ UNITED STATES OF AMERICA Schedule of Specific Commitments Supplement 3.

④ 廖凡:《全球金融治理的合法性困局及其应对》,《法学研究》2020 年第 5 期,第 40 页。

某种"惯性"倾斜。[①] 这一点在金融制裁问题上也有体现,具体表现为美国在 IMF 对被制裁国家贷款决策中的过度影响。

向陷入危机的成员国提供贷款是 IMF 的职能之一。研究表明,经济增长率为负、偿债水平较高、外汇储备有限、货币危机和严重依赖外部融资的国家更倾向于获得 IMF 的贷款。[②] 针对不同类型的国际收支需求以及成员国的具体国情,IMF 有多种贷款工具。例如,快速融资工具(RFI)是 IMF 于 2011 年设立的一次性短期贷款工具,旨在满足成员国因商品价格冲击、自然灾害、冲突和冲突后局势以及脆弱性导致的紧急情况而产生的融资需求。2020 年新冠肺炎疫情暴发后,IMF 迅速将 RFI 下与新冠肺炎疫情有关的每年贷款额度从成员国缴纳份额的 50% 调高至 100%,用以保障成员国应对新冠肺炎疫情所产生的资金需求。

经济制裁会对被制裁国家的宏观经济表现产生不利影响。加利·克莱德·霍夫鲍尔等人对 1914—2000 年发生的所有主要制裁案例进行了评估,发现在被制裁期间被制裁国家的国民生产总值平均下降了 3%,平均通胀率达到 37%。当被制裁国家经济发展水平因经济制裁不断恶化陷入严重危机时,理论上可以向 IMF 申请获得贷款,IMF 就会变成天然的"制裁克星",然而事实上却并非如此。有学者将 IMF 的贷款数据与 120 个新兴市场经济体 1975—2005 年的经济制裁数据相结合,通过实证研究发现,经济制裁可能会阻碍被制裁国家获得 IMF 的贷款,这与 IMF 向需要帮助的成员国提供贷款"生命线"以缓解它们的短期国际收支问题的宗旨相违背。[③] 事实也验证了以上结论,新冠肺炎疫情造成的全球经济动荡引发了前所未有的融资需求,1/3 以上的成员国从 IMF 获得了资金支持,但其中并不包括被美国制裁的委内瑞拉和伊朗。委内瑞拉于 2020 年 3 月向 IMF 申请 50 亿美元的 RFI 贷款,很快被 IMF 以马杜罗政府未获得国际社会对国家官方

① 张晓静、张金矜:《布雷顿森林机构的合法性危机以及克服路径》,《国际法与国际关系学刊》 2016 年第 1 期。

② James Raymond Vreeland. *The International Monetary Fund: Politics of Conditional Lending*. New York: Routledge, 2006.

③ Dursun Peksen & Byungwon Woo. Economic Sanctions and the Politics of IMF Lending. *International Interactions*, Vol.44, pp.681–708.

政府的承认为由拒绝。伊朗同样于 2020 年 3 月向 IMF 申请 50 亿美元 RFI 贷款,然而 IMF 至今仍未批准这一请求,IMF 中东和中亚部负责人曾向媒体表示:"由于我们最近与伊朗的接触有限,我们获得评估请求所需信息的过程需要时间。"[①]

依据 IMF《基金协定》,基金组织应设立理事会、执行董事会、总裁及工作人员。执董会由代表一个国家或一组国家的 24 名执行董事组成,负责处理基金组织的业务,包括做出贷款决策。长期以来,IMF 自身的治理结构和表决方式一直饱受诟病。"资本多数决"的表决方式使得欧美等发达国家掌握了巨大的话语权,能够在相关问题上主导做出符合自身利益的决策,而数量上占据多数的发展中国家却声势薄弱,难以反映合理诉求。有学者将这种弊端概括为"民主赤字"问题。[②] 一方面,尽管当前执行董事已全面实现了选举制,但最大的选区包括 23 个国家,大量发展中国家的利益诉求被忽视。IMF 总裁的选任难以打破"欧洲传统",美国也从未放弃过 IMF 第一副总裁的位置。另一方面,执行董事行使的分配给他们所代表的国家的投票权与各成员国缴纳的份额挂钩。美国作为最大的份额缴纳国,控制着约 17% 的投票权,对 IMF 的决策发挥着巨大的影响力。此外,依据《基金协定》约定:IMF 总部应设在持有最大基金组织份额的成员国境内,目前其位于美国华盛顿。有学者指出,美国可以利用其区位和资源优势,通过非正式渠道(例如在 IMF 项目谈判期间与 IMF 高级工作人员进行接触),在其认为重要的问题上主导决策。[③] 鉴于美国在 IMF 规则下拥有的强大的影响力,早在 20 世纪 90 年代就有学者指出:"那些外交政策向美国靠拢的国家,比那些偏离美国立场的国家更有可能从 IMF 获得贷款。"[④]而在经济制裁问题上,不难预料,美国作为最大的制裁发起国将通过其在 IMF 内的政治影响力阻碍向被制裁国家提供援助贷款。事实上,美国毫不掩饰其通过国际金融机构施加影响力的意图。例如,美国《国际金融机构法》指示其各国际

---

① Davide Barbuscia. "IMF's assessment of Iran funding request is taking time", https://www.google.com/amp/s/mobile.reu-ters.com/article/amp/idUSKCN21X1CL.

② 廖凡:《全球金融治理的合法性困局及其应对》,《法学研究》2020 年第 5 期,第 42 页。

③ See Randall W. Stone. *Controlling Institutions: International Organizations and the Global Economy*. Cambridge: Cambridge University Press, 2011.

④ See Strom C. Thacker. The High Politics of IMF Lending. *World Politics*, 1999, Vol.1, pp.38 - 75.

金融机构的执行董事反对向严重侵犯人权、实施恐怖主义行为的国家提供任何贷款、任何财政援助或任何技术援助。《核不扩散法》还指示国际金融机构的执行机构不得向违反《核不扩散条约》的国家或寻求将核资源用于军事目的的国家提供任何财政资源。

在当前的 IMF 规则下,美国作为频繁发起经济制裁的国家对 IMF 的决策有直接影响,被制裁国家将面临双重挑战:一方面,是制裁本身产生的严重经济混乱;另一方面,是 IMF 不愿提供贷款以部分缓解其眼前的经济困难。在这种情况下,IMF 作为一个"事实上的制裁实体",间接助长了美国金融制裁给被制裁国带来的国际孤立和经济困难。

第五节　美国金融制裁的"非对称性"特征

相较于贸易制裁,金融制裁更具"非对称性"的特征。所谓"非对称性",即"人无我有",只有美国能够单方面地向其他国家发动金融制裁。而且,美国不仅能对朝鲜、伊朗这种综合国力较弱的中小国家发动金融制裁,而且俄罗斯这样的大国也在美国的金融制裁下元气大伤。在金融全球化的过程中,美国在国际金融市场中占据了一席之地,并在相关规则制定上掌握了话语权,实现了金融霸权。美国之外的国家国内金融市场封闭且不发达,无法在金融实力上与美国抗衡,大部分国家依赖出口贸易换取外汇、拉动经济增长。在这种过于悬殊的金融实力对比之下,美国对他国的金融制裁就显示出明显的非对称性。具体而言,① 美国利用长臂管辖原则下比较完备的法律体系、丰富的制裁手段以及发达的金融系统优势对其他国家企业和金融机构进行制裁;② 美国利用其在国际首付清算系统的主导地位将被制裁国家的金融机构排除出 SWIFT 系统,使被制裁国家在国际金融体系中处于孤立地位。面对这种金融制裁的"非对称性",其他国家几乎无力反击。

一、美元霸权:金融制裁"非对称性"的权力基础

关键货币在全球经济中扮演着三个相互关联的角色,每个角色都对应

于货币的三种功能之一。首先,关键货币扮演着交换媒介的角色,是世界通用的支付手段。其次,它作为记账单位,用以固定汇率和管理汇率的锚定货币。再次,它发挥价值储存的作用,是各国的国家储备货币。正如货币政治教父本杰明·科恩所述,关键货币是一种高度国际化的货币,"它的使用在大多数跨境交易中占据主导地位,它的接受程度如此之高,以致消解了地理上的边界。"①而在今天,这种关键货币无疑是美元。从实践看,虽然美国在国际贸易中的占比有限(约 10%),但美元是世界最重要的储备货币(占官方外汇储备的 61%),且约有 50% 的国际贸易与 40% 的国际支付(通过SWIFT 系统)以美元结算。② 凭借美元的这种特殊地位,美国政府得以拥有引导和支配全球制度安排的"美元霸权",进而构成美国单方面实施"非对称性"金融制裁的权力基础。

在当前以美元为主导的国际货币体系中,对国际商业活动的参与者而言,美元的关键货币角色使他们依赖美元进行国际支付、结算和融资;对跨国经营的金融机构而言,无论其在什么地方经营,都需要获取美元以便充分服务客户并保持竞争力。一般情况下,外国银行通过在美国银行开立"代理账户"来实现美元的稳定供应。代理账户类似于银行的银行账户,它允许外国银行实体在另一家(美国)银行机构持有存款,并代表外国客户从它们那里接受美元清算服务。这一模式导致的结果是全球任何希望定期获取美元或提供美元支付服务的企业或银行必须与受美国国内法管辖的美国银行保持紧密的联系。鉴于美元在国际金融体系的中心地位,这种准入条件对外国银行来说不是可选的,而是不得不接受的。正如奥巴马政府时期主管金融制裁的官员大卫·科恩所说的那样,"对世界各地的银行和企业来说,如果它们无法进入美国金融体系,就无法进入美国经济,这将给它们造成重大创伤。这给了我们一个巨大的杠杆、一个巨大的机会,通过我们的金融措施来展现美国的力量。"③

---

① Benjamin J. Cohen. *Currency Power: Understanding Monetary Rivalry*. Oxford: Princeton University Press, 2015.

② 张瑜、高拓:《制与反制:应对美国金融制裁》,《中国外汇》2020 年第 15 期,第 23 页。

③ William Mauldin. "US. Treasury's Top Terrorism Cop: How Financial Tools Fight Foes". https://www.wsj.com/articles/BL-WB-46085.

美国通过两项法律工具威胁被制裁对象获取美元的能力,即《爱国者法案》第 311 条和 SDN 名单。《爱国者法案》第 311 条授权财政部迫使美国银行拒绝向任何被指定为"初步洗钱牵连"(primary money laundering concern)的实体提供服务,尤其是第 311 (b)(5)节允许财政部禁止美国银行向指定实体提供代理银行服务,这实际上切断了美元结算渠道,并剥夺了相关主体参与全球金融体系的机会。至关重要的是,这一措施不仅可以对美国境外的司法管辖区(如伊朗)产生影响,而且涉及美国境外的一个或多个类别的交易(例如为恐怖组织服务的银行)也会受到影响。这本质上是美国利用美元霸权扩大金融制裁范围的做法。此外,美国财政部经常利用第 311 条胁迫外国金融机构,甚至无需直接实施这些措施。第 311 条要求财政部在指定"初步洗钱牵连"之前发布拟议规则通知,这实际上是一种正式威胁,意味着相关外国金融机构面临即将采取法律行动的高风险。这样做会给任何继续与受威胁外国金融机构进行交易的银行带来声誉成本以及可能的后续监管审查,导致该机构不仅被美国银行孤立,而且被试图保持美元市场准入的外国银行孤立,从而使该机构难以进入美国金融市场。美国财政部还利用 SDN 名单切断被制裁对象获取美元的渠道。IEEPA 和其他具体制裁法规下的制裁计划要求美国银行和金融机构冻结被列入 SDN 名单的实体的资产,并拒绝与其进行交易,有效限制了被制裁对象获取金融资源的途径。

美元作为当今世界最重要的货币,无论是对一个国家而言,还是对一家金融机构而言,保持稳定的美元获取能力是至关重要的。美元霸权赋予了美国在金融制裁领域的非对称权力,没有任何一家银行会在单个客户或某个国家的"非法业务"和美元清算业务之间选择前者。只要世界依赖以美元为核心的国际货币金融体系,美国就将持续拥有非对称的货币金融权力,被制裁对象就难逃美国金融制裁的打击。

二、美国主导下的国际收付清算系统

当前,国际收付清算系统由美国影响下的两大组织共同构成,即环球银行间金融电信协会(SWIFT)和纽约清算所银行同业支付系统(CHIPS)。SWIFT 成立于 1973 年,其主要业务是为各家会员机构提供跨境收付清算中所需的电文传输和转换服务。在 SWIFT 建立之前,美国和欧洲的银行都寻求创建一种标准化的信息格式来取代电传,并提供一种更快的金融信息传输方式。为了"规避纽约和伦敦之间的激烈竞争",SWIFT 根据比利时法律创建,并在布鲁塞尔注册。如今,SWIFT 的服务范围覆盖全球 200 多个国家的数万家金融机构。CHIPS 是当今世界范围内规模最大的民营清算服务系统,由纽约清算所协会(NYCHA)拥有并经营,负责处理全球 95% 以上的跨国美元交易。SWIFT 与 CHIPS 二者相辅相成、紧密联系,共同构筑起以美元为核心的国际收付清算基础设施。美国在这两大机构中的主导地位,使其成为唯一有能力和技术切断他国与外界金融联系的国家。

SWIFT 提供电文报送及转换服务的大多数交易都以美元进行,美国也在该机构中占据主导地位。美国不仅作为初始会员国之一在董事会中占据两个席位,而且美国代表也长期占据董事长席位。美国对 SWIFT 的主导影响力在"9·11"事件后浮出水面,美国以打击恐怖主义为由要求 SWIFT 拒绝为被美国制裁的对象提供服务,从而切断恐怖分子的跨国资金转移渠道。美国还进一步要求 SWIFT 接受美国对其执行情况的监管。直到 2006 年 6 月,美国通过 SWIFT 获取大量国际金融交易记录、检查在美国发生的数万起银行交易的情况才被《纽约时报》曝光。

美国利用其主导地位,将被制裁国家踢出 SWIFT 系统成为一种重要的金融制裁手段,并形成了一套由内及外的实施路径。由于 CHIPS 在美元跨国交易清算中占据了巨大份额,为跨国交易清算提供电文传送服务的 SWIFT 要与 CHIPS 配合使用,而这两项基础设施实际上都是为美元霸权服务的。因此,美国可以先从国内入手,阻止被制裁国家使用 CHIPS 进行美元的跨国往来。此时 SWIFT 对被制裁国家而言就变得可有可无了,足以动摇其他国家在是否将被制裁国家排除出 SWIFT 问题上的立场。被制裁国家一旦被踢出 SWIFT,其开展国际收付清算业务的能力将大幅降低。回顾美国对伊朗的制裁过程,可以清晰地洞察这一实施路径。2008 年 11 月,美国以核扩散为由对伊朗发起金融制裁,随即 CHIPS 系统停止为伊朗提供美元的跨境结算。4 年之后,美国参议院银行委员会通过了一项法案,授权行政部门对 SWIFT 向指定的伊朗银行提供服务进行制裁。短短 6 周后,在美国和欧盟的共同施压作用下,SWIFT 终止为 30 家伊朗银行提供跨境支付服务。这一制裁使伊朗的金融业务和对外贸易遭受重创,尤其对伊朗的石油贸易造成巨大损害,伊朗被迫采取以货易货这种低效、烦琐的交易形式,导致伊朗的石油出口量出现明显下滑。由于这种制裁对经济的摧毁效果十分显著,美国有将 SWIFT 作为金融制裁的常态化工具的趋势。

三、美国的金融系统优势

美国具有全球最发达的金融系统,并在长期的实践中形成了一套从行政部门到金融系统的高效联动机制,为美国金融制裁的执行提供了有力支撑。

美国金融制裁的执行很大程度上依赖于银行等金融机构。OFAC 是美国财政部中直接负责金融制裁的职能部门,但其并不直接对被制裁对象进行的金融交易进行实时监控,而是将这一义务转移给美国及外国金融机构承担。在这种机制下,如果受美国司法管辖的金融机构识别出涉及 SDN 名单内实体的支付指令,该机构必须阻止(冻结)支付指令所针对的任何财产,或者在某些情况下,该机构可以拒绝交易。该机构必须在 10 个工作日内主动向 OFAC 提交一份监管报告,说明所有人或账户方、财产所在地、价值、被阻止或拒绝的日期、支付请求图像以及该项资金被转入冻结账号的信息。为了保障这一机制有效运行,OFAC 对美国金融机构提出了较高的合规要求,强调金融机构在判断交易方是否属于 SDN 名单或其他被制裁的对象时应采取基于风险的方法。OFAC 督促金融机构内部建立并维持与 OFAC 步调一致的全面合规体系,这一合规体系至少应包含以下几个因素:确定高风险区域;为筛查和报告提供适当的内部控制;建立合规性的独立测试;指定专门的合规负责人;为所有相关领域的员工开展培训计划。先进的技术手段也为美国金融制裁执行机制的运行提供了便利,目前美国金融界普遍采取先进的筛查软件以加强其监测和报告系统。其中,有的软件专门用于在电汇中拦截受制裁国家和 SDN 名单等制裁清单上的实体;有的软件则用于检查新客户的姓名或定期筛选所有账户持有人的姓名。

当 OFAC 得知一项非法交易已经通过美国金融机构处理,但没有被冻结或拒绝时,OFAC 可能会向该机构发出行政传票,要求解释交易是如何处理的。如果该机构无法做出有说服力的合理解释,OFAC 会向其签发警告信,表达对该机构能否有效落实合规义务的"关切"。一旦 OAFC 依据相关调查确定该机构存在违规行为,则该机构将面临高额的民事处罚或移交执法部门提起刑事起诉。具体的罚款金额主要由三项因素综合确定:交易涉及的金额、违规行为的"严重性"和是否公开披露违规行为。此前,OFAC 已对未能适当阻止或拒绝涉及被制裁对象的非法转账或欺诈美国金融机构进行处理的多家美国及外国金融机构处以数亿美元的民事罚款。值得注意的是,2021 年 3 月,OFAC 对多部制裁法律下的民事罚款最高金额做出调整,全面提高了民事罚款金额的上限。

这种执行机制的好处是显而易见的,使美国的金融制裁变得更具可操作性,制裁成本大幅降低,制裁效果显著。20 世纪 70 年代爆发的信息革命加快了全球金融交易的电子化进程,各国的金融市场之间形成了一张联系紧密的网络,也在客观上促使美国的金融制裁打击能够轻而易举地覆盖到全球各地的任何一笔金融交易上。美国能够在短时间内迅速捕捉到大量相关"非法交易"并采取行动,整个运行机制十分高效。OFAC 将审查 SDN 名单内实体的义务转移给金融机构承担,虽然加重了金融机构的合规义务与合规压力,但从政府层面确实降低了执行金融制裁时所需的人力成本和时间成本,具有充分和成本可控的可操作性。

四、美国的金融制裁效果

在国际政治经济学的研究范畴中,经济制裁的有效性一直是学者们关注的重点问题。围绕经济制裁是否能够起到改变被制裁国家政策和行为的作用这一问题,学界存在争论。具体而言,怀疑派认为所谓"经济扼杀战略"只会起到激化矛盾、引发被制裁国家更大规模抵触和反抗的作用;支持派则认为经济制裁作为一种军事强制和无作为之间的恰当选择,能够动摇被制裁国家的政府,使其做出符合制裁发起国利益的内外政策。[①] 无论两派学者如何争论,他们的一个基本共识是,美国的经济制裁对被制裁国家的经

---

① 阮建平:《战后美国对外经济制裁》,武汉大学出版社 2009 年版,第 125 页。

济发展产生了巨大的消极影响，扰乱了稳定的社会生活秩序。从现实来看，金融制裁造成的经济损失尤为严重，反映出美国"非对称性"金融制裁的超强威力。

2011—2015年，受美国制裁的影响，大多数国际金融机构退出了伊朗市场。2016年伊核协议生效后，即使伊朗面临的制裁压力有所缓解，但大部分银行对于重返伊朗仍然没有表现出一定的积极性。一方面，过去美国处理与伊朗有关交易的大额处罚使它们担心美国可能仍会延续制裁做法，而且不能在与伊朗相关的交易中使用美元为经营增加了客观障碍。另一方面，伊朗国内金融市场存在诸多问题，例如自由化水平低、信用经济欠发达、政府监管缺乏透明度、存在大量非法金融机构等，导致外国银行重返伊朗市场面临更多的不确定性。2018年美国重新实施制裁后，伊朗经济陷入更大的危机。那些少数重新进入伊朗市场的银行再次退出或限制了与伊朗的交易，伊朗在全球经贸活动中处于相当被动的地位。在外汇储备方面，美国官员估计，目前伊朗的外汇储备总值约为850亿美元，由于美国施加的限制，其中只有约10％可以获得。[1] 在汇率方面，重启制裁导致里亚尔兑美元汇率在2018年11月5日暴跌至15 000∶1。货币贬值伴随着严重的通货膨胀，到2018年年底伊朗的通货膨胀率上升到近40％。雪上加霜的是，新冠肺炎疫情使里亚尔贬值的趋势以惊人的速度急剧加速，2020年9月里亚尔兑美元汇率跌至约26 500∶1，跌破历史最低水平。

总体来看，美国的金融制裁对伊朗经济造成的损害堪称是毁灭性的。在2011—2015年，伊朗经济下滑了约20％，与之形成强烈对比的是，失业率上升至约20％。尽管伊核协议期间制裁的减免使伊朗在2016—2018年实现了7％的年增长率，但随着美国退出伊核协议、加大对伊朗的制裁力度，伊朗经济再次陷入衰退。世界银行发布报告称，伊朗经济在2019—2020年GDP实际萎缩约6.8％，石油部门的衰退尤为明显，降幅达到38.7％。由于经济不确定性和经济复苏压力，伊朗的通胀压力将居高不下。[2]

---

[1] Ian Talley. "Iran, Cut Off From Vital Cash Reserves, Faces Deeper Economic Peril, U.S. Says". https://www.wsj.com/articles/iran-cut-off-from-vital-cash-reserves-is-approaching-economic-peril-u-s-says-11575369002.

[2] The World Bank. Islamic Republic of Iran Economy Overview and Outlook, Oct. 1, 2020.

五、被制裁国家有限的应对能力

美国利用美元霸权和其在国际收付清算系统中的主导地位施加金融制裁，本质上是对自身利益的过度追求，全然不顾对其他国家利益可能造成的损害，引发了许多国家的不满。其中不仅包含伊朗、俄罗斯这类直接遭受美国金融制裁的国家，而且包括欧盟等受美国次级制裁影响的国家。然而，这些国家的应对能力十分有限，体现了美国金融制裁的"非对称性"特征。经济相互依赖给美国带来了非对称权力——美国可以损害很多其他国家的利益，但是其他国家却拿美国没办法。

为了减少美元的使用，委内瑞拉政府曾于 2017 年年底推出加密数字货币——石油币（petro coin），声称其将根据包括原油、天然气和黄金在内的商品进行估值。然而，由于委内瑞拉政府公信力低、石油币价值波动较大、数字货币技术尚不成熟等原因，石油币的发展面临诸多限制。尽管石油币被确定为委内瑞拉官方法币，但仍未打破其国内公民长期偏好美元这一现状。即使委内瑞拉愿意将原油以 7 折的优惠价格出售，但也不能说服印度等国接受石油币作为付款方式。石油币很快成为美国锁定的目标，2018 年 3 月，特朗普签署总统行政令禁止美国公民和实体或美国境内的个人和实体购买、出售、交易或持有这种数字货币。由此可见，无论是在委内瑞拉国内还是国际社会，"石油币"的推广都面临许多障碍，难以实现取代美元的目的，致使委内瑞拉规避美国金融制裁的效果十分有限。

除了摒弃美元，许多国家还尝试"另起炉灶"建立新的国际收付结算系统来规避美国的金融制裁。2019 年 1 月，英、法、德三国牵头建立了"贸易往来支持系统"（INSTEX）。INSTEX 通过将从伊朗购买商品的公司的欧元付款与向伊朗出售商品的企业的欧元收款相匹配，排除资金的跨境流动，规避美国的制裁风险。伊朗方面也于同年 4 月建立了"特别贸易和金融机构"（STFI）与其对接。但是，INSTEX 能否取代 SWIFT 成为与伊朗结算的系统，从而反抗和挑战美国的金融制裁还存在许多不确定性。首先，伊朗对 INSTEX 表现得并不积极，这与 INSTEX 目前只适用于药品、医疗器械和农产品贸易有关，这些产品本身属于人道主义贸易范畴，享有美国制裁的豁免，因此，目前的 INSTEX 在规避美国制裁上并不具备较强的实质意义。其次,INSTEX 能否真正消除欧洲企业对美国制裁的疑虑也是未知数。如果广大欧洲企业无意与伊朗进行经贸往来,INSTEX 也终究只是一纸空文。

第六节 美国"非对称性"金融制裁的中国应对

近年来美国频繁对我国施加金融制裁,我国在一定程度上也予以了回击。根据公开资料,2020 年以来,我国针对美国对台军售、干涉我国内政等行为实施了 9 次制裁(见表 6-1)。然而,大多数情况下我国并未具体说明制裁措施,且被制裁对象往往在华业务有限,我国予以反击的制裁措施难以达到"对等报复"的效果。由于美国金融制裁具备的"非对称性"特征,中国难以通过"以牙还牙、以眼还眼"的金融制裁措施实现有力反制。

表 6-1 2020 年以来我国对美国实施的制裁

序号	日期	制裁原因	制 裁 对 象	制裁措施
1	2020 年 7 月 13 日	美国制裁一家中国新疆政府机构和 4 名官员	美国"国会—行政部门中国委员会"以及美国国务院国际宗教自由无任所大使布朗巴克、联邦参议员鲁比欧、克鲁兹、联邦众议员史密斯	无具体说明
2	2020 年 7 月 14 日	美国对台军售	洛克希德·马丁公司	无具体说明
3	2020 年 8 月 10 日	美国制裁 11 名中国中央政府部门和香港特区官员	美国联邦参议员鲁比欧、克鲁兹、霍利、科顿、图来;联邦众议员史密斯;美国国家民主基金会总裁格什曼;美国国际事务民主协会总裁米德伟;美国国际共和研究所总裁特温宁、人权观察执行主席罗斯、自由之家总裁阿布拉莫维茨	无具体说明

序号	日　期	制裁原因	制　裁　对　象	制裁措施
4	2020年10月26日	美国对台军售	洛克希德·马丁、波音防务、雷神等美国企业以及在售台武器过程中发挥恶劣作用的美国有关个人和实体	无具体说明
5	2020年11月30日	美国制裁4名中国中央政府和香港特区政府官员	"美国国家民主基金会"亚洲事务高级主任约翰·克瑙斯;"美国国际事务民主协会"亚洲项目负责人阿南德、香港分部主管罗萨里奥、项目主任薛德敖	无具体说明
6	2020年12月10日	美国利用涉港问题严重干涉中国内政,损害中方核心利益	在涉港问题上表现恶劣、负有主要责任的美国行政部门官员、国会人员、非政府组织人员及其直系亲属	对等制裁
7	2021年1月18日	美国在涉台问题上放松美台交往限制	在台湾问题上表现恶劣的美负责官员	无具体说明
8	2021年1月21日	严重中国干涉内政、损害中国利益	严重侵犯中国主权、负有主要责任的28名人员,包括特朗普政府中的蓬佩奥等人	被制裁人员及其家属被禁止入境中国内地和香港、澳门特别行政区;被制裁人员及其关联企业、机构也被限制与中国打交道、做生意
9	2021年3月27日	美国制裁新疆有关人员和实体	美国国际宗教自由委员会主席曼钦、副主席伯金斯	禁止入境中国内地及香港、澳门特别行政区,禁止与中国公民及机构交易、往来

近年来,中国企业及个人遭受的来自美国的打击和制裁不胜枚举。通过在美国商务部国际贸易局官方网站查询可知,截至 2021 年 5 月 14 日,被 OFAC 列入 SDN 清单的中国实体共 273 个(包括企业、个人和机构)。2021 年 2 月,美国总统拜登在首次外交政策讲话中将中国称为"最严峻的竞争对手"(Most Serious Competitor)。现任美国财政部长沃利·阿德耶莫更是直言将通过制裁机制履行财政部维系美国国家安全的职能。[①] 由此可见,拜登政府在美国外交政策中不会放弃使用经济制裁这一武器。而在"金融脱钩"的背景下,我国面临的金融制裁风险陡然增加。下文旨在从金融制裁的"非对称性"特征出发,从宏观层面和微观层面为应对美国的金融制裁提供思路。

一、宏观层面应对

(一) 扩大金融开放

美国金融制裁带来的最大风险在于将被制裁国家逐出当前的国际金融体系,使之成为"金融孤岛"。因此,应对美国金融制裁的根本之策就是扩大对外开放,深化与美国经济和贸易往来,打破金融封锁的现实威胁。[②] 中国应坚持扩大金融开放,深度融入全球金融市场,促成"金融挂钩",增强与美国的相互制约能力。

2018 年以来,中国开启新一轮的金融市场对外开放进程,此次无论是开放的广度还是深度都较之前明显提升。从广度来看,中国 30 多种金融市场牌照几乎全面放开对外资的准入限制,开放范围不仅涵盖银行、保险、证券等主流的金融服务,而且包含信用评级、支付清算等较为冷门的业务领域。从深度来看,银行、保险、证券、公募基金等领域均不再设置外资持股比例的上限,允许外资通过控股集团、独资、合资等多种形式灵活进入中国市场。过去要求较高的业务资质也逐步放松了准入门槛,外资可在中国金融市场获得更宽广的发展空间。一系列重大金融开放举措为外资进入中国市场创造了有利条件,各类外国金融机构纷纷表现出极高的积极性,加速布局

[①] "特朗普任内已实施 3 900 次制裁,伊朗是被制裁最多的国家",https://world.huanqiu.com/article/413Dqz5JATy,最后访问时间:2021 年 2 月 10 日。

[②] 米晓文:《美国金融制裁处罚机制研究与启示》,《财政科学》2019 年第 6 期。

中国市场。而美国的金融机构也不例外,有多家美国机构投身中国公募基金、电子支付、信用评级、券商等行业,让中美金融脱钩的可能性越来越小。

新冠肺炎疫情的出现没有打乱中国对外开放的脚步。2020 年中国推动达成《区域全面经济伙伴关系协定》(RCEP)和《中欧全面投资协定》(中欧 CAI),为进一步金融开放积蓄更多能量。RECP 第八章附件一就金融服务作出了具体规定,为缔约方进一步扩大金融市场开放提供了条件。第 3 条规定各缔约方需努力允许其他缔约方在其境内设立的金融机构提供新的金融服务。第 11 条规定根据给予国民待遇的条款和条件,每一缔约方应允许其他缔约方在其境内设立的金融机构进入由公共实体运作的支付和清算系统、官方融资和再融资设施。在中欧 CAI 中,中国首次在包括服务业和制造业在内的所有行业以负面清单形式做出投资承诺。在金融服务领域,中国承诺对欧盟投资者开放金融服务市场,取消了银行、证券和保险(包括再保险)交易以及资产管理中的合资企业规定和外资股权上限。在银行方面,截至 2020 年 6 月,外资银行在中国的资产达到 4.6 万亿元,较 2010 年提升近 3 万亿元,但相比中资银行 291 万亿元的总资产规模仍然较小。随着各项金融开放举措的有序落实,广阔的中国市场必将吸引欧盟投资者加大在华投资的力度。

中国作为全球最重要的金融市场之一,将进一步加大金融开放的步伐,与国际金融市场展开更密切的联系与互动。这既是增强中国金融业整体实力的有效途径,也是防范和应对金融制裁风险的必然选择。

(二) 去美元化与人民币国际化

美国越倚重美元霸权带来的"非对称性"金融制裁,就会越增强其他国家对美元为核心的国际货币金融体系的离心力。"去美元化"已然成为各国防御经济制裁的现实诉求。① 所谓"去美元化",即避免使用美元作为国际交易的结算货币,也不使用任何美国银行或其他美国主导的金融机构。从防范美国金融制裁的角度来看,人民币当前的国际化战略,其战略意义就显得越发深远。

---

① 朱玥:《反制美国次级制裁的欧盟经验及启示:单边抑或多边》,《中国流通经济》2020 年第 6 期,第 125 页。

随着中国成为世界第二大经济体,中国参与的国际贸易和海外投资体量不断增加,人民币逐渐登上国际舞台、受到各国青睐。近年来,人民币在国际支付和结算、计价货币和定价以及外汇储备方面均有发展。在跨境收付方面,人民币所占比重持续走高,2019 年累计金额合计 19.67 万亿元;在人民币计价方面,我国已上市原油、铁矿石等多种期货产品;在外汇储备方面,人民币已成为 70 多家央行青睐的外汇储备。

在人民币国际化的金融基础设施建设方面,我国早已于 2015 年就建立了人民币跨境支付系统(Cross-border Interbank Payment System,CIPS),为人民币的跨境和离岸业务提供跨时区的资金清算结算业务。过去,人民币的跨境清算模式高度依赖 SWIFT,存在诸多不便。例如,需要借助境内外第三方银行经过一系列烦琐的流程,常常不能当日结算,有时收付行还会因为报文的兼容性问题无法识别,导致结算失败。CIPS 整合了原有的人民币跨境支付渠道,省去了中间流程,大幅提升了结算效率。目前,CIPS 已实现对全球各时区金融市场的全覆盖,吸引了来自全球的参与者。CIPS 的建立标志着中国拥有了能够对标 CHIPS 的人民币跨境支付系统,虽然在现阶段还不能达到与 SWIFT 分庭抗礼的水平,但随着人民币国际化水平的提升,CIPS 将不仅作为人民币安全、高效、便利的支付渠道而存在,而且有望成为中国抵挡美国金融制裁的重要手段。

(三) 紧抓数字人民币的新机遇

尽管当前人民币国际化进程已经取得一定进展,但人民币想要在以美元为核心的国际货币金融体系中真正实现从外围货币到次中心、中心地位的跃升,仍需经历漫长的过程,"去美元化"的目标难以一蹴而就。而近年来随着区块链等新兴技术的发展,数字货币因其汇兑的便利性、以秒计的即时性、操作上的简便性受到世界各国的关注。2020 年,各国开始加快央行数字货币的研究。[①] IMF 将其定义为"一种可广泛获取的法定货币(公众可获得)的数字形式"。央行数字货币预计将在交易效率、央行监管、技术创新和金融包容性方面带来好处,主要经济体之间通过数字货币进行支付和结算

---

① Bank of England. "Central Bank Group to Assess Potential Cases for Central Bank Digital Currencies". https://www.bankofengland.co.uk/-/media/boe/files/news/2020/anuary/central-bank-group-to-assess-potential-cases-for-central-bank-digital-currencies.pdf.

将成为一种全新趋势。这无疑将对当前全球货币体系及跨境支付体系带来革命性的改变,央行数字货币有望成为应对美国金融制裁的新型工具。

中国在央行数字货币领域的研发起步较早,数字人民币已进入多地试点阶段,使中国在金融技术创新方面处于世界领先地位。数字人民币是中国人民银行发行的数字形式的法定货币,它可以作为"真正可消费、可投资的货币"发挥各种功能。交易双方无需通过与 SWIFT 关联的银行,而是通过数字人民币钱包即可实现货币转账,从而消除被美国制裁的危险。① 中国对数字人民币跨境应用的探索也在稳步推进,2021 年 1 月 16 日,SWIFT 与中国人民银行清算中心、数字货币研究所等机构携手,共同成立金融网关信息服务有限公司。2021 年 2 月 24 日,香港金融管理局、泰国中央银行、阿拉伯联合酋长国中央银行及数字货币研究所宣布联合发起多边央行数字货币桥研究项目(m-CBDC Bridge),旨在探索央行数字货币在跨境支付中的应用。数字人民币相较于传统货币具有时效性强、成本低的优势,能够有效提高跨境交易和支付的效率。数字人民币的跨境应用正式落地后,将成为一股从技术上提升人民币国际化水平的重要力量。

当前世界正处在货币和金融行业巨大变革的时机,中国应该抓住这一契机,发挥数字人民币的先发优势。先发制人的优势地位将为中国提供一个在全新领域制定规则的机会,在国际社会普遍关注的数字货币隐私、安全、透明度、中央银行的监管与协调、税务披露等问题上,中国可以主动引领相关规则和技术标准的制定。因此,在当前激烈的国际竞争中数字人民币应被视为一种战略,不仅能够削弱美元的力量,而且能在全新领域通过规则的制定掌握国际话语权,重新塑造全球金融治理体系。

(四) 积极利用国际法规则及联合国、WTO 多边机制与框架

美国的单边域外经济制裁违背了国际法的基本原则,因此遭到世界范围内的谴责和抵制。作为新兴大国,中国应当善于运用国际法规则体系,以精准的法律语言表达主张,通过权威平台及时、准确、充分地向国际社会公布并阐释我国立场,以此维护自身权益与国际法秩序、推动国际法

---

① Joel Slawotsky. US Financial Hegemony: The Digital Yuan And Risks Of Dollar Deweaponization. *Fordham International Law Journal*, Vol.44, p.1.

的发展。① 应对美国的金融制裁,我国也要积极运用国际法规则,做国际秩序的维护者。

首先,中国作为联合国安理会常任理事国,应积极利用联合国这一多边外交平台,发出中国声音。中国支持适当参与联合国框架下的多边制裁,以及维护国际正义和地区秩序的多边制裁合作。② 中国必须立场鲜明地反对美国将安理会决议扩大化适用。美国打着安理会集体制裁的旗号将制裁范围扩大到其他国家,本质上是为了实现本国的政治经济利益,这一做法不具有国际法上的合法性,也无法得到国际社会的普遍支持。中国应积极推动国际合作,促使联合国大会针对美国扩大化适用安理会集体制裁问题的合法性做出决议,以维护国际社会整体利益。

其次,中国要坚定通过 WTO 争端解决机制维护自身合法利益的信念。虽然目前 WTO 上诉机构处于无法正常运营的状态,但维护以规则为基础的争端解决机制仍然是中国谋求的目标。中国积极参与 WTO 改革,联合欧盟等 17 个 WTO 成员方通报《多方临时上诉仲裁安排》(Multi-Party Interim Appeal Arbitration Arrangement, MPIA)。MPIA 机制设计秉承保持 WTO 争端解决机制的两大核心特点,即两审终审并提供有约束力的裁决结果之精神,维护以规则为基础的多边贸易体制,显示出中国和欧盟等重要成员对未来恢复上诉机构的支持。③ 而在经济制裁领域,此前已有将美国违反国民待遇、最惠国待遇等多项 WTO 基本原则的制裁措施诉诸 WTO 争端解决机制的先例。2019 年 4 月 5 日,WTO 争端解决机制专家组就"俄罗斯过境案"做出了一个具有里程碑意义的裁决,认定专家组可以对某 WTO 成员声称的为保护其国家安全利益而采取的措施进行审查,驳斥了美国主张国家安全属于内政问题不受 WTO 管辖、其可单方面判断是否适用国家安全例外条款的一贯做法。这对日后通过 WTO 争端解决机制解决金融制裁问

① 霍政欣:《国内法的域外效力:美国机制、学理解构与中国路径》,《政法论丛》2020 年第 2 期,第 186 页。
② 罗圣荣、刘明明:《国际制裁目的、条件、方式及其对中国参与国际制裁的启示》,《云南大学学报(社会科学版)》2019 年第 4 期,第 135 页。
③ 石静霞:《WTO〈多方临时上诉仲裁安排〉:基于仲裁的上诉替代》,《法学研究》2020 年第 6 期,第 168 页。

题提供了可能。

(五) 完善国内金融制裁反制法律体系

完善和规范的金融制裁法律体系为美国单方面地开展金融制裁提供了制度保障。反观我国,我国目前的经济制裁实践较为零散,虽然个案针对性强,但欠缺整体制度安排,可援引的法律依据较少且存在诸多模糊之处。[①]尽管当前我国已出台《不可靠实体清单规定》和《阻断外国法律与措施不当域外适用办法》,但相关制度的构建还处于起步阶段,还有很多细节需要加以完善。

2020 年 9 月 19 日,商务部公布《不可靠实体清单规定》(以下简称《规定》),成为我国第一部专门针对经济制裁的法律规定。《规定》对列入不可靠实体清单的外国实体设置了一系列限制措施,涉及贸易、投资、人员和交通工具入境等领域,相关实体还可能面临一定数额的罚款。然而,《规定》整体上偏向于一个框架性的规定,缺乏具体细节,增加了实践中的不确定性。举例来看,《规定》既未明确限制措施是否会影响被列入清单外国实体在中国的现有投资,也没有解释对外国实体罚款所采取的计算方式,更具体地说,罚款是仅根据中国产生的收入计算,还是根据全球收入计算未明确,此外,依据《规定》无法确认被列入清单的外国实体是否有权针对被列入清单这一具体行政行为提出行政复议或行政诉讼等救济措施。这些细节都需要进一步完善,否则将在制度落地过程中引发不必要的争端。同时,不可靠实体清单与后续颁布的《出口管制法》中的"管控名单"有一定程度的重叠,两者均可适用于危害国家安全和利益相关主体,均可采取贸易限制措施。二者在实践中是否两套并行的制度? 是否存在一定方式的衔接安排? 这也成了亟待解决的问题。

2021 年 1 月 9 日,商务部发布《阻断外国法律与措施不当域外适用办法》(以下简称《阻断办法》),为拒绝承认、执行和遵守有关外国法律与措施提供了法律依据。《阻断办法》要求我国企业拒绝遵守外国的次级制裁法律,遭遇限制规定时还需承担主动报告的义务,否则将面临主管部门的处

---

① 参见张辉:《论中国对外经济制裁法律制度的构建——不可靠实体清单引发的思考》,《比较法研究》2019 年第 5 期,第 142 页。

罚。然而该办法仅有 16 条,存在用语简略、概念模糊等问题,这不利于广大企业把握合规力度、履行合规义务。因此,具体制度的落地实施还需要进一步完善各项配套制度和细节规定。

二、微观层面应对

上文从宏观角度分析了国家层面应对美国金融制裁可采取的措施。随着中国企业遭遇美国经济制裁的频繁程度、制裁强度的增加,从被制裁企业角度出发研究对应措施成为当务之急。尽管美国立法一般并不规定制裁的救济途径,决定制裁与否也不受制于法院的司法审查,但被制裁对象仍然可以通过向 OFAC 申请除名获得一定的救济空间,实践中也出现了一些被制裁对象向美国国内法院起诉的案例。

(一) 申请除名

根据 OFAC 官网的信息可知,OFAC 为被列入 SDN 的名单的实体提供了申请除名的救济渠道。按照规定,申请者应提出书面请求,并包含以下内容:① 申请方的基本信息;② OFAC 采取行动的具体日期;③ 申请除名的理由。可能使制裁名单中人员被除名的一些情形包括:行为的积极变化、特别指定国民的死亡、指定的基础不再存在或者指定基于错误的身份等。在确认收悉除名申请后,OFAC 将根据个案的情形具体审查每项除名请求,并对所有除名请求采用一致的标准。在审查过程中,OFAC 将通过向申请方发送调查问卷的形式要求申请方提供额外信息以评估除名请求。依据规则,如果当事人的申请被拒绝,可提交新的理由和证据再次向 OFAC 申请除名,但对于 OFAC 最终的决定,没有进一步申诉的途径。

(二) 通过美国国内法院诉讼

一般情况下,被制裁对象无法从美国国内获得申诉救济、司法审查的机会。然而,实践中通过美国国内法院寻求制裁救济的案例并不少见。这些案件大致可分为两种情况:① 被制裁对象起诉美国,要求撤销制裁,这种案件通常被美国法院以国家豁免或者不能以司法裁断的政治问题(nonjusticiable political questions)的理由而驳回。[1] ② 起诉行政部门滥用权力侵害被制

---

[1] 王佳:《美国经济制裁立法、执行与救济》,《上海对外经贸大学学报》2020 年第 9 期,第 62 页。

裁对象拥有的正当程序权利的行政诉讼案件,这类案件在数量上占据多数。

"9·11"事件后,美国涌现出大量质疑 OFAC 执法行为合宪性的诉讼。这些诉讼的原告大多因被怀疑支持恐怖主义而遭到 OFAC 制裁,其挑战 OFAC 权力合宪性的依据包括侵犯言论自由、结社自由、违反美国宪法第四修正案搜查和扣押条款、第五修正案正当程序条款等。[①] "哈拉曼伊斯兰基金会诉财政部"是涉及美国宪法第五修正案的典型案例。原告哈拉曼伊斯兰基金会(Al-Haramain Islamic Foundation,AHIF)是一家位于沙特阿拉伯的慈善基金会,在包括美国在内的约 50 个国家开展活动。因涉嫌资助恐怖组织,OFAC 在 2004 年 2 月冻结了 AHIF 的资产,7 个月之后,OFAC 将 AHIF 指定为"特别指定的全球恐怖组织"。AHIF 认为 OFAC 在以上执法过程中未能向其提供适当的通知和回应的机会,从而损害其依据美国宪法第五修正案享有的正当程序权利,故向法院起诉财政部。

审理过程中,法院通过利益均衡方法(three mathews factors)进行分析:首先,OFAC 没有通知的行为剥夺了 AHIF 以任何目的使用资金的能力,产生了对其私人利益的实质性影响;其次,由于 AHIF 只能(部分错误地)猜测调查的原因,因此做出错误决定的风险很高;最后,也是最重要的一点,OFAC 并未努力证明其行为促进了国家安全,因此法院认为 OFAC 既未及时通知 AHIF,也未给其机会回应,违反了美国宪法第五修正案的正当程序条款。然而,法院同时指出,即使 AHIF 得到适当通知,也不会改变 OFAC 的最终指定决定,因为有充分的证据支撑这一决定。最终,法院未向 AHIF 提供有效的司法救济。该案作为金融制裁的代表性案例反映了美国法院在审理类似案件中的基本价值取向,即使法院认定被诉行政机构的相关行为有违正当程序原则,也不会因此向当事方提供实质性的司法救济。

在被美国国防部指定为"涉军企业"后,小米公司于 2021 年 1 月 29 日以美国财政部、国防部及两部部长为被告,向美国哥伦比亚特区地区法院提交起诉书,要求法院判决美国政府的上述指定违法和违宪。随后,小米于 2 月 17 日提交了临时禁令救济动议。依据披露的起诉书,小米从业务内

---

① Davenport Jeffrey N. Freezing Terrorist Finance in Its Tracks: The Fourth Amendment, Due Process and the Office of Foreign Assets Control after Kindhearts v. Geithner. *Syracuse Law Review*, Vol.61, p.178.

容、股权结构、公司经营与美国的密切联系等方面证明自身不属于《1999 年国防授权法》第 1237 条定义的"涉军企业",国防部的相关指定有违基本事实。本案中,小米提出两项主张:一是援引美国《行政程序法》《美国法典》第 5 篇第 706(2)节,被告未能就其指定做出任何解释,且该指定与事实相冲突,因此被告的行为系"武断、任性、滥用裁量权或者在其他方面违反法律"的行政行为,属于法院应认定违法并予以撤销的情形。二是援引美国宪法第五修正案正当程序条款。小米认为其作为与美国有实质性联系的外国实体,有权享受正当程序条款的保护。小米在未经任何通知、未得到任何解释、未被告知任何基础材料、未获得任何回应和申辩机会的情况下被指定为"涉军企业",限制了其进入美国资本市场的权利,损害了其与股东、金融机构等对象的合同关系、业务运营能力以及声誉,是在未经正当程序情况下被剥夺了自由权和财产权。基于上述主张,小米要求法院提供以下救济:宣告该指定违法和违宪;责令撤销该"指定",禁止被告执行该"指定",维持现状;法院认为适当的其他救济。

令人颇感意外的是,美国地方法院法官于 2021 年 3 月 12 日做出初步判决,批准了小米的"临时禁令动议",即可以临时冻结美国国防部的"涉军企业"投资禁令。不同于以往案例,本案法官没有针对国防部的指定行为进行违宪审查,而是通过临时禁令制度做出初步判决。签发临时禁令需满足的 4 个条件:① 申请人获胜的概率大;② 若无禁令,申请人将面临难以挽回的损害;③ 申请人和被申请人所受损害之间的权衡;④ 符合公共利益。本案法官主要通过分析前两项条件初步全面禁止对小米的禁令。在判断小米胜诉概率时,法官指出被告的指定行为是"武断、任性、滥用裁量权",指定程序存在严重缺陷,且被告缺乏充分的证据来支持小米是"涉军企业"的结论;在判断损害时,法官认为指定导致小米遭受了不可挽回的经济损失和名誉损失。[①] 值得注意的是,小米在提交起诉状后追加了多名美国籍原告为投资禁令的违宪审查做铺垫。依据美国宪法,公民的财产、自由、隐私等均属于宪法保护的根本性权利,一旦受到政府侵害,法院将以"苛刻审查"的标

① XIAOMI CORPORATION v. U.S. DEPARTMENT OF DEFENSE et al, No.1: 2021cv00280-Document 21 (D.D.C. 2021).

准进行违宪审查。然而，本案中法官刻意回避了对被告违宪问题的审查。法官认为，只要认定了国防部把小米列入军事企业清单缺乏证据支撑，就足以让法院发布临时禁令，因此没有必要去分析国防部违宪问题。

2021年5月11日，小米和美国国防部向哥伦比亚特区地区法院提交一份联合状态报告，就该诉讼达成和解。该报告指出："被告已同意，根据经修订的《1999年国防授权法》第1237条撤销2021年1月14日对小米公司的'涉军企业'指定是适当的。当法院认定行政机构的命令违反《行政程序法》时，撤销该机构的命令是通常的结果。"①这意味着美国政府承认在指定过程中存在程序正义问题，继美国法院相关裁决叫停禁止在美国下载TikTok社交应用软件、阻止限制美国人使用中国社交应用微信之后，中国企业向美国政府发起的法律挑战再度取得胜利。这对广大中国企业产生了激励作用，中国时空大数据技术服务公司箩筐技术也将"涉军企业"指定诉诸美国法院，并得到暂停该指定的初步裁决。

面对美国愈发严峻的打压态势，必然会有越来越多的中国企业开始勇于使用法律手段维护自身权益。即使司法途径无法从根源上解决制裁引发的问题，我们也不认为诉诸美国法院这一策略是无用的。一方面，被制裁的中国企业可以在诉讼程序中更深入地理解美国的制裁法律体系，以便在日后的经营中更准确地判断相关风险，加强合规管理，做好应对准备。另一方面，相关诉讼也能够起到发动舆论、给美国政府造成压力的作用。中国企业可以借诉讼机会发出抵制的声音，澄清相关问题，这对维护中国企业自身的国际形象和商誉至关重要，也能提振士气、鼓舞信心。

第七节　结　语

2021年3月17日，美国依据所谓"香港自治法案"，宣布对24名中国内地及香港特别行政区官员施加金融制裁，并向国际社会喊话，称与被制裁对

---

① XIAOMI CORPORATION v. U.S. DEPARTMENT OF DEFENSE et al, No.1: 2021cv00280-Document 35 (D.D.C. 2021).

象进行重大业务往来的外国金融机构也将面临制裁。可以预见未来一个时期,美国谋求中美金融脱钩的意图不会改变,美国对中国的金融制裁举措也将持续,因此,我国亟须研究出切实有效的应对之策。

美国的金融制裁由来已久,近年来的使用频率也有明显增加的趋势。在长达百年的发展中,美国国内已经形成了完备的金融制裁法律体系,为对其他国家实施长臂管辖提供了法律依据。美国的金融制裁手段花样翻新,成了其专属的"独门暗器"。例如,美国能够利用其在 IMF 的影响力能够阻挠被制裁国家获得援助贷款、利用其在国际收付清算系统中的主导地位取消被制裁国家金融机构的会员资格。美国无视公认的国际法规则,频繁发动具有强烈单边主义色彩的金融制裁引发了国际社会的争议。虽然欧盟采取了一定的反制措施,然而收效甚微。

随着金融全球化的发展,美元在国际金融货币体系的中心地位得以巩固,美国实现了金融霸权。由于世界各国对金融和美国的依赖程度不断加深,美国拥有了不对称的金融制裁权力。正是这种不对称的金融制裁权力提高了其金融制裁的效果,使得其他国家难以进行对等的制裁反制。然而事实表明,美国愈发使用金融制裁这一不对称的权力,就越加强其他国家对美元体系的"离心力";美国加速"脱钩"进程,会给美国自身经济带来的巨大损失。在此背景下,从美国金融制裁的"非对称性"角度思考应对之策具有重要的意义。通过全面扩大金融领域的对外开放、推动人民币国际化进程稳步发展、紧抓数字人民币领先机遇、完善国内金融制裁反制法律体系,中国可从宏观层面构建切实有效的制裁应对路径。对于受到美国金融制裁影响的广大企业而言,可以通过申请除名、向美国法院起诉等途径澄清相关问题、获得舆论支持,以维护自身的合法权益。

美国的金融制裁内容之庞杂、问题之复杂、涉及面向之广泛,使其从来都不是单纯的政治问题、经济问题或法律问题,而是一个需要跨学科、多层次研究的问题。身处充满不确定性的"大变局"中,如何应对美国推动中美"金融脱钩"目的下的金融制裁,需要更多不同领域的学者加入。

第七章
美国金融支付结算制裁与我国应对措施

第一节　概　　论

一、研究内容与研究意义

2022 年 2 月 26 日,美国白宫发布了美国与其盟友(欧盟、法国、德国、意大利、英国和加拿大)的《联合声明》,该《联合声明》确认美国将致力于禁止俄罗斯几家主要银行使用环球同业银行金融电信协会(SWIFT)系统。[①] 2022 年 3 月 2 日,SWIFT 发表声明,将切断俄罗斯 7 家实体及其指定的俄罗斯子公司与 SWIFT 系统的连接。[②] 此外,《联合声明》明确了美国及其盟友可在一定程度上要求 SWIFT 与拟制裁国家或其金融机构切断连接,从而达到损害拟制裁国家在全球经营能力的目的。[③] 这个决定的做出源于 2022 年 2 月 24 日俄罗斯总统普京发表电视讲话,决定在顿巴斯地区发起特别军事行动(以下简称乌克兰危机)。[④]

金融支付结算制裁是金融制裁的一种方式,而金融制裁又是经济制裁的

---

① "Joint Statement on Further Restrictive Economic Measures". https://www.whitehouse.gov/briefing-room/statements-releases/2022/02/26/joint-statement-on-further-restrictive-economic-measures.

② "An update to our message for the SWIFT Community". https://www.swift.com/news-events/news/message-swift-community.

③ "An update to our message for the SWIFT Community". https://www.swift.com/news-events/news/message-swift-community.

④ 参见李东旭、黄河、华迪、王建刚:《俄罗斯对顿巴斯地区发起特别军事行动》,《光明日报》2022 年 2 月 25 日,第 12 版。

主要手段和方面之一。作为国际干预手段的经济制裁历史悠久，并非现代全球化的产物。根据已有的文字记载，最早所知的经济制裁案例发生于公元前432年的古希腊时期。雅典为惩罚麦加拉在希伯特战争中向左的态度及其他非法行为，颁布了执政官伯里克利法令，切断了与麦加拉的贸易往来。在近现代，经济制裁也被频繁使用。金伯利·安·埃利奥特与加里·克莱德·哈夫鲍尔等人曾对第一次世界大战以来的经济制裁做了统计。经统计发现，自1914年第一次世界大战爆发至1998年，全球共发生了170多起经济制裁案例，其中发生在第二次世界大战后的有150多起。两极格局解体后不到10年的时间内，联合国试制裁次数多达12起，而联合国成立之初的45年中只有2起。① 由此可见，随着全球经济一体化发展的不断深入，经济制裁的实施率日渐增长。较之军事制裁，经济制裁有着低成本和高威慑的优势。

经济制裁是指一国或国际组织针对他国采取的制裁措施，例如采取断绝贸易往来的非武力强制措施迫使他国遵守某项法律或规则。② 而这种制裁是战争、断绝外交关系之外的非武力强制措施。实施经济制裁的目的一般可分为两大类：一是自身经济和贸易保护主义；二是以经济制裁为手段影响他国政治行为或动摇他国政治体制。③ 经济制裁原本是为改变国际关系中的不法行为而采取的经济强制措施，例如打击恐怖主义及防止核扩散。经济制裁的本意是维护国际秩序与国际社会的和平与安全。如今，该种制裁措施逐渐遭到滥用，成了一国的政治手段。美国早在独立战争时期，就采用经济制裁的方式反抗英国的殖民统治，迫使英国取消《印花税法》。④ 第一次世界大战之前，美国主要将经济制裁作为一种经济手段，但在第二次世界大战后，演变为政治战略手段。⑤ 在经济全球化的背景下，经济制裁已成为美国对外实施其霸权主义的常用工具。经济制裁有多种形式，涉及财政、贸易、金融等领域。大致可分为传统经济制裁与金融制裁。传统经济制裁

---

① 阮健平：《二战后美国对外经济制裁》，武汉大学2004年博士学位论文，第1—4页。

② https://dictionary.cambridge.org/us/dictionary/english/economic-sanctions.

③ Mahvash Alerassool. *Freezing assets: The USA and the most effective economic sanction*. Macmillan and St. Martin's Press, 1996, p.177.

④ 阮健平：《二战后美国对外经济制裁》，武汉大学2004年博士学位论文，第1页。

⑤ Mahvash Alerassool. *Freezing assets: The USA and the most effective economic sanction*. Macmillan and St. Martin's Press, 1996, p.177.

如贸易制裁,包括进出口数量限制、贸易管制等。而金融制裁则是经济制裁的一种重要形式。

金融制裁是指一国或国际组织在金融领域实施的经济制裁。该种制裁本意是以出台法令的方式阻断组织或个人对恐怖组织或个人进行金融资助,[1]但现在正沦为一种霸权主义的政治工具。在美国经济制裁措施中,金融制裁属于美国依国内法对他国实施的经济制裁,主要包括冻结资产、没收资产、禁止投融资活动、切断金融服务等措施。其中美国金融支付结算制裁是美国近来使用较频繁使用的对外制裁措施。美国金融支付结算制裁主要是指美国通过金融支付结算领域的强制性干预,迫使他国改变或对某项政策、制度做出妥协。金融支付结算领域涉及支付、结算等跨境金融环节。其中,SWIFT 在金融支付结算领域有着至关重要的地位。没有其进行信息传递,全球金融交易的处理可能面临瘫痪。而美国正是利用了 SWIFT 的特性与其美元的霸主地位得以对他国实施金融支付结算制裁。目前,美国已经向伊朗、朝鲜和俄罗斯等国进行了相关制裁。

中国遭受美国直接或间接金融支付结算制裁的可能性是现实存在的。本章所阐述的需要应对的美国金融支付结算制裁主要是指美国从政治霸权主义的角度实施的,而非打击恐怖主义或反洗钱等。从其他国家的相关案例看,美国可能在独自对中国发起金融支付结算制裁,或通过说服 SWIFT 帮助其发起金融支付结算制裁后,联合其盟国加深制裁。

自 1949 年中华人民共和国成立以来,中国曾长期遭受美国的金融制裁。朝鲜战争期间,美国对华的金融制裁更是达到高峰。1950 年 12 月 16 日,美国冻结了中国政府及相关机构在美境内约 8.05 亿美元资产。直到中美两国建交后,该笔资产才于 1979 年 5 月 11 日根据《中华人民共和国和美利坚合众国政府关于解决资产要求的协议》宣布解冻。[2] 随着中国的崛起与中美关系的不断深入,美国像半个世纪前对中国大规模实施金融制裁的可能性存在。中美贸易战和俄罗斯遭受制裁等种种迹象都预示,美国因某些冲突或分歧对外采取金融支付结算制裁的可能性较大。

---

① Dennis Cox. *An Introduction to Money Laundering Deterrence*. Wiley, 2012, pp.103 - 104.
② 黄风:《美国金融制裁制度及其对我国的警示》,《法学》2012 年第 4 期,第 129 页。

美国金融支付结算制裁的被制裁主体可能是中国,也可能是中国的个人、企业或金融机构。因为被制裁对象可以是直接的被制裁对象,亦可能受到被制裁第三方对象的连带影响。此外,即使未被美国列为被制裁对象,仍可能遭受较为严重的处罚与影响。就在美国对伊朗实施制裁的大背景下,多家中国企业因与伊朗等被制裁主体进行商贸往来而遭受美国制裁。例如自2006年以来,中国新时代科技有限公司、中国长城工业总公司、华中数控股份有限公司、中国珠海振戎公司、中国船舶重工国际贸易公司等科技或工业企业都曾遭到美国处罚。[①]

最后,不得不提及白热化的中美贸易战。如今,中美贸易战已使得包括中美两国在内的全世界人民遭受到了美国发动的中美贸易战的负面影响。而金融支付结算制裁的威力远远大于中美贸易战。

当前,国内外学者多关注美国对外经济制裁。美国对外经济制裁分为两大类:初级制裁与次级制裁。其中,学者们对美国次级制裁与金融制裁的关注度日渐升温,但均偏向于整个经济制裁或金融制裁,单独对金融支付结算制裁的理论研究相对较少,少有学者从法学的角度剖析相关制裁。而就美国可能实施的金融支付结算制裁,中国如何应对的研究更是空白。因此,本章主要对美国金融制裁的法理、机制等方面进行分析,试图为我国提出可行的应对措施。

二、文献综述

国内外学者对于美国域外经济制裁的探讨主要集中在美国域外经济制裁管辖权与美国金融制裁两个方面。而对于美国金融支付结算制裁的研究多从应用金融学、工科技术、国际政治经济学的角度出发,从法学角度探究美国金融支付结算制裁的学术文章总体偏少。

多数学者认为美国经济制裁不具有域外管辖权,但也有学者指出,国际社会日渐认可美国经济制裁的域外管辖权效力。依据美国《对外关系法重述》中保护性管辖权的规定,美国经济制裁的行为不在《对外关系法重述》所列的犯罪行为之列,亦不属于各国法律中普遍认定的犯罪行为。因此,美国

---

① 李超、程强、朱洵等:《历史上美国的金融大棒是怎么打的》,华泰证券研究报告,2019年8月12日。

经济制裁不具有域外管辖权。① 对于美国实施的经济制裁（例如对古巴）所依据的《霍尔姆斯—伯顿法》（The Helms-Burton Act）和《托马斯法》（The D'Amato Act）的域外适用，徐崇利在《美国及其他西方国家经济立法域外适用的理论与实践评判》一文中从属地、属人、效果等原则及普遍性管辖方面分析得出美国经济制裁违反了国际法。不过另外一些学者则认为在战争状态或目标国的行为可能危及美国国家安全或国际安全的情况下，美国的经济制裁管辖权发生了域外效力。②

　　学者们对于美国域外经济制裁是否具有合法性有较大的分歧。依据《联合国宪章》《关税和贸易总协定》和《服务贸易总协定》，在《国际投资中的次级制裁问题研究——以乌克兰危机引发的对俄制裁为切入点》一文中，王淑敏指出，只有符合了安全例外条款的次级制裁才具有合法性与正当性。③但一些国外学者持不同看法，认为美国的经济制裁违反了国际公法，因为该行为未得到联合国的相关授权。④ 从美国域外管辖权与国家主权间的冲突角度，哈罗德·G. 梅尔认为依据美国国内法实施的经济制裁违反了国际法中国家主权原则，因此不合法。⑤ 阿克巴·阿迪比和霍马扬·哈比比认为

---

① Brett Busby. Jurisdiction to Limit Third-County Interaction with Sanctioned States: The Iran and Libya Sanctions and Helms-Burton Acts. *Colum J. Transnat'l L.*, Vol. 36, No. 3, 1998; Richard Alexander. Iran and Libya Sanctions Act of 1996: Congress Exceeds Its Jurisdiction to Prescribe Law. *Wash. & Lee L. Rev.* No. 54, 1997; Gary Perlow. Taking peacetime trade sanctions to the limit: The Soviet Pipeline Embargo. *Case W. Res. J. Int'l L.* No. 15, 1983.

② Cedric Ryngaert. Extraterritorial Export Controls (Secondary Boycotts). *Chinese J. Int'l. L.*, No. 3, 2008; Stanley J. Marcuss & Eric L. Richard. Extraterritorial Jurisdiction in United States Trade Law: The Need for a Consistent Theory. *Colum. J. Transnat'l L.* No. 20, 1981; Susan Emmenegger. Extraterritorial economic sanctions and their foundation in international law. *Ariz. J. Int'l Comparative L.*, No. 33, 2016.

③ 王淑敏:《国际投资中的次级制裁问题研究——以乌克兰危机引发的对俄制裁为切入点》,《法商研究》2015 年第 1 期。

④ Lorand Bartels. Article XX of GATT and the Problem of Extraterritorial Jurisdiction: The Case of Trade Measures for the Protection of Human Rights. *J. World Trade*, Vol. 36, 2002; Rene E. Browne. Revisiting "National Security" in an Interdependent World: The GATT Article XXI Defense after Helms-Burton. *Geo. L. J.* Vol. 86, 1997 - 1998; John J. A. Burke. Economic Sanctions against the Russian Federation Are Illegal under Public International Law. *Russ. L. J.* Vol. 3, No. 3, 2015.

⑤ Harold G. Maier. Interest Balancing and Extraterritorial Jurisdiction. *Am. J. Comparative L.*, Vol. 31, No. 4, 1983.

国际法院曾经确立了除非国际法上存在禁止性规定,否则美国有权行使域外管辖的原则,故美国实施域外管辖的理论基础符合在全球化背景下世界经济紧密合作的哲学思想。① 而瑞恩·古德曼从国家安全威胁的角度认为,外国侵犯人权的行为可能构成安全威胁,故基于外国侵犯人权行为的单方面经济制裁实际上符合国际安全规范。②

我国学者对美国金融制裁的研究随着美国金融制裁的频繁实施而逐渐深入。黄风在《国际金融制裁法律制度比较研究》和《美国金融制裁制度及其对我国的警示》等文章中首次从法律制度的视角研究了金融制裁制度,并剖析了美国实行金融制裁的法理依据。徐以升和马鑫以案例分析的形式论述了美国金融制裁的立法演变与发展。有不少学者分析了美国对俄罗斯和伊朗的制裁案例,③并较为全面地介绍了美国金融制裁的法律风险与防范④。

目前我国对美国金融支付结算制裁的理论研究多为技术层面的分析,⑤许文鸿从国际政治经济的视角予以了新的解读。他认为,美国一直希望取得 SWIFT 系统主导权以达到其通过 SWIFT 系统向他国实施制裁的目的。虽然 SWIFT 系统试图保持中立而不受美国左右,但 SWIFT 系统实际上已迫于美国的压力而沦为其实施制裁的工具。许文鸿认为寻找 SWIFT 系统的替代方案有助于削弱美国霸权地位。⑥

三、研究方法

本章采用文献研究法、案例分析法、比较研究法、法经济学分析法等研

---

① Akbar Adibi & Homayoun Habibi. The Challenge of the "Economic Independence" and the "Sovereignty of States": a Review of the Problem of Legitimacy of Economic Sanctions in the Reality of the International Legal Order. *Russ. L. J.*, Vol.5, No.3, 2017.

② Ryan Goodman. Norms and National Security: The WTO as a Catalyst for Inquiry. *CHI. J. INT'L L.* Vol.2, 2001.

③ 蔡鹏鸿:《美国制裁伊朗及其对中国的影响》,《现代国际关系》2012 年第 4 期;马鑫、许钊颖:《美国对俄罗斯的金融制裁》,《美国研究》2015 年第 5 期。

④ 陈宇曈、成戈威:《美国金融制裁的风险分析与风险防范》,《金融监管研究》2017 年第 1 期。

⑤ 杨士华:《SWIFT 载中国的发展和应用》,《金融电子化》2008 年第 10 期;贺东:《银行 SWIFT 函电特点分析》,《华中农业大学学报》2006 年第 1 期。

⑥ 许文鸿:《SWIFT 系统:美俄金融战的博弈点》,《俄罗斯东欧中亚研究》2019 年第 6 期。

究方法。试图通过多角度与多维度,运用案例从具体到抽象再到具体的方式全面分析美国金融支付结算制裁制度的法理基础、运行机制及不合理性,并从多学科融合的视角,为我国提出有建设性的应对措施。

本章分为七节。除第一、七节外,第二节对美国金融支付结算制裁的概况与缘由进行论述。第三节着重对该种制裁的法理进行深入分析。第四节阐述了该种制裁在美国政府职能部门的运行机制,并从制裁国与制裁渠道两方面分析了美国金融支付结算制裁的不合理性与发展趋势。第五节分别选取了被制裁主体与被处罚的第三方的两个案例进行分析。第六节为我国未来可能面临的制裁情形提出意见与建议。

第二节　美国金融支付结算制裁的概述

美国经济制裁通常被分为初级制裁(primary sanction)与次级制裁(secondary sanction)两类。其中,初级制裁规制的是"美国人",包括美国的企业与个人。[1] 1995 年的《伊朗贸易制裁规则》所定义的"美国人"不仅指美国籍公民和获得美国合法永久居留权的非美国公民,而且还包括在美国境内的任何人与美国有关联的实体。[2] 而美国《出口管理条例》更是将范围扩大至任何涉及美国因素(人和物)的交易主体。[3] 美国财政部在 2016 年 1 月 16 日发布的《关于在执行日取消联合全面行动计划中特定制裁措施的指导方针》中明确了次级制裁主要针对美国以外的第三国企业或个人从事涉及伊朗的特定行为,且该类特定行为完全超出美国司法管辖范围,也不涉及美国企业或个人的参与。[4] 虽然该《指导方针》主要用于美国对伊朗实施的制裁,但直接指出了次级制裁所规制的对象。次级制裁的规制对象为任何与

---

① Scott Maberry. Overview of U.S. Economic Sanctions. *Int'l Trade L. J.*, Vol.17, No.1, 2008.

② Iranian Transactions and Sanctions Regulations 1995, §§ 560.314.

③ See Export Administration Act 1979.

④ "Guidance Relating to the Lifting of Certain U.S. Sanctions Pursuant to the Joint Comprehensive Plan of Action on Implementation Day 2016". https://www.shearman.com/~/media/Files/ Services / Iran-Sanctions / US-Resources / 1-Guidance-Relating-To-The-Lifting-Of-Certain-US-Sanctions.pdf.

被制裁目标方有贸易或金融往来的第三国企业或个人。①

美国金融制裁是美国使用金融手段和措施的经济制裁,属于经济制裁的分支或类别。不同于初级制裁与次级制裁的分类,金融制裁是从经济制裁的领域与方式角度划分的。美国金融制裁主要是限制被制裁国资本的自由流动而迫使其改变行为一种强制措施。常见的金融制裁手段主要包含资产冻结、财政制裁、禁止金融交易及金融服务、切断获取美元和使用美元的渠道、制裁银行系统等。② 若所涉金融交易在美国司法管辖区范围内或涉及美国企业或个人的参与,则对于该类金融交易的金融制裁属于初级制裁的范畴;若所涉金融交易在美国司法管辖区范围之外且不涉及美国企业或个人的参与,则对于该类金融交易的金融制裁属于次级制裁的范畴。金融支付结算制裁是金融制裁的一种,可以被用于初级制裁或次级制裁。

一、美国金融支付结算制裁的概念和特征

虽然 2010 年《伊朗全面制裁、问责和撤资法》(Comprehensive Iran Sanctions, Accountability and Divestment Act, CISADA)对金融支付领域的制裁有所提及,即禁止在美国司法管辖范围内,通过任何金融机构开展与任何被制裁人利益相关人员相关的银行转账或付款,③但该金融制裁属于银行制裁,与本章论述的美国金融支付结算制裁有所不同。

可以这样认为,美国金融支付结算制裁是美国金融制裁在支付结算领域的一种,与金融制裁和经济制裁所寻求的目标大体一致,即防止核扩散、打击恐怖主义或维护美国霸权地位等。只是金融支付结算制裁依托支付结算网络,只有在该金融支付结算网络中的主体才能成为被制裁方。而美国作为目前全球头号经济强国,以其美元在金融和贸易交易中的绝

---

① Scott Maberry. Overview of U.S. Economic Sanctions. *International Trade Law Journal*, Vol. 17, No.1, 2008.

② 徐以升、马鑫:《美国金融制裁的法律、执行、手段与特征》,《国际经济评论》2015 年第 1 期,第 132—134 页。

③ Comprehensive Iran Sanctions, Accountability and Divestment Act of 2010. Amended 2013, P.L. 112‑239, § 102(b)(1)(a)(7).

对地位,有着发起实施金融支付结算制裁的条件,但其若要实施精准定向,还需要 SWIFT 的帮助。本节所阐述的需要应对的美国金融支付结算制裁主要是指美国从政治霸权主义角度实施的,而非打击恐怖主义或反洗钱等。

若某国欲发起金融支付结算制裁,但该国的主权货币并未在国际贸易中被广泛使用,则即使 SWIFT 配合该国实施制裁,被制裁主体仍可以在成本相对可控的情况下选择使用其他国家主权货币开展国际贸易。因此,金融支付结算制裁并未在很大程度上影响被制裁主体的经济活动,反而自我降低了该国主权货币的国际影响力。但若发起金融支付结算制裁的国家的主权货币在国际贸易中占据垄断地位,则在 SWIFT 的配合下,被制裁主体选择其他替代方案继续开展国际贸易的成本可能是巨大的。由此可见,要发起金融支付结算制裁,制裁主体需要具备的门槛较高,除了需要满足金融支付领域的客观要求外,还需要具备制裁优势,例如美元作为世界主要储备货币而具有的强大的国际影响力、美国对 SWIFT 的影响,以及如上文所提及的为保障经济制裁的实施通常需具备联合盟国或其他国际组织共同实施制裁的能力等。后者更需要制裁国具有一定的国际地位与国际社会的话语权。美国对外金融支付结算制裁恰好满足了所有的要件,因此,该种制裁体现了很强的不对称性。因该种制裁的实施具有较高门槛,故有能力发动制裁的国家不多;因国际贸易与金融交易多以美元结算,而美国控制着全球绝大多数的美元,故即使他国想发起金融货币制裁并成功实施,仍需要美国的配合。对于美国而言,发起金融支付结算制裁的成本远低于军事制裁与一般的经济制裁(如贸易制裁)。因此,此种制裁也逐渐沦为美国巩固其霸权主义的政治工具。

二、美国金融支付结算制裁的主要工具

美国金融支付结算制裁得以成功实施得益于两大主要工具,美国对于全球交易货币美元的霸主地位以及 SWIFT 所提供的数据信息。

(一) 什么是 SWIFT?

SWIFT 是国际银行同业间的国际合作组织,也是跨境金融通信服务的主要提供者。SWIFT 是根据比利时的法律注册,成立于 1973 年 5 月,总部位

于比利时。SWIFT 主要"以'方便访问,促进集成化,验证、分析和金融犯罪合规'为宗旨提供产品和服务。SWIFT 的报文传送平台、产品和服务将超过 200 个国家和地区的 11 000 多家银行和证券机构、企业和市场基础设施连接在一起,让其可以安全地通信并可靠地交换标准金融报文。"[1]SWIFT 的报文传送服务包括最早建立的 FIN 服务、InterAct 服务及 FileAct 服务。FIN 服务是以逐条转换传统 SWIFT MT 标准格式的报文实现各金融机构间专有格式报文的交换。而 InterAct 服务更具灵活性,其实现了存转报文传送与实时报文传送、问答等服务功能。FileAct 服务则为文件传输,应用于传输大批量操作数据或报告的报文。[2]

　　诚然 SWIFT 还提供其他金融服务,例如软件服务、认证技术服务和撮合等,但跨境金融通信仍为其主营业务。随着全球化的深入,各国金融机构业务往来愈发密切。国际支付清算需求日益凸显,而 SWIFT 扮演着各国银行间金融通信中间人或信使的角色,即将 A 国 A 银行的资金情况传送给 B 国的 B 银行或市场基础设施。依据 SWIFT2020 年的年报,SWIFT2020 年完成 FIN 报文服务共计 95 亿余条,平均每天传输 FileAct 报文约 2 830 万条。如图 7-1 所示,SWIFT 的足迹遍布全球。截至 2020 年年底,有超过 200 个国家和地区使用 SWIFT 服务。[3]

(二) SWIFT 的运行方式

　　SWIFT 实行会员制,即只有会员资格的用户机构才可使用 SWIFT 系统。而 SWIFT 系统采取统一化的要求与格式自动化作业,例如 SWIFT MT 标准格式,SWIFT 所涉及的报文种类繁多,例如客户汇款与支票、银行头寸调拨、跟单信用证和保函、银行账务、托收等。以跨境汇款为例,普通公众在银行进行跨境汇款时,必须填写收款行的 SWIFT code(SWIFT 电码)。付款行的总行作为发报行汇总各分支银行的报文,并将生成的标准格式报文使用发报行业务主机发送给 SWIFT Alliance 服务器。SWIFT Alliance 服务器依据配置的验证级别对接收到的报文进行简单的格式检查,若检查通过,则发送给 SWIFT 网络;若检查不通过,则拒绝发送并放在 SWIFT

---

[1] https://www.swift.com/swift_in_chinese.

[2] https://www.swift.com.

[3] https://www.swift.com.

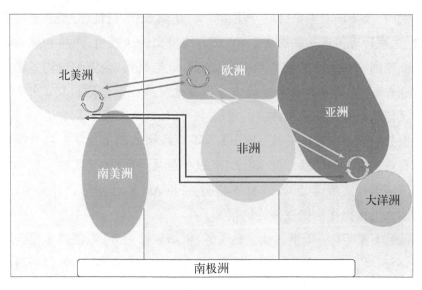

图 7-1　**SWIFT** 的报文传输服务路径图①

Alliance 服务器的修改队列。而 SWIFT 网络对报文进行检核,若检核通过,则发送 ACK 报文(positive acknowledgement)给发报行以反馈;若检核不通过,则发送 NAK 报文(negative acknowledgement)给发报行以反馈,存储但不转发该报文。发报行业务主机收到反馈报文信息知晓报文发送情况。收款行作为收报行,其 SWIFT Alliance 服务器对 SWIFT 网络接收的报文进行检核,若检核通过,则将 UAK 报文(positive user acknowledgement)发送给 SWIFT 网络,并把来报发送至收报行业务主机;反之,发送 UNK 报文(negative user acknowledgement)给 SWIFT 网络,并终止来报传送。SWIFT 网络依据收报行所反馈的报文信息,以及发报行的传送监控级别向发报行发送传送通知: MT 010(non-delivery warning)报文未送达警告、MT 011(Delivery notification)报文送达通知或 MT 019(abort notification)在特定条件下,SWIFT 终止转发报文并发送终止传送通知,表示报文传送已被取消(见表 7-1)。发报行的 SWIFT Alliance 服务器把监控报文发送至发报行业务主机,汇款人从发报行支付系统中获悉此次汇款到账情况(见图 7-2)。②

① https://www.swift.com.
② 李黎:《银行支付系统的 SWIFT 架构》,《经济管理》2011 年第 13 期,第 242—243 页。

同理,在成员金融机构汇兑活动中,SWIFT 为成员传送与汇兑有关的各种信息,并将其转送至相应的清算系统(例如美国的 CHIPS、Fedwire 或英国的 RTGS)或资金调拨系统中,进行必要的资金转账处理。

表 7-1　终止传达的报文样式①

报　文	中文说明
{1:F01VNDZBET2AXXX0117002343}	基本报头
{2:00191409010605DYLRXXXXCXXX000000030020106051509S}	
{4:	电报正文
{175:0604}	终止报文传达输入时间
{106:140901VNDZBET2AXXX0021000443}	终止报文传达电文输入参考号
{102:BBBNBEBBAXXX}	终止报文传达的目的地
{432:12}	终止原因
{619:CPY}}	VAS 代码
{5:	
{CHK:08215D74A5E8	
{SYS:4344360605VNDZBET2AXXX0015000879}}	

(三) SWIFT 系统与美元地位形成美国金融制裁工具

如上文所述,SWIFT 承担着全球跨境金融中间人的重要角色。跨境支付结算与清算可以准确、有效地进行需要依靠 SWIFT 的报文。世界范围内原先互不往来的金融机构通过 SWIFT 系统得以串联并进行信息交换。换言之,SWIFT 通过其在金融市场的广度与深度,将每个国家接入国际支付清算与结算体系中。而 SWIFT 这一信使角色的特殊性赋予其获取、知晓

---

① SWIFT Knowledge Centre." FIN System Messages". https://www2.swift.com/knowledgecentre/publications/ufsm_20190719/2.0.

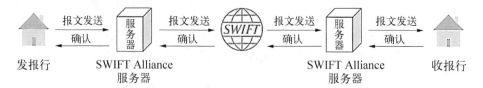

图 7-2　报文传输路径①

并筛选交易信息的能力与可行性。根据 2022 年 2 月 2 日 SWIFT 官方网站信息,SWIFT 的报文传送服务为全球 200 多个国家和地区 10 000 多家金融机构使用。2021 年 SWIFT 平均每天记录 4 200 万条报文信息,同比增长 11.4%,报文有效率达到 99.99%。②

"方便访问,促进集成化,验证、分析和金融犯罪合规"是 SWIFT 的服务宗旨。SWIFT 要求成员机构必须尽到必要义务以确保交易没有违反相关的法律法规、经济制裁、反腐败、反洗钱等规定。而(金融)制裁被列在 SWIFT 与成员机构合同中的不可抗力条款中③,且合同约定,若发生(金融)制裁,SWIFT 享有责任豁免权。

SWIFT 金融法律合规主要通过图 7-3 所示的四个步骤以达到风险合规目的:通过 KYC 注册各金融机构对交易对手方金融机构进行尽职调查、基于制裁名单等信息提供在线客户姓名筛选、风险识别和实行 RMA 风险合规数据分析与实时支付数据监控。

其中,SWIFT 将 KYC 注册数据分为五个类别:① 客户机构身份,包括营业执照、机构牌照、注册登记信息等;② 客户机构所有权及管理结构,包括股权架构、最终实际控制人、董事会成员、管理层架构、年报等;③ 客户机构业务类型及客户群,审查客户机构的运营架构及客户群、是否提供高风险产品及服务等;④ 合规信息,基于美国爱国者法案在内的反洗钱政策对客户机构进行反洗钱相关的问卷及审查;⑤ 税务信息,包括 TIN、FATCA 信息等。如今,有超过 5 500 个金融机构使用 KYC 注册服务以掌握自身数据

---

① 李黎:《银行支付系统的 SWIFT 架构》,《经济管理》2011 年第 13 期,第 243 页。
② https://www.swift.com/about-us.
③ "SWIFT General Terms and Conditions". https://www2.swift.com/knowledgecentre/publications/sgtc/3.0.

SWIFT 合规服务

在整个合规和控制金融犯罪过程中获得支持

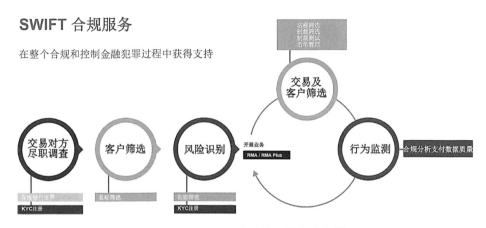

图 7 - 3　SWIFT 金融合规服务介绍①

及数据访问权限,并与选定的交易对手方即时交换数据和文件。② 这在很大程度上减少了高风险市场运行的银行及小型金融机构尽职调查的成本与合规风险,避免了因违反某司法管辖区法律规定而放弃某些产品领域或货币业务。同时,也为 SWIFT 获取多方数据信息提供了便利条件。

　　SWIFT 所提供的在线客户姓名筛选服务对美国金融支付结算制裁得以实施起到了决定性的作用。SWIFT 为客户机构提供每日更新的制裁或筛选名单以及个性化的筛选服务。SWIFT 的姓名筛选主要分为两类:一是强制报告类,即由美国财政部海外资产控制办公室(OFAC)、欧盟、联合国等主要监管机构制定的制裁名单;二是非强制报告类,即客户机构依据反洗钱政策出具的筛选名单或负面报道中提及的专门类别。③ 如图 7 - 4 所示,任何通过 SWIFT 传送的交易数据都逃不过其姓名筛选审查。若审查不通过,则 SWIFT 向发报行发送 MT 019(Abort notification)以终止传送服务。而美国 OFAC 的金融制裁名单(U. S. Department of the Treasury Specially Designated Nationals List,SDN)属于 SWIFT 强制审查报告筛选

---

① Samir El Ouahabi, Julien Laurent. " SWIFT Compliance Services Overview,SWIFT. com." http://www.swift.com/resource/arc-2017-swift-compliance-services.

② "SWIFT KYC Registry". https://www. swift. com/our-solutions/compliance-and-shared-services/financial-crime-compliance/kyc-solutions/the-kyc-registry.

③ Samir El Ouahabi, Julien Laurent. "SWIFT Compliance Services Overview,SWIFT. com." http://www.swift.com/resource/arc-2017-swift-compliance-services.

范畴之内。而 SWIFT 的制裁名单也依据监管机构的制裁名单进行实时更新，并以邮件的方式告知会员用户。①

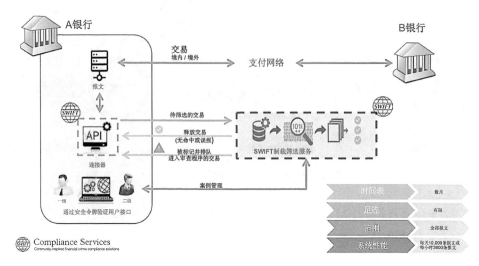

图 7‑4 SWIFT 制裁筛选连接器概述②

根据 SWIFT 官网信息，SWIFT 通过提供报文传输服务、制裁筛选和制裁测试等服务，即一系列金融犯罪合规工具组合帮助金融机构遵守国家和国际法规，包括但不限于 The Financial Action Task Force（FATF）SR VII（关于打击恐怖分子筹资的特别建议 VII）和 JCPOA 伊朗核协议等。③ SWIFT 深谙其合规系列措施及为美国金融制裁提供帮助会影响其业务份额。例如取消朝鲜 SWIFT 国家代码导致美国与朝鲜相关的汇兑结算清算及其他跨国交易被迫停摆。④ 根据 SWIFT 官网信息，SWIFT 一再强调其为一家中立组织，无权做出制裁决定，而制裁决定的实施或取消均取决于相关政府机关和立法者（包括比利时和欧盟的法律法规）。SWIFT 仅有责任

---

① "A single, standard channel for sanctions list notifications and change reports". http://www.swift.com/node/2331.

② Samir El Ouahabi, Julien Laurent. "SWIFT Compliance Services Overview, SWIFT.com." http://www.swift.com/resource/arc-2017-swift-compliance-services.

③ https://www.swift.com/about-us/legal/compliance-0/swift-and-sanctions.

④ Don Weinland. "Swift cuts services to North Korean banks." https://www.ft.com/content/cc94088c-7b61-3a60-ac05-06d40901dda5?from=singlemessage.

帮助其用户遵守金融犯罪合规要求,并在其监督机构的要求下提供给监督机构随时访问其认为与监督相关的所有信息,包括 SWIFT 事故报告及事故回顾报告等。[①]

如上所述,鉴于 SWIFT 是依据比利时法律注册成立的,故其须遵守比利时和欧盟的相关法律法规。SWIFT 分别在 2012 年 3 月和 2018 年 11 月拒绝向受到制裁的伊朗银行提供 SWIFT 金融报文服务。前者是 SWIFT 依据 COUNCIL REGULATION (EU) No.267/2012(欧盟第 267/2012 号条例)做出的禁止决定;而后者 SWIFT 声称其暂停某伊朗银行对 SWIFT 报文系统访问权为特殊情形,是出于全球金融体系的稳定性和完整性的考虑做出的决定,并未透露进一步详情。[②] 巧合的是,美国总统在 2018 年 8 月签发了第 13846 号总统行政命令,禁止在 2018 年 11 月 5 日或之后向任何列入制裁名单的伊朗主体提供金融交易的外国金融机构在美国开立代理账户或通汇账户。[③] SWIFT 切断俄罗斯 7 家实体及其指定的俄罗斯子公司与 SWIFT 系统连接的决定是基于欧盟于 2022 年 3 月 1 日做出的 COUNCIL REGULATION (EU) No.2022/345。SWIFT 在 2022 年 3 月 12 日切断了 7 家俄罗斯实体及其指定的俄罗斯子公司的链接。同时,SWIFT 还对俄罗斯造成乌克兰危机的行为予以了谴责,认为该行为违反了 SWIFT 平等、多样性、相互尊重和全球合作的理想。[④] 而就在之前,美国白宫联合欧盟发表了对俄罗斯实施一系列金融制裁的《联合声明》。从中可以看出,欧盟的法规为 SWIFT 执行欧盟和美国所实施的金融支付结算制裁提供了法律依据。

SWIFT 是一家依据比利时法律成立的由代表全球约 3 500 家实体的股东(金融机构)所有并控制的组织。股东选举产生 25 名独立的董事组成的董事会代表全球银行负责 SWIFT 的运行并监督 SWIFT 的管理。但管理层更多的是确保 SWIFT 在公开透明的环境中维护金融稳定,并为全球金

---

① https://www.swift.com/about-us/legal/compliance-0/swift-and-sanctions.

② https://www.swift.com/about-us/organisation-governance/swift-oversight.

③ E.O. 13846, 83 Fed. Reg. 38939, Aug. 7, 2018.

④ "An update to our message for the SWIFT Community". https://www.swift.com/news-events/news/message-swift-community.

融机构提供金融基础设施服务。①

SWIFT并非美国国有企业，为何愿意牺牲一定的商业利益而听从美国的金融制裁措施？因为美元是世界上运用最多的结算货币，SWIFT需要美元的支撑，且支持美国实施金融制裁措施一定程度上不违背自身打击金融犯罪和维护全球金融体系稳定与完整的宗旨。

第二次世界大战后，1947年布雷顿森林体系的创建使美元与黄金相挂钩，而其他货币比兑美元的国际货币交易准则，以此建立的全球金融货币体系奠定了以美元为主导货币的优势地位。1948年生效的《关贸总协定》建立的市场开放与交易自由的国际贸易规则推动了美元向世界流动。布雷顿森林体系瓦解后，1971年美国尼克松总统决定将美元与黄金脱钩，以抵御黄金外流及财政困境，并确保美国在资本主义国家中的主导地位得以维持。但美元作为国际货币领导者的地位并未改变，以美元为核心的国际货币体系延续至今。② 具体而言，2021年第三季度国际外汇储备中美元占比59.15%，超过第二位欧元近40%。③ 美国对美元这一储备货币及全球贸易投资交易货币拥有绝对的控制权。④ SWIFT要想维持或扩大其业务，必须确保足够多的用美元结算的金融机构或企业使用SWIFT系统。因此，SWIFT要在全球垄断必须拥有美元的支撑。而获得美元支撑直接的方式就是接受美国政府的指示，将美国SDNs列入筛选服务的范围，并为美

---

① 根据SWIFT官网信息，SWIFT的监督机构包括：比利时国家银行、加拿大银行、德意志联邦银行、欧洲央行、法国银行、意大利银行、日本银行、荷兰银行、瑞典银行、瑞士国家银行、英格兰银行和由纽约联邦储备银行和联邦储备系统理事会代表的联邦储备系统（美国）和2012年新加入的澳大利亚储备银行、中国人民银行、香港金融管理局、印度储备银行、韩国中央银行、俄罗斯中央银行、沙特阿拉伯货币管理局、新加坡金融管理局、南非储备银行和土耳其共和国中央银行。https://www.swift.com/about-us/legal/compliance-0/swift-and-sanctions.

② ［美］廖子光：《金融战争：中国如何突破美元霸权》，林小芳译，中央编译出版社2008年版，第9—30页。

③ "International Monetary Fund, Table 1: World Currency Composition of Official Foreign Exchange Reserves". https://data.imf.org/regular.aspx?key=41175.

④ Carol Bertaut, Bastian von Beschwitz, Stephanie Curcuru. "The International Role of the U.S. Dollar". https://www.federalreserve.gov/econres/notes/feds-notes/the-international-role-of-the-u-s-dollar-20211006.htm#:~:text=The%20dominance%20of%20the%20dollar%20internationally%20has%20been,world%27s%20most%20frequently%20used%20currency%20in%20global%20trade.

国政府提供任何以美元结算的交易情况。此外，SWIFT 在美国纽约设立了分中心，绝大多数以美元结算的交易都会在美国的 CHIPS 和 Fedwire 进行结算，而相关交易数据会通过 SWIFT 纽约分中心进行管理，因此，SWIFT 纽约分中心可获得绝大多数通过美元交易的交易数据。虽然，SWIFT 系统也从事以欧元或人民币等其他货币结算的金融交易，但这些交易信息均不通过 SWIFT 纽约分中心，故交易信息不会直接被纽约分中心获取。

不仅如此，SWIFT 还将数据（多为交易信息）存储在比利时与美国两地。而存储在美国的数据，美国有权通过传票的形式获取用于犯罪调查。受制于美国恐怖分子资金追查项目（TFTP）及 SWIFT 签署的相关协议，SWIFT 有义务向美国财政部提供存储在美国运营中心的数据，以用于打击恐怖主义。[①] 美国运用 SWIFT 这一得力助手，获取了其想要制裁对象的资金流向，这导致任何一家银行、企业与被制裁国家或地区的经济往来都逃不过美国的监视。中国人民银行原行长周小川在"第三届中国金融四十人伊春论坛"上表示，无论是贸易还是投资，凡使用美元进行交易，最终都要在美国清算，因此美国能够借助强势的地位与能力，在观察你的同时对你实行制裁。

此外，美国还使用不同的手段（例如科技手段）对其他的全球交易信息系统实施监控。这些都给全球化、全球资源配置、全球供应链以及整个效率的最优配置带来重大影响。[②] 一些金融机构或企业，由于无法找到 SWIFT 系统的替代品而无法绕开 SWIFT 审查，故往往只能选择妥协，而不与被制裁国或地区发生贸易往来。由此，美国与 SWIFT 系统合作达到了其金融支付结算制裁的目的。

[①] "SWIFT and data: Committed to privacy and data protection". http:// swift.com/about-us/ swift-and-data.

[②] 周小川："贸易摩擦有可能具有长期性，全球市场体制开始呈现一些显著的扭曲"，https:// wsdigest.com/article? artid=890.

第三节　美国金融支付结算
制裁的法理分析

美国作为金融制裁的主要发起国,已形成了一套从立法、司法至执法较为全面与完善的金融制裁法律制度体系。

美国国会作为美国的立法机关,制定了关于对外关系和国家安全的一般性授权性法律,例如《国际紧急经济权利法案》(IEEPA)、《国家紧急状态法》《爱国者法案》《国防授权法》等,以及针对具体国家或事件的特定性法律,例如《伊朗制裁法案》《古巴民主法案》等(详见表7-2)。美国总统、国务院、财政部和商务部通过颁布行政命令与规章的方式,对金融制裁的内容进行细化。美国国内立法与执法并不足以使金融制裁达到美国预期的效果与影响力,美国域外管辖权是美国金融制裁发生效力的重要因素。

表7-2　美国对外关系和国家安全一般性授权性法律

法律法规名称	法律法规主要内容介绍
《国际紧急经济权利法案》	授权美国总统在宣布国家紧急状态后进行管控和规范经济和商业相关的行为,以应对来自外国的任何异常状况或特殊威胁
《国家紧急状态法》	赋予美国总统宣布国家进入紧急状态的权力,并要求其对所宣布的紧急状态每年进行评估和适时延长
《爱国者法案》	赋予美国执法人员和安全部门更大和更多的资源以打击国内外的恐怖主义
《国防授权法》	每一财政年美国国会参议院会通过该财政年度《国防授权法》,可达到增加美国国防军费开支和实施金融制裁的目的

一、美国金融支付结算制裁的法理基础

作为美国域外管辖权的一种形式"长臂管辖权"(long-arm jurisdiction)

包括立法、司法与执法管辖权。立法管辖权是指"一国制定法律适用于特定的人、物或行为的权力";司法管辖权是指"一国利用其司法程序处理特定的人、物或事的权力";①执法管辖权是指"一国利用行政权力引导或强制特定人遵守其法律的权力。"②长臂管辖权是较为复杂,也极具争议的美国法律问题之一。

依据中国国务院新闻办发布的《关于中美经贸摩擦的事实与中方立场》,"'长臂管辖'是指依托国内法规的触角延伸到境外,管辖境外实体的做法。近年来,美国不断扩充'长臂管辖'的范围,涵盖民事侵权、金融投资、反垄断、出口管制、网络安全等众多领域,并在国际事务中动辄要求其他国家的实体或个人必须服从美国国内法,否则随时可能遭到美国的民事、刑事、贸易等制裁。"③国际法上就立法管辖权的合法性确认了"属地原则""国籍原则""保护性原则"和"普遍性原则"。④ 美国域外金融制裁的国际法依据主要为"国籍原则"与未被国际法规则公认的"效果原则"。国籍原则以国籍确定管辖标准,但各国自行决定其公民的范围,必然导致自然人与法人的国籍与法律规定的国籍相冲突。依据美国《纽约州民事诉讼法》第 301 条与302 条的规定,只要行为主体对纽约州或非纽约州居民的自然人或法人亲自或通过代理人从事特定行为而引起的诉讼,纽约州法院就有管辖权。而效果原则是指对"发生在一国之外,但已经打算对另一国境内产生实质性影响的行为"进行管辖。⑤ 效果原则将国籍原则延伸至境外行为人或其经济活动,由此成为美国金融制裁、反腐败等法律域外效力的依据。

美国效果原则的演变可以从美国法院对美国宪法第 14 修正案第 1 款的正当程序条款的解释中洞悉。根据该正当程序条款,未经正当程序,任何一州不得剥夺任何人的生命、自由或财产。⑥ "彭诺业案"中明确了法院对

① The Fourth Restatement of the Foreign Relations Law of the United States, Jurisdiction, art. 402 (2018).

② The Fourth Restatement of the Foreign Relations Law of the United States, Jurisdiction, art. 402 (2018).

③ 中华人民共和国国务院新闻办:《关于中美经贸摩擦的事实与中方立场》,2018 年 9 月。

④ [美] 巴里·卡特、艾伦·韦纳:《国际法》(下),冯洁菡译,商务印书馆 2015 年版,第 873—877 页。

⑤ The Fourth Restatement of the Foreign Relations Law of the United States, Jurisdiction (2018).

⑥ U.S. Const. amend. XIV, § 1.

人的管辖权限定在法院所属州的地域范围之内。① 经过 70 余年美国法律的发展,在范围问题上,法院的理解在量化的机械标准之上有了一定的灵活性与弹性。

这种灵活性的开端就是 1945 年"华盛顿州诉国际鞋业公司案"(以下简称国际鞋业案)。美国最高法院首席大法官沃伦·厄尔·伯格在 1958 年的"汉森诉丹克那案"(以下简称汉森案)中肯定了对非居民的属人管辖权已从僵硬标准发展为灵活标准。② 在国际鞋业公司案中,国际鞋业公司是根据美国内华达州法律注册成立的生产和销售鞋类产品的公司,其在华盛顿州并未设立办事机构、仓库或销售点,但在华盛顿州雇用了该州十几名居民为其销售鞋类产品。国际鞋业公司没有根据华盛顿州《失业补偿法》为销售人员缴纳失业补偿金。华盛顿州销售员向华盛顿州法院起诉国际鞋业公司拒绝支付失业补偿金。国际鞋业公司辩称由于其不是华盛顿州的企业,在华盛顿州也无营业活动,故不属于企业"物理出现"在华盛顿州的情形。根据美国《宪法第十四修正案》的正当程序条款,华盛顿州法院对其没有管辖权。但是,最高法院认为国际鞋业公司的十几名销售人员长期驻扎在华盛顿州,从事其产品的宣传活动,该行为具有持续性与经常性的特征,构成"最低联系",华盛顿州法院对其有管辖权。大法官认为,"在历史上,法院在属人诉讼中的管辖权产生于其对被告人身的实际支配能力。因此被告出现在法院所管辖的地域内是被告受法院判决拘束的前提条件。但拘捕被告的命令已被传票或其他形式的通知所取代,依据正当程序原则,如果被告没有出现在法院的辖区,法院要想使其服从属人诉讼的判决,就需认定被告与法院之间应有某种最低联系。因此,该案件的审判不会与传统的公平和公正观念相抵触。"③由此,国际鞋业公司案提出长臂管辖中的"最低联系标准",从而确立了效果原则,即只要达到现在为人民所熟知的"公平竞争和实质正义"的要求,即使没有地理上的联系也认为管辖权成立。④

如何认定"最低联系"标准? 1958 年的汉森案与 1980 年的"世界大众

---

① Pennoyer v. Neff, 95 U.S. 714 (1877).

② Hanson v. Denckla, 357 U.S. 235,250 - 251 (1958).

③ Int'l Shoe Co. v. Washington, 326 U.S. 316 - 317 (1945).

④ Int'l Shoe Co. v. Washington, 326 U.S. 316 - 317 (1945).

汽车公司诉伍德桑案"(以下简称大众汽车公司案)分别确立了"有意利用"与"合理预期"这两大标准。法院的属人管辖权体现在被告有未来在该法院被起诉的合理预期。[①] 虽然最低联系的判定需依据个案判定,但每个符合最低联系标准的案件都要求被告有意利用在该州法院管辖范围内实施某行为的便利条件,例如享受权益或受到法律保护。[②] 而仅原告单方面认为非居民的被告与法院具有最低联系并非认定"最低联系"的决定性标准。

1958 年,美国最高院在汉森案中判定佛罗里达州法院没有管辖权,并引入"有意利用"标准,进一步明确了"最低联系"标准的认定方法,即若被告为自己的利益有目的地利用法院地的条件在法院地开展某种活动,进而获得该州法律上的利益和保护,则该州法院对被告就有管辖权。该案中,宾夕法尼亚州的居民朵拉·唐纳在 1935 年设立了一份信托基金,并将特拉华州的银行作为受托人。9 年后,其在佛罗里达州定居并于 1952 年去世。去世前,她指定自己的两个孙子为信托基金的受益人,基金由特拉华州的受托人管理。朵拉去世后,她其他遗产继承人向佛罗里达州法院提起诉讼。佛罗里达州法院支持了朵拉其他遗产继承人的诉求,认为朵拉指定其两个孙子为信托基金受益人是无效的。而在该州法院执行判决前,朵拉的财产执行机构在特拉华州提起诉讼,特拉华州法院认为朵拉生前的指定行为有效,佛罗里达州法院对该案受托人没有管辖权。最终,最高法院支持了特拉华州的判决,认定受托人与佛罗里达州不存在最低联系(主要体现在其没有在佛罗里达州开展任何业务、设立办公室或管理或持有信托资产),并不属于"发生于法院地的所实施的行为或交易",且受托人并不符合"有意利用"的标准,因此佛罗里达州法院没有管辖权,其判决应根据美国宪法第 14 修正案的正当程序条款而无效。

此外,在相关案件中,美国最高法院在讨论"最低联系"标准和法院管辖权时引入了"传统的公平和实质正义"的考量因素,即① 被告的负担(burden);② 兼顾该州的利益(State's interest);③ 原告获得救济的利益(effective relief);④ 最有效的解决方案对州际司法利益的影响(efficient

---

① World-Wide Volkswagen Corp. v. Woodson, 444 U.S. 286 (1980).
② Hanson v. Denckla, 357 U.S. 254 (1958).

resolution);⑤ 是否有利于在各州推行实质的社会政策(fundamental substantial social policies)。①

　　1980 年,美国最高法院在"大众汽车公司案"中进一步阐明了长臂管辖权中"最低联系"标准的认定。在该案中,居住在纽约州的罗宾逊在纽约一家代理商处购买了大众汽车公司的汽车后在别州定居。数年后,其在俄克拉荷马州的一桩事故中受伤。罗宾逊在俄克拉荷马州起诉大众汽车公司的制造商、进口商、当地批发商和零售商,声称事故原因为汽车的设计缺陷。但大众汽车的批发商和零售商就管辖权向俄克拉荷马州法院提出抗辩。法官认为被告应当也能够预见到汽车在俄克拉荷马州被使用的可能性,故其有管辖权,最终最高法院推翻了俄克拉荷马州法院的判决,认为依据正当程序条款,大众汽车公司的在该州的商业行为没有满足"最低联系"标准,故该州法院没有管辖权。最高法院提出了"可预见性"的标准,即"合理预期":被告对其商品进入商业流程后到达法院地这一事实若属于可以合理预见的范畴,则应判定被告的行为与法院地有联系而得出法院对其有管辖权,反之亦然。可预见性并非认定法院在正当程序条款下有属人管辖权充分条件,而且可预见性主要体现在被告能否合理预见到其行为会导致其在该法院被起诉,而非被告的产品流入法院管辖地的可能性。

　　当然该案中法院强调"最低联系"标准旨在保护被告免受物理遥远带来的不方便诉讼困扰,但是也保证了美国各州不会利用其法院系统突破联邦体系所规定的各州主权平等的限制。鉴于法官对公平、方便与正义的模糊性与差异性认知,"最低联系"标准虽不可机械性地字面认定,但之后发生的一系列相关案件仍无法确定"最低联系"标准的实际操作性,例如 1998 年修订的美国《海外反腐败法》(Foreign Corrupt Practices Act)将"最低联系"的认定范围由 1977 年的"任何美国人或在美国上市的证券"扩大为"任何外国人或外国企业通过了美国的邮件系统进行通信或使用隶属于美国的国际商业工具进行腐败支付,包括电话、邮件还是银行转账。即只要和美国发生了任何联系,美国都具有管辖权"。② 因此,美国长臂管辖权既为在全球化经

---

① Douglas D. McFarland. Drop the Shoe: A Law of Personal Jurisdiction. *Mo. L. Rev.* Vol.774, 2003.

② Foreign Corrupt Practices Act, the United States Department of Justice, 1998.

济下的任何国家、企业或个人直接适用美国国内法创造了可能性，也为美国金融制裁授权性法律的颁布与实施奠定了基础。

二、美国金融支付结算制裁的法理依据

(一) 授权性法律

SWIFT 给美国提供了相关数据，帮助美国实施金融支付结算制裁。美国是如何通过其国内法律获取 SWIFT 数据并实施制裁的？SWIFT 依据行政传票将数据交给美国，而美国财政部依据核心授权性法案与补充性授权性法案出具相应的行政传票。

1. 核心授权性法律

在美国颁布的相关金融制裁法律中，核心授权性法案有两部：1977 年的《国际紧急经济权利法案》(International Emergency Economic Powers Act, IEEPA)和 1976 年的《国家紧急状态法》(National Emergencies Act, NEA)。这两部法案赋予美国总统宣布国家进入紧急状态的权力，并授权其在宣布美国进入紧急状态后对美国经济和商业相关行为进行管控和规范，以应对来自国外的威胁。这两部法案可直接作用于美国金融支付结算制裁。

20 世纪，美国国会不断以法案的形式将国家紧急权力委托给总统。在美国加入第一次世界大战后，美国国会通过了《与敌国贸易法》(Trading with the Enemy Act, TWEA)，赋予美国总统在战时审查美国与敌国间国际贸易情况的权力。1933—1973 年，美国国会不断扩大总统在 TWEA 项下的权力范围，允许总统在和平时期宣布美国进入紧急状态，并可以干涉国内及国际贸易，由此 TWEA 成为美国总统在冷战期间对敌国进行制裁的重要权力来源。

(1)《国际紧急经济权利法案》(IEEPA)。1977 年的 IEEPA 是美国制裁制度的核心，[1]赋予美国总统在宣布国家进入紧急状态后冻结财产或调查银行交易信息，即其他与外国法人或自然人有关的交易的权力。[2] 所涉交易包括银行金融机构、证券或其他机构为外国或外国组织、个人提供贷款或支付服务。截至 2019 年 8 月 1 日，美国总统援引 IEEPA 宣布国家进入

---

[1] Barry E. Carter. *International Economic Sanctions: Improving the Haphazard U.S. Legal Regime*. Cambridge University Press, 1988，pp.21 - 30.

[2] The International Emergency Economic Powers Act of 1977，50 U.S.C. § 1701, 1702.

紧急状态的次数多达 50 余次,其中 31 次仍在有效期内,用途多为切断交易和冻结资产。一般援引 IEEPA 宣布国家进入的紧急状态会持续近 10 年,有些例如 1979 年为应对美国使领馆被伊朗挟持事件而进入的国家紧急状态将进入第 50 个年头(详见图 7-5)。

图 7-5 截至 2019 年 8 月 1 日美国宣布进入国家紧急状态汇总[1]

---

[1] Christer A. Casey et al. "The International Emergency Economic Powers Act: Origins, Evolution and Use, Congressional Research Service". https://crsreports.congress.gov/product/pdf/R/R45618.

依据 IEEPA 第 1701 与 1702 条的规定,美国总统只有当美国的国家安全、对外政策或经济遭受来自境外非同寻常的威胁时,方可在国家符合 NEA 的紧急情况情形下援引 IEEPA,并立即告知国会并阐述有关情况及原因,并把公告刊登在《联合公报》上。[①] IEEPA 要求美国总统在条件允许的情况下,先向美国国会寻求意见再发布公告。[②] 截至 2022 年 2 月,美国国会对 IEEPA 修正共计 8 次,其中美国 9·11 恐怖袭击事件后修正了 3 次,以扩大 IEEPA 打击恐怖主义的范围与惩罚力度。这三次修正分别为 2001 年 10 月 26 日颁布的《爱国者法案》、2006 年 3 月 9 日及 2007 年 10 月 16 日提高了 IEEPA 第 206 章所规定的民事与刑事惩罚力度与门槛。[③]

IEEPA 第 1701 条明确指出,"当美国总统认为某一国际局势或事件会对美国的国家安全、外交政策和经济利益造成非同寻常的威胁时,其可宣布美国进入应对该威胁的紧急状态,进而对相关组织、实体、个人或某一外国实施包括冻结资产在内的制裁。"但是,IEEPA 并未对"非同寻常的威胁"作出定义,美国总统被赋予了在和平时期宣告国家进入紧急状态的权力,因此这是一个非常宽泛的概念,不局限于与美国发生武装冲突或对美国实行恐怖袭击。只要是美国总统认为需要基于外交政策采取紧急状态下的单边措施加以处置的情形,包括但不限于那些看上去对于美国的国土安全与经济发展不会构成威胁的国际局势或事件。

正是 IEEPA 对适用情形与权力边界模糊定义,且对权力缺乏严格的约束,从图 7-5 中不难看出,金融制裁已成为美国单方面达到国际政治目的的手段之一。因美国实行立法、司法、行政三权分立的政治制度,如果不实施金融制裁,美国总统则需要与美国国会及政党充分斡旋,并取得国会的决议通过后方可开始着手实行一系列措施以便达到其想要获得的国际政治目的。然而,法案除了要获得更多的时间之外,还需要进一步披露其方案的细节及阐述相关可行性,从而使得一些敏感信息不得不公布于众,故非常不利于美国总统目的的快速达成。

---

① The International Emergency Economic Powers Act of 1977, 50 U.S.C. §1701, 1702.

② The International Emergency Economic Powers Act of 1977, 50 U.S.C. §1703.

③ "Fed. Register Notices". https://home.treasury.gov/policy-issues/financial-sanctions/additional-ofac-resources/ofac-legal-library/federal-register-fr-notices.

（2）《国家紧急状态法》（NEA）。1976 年通过的 NEA 是美国总统援引 IEEPA 的法律基础与保护伞。只有在符合 NEA 的国家可以宣布进入紧急状态的情形下，总统方能援引 IEEPA。NEA 不仅给予美国总统宣布国家进入紧急状态的权力，而且还给予并要求其对所宣布的紧急状态每年进行评估并适时延长的权力。同 IEEPA 一样，NEA 也没有对"紧急状态"与"非同寻常的威胁"进行定义。理论上，NEA 赋予美国国会否决权，即国会可以以三分之二以上多数通过来否决总统宣布的紧急状态，或立法明确界定这两个词语的边界，但国会通常不会行使该否决权。

虽然国会作为立法机关希望宽泛的界定能给执法机构一定的自由裁量权，以应对日后复杂的局势，但这并不意味着国会对美国总统在 NEA 及 IEEPA 下的权力处于放任的态度。NEA 要求美国参众两院在美国进入紧急状态后的每 6 个月提出终结紧急状态的方案。此外，参议院还要求国会采取事后审核机制以约束总统的行为。例如，在第 116 届国会上，参议员迈克·李提出 S. 764 法案，要求国会对总统对美国进入紧急状态的宣布拥有批准权，即国会在 30 日内有权决定国家的紧急状态是否持续，这在一定程度上是对 NEA 的修改。

2. 补充性授权性法律

（1）《爱国者法案》（USA PATRIOT Act）。2001 年的《爱国者法案》是美国在 9·11 恐怖袭击事件后颁布的，是对 IEEPA 的修正，其目的是采取必要措施以保护与团结美国。[①] 该法案主要从以下四个方面进行了规定：① 允许调查人员使用已被用于调查有组织犯罪与毒品贩运的手段进行反恐调查，主要包括允许执法机关监视更多的恐怖犯罪活动、允许联邦探员任意机动式监听与追踪和极端组织没有关联但疑似"独狼"犯罪的非美国公民的恐怖分子等、允许执法机关延迟通知恐怖分子秘密搜查令以防止其逃跑、允许联邦探员在国土安全恐怖主义案件中向法院申请获得疑犯的商业记录；② 打破美国执法机关、情报机构与国土安全局之间的行政壁垒，让部门之间实现信息共享与相互合作以避免调查盲区；③ 更新高科技调查手段以提升调查技能，主要包括允许执法人员在处理跨州案件时，在任何一个州的

---

① USA PATRIOT Act of 2001, P.L. 107－156；115 Stat. 272.

司法辖区获取搜查全部所涉州的搜查许可证以及追踪网络黑客踪迹等；④对恐怖主义犯罪分子提高刑罚。①

此外，该法案在《银行秘密法》(Bank Secret Act)框架下进一步加强了银行的监管义务，主要体现在第三节"爱国者法案及美国反洗钱法规范围"项下，具体包括："对持有外国银行代理账户的美国银行进行尽职调查；强化对持有美国政府特别关注的司法管辖区的外国银行的代理账户及金融机构的尽职调查；禁止美国金融机构为海外空壳银行(shell bank)提供代理清算服务；规定美国政府具有获取在美国国内设有代理银行的非美国银行的文件和信息的权利，同时也享有从非美国银行获取赃款的权限及从美国政府特别关注的司法管辖区获得额外信息的权利。"②其中，对于获取 SWIFT 信息的内容主要体现在第 312 节对于在美国持有代理账户(correspondent account)、应付贯穿账户(payable-through account)与商业账户提出的特殊监管。所谓代理账户是指为接收境外金融机构的存款、代表该机构付款，或处理其他与该机构有关的金融交易。③ 此规定将监管的范围扩大到银行以外的金融机构，同时也涵盖了任何"代理完成支付及协助进行与外国金融机构有关的金融交易"的所有银行的金融交易活动（美国银行与非美国银行）。特殊监管的一般规定是指任何金融机构为非美国公民在美国设立、持有或管理商业银行账户或代理账户的，都有义务建立完善的监测与报告与洗钱相关的金融交易。完善的监测制度包括帮助美国执法与监管部门识别恐怖分子的账户和涉及恐怖活动的交易账户，并将相关账户与交易信息与美国执法与监管部门汇报。④ 而对于被持有离岸银行牌照或外国银行牌照的外国银行要求或代表的代理账户有更严格的合规要求。此外，与美国制裁对象进行交易的外国银行被禁止从美国金融系统中获益。

2006 年小布什总统签署了《美国爱国者法修改与再授权法》(USA

---

① The USA PATRIOT Act: Preserving Life and Liberty, U.S. Department of Justice 2006.
② 石佳友、刘连炻：《美国扩大美元交易域外管辖对中国的挑战及其应对》，《上海大学学报（社会科学版）》2019 年第 1 期。
③ USA PATRIOT Act of 2001，P.L. 107 - 156；115 Stat. 272，Sec. 311.
④ USA PATRIOT Act of 2001，P.L. 107 - 156；115 Stat. 272，Sec. 314.

PATRIOT Improvement and Reauthorization Act of 2005）和《爱国者法案额外再授权修改法》（USA PATRIOT Act Additional Reauthorization Amendment Act of 2006），并对 IEEPA 第 206 章进行了修改，提高了对犯罪分子民事与刑事的刑罚。① 这两部法案都加强了联邦政府在反恐行动中的权力，同时也对公民权利的保护在程序方面做了修改。

（2）《国防授权法》（NDAA）。美国每一财政年度都会颁布《国防授权法》（National Defense Authorization Act，NDAA），由美国国会通过并由美国总统批准。NDAA 就所属财政年度的国防经费预算及具体国防职权行使作出具体规定，其内容都是依据历年美国国家利益的变动而调整，其中涉及不少与金融制裁相关的条文，从而作为美国金融支付结算制裁的重要补充性授权性法案。例如 2011 年 12 月 31 日，美国前总统奥巴马签署了 2012年 NDAA，规定"凡是同伊朗进行石油贸易的国家都将面临严厉的金融制裁，美国将切断该国所有金融机构与美国银行体系的联系"。② 在强化对伊朗中央银行的制裁同时，制裁范围与力度进一步扩大到第三方。而 2013 年NDAA 更是将范围扩大到"明知"的情况下，即为伊朗提供保险与再保险的相关从业人员。

美国国会参议院于 2021 年 12 月通过了 2022 年 NDAA，并在"前言"中写道：美国正与中国和俄罗斯这两个不接受美国的全球领导地位，也不接受有助于维持国际秩序的国际准则的对手展开战略竞争。2022 年 NDAA是实现应对前述复杂的安全挑战的重要一步。③ 虽然 2022 年 NDAA 未出现"制裁"字眼，但在 2022 年 NDAA 对华政策的总基调下，不排除日后美国国会参议院通过的 NDAA 中参照 2012 年 NDAA 增加关于切断中国主要银行与 SWIFT 的连接来达到其制裁目的的内容。

（3）《联合国参与法》（UNPA）。1945 年的《联合国参与法》（The United Nations Participation Act，UNPA）依据《联合国宪章》给予美国总统在实行联合国安理会决议时调查任何外国自然人或组织与美国发生的全部或部分

---

① USA PATRIOT Improvement and Reauthorization Act of 2005，P.L. 107-156；120 Stat. 192.
② National Defense Authorization Act for Fiscal Year 2012（NDAA），Sec.1245.
③ National Defense Authorization Act for Fiscal Year 2022（NDAA），Preface.

的经济关系及通信往来。^① 首先,联合国安理会会就拟制裁对象出具安理
会决议。其次,联合国安理会决议中会列明需要成员国对被制裁对象采取
何种强制措施以达到联合国制裁目的。最后,美国作为联合国成员国可以
依据 UNPA 对安理会决议中拟制裁的对象作出具体的制裁措施。UNPA
作为美国制裁的法理依据之一,时常被融入美国的外交政策与制裁行为中。
例如,联合国安理会于 2010 年 6 月作出的第 1929 号决议被援引美国 2010
年颁布的《综合制裁伊朗、问责和撤资法》("CISADA")中,作为对伊朗实施
制裁的理据之一;还有,第 13399 号美国总统行政命令按照 UNPA 等法律
法规作出,以协助黎巴嫩政府查明并追究那些策划、赞助、组织或实施恐怖
主义行为,导致黎巴嫩前总理被暗杀事件,从而作为美国对叙利亚共和国实
施制裁的法理基础之一。^②

(二) 总统行政命令

美国总统是美国金融制裁的决定者,其签署行政命令会对金融制裁产
生直接影响。历届美国总统均签署了不少与金融制裁的行政命令,但多为
依据当时实际局势对特定的国家和组织进行的金融制裁。例如,美国总统
拜登在 2021 年 4 月 19 日针对俄罗斯与乌克兰战争事件签署第 14024 号行
政命令(Executive Order 14024),对俄罗斯采取了一揽子制裁措施。^③ 2022
年 2 月 24 日,OFAC 根据该行政命令采取禁止美国金融机构为俄罗斯联邦
储蓄银行提供代理账户或通汇账户的开设账户提供代理行服务等制裁措
施。^④ 但是,第 13224 号行政命令(Executive Order 13224,E.O. 13224)与其
他行政命令不同的是,其赋予了美国获取 SWIFT 交易数据的法律基础,而
并不仅限于通过禁止美国金融机构对被制裁对象实施冻结财产、禁止开设

---

① 第 5 条规定:"当联合国安理会根据《联合国宪章》第 41 条,为实施其决议而决定采取措施,并
　　促请美国实施该措施时,总统可以发布命令、制定规则或条例,通过其指定的机构采取必要的
　　措施,以调查、规制或断绝任何外国或外国国民或在该外国的人员同美国或其管辖下的任何人
　　或涉及美国管辖的任何财产之间的全部或部分经济关系、铁路、海运、航空、邮电、无线电及其
　　他通信往来。" The United Nations Participation Act of 1945,*See* 22 U.S.C. §287c;UNSCR
　　1333 (2000) and 1373 (2001).

② Syria Sanctions Program,OFAC,p.3.

③ E.O 14024,86 Fed. Reg. 20249,Apr. 19, 2021.

④ Directive 2 under E.O. 14024,OFAC,Feb. 24, 2022.

账户或提供代理行服务等常见的金融制裁手段,这对美国金融制裁的发展起到了突破性与总领性的作用。

但这也不排除国会通过相关的立法法案直接实施金融支付结算制裁的权力,因为上述的授权性法案的授权方仍是国会。国会若通过制裁法案需要实施也必须获得总统签署。在实施过程中,总统仍有权依据国家安全利益之需对国会的制裁行为加以暂停或终止。由于美国是三权分立的政治体制,立法、行政和司法相互制衡,因此,国会仍有权以三分之二以上多数决否决总统的阻挠,让其议案继续执行。

基于 IEEPA 与 UNPA,小布什总统在 9·11 恐怖袭击事件后签署了第13224 号行政命令(E.O. 13224),宣布美国进入紧急状态以处理 9·11 恐怖袭击与之后可能面临的其他袭击,并冻结了所有实施、宣称要实施、威胁实施或支持恐怖主义行动人员的财产,也切断了其资金交易渠道。① 这加强了美国从全球金融、物资、物流等多维度瞄准并打击恐怖主义的能力。

该行政命令颁布后,小布什总统将该权力交由美国财政部行使。而美国财政部基于 E.O. 13224 行使制裁权并向 SWIFT 发布获取相关数据的行政传票。② 被财政部制裁的人员或组织则是由美国国务卿与财政部部长、司法部部长商讨后决定的。③ E.O. 13224 要求财政部尽全力防止并打击恐怖主义,向其他部门共享恐怖组织资金通道与动向。同时,在一定程度上E.O. 13224 为美国打击恐怖主义及金融制裁提供了强有力的资金支持与指导思想。在该行政命令的授权下,美国逐步提升了制裁的范围与强度,并不断更新 SDN 名单。

综上所述,美国通过颁布授权性法律和行政命令的方式,并结合长臂管辖原则以达到其实施金融支付制裁是有法可依的效果。

美国的金融支付结算制裁是否违反其他美国国内法律法规,例如美国《宪法第 4 修正案》《外国情报监听法》(Foreign Intelligence Surveillance Act,FISA)等? 答案是否定的。首先,美国《宪法第 4 修正案》保护私有产

---

① E.O. 13224,66 Fed. Reg. 49079,Sep.25, 2001.

② 31 C.F.R. Part 594;31 C.F.R. §501.602.

③ E.O. 13224,§1.

权,严禁无证搜查或扣押,并要求搜查和扣押的发出须有合法理由的支撑。[1] 对于拟制裁对象的调查是由国会合法授权,而对 SWIFT 数据的获取从行政传票的角度也是基于调查的合理处分,且行政传票并未造成 SWIFT 的重大负担。因此,从形式上看,美方的金融支付结算制裁行为并未违反宪法第 4 修正案的相关规定。其次,《外国情报监听法》(FISA)是由国会在 1978 年通过,并于 2007 年进行修正,意在规制美国对外国人或间谍嫌疑犯的电子监听行为。[2] 依据 §1801(f)(1)—(3),FISA 规制的是电子监听行为,但行政传票下的 SWIFT 数据界定为金融记录而非电子监听的范畴。此外,该数据也不满足 1801(f)(4)所规定的隐私范围内存在立法的情形。[3] 最后,既然 SWIFT 的数据属于金融记录,那是否受《金融隐私权法案》(The Right to Financial Privacy Act of 1978,RFPA)的规制? 答案也是否定的。虽然 RFPA 对美国政府获取银行金融记录有程序上较为严格的要求,但仅针对银行账户的直接拥有者,例如个人客户等。[4] 而 SWIFT 的数据涉及的群体是银行或其他金融机构,非账户的直接拥有者。此外,《银行秘密法》(Bank Secrecy Act)指出,财政部要求金融机构保存或提供账户的交易记录以配合执法部门进行包括反恐在内的相关调查。[5] 因此,从美国国内法的角度看,美方获取 SWIFT 的数据并不违法。

第四节　美国金融支付结算制裁的运行机制

美国金融支付结算制裁的组织运行涉及美国诸多部门机构与市场主体,一般可将其分成三大类:决策、执行与渠道。决策类是指负责作出金融支付结算制裁决策的美国总统与国会;执行类是指负责执行与监管金融清

---

① The Fourth Amendment to the U.S. Constitution (1791).

② The Foreign Intelligence Surveillance Act, 50 U.S.C. §§1801 - 1863.

③ United States v. Miller, 425 U.S. 435, at 442 - 443.

④ The Right to Financial Privacy Act of 1978, 12 U.S.C. §§3401 - 3422.

⑤ 31 U.S.C. §5318; *see also* 12 U.S.C. §1829b.

算决策的财政部及 OFAC 等行政部门；渠道类是指服从制裁决策与执行的 SWIFT 和银行等金融机构。

在实行金融支付结算制裁之前一般有如下步骤：当国际局势发生变化或发生可能影响美国的国际事件后，国土安全委员会将进行内部讨论。国土安全委员会由六个美国政府部门组成：财政部、商务部、情报部、国防部、国务院及司法部。若认为制裁会是美国总统的首选方案时，制裁正式着手实施。OFAC 在选定制裁对象及相应的制裁措施后，OFAC、司法部和国务院会起草总统的行政命令。总统发布行政命令，决定开始实施制裁，并宣布美国进入紧急状态。最后，美国政府执行具体的制裁措施。

一、美国金融支付结算制裁的决策主体

美国国会与美国总统对金融支付结算制裁拥有决策权，以国会立法或总统颁布行政命令的形式做出决策。在美国三权分立的政治制度下，国会作为立法机关拥有决策权，而总统作为行政机关多为执行权，但如上文所述，IEEPA 赋予了总统实行金融制裁的权力，且美国宪法也将处理对外关系的权力授权给了总统，而总统也有发布行政命令并付诸实行制裁的权力。但宪法也授予了国会一部分对外关系权力，例如缔约条约权。国会有权就相关议题制定法案，参众两院一致通过后，经由总统签署同意即成为法律。

由于权责不同与政党分歧，国会与总统往往相互博弈。国会通过的法案总统有权否决，也有权决定如何实施以及何时实施。同时，国会也对总统的自由裁量权予以一定的限制，以扩大自身的话语权。

二、美国金融支付结算制裁的执行主体

一旦金融支付结算制裁的决策做出后，美国财政部是主要的执行机构，还有上文提及的其他部门，例如商务部、司法部等。

美国财政部下属的 OFAC 作为美国财政部的海外资产办公室则是具体执行的机构。OFAC 有权从事民事调查、监督、管理与落实金融支付结算制裁内容。虽然 OFAC 不从事刑事调查，但其与执法部门合作一同落实制裁措施。具体而言，OFAC 的主要责任包括："① 拟定并定时更新被制裁名

单,即'特别认定国民和阻截人员'(SDNs)名单。SDNs 既可以是自然人,也可以是法人、组织或者任何形式的实体。OFAC 作为美国财政部金融制裁办事机构,负责与国务院和司法部门等机关进行合作与协商,以具体确定应将哪些个人或实体列入 SDNs 名单。② 审查和批准各类许可申请。在金融制裁措施之后,如果在某些例外情况下需要动用被冻结的资产或者为被制裁者提供必要的金融服务,则必须遵循特定的审批程序,获得 OFAC 的许可或豁免。而且,当美国海外金融机构在执行金融制裁措施遇到所在国法律阻碍时,也可以向 OFAC 申请许可证明以免除执行美国金融制裁措施的法律义务。③ 监督制裁实施并处罚违反制裁规定者。OFAC 开发或使用了一系列先进技术来监督和分析制裁执行信息以确保制裁规定得到遵守。当发现违反制裁规定情况时,OFAC 有权根据相关法律法规对违规者处以民事处罚。"①

美国国务院下属的经济暨商业局(Bureau of Economic and Business Affairs)下设反金融威胁和制裁部门(Counter Threat Finance and Sanction)是美国金融支付结算制裁的主管部门。该部门下设的经济制裁政策与实施办公室专门负责根据国务院相关职能制定并实施与对外政策相关的经济制裁。其与美国财政部、国防部、商务部等行政机构在金融制裁中紧密合作。由此可见,美国金融支付结算制裁是多部门联合推动贯彻落实的。

三、美国金融支付结算制裁的渠道主体

要具体落实并产生金融支付结算制裁所期待的效果,必须通过渠道类的 SWIFT 及清算机构和银行等金融机构等。SWIFT 及金融机构有义务遵守并执行相关金融支付结算制裁法案的实施。例如,SWIFT 实时更新 SDNs 并通知客户机构,帮助其进行名单筛选。而金融机构发现异常后必须拒绝提供相关的金融服务,并在 10 个工作日内向 OFAC 报告相关金融交易的账户信息及资金情况等信息。若金融机构违反相应义务,将会受到民事或刑事处罚。截至 2022 年 2 月,共有 20 余家金融公司或机构(以银行为主)遭受到 OFAC 的处罚,范围涉及全球,惩罚的形式包括上亿美元的巨

① 刘建伟:《美国金融制裁运作机制及其启示》,《国际展望》2015 年第 2 期,第 118—119 页。

额罚金与暂停金融清算业务等。[①]

　　理论上,SWIFT 作为依据比利时法律注册成立的民间组织有权拒绝美国财政部数据共享的要求,其可通过诉讼的方式,反抗美国政府索取与特定案件调查相关的用户数据的行为,而非直接批量宽泛地给予,[②]但是一旦通过公开审判的方式必然会惊动恐怖分子或美方想要制裁的对象,从而增大了美方实现制裁的难度。为了避免不必要的诉讼成本与可能存在的风险,美国财政部与 SWIFT 在 TFTP 框架下达成协议。协议指出,双方在欧盟境内建立一个"数据黑盒"且美国未经欧盟同意不得获取相关敏感数据。SWIFT 将其掌握的交易记录录入"数据黑盒"通过协议中约定的算法生成美国财政部需要的版本,而且美国财政部只能获得与其调查项目相关的数据。[③] 数据包括账户名、银行账号、地址、电话和其他可识别信息。[④] 虽然 2007 年 6 月欧洲议会基于数据与隐私保护对合作协议提出了挑战,[⑤]但是欧盟、美国与 SWIFT 最后于 2010 年达成了一项新协议。根据该新协议,为增加存储在欧盟境内 SWIFT 数据的保护力度,欧盟增加了由欧洲刑警组织(EUROPOL)驻美国财政部联络官的委派权和对相关数据的处置权。同时,SWIFT 同意其存储在美国运营中心的数据适用欧盟数据保护法并公开披露 TFTP 信息,而美国政府也同意依据欧盟法律为欧盟提供安全港。[⑥]

　　美国是如何获取数据的? 行政传票使得 OFAC 可以从 SWIFT 获取数

① "Civil Penalties and Enforcement Information". https://home. treasury. gov/policy-issues/financial-sanctions/civil-penalties-and-enforcement-information.

② 584 U.S. (2018).

③ Stewart A. Baker. *Skating on Stilts: Why We Aren't Stopping Tomorrow's Terrorism*. Hoover Institution Press,2010,pp.145 - 147.

④ Josh Meyer & Greg Miller. *U.S. Secretly Tracks Global Bank Data*, L.A. Times, *supra* note 9 (2006).

⑤ Royaume de Belgique Commission de la Protection de la Vie Privee, Opinion No.37/2006, Opinion on the Transfer of Personal Data by the CSLR SWIFT by Virtue of UST (OFAC) Subpoenas 26 (2006) (nonofficial and temporary translation). heetp://www. privacycommission. be/communiqu%E9s/opinion_37_2006.pdf.

⑥ AGREEMENT between the European Union and the United States of America on the processing and transfer of Financial Messaging Data from the European Union to the United States for the purposes of the Terrorist Finance Tracking Program. Official Journal of the European Union,2010.7.27.

据,包括交易信息与交易文件。数据的传输分为两个阶段:①第一阶段,美国财政部签发行政传票,从 SWIFT 美国运营中心获取受 TFTP 规制的数据后,将数据放至"数据黑盒"内;第二阶段,OFAC 与美国中央情报局(Central Intelligence Agency)、美国联邦调查局(Federal Bureau of Investigation)及其他调查机关合作,通过软件在"数据黑盒"中输入拟制裁对象的名称来获取调查及制裁相关的数据。调查机关可以从收集到的数据中分析出拟制裁对象的活动轨迹、手法、发现其他关键账户等。

在开启程序之前,检索方须明确指出检索与反恐之间的因果关系,同时受到美国与外部审查员的审核,但是仍不可否认美方频繁利用的事实。TFTP 启动的前五年,根据前美国财政部副部长透露,财政部以金融反恐为名从事上述检索调查高达上千万次。②

四、美国金融支付结算制裁运行分析

正如美国法经济学泰斗阿门·阿尔奇安所言,自私是人类优胜劣汰的自然结果,每一个行为主体都在争取利益最大化。③ 在这一经济假设下,本节主要从制裁国与制裁渠道两个维度以法经济学为分析方法浅析美国金融支付结算制裁。

(一) 从制裁国的维度分析

在资源稀缺、各国意识形态不同的情况下,每一个国家都在为本国利益争取最大化本无可厚非,但在美国金融支付结算制裁中,除去打击恐怖主义的部分,有些制裁是出于美国单边主义与霸权主义的目的。若认为这个目的或目标在某一程度上是一种对于全球资源的垄断,则金融支付结算制裁也是一种垄断手段,即承认国家与国家之间存在一个隐形的霸权市场(而非

① Royaume de Belgique Commission de la Protection de la Vie Privee, Opinion No. 37/2006, Opinion on the Transfer of Personal Data by the CSLR SWIFT by Virtue of UST (OFAC) Subpoenas 26, *supra* note 8, at 5 (2006) (nonofficial and temporary translation). available at heetp://www.privacycommission.be/communiqu%E9s/opinion_37_2006.pdf.

② Josh Meyer & Greg Miller. *U.S. Secretly Tracks Global Bank Data*, L.A. Times, *supra* note 9 (2006).

③ Armen A. Alchian. Uncertainty, Evolution and Economics Theory. *J. Political Econ.* Vol.58, 1950.

全球金融市场）。

正如科斯 1960 年提出"若没有清楚的权利界定，则市场不会形成。"[①] 在全球经济一体化的进程中，美国的目的或目标是行不通的。习近平总书记指出，"人类生活在同一个地球村里……越来越成为你中有我、我中有你的命运共同体。""要推动构建人类命运共同体"，"推动建设相互尊重、公平正义、合作共赢的新型国际关系。"[②] 因为美国霸权主义的垄断目标不是一种权利，故无法清楚地界定。因此，不存在一种隐形的巨型市场。

美国认为霸权主义是存在的且其拥有该项权利。即使巨型市场存在，要避免租值消散，国际上必须建立公平竞争的规则。美国认为金融支付结算制裁是维护该规则的一种方式。但若真如此的话，制裁所得到的结果应是更多国家参与并支持制裁，因为金融支付结算制裁得以有效的实施需要美国盟国的共同配合，而非像上文所述，欧盟、俄罗斯等纷纷想方设法以成本更高的方式绕开美元结算与 SWIFT 系统。正是因为美国滥用其美元的控制地位，造成了全球资源配置没有达到最优，造成了效力的扭曲。

（二）从制裁渠道的维度分析

受到或可能受到美国金融支付结算制裁的金融机构或企业为何频频受到美国的处罚？为何它们要冒着受到巨额罚款和停业整顿的风险与被美国列入 SDNs 的主体进行或协助进行交易？是因为其内部合规缺失吗？非也。若是内部合规的缺失，包括巴黎银行在内的金融机构不会尽力加大成本，通过第三方银行账户或自身的非美元账户完成或协助完成被美国禁止的金融服务；若是内部合规的缺失，美国也不用建立一套内部机制并与 SWIFT 合作；若是内部合规的缺失，当一家金融机构遭到美国巨额处罚后，其他金融机构会极力避免该类处罚。

为了争取利益最大化，与被美国 SDNs 的主体进行或协助进行交易能使金融机构或企业产生巨大的利益，而这个利益相较于被美国处罚更为巨大。但当金融机构或企业发现成本与利益无法平衡或有成本更低的方式存在时，其会选择摒弃现有模式，停止与美国 SDNs 名单中的主体进行或协助

---

① R. H. Coase. The Problem of Social Cost. *J. Law & Econ.*, Vol.3, No.1, 1960.
② 《习近平新时代中国特色社会主义思想学习纲要》，学习出版社、人民出版社 2019 年版，第 163 页。

进行交易,或是选择绕开 SWIFT 与美元结算。这也许是为何如今愈来愈多的国家抛弃美元结算的原因。[①]

SWIFT 身为一家会员制的民间同业合作组织,是全球安全金融报文服务提供商。[②] 从商业角度看,SWIFT 要成为全球信赖并使用的金融报文服务提供商,其需要争取足够多的市场份额,让更多的经济体从事国际支付与结算的金融机构与企业使用 SWIFT 系统开展金融和贸易活动,从而形成全球垄断,并收取相关服务费。同时,SWIFT 需要依托在国际金融和国际贸易中占据主要地位的主权货币经济体的支持。如果该经济体拒绝使用 SWIFT 提供的金融报文服务或退出其会员体系,则即使其他 SWIFT 会员数量保持不变,SWIFT 的报文传输数量也会因剩余会员间较小的交易体量而锐减。此外,该经济体为了继续参与国际金融和国际贸易活动,会使用其他报文服务提供商(假设为 A 服务商),这会导致 SWIFT 剩余会员为了与该经济体开展国际金融和国际贸易活动,改为使用 A 服务商的报文服务,如此,SWIFT 的全球金融报文服务提供商的地位就会被 A 服务商所替代。

从上文提及的全球货币使用情况可知,美元占据了绝对主导贸易结算货币地位,因此,使用 SWIFT 系统的金融机构多从事美元支付与结算服务。而 SWIFT 不仅为成员传送与汇兑有关的各种信息,而且还将其转送至相应的清算系统。美国境内的美元主要通过美国票据交易所和纽约自动清算所进行清算,而境外的美元则是通过 CHIPS 与 Fedwire。无论如何,最终美元的结算与清算均需要通过美国境内实体完成。因此,为了获得美元的支撑,最直接且唯一的办法就是接受美国政府的指示,将美国 SDNs 列入筛选服务的范围,并为美国政府提供任何以美元结算的交易情况。但若美元丧失主导地位,则 SWIFT 很可能放弃协助美国金融制裁。因为 SWIFT 需要通过得到占主导地位的新货币的支撑以维持其垄断地位,争取利益最大化。但目前国际结算排名第一的美元货币与排名第二的欧元货币之间存在较大的差距,故该角度理论在短时间内难以获得实现。从另一角度看,

---

[①] "Russian Prime Minister Dmitry Medvedev is confident that the global trend of abandoning the dollar in the world will only grow." Kirill Kukhmar. "Medvedev also said protectionism only increases tensions". https://tass.com/economy/1040001?from＝singlemessage.

[②] https://www.swift.com/about-us.

SWIFT 成为美国金融制裁帮凶的做法,代价是流失那些受到或可能受到美国支付结算制裁的会员机构或企业,因为它们可能会放弃使用 SWIFT 系统。目前 INSTEX、SFPS 与 CIPS 已投入运行并逐步壮大,人民币国际化进程也取得了显著成效,区块链技术不断成熟,SWIFT 若仍维持现有模式,其被新系统、新模式取代的可能性非常大。

第五节　美国金融支付结算制裁的案例分析

本节选取了两个具有代表性的案例进行案例分析。美国对伊朗的金融支付结算制裁属于经济制裁中的初级制裁,也属于美国对被列入制裁名单中的制裁国进行制裁。而美国对法国巴黎银行的处罚则属于次级制裁。

一、美国对伊朗的金融支付结算制裁

美国对朝鲜与伊朗等国实施过金融支付结算制裁。因日益升温的朝核问题,朝鲜已被 SWIFT 从系统中剔除,SWIFT 已于 2017 年切断了朝鲜银行与全球银行之间的联系。[①] 但由于朝鲜目前在全球化进程中的占比较少,其受到的金融支付结算制裁并未对全球经济产生严重影响。但之后美国就伊核问题对伊朗的金融支付结算制裁直接影响了全球经济运行,因为伊朗是世界上重要的石油输出国之一。

2012 年 NDAA 第 1245 节"禁止与伊朗中央银行或其他金融机构进行重大金融交易的外国金融机构在美国开立或维持代理行账户或转账账户;若外国政府拥有或控制的金融机构包括中央银行在法案生效后 180 日内仍与伊朗石油或石油产品进行进出口有关的金融交易,则适用前述制裁,除非其满足一定条件的限制或豁免。"[②]这一例外是由美国国务卿与财政部及其他机构部长商定,认定对外国金融机构拥有主要控制权的国家在规定的时

---

① Don Weinland. "Swift cuts services to North Korean banks". https://www.ft.com/content/cc94088c-7b61-3a60-ac05-06d40901dda5?from＝singlemessage.
② National Defense Authorization Act for Fiscal Year 2012 (NDAA), Sec.1245.

间内大幅减少对伊朗石油的购买的重大减少例外等。

除上述美国金融支付结算制裁的授权性法案外,美国还通过其他针对性的法案及行政命令对伊朗实施了严密的金融支付结算制裁,主要包括:① 2010 年《伊朗全面制裁、问责和撤资法》(CISADA);② 2012 年第 13628 号总统行政命令(Executive Order 13628,E.O. 13628);③ 2012 年《减少伊朗威胁和叙利亚人权法》(the Iran Threat Reduction and Syria Human Rights Act of 2012,TRA)。2013 年,伊朗改革派总统哈桑·鲁哈尼上台后致力于缓和对外及与西方国家的关系。2015 年 7 月 15 日,伊朗签署了《联合全面行动计划》(The Joint Comprehensive Plan of Action,JCPOA),旨在通过减少核试验等行为换取国际对其开展的制裁解除。但 2018 年 5 月 8 日,美国总统特朗普宣布退出六方会谈并终止 JCPOA,恢复对伊朗的全面制裁。同时,依据第 13846 号及 13599 号总统行政命令,OFAC 修改了《伊朗制裁条例》(The Iran Transaction Sanctions Regulations,ITSR),[①]美国企业及其境外子公司、控股公司及与伊朗 SDNs 产生交易的外国公司都不能与伊朗的银行或非银行特别指定人员进行交易。

2012 年 7 月 31 日,美国时任总统奥巴马在声明中宣布对伊朗继续实施制裁,其中包括中国昆仑银行被美国财政部认定违反 CISADA 而将其列入 SDNs。美国政府认为昆仑银行为超过 6 家 SDNs 名单上的伊朗银行就武器交易与国际恐怖主义提供金融服务,其中包括为被美国制裁的相关银行进行数百笔重大交易提供便利,总额近 1 亿美元。[②] 这使得昆仑银行被迫切断与美国金融体系的联系,且在美国的要求下任何持有该银行账户的金融机构必须在 10 天之内销户。[③] 从中方的视角看,美国单纯援引美国国内法律制裁中国法人有违国家主权平等的原则,但该处罚也让中国金融机构在实际开展金融服务业务中加大了日常金融机构合规力度和成本,例如

[①] U.S. Department of the Treasury. "Re-imposition of the sanctions on Iran that had been lifted or waived under the JCPOA". https://www.treasury.gov/resource-center/sanctions/Programs/Pages/1142018_jcpoa_reimpose_sanctions_archive.aspx.

[②] U.S. Department of the Treasury. "Treasury Sanctions Kunlun Bank in China and Elaf Bank in Iraq for Business wit Designated Iranian Banks". https://www.treasury.gov/press-releases/Pages/tg1661.aspx.

[③] 昆仑银行国际业务公告:《美制裁昆仑银行严重违反国际法》,2013 年 6 月 28 日。

提升 KYC 注册完成度等,以避免将前述形式的美国金融制裁措施所可能带来的不必要的处罚风险。

二、美国对法国巴黎银行的处罚

2014 年 6 月,美国对法国巴黎银行除了处以 89.7 亿美元的罚款之外,还对其予以暂停其美国分支机构金融清算业务 1 年的处罚。相对于天价巨额罚金,对法国巴黎银行更为严重的打击是暂停其 1 年的金融清算业务。[1] 因美元结算在国际商业中的霸主地位,美元结算是包括巴黎银行在内的一项关键业务。2014 年 6 月 30 日,总部位于法国巴黎的巴黎银行与 OFAC 达成和解协议,接受美方的指控与处罚。

巴黎银行在 2004—2012 年利用美国金融系统为被列入 SDNs 的苏丹、伊朗和古巴实体提供美元融资、转账及清算服务。美国认为巴黎银行故意违反 IEEPA 与 TWEA,构成了美国一级刑事重罪。[2] 根据和平共处五项基本原则,仅凭美国国内法发起的制裁对他国管辖的企业并无效力,但美方发现巴黎银行纽约分行在这个过程中承担了重要的角色,使得巴黎银行成为截至 2014 年首家承认"罪行"的欧洲大银行。

OFAC 发现巴黎银行存在隐瞒或模糊 SWIFT 报文信息以达到将涉及 SDNs 的金融信息利用美元支付系统发送给美国清算银行的行为。例如,在其他正常的金融付款交易服务中,巴黎银行使用 SWIFT 银行间 MT 103 支付报文表示客户单笔汇款的付款指令,但在涉及 SDNs 的类似交易中,巴黎银行使用 MT 202 单笔银行头寸调拨报文,而 MT 202 多用于银行间头寸调拨。OFAC 发现在 2004 年 9 月 23 日,巴黎银行在日内瓦的子公司(以下简称 BNPP Suisse)决定绕开巴黎银行纽约分行而将美元清算业务交至美国银行纽约分行,以躲避巴黎银行纽约分行受到美国制裁。

不仅如此,BNPP Suisee 利用第三方银行内部转账的形式来达到为苏丹银行账户美元清算的目的。内部转账是代理行进行美元清算的一种方

---

[1] Settlement Agreement between the U.S. Department of the Treasury's Office of Foreign Assets Control and BNP Paribas S.A., 2014.

[2] Settlement Agreement between the U.S. Department of the Treasury's Office of Foreign Assets Control and BNP Paribas S.A., 2014.

式,指的是利用代理行与收款行的代理关系进行内部转让,而不参与美元清算系统的一种转账方式。首先,从 KYC 信息中可看出,BNPP Suisee 于 2005 年 1 月在第三国的九家银行开立了美元账户,以代表苏丹银行进行美元结算服务。其次,在接到苏丹客户交易指令后,BNPP Suisee 将苏丹实体账上的美元以内部转账的方式转至其所开立的第三方银行账户。最后,依据第三方银行的指令,BNPP Suisee 以第三方银行的名义将该笔交易转至美国进行美元清算服务,巴黎银行合规部门于 2007 年开始着手停止并撤回该种业务模式。此后,BNPP Suisee 将第三方银行账户改为其在巴黎银行的欧元账户,并最终以自己的名义为苏丹客户进行了美元清算服务。

第六节 中国预防和抵御美国金融支付结算制裁的措施

2014 年巴黎银行被罚时,法国政府反应相当强烈,法国央行行长诺亚更是直言警告:"如果美国重罚巴黎银行,法国企业或将因此停止使用美元结算,用欧元与人民币直接跟中国做生意。"[①]现在看来,诺亚行长的警告显得有些无力与无奈。更为讽刺的是,SWIFT 官网现在还表扬整改后的巴黎银行为金融犯罪合规做出的贡献,巴黎银行反而更合规,更符合美国的制裁要求。在中美两国微妙的关系中,中国有必要对可能发生的金融支付结算制裁采取一定的应对措施。

以隐私保护作为切入口出台相应的反制裁措施并非最优选择。2007年 6 月,欧洲议会针对美国获取 SWIFT 数据的行为,以美国的行为违反比利时隐私法,其行为会损害欧洲人民的隐私权为由拒绝了美国与 SWIFT 之间的第一份协议。但最终三方选择妥协,签订了上文所述的新版 EU‐US‐SWIFT 协议,因为这种妥协对于维护双方的盟友关系、共同打击恐怖主义

---

① 李正信:"美国重罚巴黎银行 天价罚单凸显欧美金融监管分歧",http://sn.people.com.cn/n/2014/0812/c190216-21962322.html,最后访问时间:2019 年 12 月 29 日。

更为必要和有利。协议更多地从个人信息与隐私保护的程序对美国财政部获取并使用数据进行了排除性规定,例如第 1 条明确了美方仅可将数据用于打击恐怖主义;第 5 条规定了 TFTP 不能运用数据挖掘和其他算法技术剖析数据;第 6 条规定任何未被提取的数据,美方须在 5 年内予以删除。同时,欧盟也与美国形成了互利互惠的合作关系,例如第 11 条欧盟要求美方也为日后欧盟建立类似机制提供帮助等。① 这也从另一角度证实了美国多年来能成功实施金融支付结算制裁的因素是其盟友的支持。即使一国立于不败的霸主地位,其对非美国管辖的国家或实体实行制裁若不能得到盟友的配合与协助,制裁就不能得到很好的执行,也起不到直接影响。

从上述案例可看出,巴黎银行大费周章想绕开 SWIFT 系统,但仍被发现的原因是其没有绕开美元结算清算系统;被制裁且和解的主因也是其纽约分行也参与其中,而纽约分行的行为受美国国内法的管辖。不可否认,目前还没有一套有效的应对措施与抵御机制。因此,我国可以通过绕开、直面与超越制裁的方式应对美国可能发起的金融支付结算制裁。

一、绕开美国制裁工具的反制裁措施

SWIFT 系统形成垄断地位、帮助美国实施金融支付结算制裁的立场在很大程度上影响了他国的国家利益。例如,美国对伊朗的制裁使得欧盟等国无法从石油交易中获利;美国对俄罗斯的制裁更迫使其另辟蹊径。加之政治的微妙性,每个国家包括美国的盟友在内都在为自己本国的利益进行谋划。如今 SWIFT 的霸主地位并不能代表其屹立不倒,只能说明各国的金融机构在权衡之下仍使用该系统的原因是其使用成本更低,例如 2019 年 9 月,伊朗称"伊朗已经与土耳其、俄罗斯、伊拉克等国在双边贸易中使用本币结算。"②目前,多国都在开发新的跨境金融通信系统,试图替代 SWIFT 以达到自身目的。其中,较为成熟的当属欧洲的贸易互换支持工具(INSTEX)

---

① AGREEMENT between the European Union and the United States of America on the processing and transfer of Financial Messaging Data from the European Union to the United States for the purposes of the Terrorist Finance Tracking Program. *Official Journal of the European Union*, 2010.7.27.

② "伊朗称已与欧亚经济联盟找到 SWIFT 替代方案", www.mofcom.gov.cn/article/i/jyjl/e/201909/20190902900451.shtml,最后访问时间:2019 年 12 月 29 日。

与俄罗斯的金融信息传输系统(SFPS),但是两者都有一定的局限性,无法达到与 SWIFT 媲美的量级。

(一) 采取以物易物模式

欧洲许多企业对伊朗石油资源的依赖性较大,且在伊朗拥有大量的投资。随着美国对伊朗全面金融制裁的实施,包括欧洲银行等金融机构及企业在内都想要避免直接利益受损,或者面临像法国巴黎银行那样严重的处罚。2019 年 1 月 31 日,德法英三国发表联合声明,宣布创建名为贸易支持工具(INSTEX SAS)的特殊目的实体,旨在促进欧洲经济体与伊朗之间的合法商贸往来。① 主要原因是欧洲市场参与者希望与伊朗继续以较为畅通的方式进行贸易。目前,INSTEX 专注于欧洲与伊朗之间的人道主义贸易,包括食品、农业设备、药品和医疗用品等。② INSTEX 也在反洗钱、打击恐怖主义等方面履行金融犯罪合规要求。但从制裁合规措施的角度,INSTEX 遵守欧盟、英国和联合国的制裁法律、规则和法规,③在一定程度上避开了美国制裁。

INSTEX SAS 是根据法国法律成立的一家特殊目的实体。④ 根据 2019 年 11 月 29 日《伊朗日报》的报道,芬兰、比利时、丹麦、荷兰、挪威和瑞典欧洲 6 国发布联合声明将加入 INSTEX 以促进欧伊间的经济贸易。⑤ 截至 2021 年 7 月,已有 10 个主权国家加入 INSTEX,未来预计将会有更多的主权国家加入 INSTEX。⑥ INSTEX 主要被欧盟经济体用以与伊朗进行金融交易服务,来维持欧伊贸易往来。如图 7-6 所示,欧盟进口商和出口商分别向 INSTEX 提供交易数据,伊朗进口商和出口商分别向伊朗对应实体提供交易数据,INSTEX 和伊朗对应实体就交易数据进行沟通协调。INSTEX 将根据交易数据,协调欧盟进口商通过其在欧盟的银行的账户向欧盟出口商

① Joint statement on the creation of INSTEX. "the special purpose vehicle aimed at facilitating legitimate trade with Iran in the framework of the efforts to preserve the Joint Comprehensive Plan of Action (JCPOA)". https://instex-europe.com/about-us/founding-statement.

② https://instex-europe.com/about-us.

③ https://instex-europe.com/about-us.

④ https://instex-europe.com/about-us.

⑤ "Six more European countries join INSTEX". http://iran-daily.com/News/262252.html.

⑥ 截至 2021 年 7 月,已加入 INSTEX 的 10 个主权国家分别为法国、德国、英国、比利时、丹麦、荷兰、挪威、芬兰、西班牙和瑞典。https://instex-europe.com/about-us.

支付货款,而无需向伊朗出口商支付货款。伊朗对应实体也采取类似的操作。[1] 但是,欧洲与伊朗之间实际上只实行"以物易物"资金记账的方式。双方只有货物流转,资金并未出境。

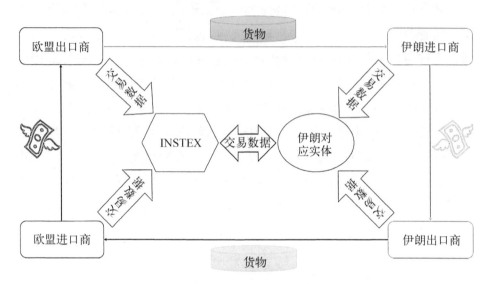

图 7 - 6　INSTEX 系统[2]

正是由于"以物易物"机制使得资金的流转被限定在伊朗国内和欧盟成员国之间,避开了伊朗与欧盟成员国之间的资金结算。同时,"以物易物"机制也存在较大的局限性,例如欧盟与伊朗之间需要存在贸易差额的平衡等。若该平衡被打破,则 INSTEX 需要通过将更多的交易主体纳入该机制或增加贸易品种的种类等方式来寻求以物易物价值的平衡。但只有与 INSTEX 参与方有贸易往来的实体方能加入 INSTEX 以平衡以物易物的货物价值平衡。由此可见,INSTEX 在多国或贸易差额较大的国家间难以适用。根据公开渠道查询,英国政府发表公告确认 INSTEX 于 2020年 3 月底完成了首笔交易,帮助欧洲向伊朗出口医疗产品,且该类货物已抵

---

① 杨望、赵璐菁:"独家解读! INSTEX 支付系统真的能绕过 SWFIT 吗?",https://finance.sina. com.cn/money/forex/forexroll/2019-05-20/doc-ihvhiews3119141.shtml,最后访问时间:2019年 12 月 29 日。

② 杨望、赵璐菁:"独家解读! INSTEX 支付系统真的能绕过 SWFIT 吗?",https://finance.sina. com.cn/money/forex/forexroll/2019-05-20/doc-ihvhiews3119141.shtml,最后访问时间:2019年 12 月 29 日。

达伊朗境内。① 现阶段,INSTEX 尚未被广泛使用。

(二) 建立新的银行间通信系统

鉴于朝鲜与伊朗等国先后被美国金融支付结算制裁,被迫切断与 SWIFT 联系,以及俄罗斯近年来多次遭受类似金融支付结算制裁的威胁,②俄罗斯于 2014 年开始研究可绕开 SWIFT 的银行间通信系统,即 SFPS 系统。该系统与 SWIFT 系统操作原理大体相似,避免了俄罗斯用户使用习惯上的不适应。

自 2015 年投入运行以来,截至 2018 年,已有 403 家俄罗斯企业使用该系统。目前,SFPS 除了在俄罗斯金融机构间使用外,还将其推广至中国、土耳其、伊朗等国,以扩大其国际适用范围。根据《莫斯科时报》2019 年 11 月 14 日的报道,印度正着手使用 SFPS 系统。因印度国内没有金融信息系统,但其计划将 SFPS 与其正在开发的服务系统相连接。当根据特定系统对付款消息进行转码时,新系统有望作为"管卡模型"。③ 若 SFPS 能得到国际金融机构的普遍应用,俄罗斯及使用其系统的国家可在一定程度上减少美国对其实施制裁的负面影响。

根据《2021 年人民币国际化报告》,2010 年 11 月 22 日,中国外汇交易中心在银行间外汇市场完善了人民币对俄罗斯卢布的交易方式。2011 年 6 月 23 日,中国人民银行与俄罗斯联邦中央银行签订了新的双边本币结算协议,实现了两国货币的自由兑换和在商品与服务领域的结算与支付便利。2020 年,俄罗斯联邦中央银行与中国人民银行续签了双边本币互换协议。④ 在俄罗斯多家银行被踢出 SWIFT 系统后,中俄双方在原本双边本币结算协议的基础上,将 SFPS 系统与中国的跨境银行间支付系统 CIPS 系统连接的可能性得以增加。这有助于 SFPS 系统的发展和中俄两国逐渐减少对 SWIFT 系统的依赖,进而减少美国金融支付结算制裁所带来的威胁。

---

① "INSTEX successfully concludes first transaction". https://www.gov.uk/government/news/instex-successfully-concludes-first-transaction.

② "Russia's disconnection from SWIFT tantamount to atomic weapon——Polish foreign minister". http://tass.com/eceonomy/781482.

③ "Russia Says BRICS Nations Favor Idea of Common Payment System". hettp://themoscowtimes.com/2019/11/14/putin-to-invite-china-and-india-to-join-anti-sanctions-bank-network-a68172.

④ 中国人民银行宏观审慎管理局等:《2021 年人民币国际化报告》,2021 年 9 月。

二、直面美国制裁工具的反制裁措施

鉴于 SWIFT 在全球跨境通信领域的地位难以撼动,且美元目前仍是国际贸易与金融交易的主要货币,绕开美国制裁工具的成本较高且难度较大。因此,直面制裁不失为另一种选择。重构一种新的全球跨境通信生态既能打破美国金融支付结算制裁的壁垒,又能掀起新一轮金融科技革新。

可以设想以区块链技术为基础,打破 SWIFT 通信网络的垄断,并以稳定币为突破口来弱化美元的霸主地位。

(一)运用区块链技术的反制裁措施

中国人民银行数字货币研究所区块链课题组将"区块链技术"定义为一种新型的分布式数据库,即分布式账本。区块链技术利用块链式结构验证与存储数据,采用共识算法生成和更新数据,借助密码学保证数据和权属安全,并通过可编程脚本代码实现数据的协同计算。[1] 最初,区块链技术作为比特币的底层支撑技术进入研究人员的视野,伴随着该技术的不断成熟,逐渐受到社会各界的重视,[2]区块链技术逐渐从以数字货币为代表的区块链1.0 时代,进入以智能合约为代表的区块链 2.0 时代。[3] 区块链作为一项解决信任问题的普适性技术框架,随着网络信息技术的发展将被扩展到更多新的应用领域,必定会产生更加丰硕的研究成果。[4] 区块链技术采用分布式架构,利用密码学、共识算法、智能合约等技术,实现信息收集、流转、共享等过程中的信息防篡改、防伪造和可追溯。[5] 区块链为解决金融行业的问题和风险提供了新的思路,[6]其独特的数据安全特性为研究人员解决跨境金融通信,保证跨境支付的安全、准确、高效率以及降低交易成本问题提供了新的途径,引发产业界、学术界以及金融监管的高度重视。

---

① 穆长春等:《区块链技术的发展与管理》,《中国金融》2020 年第 4 期。

② Jesse YH, Deokyoon K., Sujin C, Sooyong P., Kari S., Houbing S. Where is current research on blockchain technology? ——A systematic review. *Plos One*,Vol.11, 2016.

③ 袁勇、王飞跃:《区块链技术发展现状与展望》,《自动化学报》2016 年第 4 期。

④ 刘敖迪、杜学绘、王娜、李少卓:《区块链技术及其在信息安全领域的研究进展》,《软件学报》2018 年第 7 期,第 2092—2115 页。

⑤ 丁庆洋、朱建明:《区块链视角下的 B2C 电商平台产品信息追溯和防伪模型》,《中国流通经济》2017 年第 12 期,第 41—49 页。

⑥ Tsai WT et al. A system view of financial blockchains. *SOSE*,Vol.66,2016.

　　基于现有国际货币清算体系与国际货币金融制度,建立区块链式跨境金融通信系统是绕过 SWIFT 系统,并构建新生态的一个有效举措。SWIFT 之所以能在美国金融支付结算制裁中起到至关重要的作用,主要是由于其中心化的控制架构。每一笔通过 SWIFT 的交易都会被 SWIFT 记录。现行的 SWIFT 框架以中心控制系统管理整个系统的运行,参与该系统的金融机构之间交换的报文信息都要经过中心控制系统。从图 7-7 中可看出,现行 SWIFT 使用的是中心系统控制的拓扑架构,即基于中心控制—区片存储—区域审核—用户接入的设计构架实现国际金融机构信息的互联互通。其中,中心系统控制处理器位于系统核心位置,检测和控制整个系统的运行状态,是核心的主控机。片处理器承担区片存储功能,负责整个网络中报文存储转发。目前,世界范围内的报文存储转发是由 4 台片处理器负责的。地区处理机是系统端的门户,主要负责审核用户发送报文的格式、语法、地址代码等内容。审核通过的报文才可向片处理器进一步传送,以分担

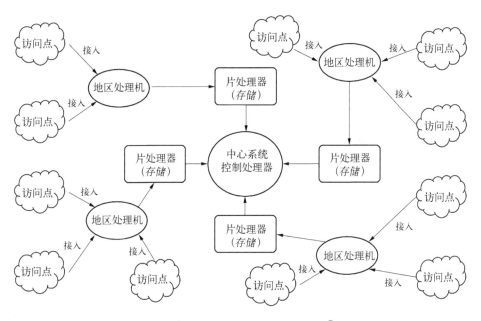

图 7-7　拓扑架构的 SWIFT 系统①

————————

① 朱建明、丁庆洋、高胜:《基于许可链的 SWIFT 系统分布式架构》,《软件学报》2019 年第 6 期,第 1597 页。

片处理器的工作负荷。访问点是经 SWIFT 系统授权,可接入系统中的端口。而系统用户利用本地逻辑终端和计算机系统通过该端口接入系统。在 SWIFT 跨境通信的任何一个节点都会产生有价值的信息,而这些数据都会储存在 SWIFT 系统中,其中以美元为结算的数据一般存储在 SWIFT 纽约分中心。包括这些数据在内的数据极有可能被用于美国金融支付结算制裁的依据。①

基于现有国际金融支付与结算体系和国际货币属性,将现行 SWIFT 的中心控制架构转变为去中心化分布式数据库共识架构是建立区块链式的跨境金融通信生态最重要的变革。整个跨境金融通信生态是各国共同参与、维护的分布式账本,该生态也规避了各国对跨境金融业务的不同监管要求。在区块链式的跨境金融通信生态中,节点的类型可划分为用户节点和协调节点。用户节点是生态的主体参与者,又可划分为记账节点子群和验证节点子群。其中,记账节点子群负责记录本节点与其他节点之间的交易事项,例如发送报文、接受报文、维护本地账本等。而验证节点子群负责对生态中随机选择的报文进行合规性审查和验证交易。只有同时通过验证节点验证的报文交易信息才能被记录到区块链中。协调节点负责维护整个区块链,例如制定报文标准、负责认证节点的筛选工作、对接协调系统与其他监管系统等。

考虑到各国金融科技发展的差异,区块链式的跨境金融通信生态可采用分布式与中心化式混合模式,即直接参与跨境金融结算与清算服务的金融机构或企业间使用分布式的区块链形式;非直接参与的金融机构或企业则适用原先的中心化模式。这样,既能避免存储在该系统中的数据被数据存储方、交易对手方或第三方肆意获取,也从根本上降低了 SWIFT 将数据提供给美方的可能性。即使系统将数据提供给了第三方,若第三方未取得其他金融机构授权(私钥),则仍不能读取或使用该数据,也就失去了获取数据的价值。区块链技术利用非对称密码体制、数字签名、属性加密以及哈希函数,使得报文数据在区块链式的跨境金融通信生态中完全以密文的形式

---

① 朱建明、丁庆洋、高胜:《基于许可链的 SWIFT 系统分布式架构》,《软件学报》2019 年第 6 期,第 1597—1598 页。

传输和流转。只要加密算法具有安全性，即使攻击者获取了系统中的全部数据，也难以暴力解密该数据，更无法予以篡改。同理，参与该生态的金融机构或企业在未取得私钥的情况下，也无法探知其他金融机构的报文数据。此外，为保证金融机构的业务清算和结算，每个金融机构拥有只记录与其自身有关报文的本地数据库。因此，即使该数据库遭受外部算力等攻击也不会威胁整个生态系统的安全。数据流失的范围仅限于其自身业务数据以及部分与其有报文交互记录的其他金融机构的数据。① 从实际操作的角度看，采用混合链式的区块链模式更能在各国金融机构中推广，因为原本SWIFT 系统下构建的境内或未获得 SWIFT 独立访问权限的金融机构中心化运营模式在金融支付与结算领域已发展得较为成熟，用户依赖性也较强。若要变更成完全分布式区块链模式，成本较高，且推广起来更易受阻。

区块链式的跨境金融通信系统能否成功，很大程度上由算力决定。若该系统真的取代 SWIFT 并投入运营，没有足够的算力，就不能支撑 SWIFT 的交易量，无法满足实际金融支付的结算需求。随着国际金融全球化的深入发展，加之降低了各参与国被美国金融支付结算制裁的风险，未来区块链全球跨境通信生态的交易量可能会是现在 SWIFT 的几倍，甚至几十倍。如此，系统的算力及电量是该系统能否成功运行的关键。当然，随之而来的系统化安全防护与去中心化与集中管理模式等探索仍需进一步研究。虽然中国人民银行在 2020 年 3 月发布了《金融分布式账本技术安全规范》，并规定分布式账本技术在金融领域的安全体系，但其他配套性的标准规范仍有待出台。其他国家对金融分布式技术的应用规范与场景使用标准的态度不尽相同。因此，技术的成熟与顶层制度设计的保障是区块链式金融支付结算生态得以成功有效运行的保障。

（二）利用稳定币（具有稳定价值的加密货币）以减少对美元的使用

美国金融支付结算制裁得以实施的根本是美元的霸权地位。SWIFT之所以能向美国妥协也是如此。但金砖国家商业委员会宏观经济分析师奥列格·杜申认为降低美元支配地位的可能性与潜力仍存在，且已出现弱化

① 朱建明、丁庆洋、高胜：《基于许可链的 SWIFT 系统分布式架构》，《软件学报》2019 年第 6 期，第 1594—1613 页。

美元为主导国际支付体系的普遍趋势。若金砖国家在支付结算中停止使用美元,会有助于削弱美元在全球货币体系中的影响力,降低美国冻结支付的风险。① 受到美国经济制裁的多个石油国,例如俄罗斯、委内瑞拉、伊朗等也早已开始深度布局去美元化。

其中,委内瑞拉为解决国内高通货膨胀和因受美国制裁而导致经济窘迫的局面,于 2018 年 11 月发行了石油币(PETRO)。石油币是由委内瑞拉在区块链平台上发行的与石油资产直接挂钩的主权加密资产,总发行量为 1 亿枚。其币值由一揽子委内瑞拉国家资源支撑(其中石油支持 50%、铁支持 20%、黄金支持 20%、钻石资产支持 10%),1 个石油币等同于 1 桶原油。② 石油币作为首个主权国发行的数字货币曾一度备受关注,但如今却无人问津,也未改善委内瑞拉的经济问题。这个酷似稳定币的石油币之所以未取得成功的主要原因是其并未实质上改变主权国家中心化的货币发行模式,不是基于类似智能合约的分布式账本执行。所谓的区块链与代币发行只是形式上的去中心化而已。

何为稳定币? 稳定币全称为稳定数字货币(stable coin),是基于区块链技术而生成的加密货币中的锚定货币。稳定币分为有抵押与无抵押两种,其中有抵押的稳定币的抵押物主要有法定货币、证券资产等。Tether 是目前全球第一大稳定币,货币代号为 USDT。Tether 的锚定货币为美元,1 个 USDT 可兑换 1 美元。其发行由等值的美元作为担保。③ 但法定稳定币存在一定的弊端,例如 Tether 被指虚假交易或无限增发却没有相应的美元储备金等问题。④ 近日,正处风口浪尖的稳定币 Libra 与其他稳定币及数字货币不同,可能成为国际跨境支付结算的工具。

① "金砖国家讨论共享加密货币以摆脱美元和 SWIFT",http://finance.sina.com.cn/blockchain/roll/2019-11-27/doc-iihnzhfz2080394.shtml,最后访问时间:2019 年 12 月 29 日。

② "White Paper". http://www.elpetro.gob.ve/Whitepaper_Petro.pdf.

③ https://tether.to/?__cf_chl_jschl_tk__=daf66edf877969d5f7416c0f11897b8baf629160-1584280720-0-ARizQDpYT-uoFrcUbIqMsaUVorY4zRjZzI-SfMIEGrtRcdqrj7KmsiQTvcVlkPYwUHo408SueSI9vyF9_YYEYdXG_JkLkM0pLAsRal0PC491RI8ZZKFs9oQJFdwcVotgTc1lMBc6goMi3aCGdhI9iI8Z7BAUIjrSwyHjhVLrN4fiUxO9StC0fiRSBr6230H9X1c-1WxTnWx3DEB1zqc3lHBpKPgbYwDcEDJXMJ1UgCeKrn_hjMQgCSCsTyuvG_w5ci9tsH6mWhMuVXb1NaZgddg.

④ 曤曤:"无限增发暗箱操作 稳定币 USDT 不稳定",https://cj.sina.com.cn/articles/view/6525376167/184f156a700100jjd0?from=finance,最后访问时间:2020 年 3 月 10 日。

2019年6月18日,脸书(Facebook)公司发布了Libra(白皮书),阐述了Libra稳定币是由Libra协会管理的一款锚定的国际虚拟货币。与其他稳定币不同,Libra的储备资产是由包括美元在内的一篮子储备资产和政府债券组成的。而这些资产将由全球各地具有投资级信用评价资质的托管机构持有,确保资产的安全性和分散性。Libra已于2020年1月正式发行,采用混合式架构,上层采用去中心化的区块链架构,下层采用中心化架构,其使命是"建立一套简单的、无国界的货币和金融基础设施,为数十亿人服务"。① Libra的目的是保持币值稳定,避免像其他数字货币剧烈波动。这一特征得以支撑其主张的跨境支付功能,也让其有可能成为类似国际货币基金组织发行的特别提款权(SDR)那样的超主权货币,成为国际跨境支付结算工具。跨境贸易或金融交易当事人可以直接使用Libra账户交易,在不兑换法币的情况下,Libra可以作为价值标记物或凭证。因此,只要双方均持有一定量的Libra资金池,其交易构建了一种新的基础设施,就可以打破了现有的银行金融体系。而美国作为第三人更无法在去中心化的分布式账本上得知交易情况,也无从进行金融支付结算制裁。Libra与SDR稳定保值的方法类似,但除了技术等方面不同之外,SDR不具有流通性,且仅用于国家间的贸易与债务结算,不适用于私主体。Libra兼顾了SDR的保值与安全性,也兼顾了数字货币交易无国界的跨境性与便利性。不过,Libra仍处在探索的初级阶段,鉴于其对现有金融体系的冲击,各国也未有相应的监管对策。稳定币虽然能直面美国的金融支付结算制裁,但却可能成为洗钱、恐怖主义、腐败滋生的工具。

Libra项目于2020年更名为Diem项目。2022年1月31日,Diem项目首席执行官发表声明,称在其与美国联邦监管机构的沟通中可以清楚判断Diem项目将无法继续推进,故脸书公司将Diem项目部分资产进行出售。②

各国本币使用历史悠久,而虚拟加密货币仍在发展的初级阶段,并不能完全取代各国本币,且基于各国法币的主权意义,Libra等数字货币难以取代一国的法币,即使该国法币的竞争力较弱。我国可以借鉴Libra及相关

---

① https://libra.org/zh-CN/white-paper/.

② "Statement by Diem CEO Stuart Levey on the Sale of the Diem Group's Assets to Silvergate". https://www.diem.com/en-us/updates/stuart-levey-statement-diem-asset-sale.

稳定币的技术与理念,同时结合我国外汇管制等特性,构建以我国储备资产为支撑的稳定币全球跨境支付结算生态。新生态能真正打破 SWIFT 系统的霸权体系,使得美国无法在分布式的链及加密的数字货币中获得其想要制裁对象的交易信息,从而降低其肆意实施金融支付结算制裁的可能性。

三、超越美国制裁工具的反制裁措施

绕开与直面美国可能对我国实施的金融支付结算制裁,实施反制措施存在很大的不确定性和监管难题。通过扭转定价货币的主导权,将原本以美元为主导的金融交易局面扭转为以人民币为主导,可以从根本上摆脱美国的霸权主义与制裁。我国已在提升人民币定价地位的道路上探索前行了十几年,主要体现在推动人民币国际化、人民币跨境支付系统,以及发行央行数字货币等方面。

2009 年,我国正式启动了跨境贸易人民币结算试点。2019 年 12 月,中国人民银行人民币国际化工作座谈会总结了人民币国际化 10 年来取得的成绩:"经过了从无到有、由弱到强,取得了很多显著的成果。"主要包括以下成果:① 大宗商品计价方面,人民币计价货币功能逐步呈现;② 根据 SWIFT2019 年数据,人民币名列国际支付前五位,支付份额达 1.93%,人民币支付货币功能稳步增强;③ 熊猫债受到境外各类主体的追捧,人民币投融资货币功能不断深化;④ 我国金融市场深化改革与持续开发,人民币金融交易功能大幅改进;⑤ 人民币自被纳入 SDR 货币篮子后,成为全球第五大储备货币,其储备功能明显提升。①

为满足各主要时区人民币跨境业务的需求,中国人民银行于 2012 年 4 月 12 日决定组织开发独立的人民币跨境支付系统(CIPS)。CIPS 旨在整合现有的人民币跨境支付结算渠道与资源,提高跨境清算效率。CIPS 的建设分两期:一期主要采用实时全额结算方式,为跨境贸易、跨境投融资和其他跨境人民币业务提供支付、结算与清算服务。② 一期已于 2015 年 10 月

---

① 夏宾:"人民币国际化'从无到有'十周年交出五大成绩",http://www.mofcom.gov.cn/article/i/jyjl/e/201912/20191202924978.shtml,最后访问时间:2019 年 12 月 30 日。
② 劳佳迪、毕彤彤:《人民币跨境支付系统上线:中资大银行、外贸企业最受益》,《中国经济周刊》2015 年第 40 期。

8 日在上海成功上线运行。这是人民币国际化进程的重要基础设施和里程碑,提升了人民币跨境结算的效率和人民币在国际货币金融体系中的地位。CIPS 二期采用更为节约流动性的混合结算方式进行人民币跨境与离岸资金的金融服务。二期已于 2019 年 3 月 26 日投产试运行,有 10 家中外资银行同步试点上线。[①] 根据《2021 年人民币国际化报告》,CIPS 在 2020 年运行稳定,累计处理跨境人民币业务 220 余万笔,金额达 45.27 万亿元。截至 2020 年年末,共有境内外 1 092 家机构通过直接或间接的方式接入 CIPS。其中,直接接入 CIPS 的机构为 42 家,多为境内外银行。CIPS 实际业务涉及全球 171 国家和地区。[②] 在我国"一带一路"倡议下,CIPS 有助于促进我国与"一带一路"经济体之间形成新的以人民币计价的贸易与金融债权债务关系,由此提升人民币的国际地位与话语权。

虽然人民币国际化取得了举世瞩目的成就,但是这一过程充满坎坷与艰辛。反观数字货币和加密货币的发展,短短几年时间,其国际认可度及活跃度大大超过了人民币国际化的进程。举例而言,演员沈腾在 2022 年中央人民广播电台春节联欢晚会上提及"元宇宙的 Dog King"后,名为"Dog King"的虚拟货币日内涨幅达 1 009.83%,24 小时成交量高达 245 万美元(约为人民币 1 558 万元)[③]。虽然虚拟货币仍有不确定性与风险。但不可否认,货币作为人们对于价值的计量单位,其价值取决于人们对其的信任程度。若人们对某种货币缺乏信心,则该货币在自由竞争的市场上必然不会被广泛使用。这种信任也是人民币国际化进程中的关键性因素之一。

我国法定数字货币的推出有望进一步促进了人民币国际化。2019 年 10 月 1 日,中国人民银行行长兼国务院金融稳定发展委员会办公室主任易纲在《新中国成立 70 年金融事业取得辉煌成就》中指出,"党的十八大以来,顺应金融科技发展需要,(我国)积极推进法定数字货币(DC/EP)研发,并

---

① 劳佳迪、毕彤彤:《人民币跨境支付系统上线:中资大银行、外贸企业最受益》,《中国经济周刊》2015 年第 40 期。
② 中国人民银行宏观审慎管理局等:《2021 年人民币国际化报告》,2021 年 9 月。
③ "虎年第一魔幻!沈腾春晚一句话随即成交 1 558 万元暴涨 1 010% 观众:财富密码还得在春晚",https://export.shobserver.com/baijiahao/html/447847.html,最后访问时间:2022 年 2 月 5 日。

取得重要进展。"①DC/EP 从 2014 年开始研发,旨在抵御其他数字货币入侵,保护人民币货币主权与法币地位,与时俱进地替代人民币纸币,起到稳定国家经济的目的。DC/EP 基于其法币地位,是由国家信用支撑的,具有无限法偿性,也兼具数字货币的特性。DC/EP 采用双层运营架构,即在央行对商业机构层级与商业机构对群众层级。其中,在央行层级与 Libra 分布式账本结构不同,DC/EP 并不预设技术路线,属于技术中立。只要商业机构的任何技术路线符合央行的要求,区块链技术或传统集中式模式等都可适用。而哪种技术路线能为大众所接受由市场竞争所决定的,这样就能调动市场整合优化资源的力量,促进创新。DC/EP 虽未改变央行集中式管理的模式,但研发与投放在技术与机制上的突破能使人民币在加密货币日益兴起的国际货币体系中提升国际地位与定价权。

我国通过推动人民币国际化政策、建立人民币跨境支付系统、发行央行数字货币等一系列措施,有助于优化人民币在跨境贸易与金融货币格局中的地位,加速人民币国际化,重构国际金融新秩序,从而打破美元"独大"的局面。

四、中国预防和抵御美国金融支付结算制裁的基础与关键

绕开、直面与超越美国金融支付结算制裁的反制裁措施多集中在减少对 SWIFT 系统及美元的依赖,但这些措施的基础与关键是健全的法治环境。我国可从加快健全与完善我国金融市场基础设施建设、构建预防和抵御美国制裁机制,以及建立未来金融支付结算的保障机制三个方面展开。

一是建立与完善我国的金融基础设施。提升人民币的国际地位是预防与抵御美国金融支付结算制裁的长久之计。加大对外开放、让外资进入中国金融市场有助于人民币国际化。从负面清单的改革到《中华人民共和国外商投资法》的生效,再到《关于进一步扩大金融业对外开放的有关举措》的落实和各金融机构外资管理办法、管理条例及实施细则的颁布,我国加快了开放金融业的步伐。外资有望在更多领域取得国民待遇。政府权力下放,将审核制改为备案制。

---

① 易纲:《新中国成立 70 年金融事业取得辉煌成就》,《中国金融》2019 年第 19 期。

金融市场基础设施是指"在各参与机构（包括系统运行机构）之间用于清算、结算或记录付款、证券、衍生工具或其他金融交易的多边系统。"①因此，人民币离岸市场发展与贸易投资自由化、便利化措施都应受到金融监管的重视。离岸人民币市场是指非居民从事人民币交易的市场。离岸人民币汇率受市场供求程度更高，与在岸人民币存在汇率差异。这种差异易成为套汇套利投机资金攻击的对象而使得离岸人民币汇率波动加大，从而影响在岸人民币汇率预期与我国货币政策的执行力。随着"一带一路"的发展和粤港澳大湾区的成形，我国原先在外汇管制等措施逐渐放松，有利于离岸市场的蓬勃发展，不断加快人民币国际化进程。但是我国现行的离岸金融监管法律框架较为单薄，与主要离岸市场（例如我国香港地区和新加坡）的配合度有待提升。② 因此，加强法律法规与多方系统性监管协作对人民币离岸市场的建设和管理迫在眉睫。

跨境人民结算便利化是我国贸易投资自由化便利化主要措施之一。从《进一步推进中国（上海）自由贸易试验区外汇管理改革试点实施细则（4.0版）》的开放试点，到《根据国家外汇管理局关于进一步促进跨境贸易投资便利化的通知》，将部分试点措施推广到全国，再到 2020 年 6 月出台的《临港新片区优质企业跨境人民币结算便利化方案》进一步落实跨境人民币支付结算便利化举措。截至 2020 年 2 月，多地外汇管理局已将审核跨境人民币结算的权力下放至各银行网点进行展业，对交易进行事中和事后监管。但是各银行网点在实际展业中，对部分便利化措施的展业风险难以把握而趋向保守，从而导致符合政策条件的企业并未实际享受到便利化服务。因此，管理当局应当尽快落实方案实施细则，同时建立跨境人民币结算中洗钱等风险防范机制。银行金融机构也应当建立起对客户全面尽职调查及风险评级的合规机制。

二是建立美国金融支付结算制裁预防与抵御机制。我国可以从应对与反击美国制裁两条路径进行预防与抵御。在应对方面，我国可以建立应对美国金融支付结算制裁的法律救济与司法审查机制。首先，允许被列入

① 国际支付结算体系委员会、国际证监会组织：《金融市场基础设施原则》，2012 年。
② 张维建：《人民币离岸市场风险监管的国际经验比较》，《中国外汇》2017 年第 15 期。

SDNs 的私主体向政府主管机关及司法审查程序救济。例如,加拿大《执行联合国安理会打击恐怖主义决议的条例》第 2.1 条列举了可以寻求政府主管机关救济的情形;英国《2010 年恐怖主义资产冻结法》第 26 条列举了在政府主管机关维持期行政决定时被制裁对象向高等法院提出司法审查的三种情形。[①] 其次,如上文所述,制裁效果的放大需多国联合制裁。因此,我国可通过加强国际金融合作,联合他国共同建立制裁救济合作机制,从而降低美国金融霸权联合盟友的可行性与效率,以反制美国的长臂管辖。

在反击方面,目前我国的法律法规多体现在执行联合国安理会反恐制裁决议层面,例如《外交部关于执行联合国安理会第 1373 号决议的通知》《外交部关于执行联合国安理会第 1803 号决议的通知》《关于执行联合国安理会第 1803 号决议的通知》《中国人民银行执行外交部〈关于执行安理会有关决议通知〉的通知》《国务院办公厅关于完善反洗钱、反恐怖融资、反逃税监管体制机制的意见》等。此外,我国在《中华人民共和国刑法》及《中华人民共和国刑法修正案(三)》等法律法规中对打击实施及资助恐怖主义等犯罪活动予以了规定。但是,我国并没有系统的金融监管机制主动制裁国际金融支付与结算领域的不法行为。因此,我国在设立金融监管基础设施的同时,可参考贸易救济措施争议的国内司法审查机制来制定相应的救济程序。

三是建立金融科技与数据安全保障机制。未来国际金融支付结算领域的发展离不开金融科技。央行货币研究所所长穆长春认为,全球性稳定币、数字货币等虚拟货币对公共政策和金融监管形成了诸多风险,例如法律对数据确权、数据定价、数据交易、数据共享、数据开放规定的确定性与治理;针对反洗钱、反恐融资、反大规模杀伤武器的金融监管;金融支付系统安全;个人隐私与数据信息保护;缴税合规等。而跨境支付的成本不在于新兴技术,而是制度与监管成本。[②] 比特币初期受到不法分子青睐的主要原因是其摆脱了现有的货币体系及监管体系的管制,降低了跨境支付成本。随着金融科技在金融支付结算领域的发展,涉及不同国家的法律体系与治理结

---

① 黄风:《美国金融制裁制度及其对我国的警示》,《法学》2012 年第 4 期,第 108—110 页。
② 穆长春:"全球性稳定币放大公共风险",topics.caixin.com/2019-11-10/101481534.html,最后访问时间:2020 年 3 月 15 日。

构,因此,原先已存在的监管风险将在分布式账本与虚拟世界中被放大,同时也产生了新的监管挑战与风险。我国应从确定产权的角度出发进行保障机制建设,避免法律法规的冗杂。

第七节　结　语

当朝鲜和伊朗被美国制裁后,SWIFT 切断了两国金融机构与全球金融机构之间的联系。[①] 美国是否会对其他国家实施类似的金融制裁仍处于外界的猜测和观望阶段。毕竟对其他国家实施该类制裁会使得该国避免使用美元作为支付结算货币,从而削弱美元的地位,这对美国来说无疑也是一种信用打击和破产。然而,2022 年 2 月 26 日美国白宫发出《联合声明》,禁止俄罗斯几家主要银行使用 SWIFT 系统,[②]打破了外界对美国向其他国家发起金融支付结算制裁的存疑与猜测。SWIFT 随后发出声明,确认执行制裁,切断了俄罗斯 7 家实体及其指定的俄罗斯子公司与 SWIFT 系统的连接。[③]

在当前国际背景下,美国对别国发起的金融支付结算制裁主要借助于美元在国际储备体系、国际金融交易体系中的主导地位。SWIFT 本身是为了提高效率并降低成本而形成的民间协会,是国际金融机构顺应信息化发展起来的产物。由于美元的霸权地位,虽然 SWIFT 一直声称其具有独立性,但为了自身利益最大化,该组织也不得不向美国倾斜。在全球化进程中,美国的金融支付结算制裁必须借助 SWIFT 大平台的数据,联合其盟国共同实施。由此,双方的合作促成了金融支付结算制裁的有效实行。

金融支付结算制裁的最终目的是让受制裁一方造成难以挽回的重创,从而迫使其在政治上屈服于美国,接受美国的条件与要求进行"改革"。在

---

① Don Weinland. "Swift cuts services to North Korean banks". https://www.ft.com/content/cc94088c-7b61-3a60-ac05-06d40901dda5?from=singlemessage.

② "Joint Statement on Further Restrictive Economic Measures". https://www.whitehouse.gov/briefing-room/statements-releases/2022/02/26/joint-statement-on-further-restrictive-economic-measures.

③ "An update to our message for the SWIFT Community". https://www.swift.com/news-events/news/message-swift-community.

如今白热化的中美贸易战中,美国前总统特朗普曾多次意图援引 IEEPA,其动机就是想对我国实施金融支付结算制裁。上文列出了绕开、直面与超越美国金融支付结算制裁的三种反制裁措施,而反制措施的有效建立离不开完善的金融基础设施建设与法治建设。我国应从法治与顶层设计的层面预防与抵挡制裁风险,尽可能地摆脱对美国金融服务的依赖,以避免日后可能发生的针对中国的金融支付结算的制裁。

在 2022 年 NDAA 中,我国与俄罗斯一同被美国列为敌对国家。目前,俄罗斯的多家银行已被切断与 SWIFT 系统的连接。虽然我国的经济体量较之俄罗斯更大,且在 SWIFT 系统中货币占比较高,但是我国是否会在未来遭到美国类似制裁的可能性仍无法排除。中国应提高警惕并为防止美国实施金融支付结算制裁做好准备,减少制裁所带来的损失。

反制裁法和反制裁
体系的构建

第八章
不可靠实体清单制度的比较法研究

2019 年 5 月 31 日,中国商务部宣布,根据《中华人民共和国对外贸易法》(以下简称《对外贸易法》)、《中华人民共和国反垄断法》(以下简称《反垄断法》)、《中华人民共和国国家安全法》(以下简称《国家安全法》)等有关法律,中国政府决定建立"不可靠实体清单"制度,将那些基于非商业目的而对中国实体实施封锁、断供或其他歧视性措施,对中国企业或相关产业造成实质损害,对中国国家安全构成威胁或潜在威胁的外国法人、其他组织或个人列入其中;对于被列入不可靠实体清单的外国法人、其他组织或个人,将采取必要措施。① 2020 年 9 月 19 日,商务部正式公布《不可靠实体清单规定》,自公布之日起施行。与该制度酝酿之初定位于对美国滥用出口管制行为的反制措施不同,②《不可靠实体清单规定》适应国际形势和中美关系的变化,特别是美国对华打压和制裁的新情况、新动向,在适用范围和针对目标上有所拓展,③但其基本运作逻辑与美国的"实体清单"仍有相通之处。就"反制"这一出发点而言,不可靠实体清单制度与欧盟的阻断立法有相通之处,但反制思路和所欲约束的对象则有所不同。鉴于此,笔者以美国出口

---

① 商务部:"中国将建立不可靠实体清单制度",http://www.mofcom.gov.cn/article/i/jyjl/e/201905/20190502868927.shtml,最后访问时间:2020 年 1 月 15 日。

② 2019 年 6 月 1 日,商务部条法司司长王贺军在就该项制度接受媒体采访时明确指出,中国出台此制度是针对一些国家、一些公司违反国际规则和通行法律原则,限制对特定国家、特定公司贸易而采取的针对性措施。商务部:"'不可靠实体清单'可调整 列入企业有申辩权",http://www.sohu.com/a/317995959_115362,最后访问时间:2020 年 1 月 15 日。

③《不可靠实体清单规定》第 2 条规定:"国家建立不可靠实体清单制度,对外国实体在国际经贸及相关活动中的下列行为采取相应措施:(1) 危害中国国家主权、安全、发展利益;(2) 违反正常的市场交易原则,中断与中国企业、其他组织或者个人的正常交易,或者对中国企业、其他组织或者个人采取歧视性措施,严重损害中国企业、其他组织或者个人合法权益。"

管制法律制度特别是"实体清单"为逻辑起点,对比欧盟阻断立法,并结合《对外贸易法》《国家安全法》《中华人民共和国出口管制法》(以下简称《出口管制法》)的相关条款,对不可靠实体清单制度进行初步定位、评析和展望。

第一节　美国出口管制"实体清单" 及其对华适用

美国的出口管制制度由来已久。早在 1949 年,美国国会就制定了《出口管理法》,确定了出口管制的三个基本方面,即短缺物资管制(控制原油等短缺物资出口)、对外政策管制(推进美国对外政策,履行美国承担的国际义务,防止和惩罚国际恐怖主义)和国家安全管制(维护美国国家安全)。1979 年,美国国会制定新的《出口管理法》,建立了美国目前军民两用产品和技术出口管制的基本法律框架;美国商务部为实施该法律制定了《出口管理条例》,由其下设的工业和安全局负责实施。美国商务部根据《出口管理条例》制定"商业管制清单",包括数千种军民两用设备、材料、软件和技术,[①]其中除一些敏感产品和技术外,绝大多数只有在向特定国家[②]出口时才需要事先申请并获得许可。美国商务部根据其掌握的信息及美国其他政府部门提供的信息和建议,定期更新管制清单,在此过程中征求美国国务院和国防部的意见。[③]

根据《出口管理条例》第 744.11 条,[④]美国商务部制定一份所谓"实体清单",凡有合理理由认为其已经或正在参与违反美国国家安全或外交政策利

---

① "两用"(dual use),既能用于民用也能用于恐怖主义或军事用途——往往被用于描述受制于《出口管理条例》之物项的类型。但严格说来,受制于《出口管理条例》的并不仅限于两用物项,而是涵盖任何有必要予以出口控制且未受到其他美国政府机构专属控制的物项,包括纯民用物项、军民两用物项以及不必受《国际武器贸易条例》控制的纯军用物项。参见《出口管理条例》第 730.3 条;15 CFR § 730.3.

② 《出口管制条例》第 746 条(禁运及其他特别控制)所列举的全面禁运和部分禁运国家,中国不在其中。15 CFR Part 746.

③ 孙昂:《美国对外事务法律机制》(下),国际文化出版公司 2010 年版,第 544—545 页。

④ 15 CFR § 744.11 (License requirements that apply to entities acting contrary to the national security or foreign policy interests of the United States).

益之活动或者有参与此种活动之重大风险的实体,以及代表这类实体行事的实体,均可被列入该清单。① 凡是被列入该清单的实体,"美国人"②向其出口、再出口或者(在美国境内)转让(以下统称"出口")出口管制清单上的产品和技术,均须向工业和安全局事先申请并获得许可。根据《出口管理条例》第 744.11 条和第 744.16 条,③被列入实体清单的实体可以向工业和安全局申请移除或修改,后者可以根据实际情况将特定实体移出清单,或者修改适用于特定实体的许可限制条件和申请审查政策。由商务部、国防部、能源部以及必要时财政部代表组成的"最终用户审查委员会"负责决定实体清单的添加、移除及其他修改,并由工业和安全局负责具体实施。

　　尽管美国出口管制实体清单由于中美经贸摩擦的大背景和新近被列入清单的华为公司的特殊地位而引起广泛关注,但中国实体"上榜"由来已久。早在 1997 年 6 月,美国就将中国工程物理研究院列入实体清单,其后的增列也与中国的经济和军事实力动态密切相关。④ 在中美第 11 轮贸易谈判无果而终后,时任美国总统特朗普于 2019 年 5 月 15 日签署行政令,宣布针对"外国敌手"设计、开发、制造或提供的信息和通信技术进入国家紧急状态,禁止美国企业使用来自威胁美国国家安全的企业的电信设备。此举被广泛视为意在将中兴和华为挤出美国 5G 市场。⑤ 美国商务部工业和安全

① 《美国联邦法规汇编》(CFR)第 744.11 条还对何谓"违反美国国家安全或外交政策利益的活动"进行了列举式的说明:① 为参加恐怖活动的人员提供支持;② 有可能强化那些已经被美国国防部认定反复向国际恐怖活动提供支持之政府的军事能力或者支持恐怖主义能力的行为;③ 以违反美国国家安全或外交政策利益的方式转让、开发、服务、修理或生产常规武器;④ 妨碍工业和安全局或国务院国防贸易控制局所进行的最终用途核查达成目的;⑤ 所从事之活动有违反《出口管理条例》之风险,而最终用户审查委员会认为对相关出口、再出口或转让行为进行事先审查并施加许可条件或许可禁止可以强化工业和安全局防止违反《出口管理条例》之能力。

② "美国人"的范围非常广泛,包括任何美国公民、非美籍的美国永久居民、根据美国法律设立的任何组织形式的实体、美国实体在美国以外的分支机构,以及位于美国的任何个人、分支机构、代表处或办事处。据此,如果一家中国公司设立了美国子公司,或者在美国开设分公司、代表处或任何形式的分支机构,都将被视为"美国人"而受制于《出口管理条例》。参见杨宇田、陈峰:《列入美国技术出口管制部门受限名单的企事业单位分析》,《情报杂志》2018 年第 10 期,第 91 页。

③ 15 CFR § 744.16 (Entity List).

④ 杨宇田、陈峰:《列入美国技术出口管制部门受限名单的企事业单位分析》,《情报杂志》2018 年第 10 期,第 93 页。

⑤ Dado Ruvic. *"National Emergency": Trump Bans Huawei & Other "Adversary Tech" from US Telecoms*. https://www.rt.com/usa/459442-trump-ban-telecommunications-foreign-adversaries/.

局随即于 5 月 16 日将华为公司及其全球范围内的大量非美国关联企业（以下统称华为）列入出口管制实体清单，即日起生效。① 工业和安全局的此举意味着向华为出口受制于《出口管理条例》的任何商品、软件或技术，即使是非敏感物项，也必须向工业和安全局事先申请许可；后者对申请将采取最严格的审查标准，即所谓"推定拒绝"（presumption of denial）。② 在这里，"受制于《出口管理条例》"的物项包括一切位于美国或从美国出口的物项，以及一切在美国生产的无论位于何处的物项；此外，并非美国制造但含有超过"微量"的受控美国原产成分③的物项也要受制于《出口管理条例》。④ "微量"的上限一般是 25%，但针对特定国家及（或）物项也可以低至 10% 乃至0（无论含量多低均须受制于《出口管理条例》）。⑤

2020 年 5 月 15 日，美国工业和安全局发布公告，实质性升级其针对华为的出口限制，将以下两种情形纳入出口管制范围：① 华为或其关联公司使用某些美国软件和技术进行半导体设计；② 在美国境外使用某些美国半导体制造设备生产的芯片组向华为或其关联公司出口或转售。⑥ 不难看出，前者是指向华为应对 2019 年以来的出口管制而做的本地化努力，后者则是指向三星、台积电等美国以外的芯片供应商。2020 年 8 月 17 日，美国工业和安全局进一步升级出口限制，将以下两种情形也纳入出口管制范围：① 外国生产的物项使用了美国软件或技术，而该物项被"并入"或者将用于生产或开发由实体清单上的任何华为实体所生产、购买或订购的任何部件、零件或设备；② 实体清单上的任何华为实体是这类交易的一方，例如购买人、中间收货人、最终收货人或最终用户。与此同时，工业和安全局还在实

---

① Federal Register, Addition of Entities to the Entity List, https://www.federalregister.gov/documents/2019/05/21/2019-10616/addition-of-entities-to-the-entity-list.

② 15 CFR Appendix Supplement No.4 to Part 744-Entity List.

③ 包括含有受控美国原产商品的外国商品、与受控美国原产软件"捆绑"的外国商品、与受控美国原产软件相混合的外国软件，以及与受控美国原产技术相混合的外国技术。

④ 15 CFR § 734.3 (Items subject to the EAR).

⑤ 15 CFR § 734.4 (De minimis U.S. content).

⑥ US Department of Commerce. Commerce Addresses Huawei's Efforts to Undermine Entity List, Restricts Products Designed and Produced with U. S. Technologies, https://www.commerce.gov/index.php/news/press-releases/2020/05/commerce-addresses-huaweis-efforts-undermine-entity-list-restricts.

体清单中新增了 38 家华为在全球范围内的关联企业。① 这意味着华为先通过第三方企业生产相关部件,再加以"集成"的渠道也被彻底封堵,实体清单的霸道和"任性"可谓体现得淋漓尽致。

第二节　作为对美反制措施的欧盟《阻断法》

与美国出口管制制度既有区别又有联系,且同样引人诟病的是其经济制裁特别是次级制裁制度。第二次世界大战以来,经济制裁一直是美国推行外交战略的辅助手段。近年来,美国对外实施经济制裁日益以"国家安全"为动因,具体制裁方式也从针对某一国家实施贸易禁运,转变为针对该国特定企业或个人实施制裁。其中,仅禁止美国国民(包括个人和企业)与目标企业或个人进行交易的制裁称为"初级制裁",禁止第三国国民与目标企业或个人进行交易的制裁则称为"次级制裁"。若第三国国民违反次级制裁要求,美国可以依据次级制裁立法对其进行处罚,包括禁止美国企业或金融机构与其进行交易或为其提供融资、扣押其在美资产、对其处以罚金甚至予以监禁等。② 这就在客观上迫使第三国国民权衡利弊,在目标国市场与美国市场之间进行取舍,从而迂回地达到对目标国进行制裁的效果。③

---

① US Department of Commerce. Commerce Department Further Restricts Huawei Access to U.S. Technology and Adds Another 38 Affiliates to the Entity List, https://www.commerce.gov/news/press-releases/2020/08/commerce-department-further-restricts-huawei-access-us-technology-and.

② 需要注意的是,无论是初级制裁还是次级制裁,制裁指向的对象或者说"制裁"一词的宾语应当是一致的,即都是被制裁国(朝鲜、伊朗、古巴等)的目标企业或个人,区别仅在于是禁止美国国民还是禁止第三国国民与目标企业或个人进行交易。第三国国民若违反次级制裁要求,将会承担相应后果、受到相应处罚,在比较宽泛的语义上往往也说是受到"制裁"。但严格说来,此"制裁"不同于彼"制裁",不应理解为次级制裁本身是针对第三国国民的制裁。简言之,应当对次级制裁本身与违反制裁要求而受到的处罚加以区分。笔者阅读到的一些国内文献对此似有混淆。

③ 赵海乐:《安理会决议后的美国二级制裁合法性探析》,《国际法研究》2019 年第 1 期,第 34—35 页。

次级制裁的制裁范围扩展至第三国国民,属于美国法的域外适用和管辖权的域外行使。对此有两种应对方式:一是制定一般性的反制立法,例如俄罗斯国家杜马通过《俄罗斯联邦反制裁法》,授权俄罗斯政府针对美国等"不友好国家"采取进出口限制或禁止措施,并禁止美国实体参与俄罗斯境内的私有化交易。这种方式的主要目的是实施报复。[①] 二是直接针对他国对本国国民实施的制裁措施(域外适用措施),制定抵消性的反措施,在报复反制的同时保护本国国民免受次级制裁立法的不利影响。习惯上被称为"阻断法"(blocking statute)的欧盟第 2271/96 号条例即是这方面的典型。

欧盟第 2271/96 号条例(以下简称《阻断法》)[②]制定于 1996 年,旨在回应美国有关古巴、伊朗和利比亚的域外制裁立法,抵消其域外适用效果。后因美欧达成相关共识,《阻断法》一直处于备而不用的状态。2018 年 5 月 8 日,美国宣布单方面退出《伊核协议》,重启对伊朗的制裁措施,包括具有域外适用性的次级制裁措施。作为应对,欧盟委员会于 2018 年 6 月 6 日通过第 2018/1100 号授权条例(delegated regulation),[③]重新激活《阻断法》,并对其附件加以更新,以此阻断和抵消美国制裁措施对欧盟自然人和法人(以下简称欧盟经营者)的不利影响。

《阻断法》附件列举了该法所针对的若干美国域外适用立法(以下简称列明立法)。更新后的列明立法包括 6 部法律和 1 部法规,即 1993 年的《国防授权法》、1996 年的《古巴自由与民主团结法》、1996 年的《伊朗制裁法》、2012 年的《伊朗自由与反扩散法》《国防授权法》和《减少伊朗威胁及叙利亚人权法》以及《伊朗交易与制裁条例》。《阻断法》第 1 条开宗明义地指出:"本条例旨在防御和抵消条例附件所列明之法律,包括法规及其他法律文

---

① 廖诗评:《国内法域外适用及其应对——以美国法域外适用措施为例》,《环球法律评论》2019 年第 3 期,第 175 页。

② Council Regulation (EC) No 2271/96 of 22 November 1996 protecting against the effects of the extra-territorial application of legislation adopted by a third country and actions based thereon or resulting therefrom, OJ L 309, 29.11.1996.

③ Commission Delegated Regulation (EU) 2018/1100 of 6 June 2018 amending the Annex to Council Regulation (EC) No 2271/96 protecting against the effects of extra- territorial application of legislation adopted by a third country and actions based thereon or resulting therefrom, OJ L 199 I, 7.8.2018.

件,以及基于或者产生自这些法律的行动的域外适用效果;该等适用影响了第 11 条所指的、在共同体与第三国之间从事国际贸易及(或)资金流动和相关商业活动的人员的利益。"《阻断法》的基本原则是,欧盟经营者不得遵守列明立法以及据之做出的任何决定、判决或裁决,因为欧盟不承认其对欧盟经营者的适用及效果(第 5 条第 1 款)。如果列明立法以及据之采取的行动损害了欧盟经营者的经济或财务利益,后者还应在相关情形发生 30 日内告知欧盟委员会(第 2 条第 1 款)。

概言之,《阻断法》主要从以下三个方面反制美国相关立法,并为欧盟经营者提供保护。

第一,否认和抵消任何基于列明立法作出的行政决定、法院判决或仲裁裁决的效果(第 4 条)。这意味着第三国当局基于列明立法相关条款做出的任何决定,无论是行政、司法、仲裁或是其他任何性质的决定,在欧盟内均不受承认。同样,任何基于上述决定而对欧盟经营者提出的扣押财产或强制执行要求,在欧盟内也都不会得到执行。①

第二,规定欧盟经营者若因列明立法或者据之采取的行动而受到损失,有权向造成损失的自然人、法人或任何其他实体及其代表或中介寻求赔偿(第 6 条第 1—2 款)。欧盟经营者可以向欧盟成员国法院起诉赔偿,管辖权依据 1968 年《关于民商事案件管辖权及判决执行的布鲁塞尔公约》中的相关规则确定(第 6 条第 3 款)。但由于《关于民商事案件管辖权及判决执行的布鲁塞尔公约》已被 2012 年欧盟关于民商事案件管辖权及判决承认与执行的第 1215/2012 号条例所取代,②因此,第 6 条第 3 款现在应当解读为指向第 1215/2012 号条例。③ 第 6 条第 4 款进而规定,赔偿可以通过扣押(出售)致损方或者其代表(中介)在欧盟内的资产和股份来实现。

第三,允许欧盟经营者请求欧盟委员会准许其遵守列明立法,如果不这

---

① European Commission. Guidance Note, Questions and Answers: adoption of update of the Blocking Statute, 2018/C 277 I/03, at 5.

② Regulation (EU) No 1215/2012 of the European Parliament and of the Council of 12 December 2012 on jurisdiction and the recognition and enforcement of judgments in civil and commercial matters, OJ L 351, 20.12.2012.

③ European Commission. Guidance Note, Questions and Answers: adoption of update of the Blocking Statute, 2018/C 277 I/03, at 5.

样做将会对其利益或者欧盟利益造成严重损害(第5条第2款)。《阻断法》没有明确何谓"严重损害",但基于其不接受列明立法域外适用的基本立场,这个标准显然不低。根据欧盟委员会不具约束力的指引性说明,请求准许的欧盟经营者至少必须说明其需要遵守列明立法的哪些条款以及想要具体从事何种行为,并说明不遵守列明立法为何以及将会如何对其利益或者欧盟利益造成严重损害。[①] 欧盟委员会根据相关标准和程序,在由各成员国代表组成的专门委员会协助下做出决定。

此外,《阻断法》第9条还明确规定,成员国应当对违反该法任何相关规定的行为给予处罚,处罚应当有效、成比例并具有劝阻性。该条没有规定处罚上限,因此,理论上处罚可以是无限的。

如上所述,《阻断法》的基本理念是否认和抵消美国法的域外适用效果。一方面,《阻断法》明确要求欧盟经营者不得遵守列明立法。例如,1996年《伊朗制裁法》禁止在明知的情况下向伊朗提供一定金额以上的商品、服务或进行特定类型投资。若欧盟经营者为遵守该规定而拒不履行已经签订的合同,则将违反《阻断法》,并可能受到处罚。另一方面,若他人因遵守《阻断法》而对欧盟经营者造成损失,后者可以在欧盟法院起诉前者,并请求赔偿。同样是在上例中,若其他当事方(可以是欧盟经营者也可以不是)因遵守《伊朗制裁法》而拒不履行其对欧盟经营者的合同义务,则后者也可以在欧盟法院起诉前者,并要求赔偿。

第三节　不可靠实体清单的功能
定位与规则展开

根据《不可靠实体清单规定》,并参照上述美国出口管制制度和欧盟阻断立法,不可靠实体清单制度的具体构建大致需要处理三方面的问题,即清单的制定依据和涵盖领域、清单的列入理由和异议机制,以及列入清单的法

---

① European Commission. Guidance Note, Questions and Answers: adoption of update of the Blocking Statute, 2018/C 277 I/03, at 5.

律后果或者说后续措施。

一、不可靠实体清单的制定依据和涵盖领域

根据我国商务部 2019 年 5 月 31 日新闻发布会的口径,不可靠实体清单的制定依据为"《对外贸易法》《反垄断法》《国家安全法》等有关法律法规"。而《不可靠实体清单规定》就此的表述则调整为"根据《中华人民共和国对外贸易法》《中华人民共和国国家安全法》等有关法律",突出了国家安全考量,淡化了(但基于"等"字的兜底效果,也并未完全排除)反垄断因素;同时将"法律法规"限缩为"法律",更加凸显依法办事、依法行政的要求。

(一)《对外贸易法》

《对外贸易法》中与不可靠实体清单制度联系最为紧密的应属第 7 条,其规定:"任何国家或者地区在贸易方面对中华人民共和国采取歧视性的禁止、限制或者其他类似措施的,中华人民共和国可以根据实际情况对该国家或者该地区采取相应的措施。"这是一条概括性的授权条款,我国可以据此对他国的出口管制或制裁措施做出必要的反制。但注意此处的"歧视性"这一定语,这意味着可能需要证明该国在运用这类措施时对中国存在歧视,例如标准更严或者要求更多,而不是与其他国家一视同仁。此外,《对外贸易法》第 16 条(货物贸易一般例外条款)、17 条(货物贸易安全例外条款)、26 条(服务贸易一般例外条款)、27 条(服务贸易安全例外条款)及 31 条(知识产权的对等保护)也为不可靠实体清单的后续措施提供了潜在依据。

(二)《国家安全法》

《国家安全法》第 19 条规定:"国家维护国家基本经济制度和社会主义市场经济秩序,健全预防和化解经济安全风险的制度机制,保障关系国民经济命脉的重要行业和关键领域、重点产业、重大基础设施和重大建设项目以及其他重大经济利益安全。"该条应当是通过制定不可靠实体清单维护国家经济安全的基本依据。同时,第 25 条(维护网络与信息安全)、第 33 条(保护海外安全和利益)等也在相关领域提供了进一步的依据。此外,第 59 条规定:"国家建立国家安全审查和监管的制度和机制,对影响或者可能影响国家安全的外商投资、特定物项和关键技术、网络信息技术产品和服务、涉及国家安全事项的建设项目,以及其他重大事项和活动,进行国家安全审

查,有效预防和化解国家安全风险。"据此建立的国家安全审查制度和机制也可以成为不可靠实体清单的一项重要的后续措施。

(三)《反垄断法》

结合美国部分企业对华为"断供"这一实际情况来看,不可靠实体清单在《反垄断法》中的依据应当是其中关于禁止滥用市场地位的规定。《反垄断法》第 17 条规定:"禁止具有市场支配地位的经营者从事下列滥用市场支配地位的行为:……(3) 没有正当理由,拒绝与交易相对人进行交易……"。由于《反垄断法》并未将"经营者"限定为中国经营者,因此包括美国企业在内的外国经营者也在该条的适用范围之内。这里的关键词,一是"市场支配地位";二是"滥用"。根据第 17 条,市场支配地位是指经营者在相关市场内具有能够控制商品价格、数量、其他交易条件,或者能够阻碍、影响其他经营者进入相关市场能力的市场地位;同时根据第 18 条,经营者在相关市场中的份额达到一定比例的,可以推定具有市场支配地位。就此而言,谷歌等美国企业在操作系统等相关市场无疑具有市场支配地位。而关于"滥用",第 17 条明确将无正当理由拒绝交易列为滥用行为。具体到不可靠实体清单,这就涉及遵守美国出口管制要求而对中国企业断供是否构成"正当理由"的问题。这个问题较为微妙,下文将结合"非商业目的"这一限定予以集中分析。这种微妙性可能也是《不可靠实体清单规定》不再明确提及《反垄断法》的原因所在。

(四)《出口管制法》

如上所述,美国商务部的实体清单是依据《出口管理条例》制定的。2020 年 10 月 17 日,全国人大常委会审议通过了《中华人民共和国出口管制法》,自 2020 年 12 月 1 日起施行。《出口管制法》借鉴美国《出口管理条例》,对与履行国际义务和维护国家安全相关的货物、技术、服务等物项(管制物项)的出口、再出口和转让的管制问题作出规定。[①]《出口管制法》规定

---

① 《出口管制法》第 2 条第 1 款规定:"国家对两用物项、军品、核以及其他与维护国家安全和利益、履行防扩散等国际义务相关的货物、技术、服务等物项(以下统称管制物项)的出口管制,适用本法。"第 3 款规定:"本法所称出口管制,是指国家对从中华人民共和国境内向境外转移管制物项,以及中华人民共和国公民、法人和非法人组织向外国组织和个人提供管制物项,采取禁止或者限制性措施。"

了出口管制清单制度,由国家出口管制管理部门会同有关部门制定出口管制政策,并根据出口管制政策制定、调整各类管制清单;经国务院或者国务院、中央军委批准,国家出口管制管理部门会同有关部门可以禁止相关管制物项的出口,或者禁止相关管制物项向特定目的国家和地区、特定组织和个人出口,也可以对管制清单以外的货物、技术和服务实施临时管制;对管制清单所列管制物项以及实施临时管制物项的出口实行许可制度,国家出口管制管理部门经综合考虑国家安全和利益、国际义务和对外承诺、出口类型、管制物项敏感程度、出口目的国家或者地区、最终用户和最终用途、出口经营者的相关信用记录以及法律、行政法规规定的其他因素做出许可或不许可的决定。[①]

《出口管制法》所规定的出口管制清单类似于美国《出口管理条例》中的商业管制清单,而其第 20 条所规定的"管控名单"则类似于美国的实体清单。[②] 但鉴于不可靠实体清单与管控名单的立意和出发点不尽相同,需要就其与管制清单、管控名单的衔接做出必要安排。同时,《出口管制法》所规定的管制清单之外的临时管制也可以成为不可靠实体清单的"后招",为其提供更多的制度空间。

二、不可靠实体清单的列入理由和异议程序

2019 年 5 月 31 日,商务部宣布的决定中包含了列入不可靠实体清单时的考虑因素。其后,商务部产业安全与进出口管制局负责人在 6 月 1 日接受采访时进一步明确,中国政府在决定是否将某个实体列入不可靠实体清单时,会综合考虑四方面因素:一是该实体是否存在针对中国实体实施封锁、断供或其他歧视性措施的行为;二是该实体行为是否基于非商业目的,违背市场规则和契约精神;三是该实体行为是否对中国企业或相关产业造成实质损害;四是该实体行为是否对中国国家安全构成威胁或潜

---

① 参见《出口管制法》第 8、9、10、13 条。

② 《出口管制法》第 18 条第 1 款规定:"国家出口管制管理部门对有下列情形之一的进口商和最终用户,建立管控名单:(1)违反最终用户或者最终用途管理要求的;(2)可能危害国家安全和利益的;(3)将管制物项用于恐怖主义目的的。"第 2 款规定:"对列入管控名单的进口商和最终用户,国家出口管制管理部门可以采取禁止、限制有关管制物项交易,责令中止有关管制物项出口等必要的措施。"

在威胁。① 与《不可靠实体清单规定》在适用范围和针对目标上的拓展相适应,相关考虑因素也变得更加丰富和宽泛。《不可靠实体清单规定》第7条明确指出,在做出是否将有关外国实体列入不可靠实体清单的决定时,要综合考虑以下因素:① 对中国国家主权、安全、发展利益的危害程度;② 对中国企业、其他组织或者个人合法权益的损害程度;③ 是否符合国际通行经贸规则;④ 其他应当考虑的因素。

结合上文分析,这里有两点需要特别强调:第一,正如"综合考虑"这一表述所示,相关因素并非各自为政,而是必须通盘考量。每个因素肯定都不是充分条件,也很难说都是必要条件,其各自在审查中占据何种权重、如何具体评估,实践中也很难一概而论。特别是"国家安全"更是一个难以建立通用指标、颇具弹性的概念。虽然美国《出口管理条例》第744.11条列举了"违反美国国家安全或外交政策利益的活动"的几种情形,但该列举并非穷尽式的,美国商务部工业和安全局在实践中也基本上是依据个案事实来做出判断。② 不仅如此,工业和安全局还有权修改适用于特定实体的许可限制条件和申请审查政策,拥有较大的裁量权限。在不可靠实体清单制度的实施中,我国可以借鉴这种注重个案判定和灵活处理,并赋予主管机构一定自由裁量权的方法。

第二,如何判断某个外国实体的行为是否基于"非商业目的",以及是否具有"正当理由"? 首先,笔者认为,因遵守《出口管理条例》及其实体清单这样的国内法禁令而停止供货,恐怕不能说是基于商业目的:一是这并非外国实体的自主商业决策;二是出口管制的基本出发点本来就是国家安全和外交政策利益这样的非商业因素。其次,在被认定存在"非商业目的"的前提下,外国实体能否以遵守本国法作为抗辩,主张其行为具有"正当理由"? 对此问题需要细致地分析。作为反制措施,不可靠实体清单旨在对冲外国法域外适用的效果,如果承认后者可以作为正当理由,那么与制度出发点不啻南辕北辙。如上所述,欧盟《阻断法》就断然否认美国相关次级制裁立法

① 于欣:《谁会列入"不可靠实体清单"? 中国明确四种考虑因素》,《新华每日电讯》2019年6月2日,第3版。
② 周勇、覃宇、罗诗静:"对'不可靠实体清单'的法律分析",http://www.junhe.com/legal-updates/962,最后访问时间:2021年1月15日。

以及据之做出的各类决定、判决、裁决的法律效力,因此遵守这些规定显然不能构成正当理由。美国《出口管理条例》本身也强调,"任何人对外国法律法规的许可或其他要求的遵守,并不免除其遵守包括《出口管理条例》在内的美国法律法规的义务"。① 基于此,遵守本国法律要求原则上并不能构成外国实体封锁、断供的"正当理由"。尽管如此,鉴于"不可靠实体清单"客观上会将相关外国实体置于一个遵守中国法还是遵守本国法的两难境地,若处理不当甚至可能造成为渊驱鱼的反效果,因此在此问题上可以有一定的灵活性,允许相关外国实体做出陈述和解释,并酌情决定是否给予一定的豁免。这与上述欧盟《阻断法》第 5 条第 2 款(允许欧盟经营者请求欧盟委员会准许其遵守列明立法,如果不这样做将会对其利益造成严重损害)的设计意图是相通的。当然,如果相关外国实体对其国内禁令"配合"得过于积极,甚至超出后者要求的程度,②那就无论如何也不能主张"正当理由"了。

这里实际上已经涉及不可靠实体清单的异议机制问题。2019 年 6 月 1 日,商务部条法司负责人在接受采访时指出,违法企业或个人被列入清单后,会经过一定调查程序,中方将给利益关系方一定的申辩权。③《不可靠实体清单规定》也明确,在工作机制④对外国实体的行为进行调查期间,后者可以陈述、申辩。换言之,被列入清单的外国实体将有机会发表异议或者请求豁免。这一制度设计值得肯定。特别是,考虑到不可靠实体清单所针对的情况具有特殊性,即外国实体的"断供"行为在很大程度上是迫于美国法律和政治压力而为之,中方更应区分情况提高程序透明度,给予相关实体听证、抗辩和申诉的机会。⑤

---

① 15 CFR § 734.12 (Effect on foreign laws and regulations).
② 路透:"华为发现联邦快递将华为包裹转运美国,内含重要文件",http://world. huanqiu. com/article/2019-05/14957802. html? agt=15438,最后访问时间:2021 年 1 月 15 日。
③ 商务部:"'不可靠实体清单'可调整　列入企业有申辩权",http://www. sohu. com/a/317995959_115362,最后访问时间:2021 年 1 月 15 日。
④《不可靠实体清单规定》第 4 条规定:"国家建立中央国家机关有关部门参加的工作机制(以下简称工作机制),负责不可靠实体清单制度的组织实施。工作机制办公室设在国务院商务主管部门。"
⑤ 张辉:《论中国对外经济制裁法律制度的构建——不可靠实体清单引发的思考》,《比较法研究》2019 年第 5 期,第 153 页。

三、列入不可靠实体清单的法律后果及补救措施

列入不可靠实体清单只是第一步,列入后的法律后果或者说后续措施才是对相关外国实体的压力和威慑之所在。《不可靠实体清单规定》第 10 条第 1 款规定:"对列入不可靠实体清单的外国实体,工作机制根据实际情况,可以决定采取下列一项或者多项措施(以下称处理措施),并予以公告:① 限制或者禁止其从事与中国有关的进出口活动;② 限制或者禁止其在中国境内投资;③ 限制或者禁止其相关人员、交通运输工具等入境;④ 限制或者取消其相关人员在中国境内工作许可、停留或者居留资格;⑤ 根据情节轻重给予相应数额的罚款;⑥ 其他必要的措施。"根据上述规定,参照美国和欧盟的相关制度,并结合"不可靠"这一定性,大致可以归纳出如下五方面的法律后果。

一是进出口管制。对于被列入不可靠实体清单的外国实体实行出口管制,中国企业向其出口(含再出口和境内转让)管制物项,以及外国企业向其出口含有一定比例中国管制物项的外国产品的,需要经主管部门许可。同时,参照美国出口管制实践,可以将出口许可要求延伸至相关外国实体在中国及全球的关联企业。此外,还可以限制或禁止相关外国实体的对华出口。

二是投资限制。这一限制的落实主要有赖于国家安全审查制度。具言之,对于被列入不可靠实体清单的外国实体,依照《国家安全法》第 59 条之规定,启动国家安全审查;对于认定存在国家安全风险的,在进入中国市场、获取中国资金等方面依法给予限制甚至禁止。

三是入境(居留限制)。这主要是针对被列入不可靠实体清单的外国个人或者外国企业员工、外国组织成员,即在签证获取、工作许可、居留资格等方面予以限制,乃至禁止入境或驱逐出境。

四是风险警示。在一定程度上,不可靠实体清单还可以起到风险警示或者说信用公示的作用。正如商务部产业安全与进出口管制局负责人所言,社会各方也会从中得到警示,在与被列入清单的外国实体进行交易和交往时,要提高警惕,防范不可靠风险。[①]《不可靠实体清单规定》第 9 条规定,将有

[①] 周勇、覃宇、罗诗静:"对'不可靠实体清单'的法律分析",http://www.junhe.com/legal-updates/962,最后访问时间:2021 年 1 月 15 日。

关外国实体列入不可靠实体清单的公告中可以提示与该外国实体进行交易的风险。有关市场主体在与被列入清单的外国实体及其关联企业，国内企业、金融机构在进行交易时将充分意识到相关风险，并纳入交易成本考量。

五是民事诉讼。尽管《不可靠实体清单规定》没有明确提及诉讼手段，但"其他必要的措施"这一兜底条款也并未排除这一可能性。例如，可以考虑借鉴欧盟《阻断法》，支持利益受损的中国实体在中国法院对相关外国实体起诉求偿，并可通过强制执行被诉外国实体及其关联企业在中国境内的相关资产来实现。

在明确列举堪称严重的法律后果的同时，《不可靠实体清单规定》也保留了相当的灵活性，释放了足够的善意。首先，将有关外国实体列入不可靠实体清单的公告可以同时明确改正期限，在期限内不采取《不可靠实体清单规定》第10条列明的处理措施；有关外国实体逾期不改正其行为的，再行对其采取处理措施。其次，确立了清单移除制度，即有关外国实体可以申请将其移出不可靠实体清单，工作机制根据实际情况决定是否将其移出（依申请移除）；工作机制根据实际情况，可以决定将有关外国实体移出不可靠实体清单（依职权移除）；有关外国实体在公告明确的改正期限内改正其行为并采取措施消除行为后果的，工作机制应当做出决定，将其移出不可靠实体清单（自动移除）。再次，确立了特定交易豁免制度，即有关外国实体被限制或者禁止从事与中国有关的进出口活动，中国企业、其他组织或者个人在特殊情况下确需与该外国实体进行交易的，应当向工作机制办公室提出申请，经同意可以与该外国实体进行相应的交易。特定交易豁免制度是基于对中国经营者利益保护的需要而建立的，体现了不可靠实体清单制度实施中的灵活性。

第四节　中国不可靠实体清单制度与美国、欧盟相应制度之比较

一、中国不可靠实体清单制度与美国实体清单制度的比较

美国商务部制定和管理的"实体清单"是美国出口管制制度的重要组成

部分。实体清单与"商业管制清单"结合起来发挥作用本质上是美国利用其技术和市场优势，对其意欲打压的国家及其关键企业、机构加以遏制，并迫使本国企业和有赖于美国技术和市场的外国企业对此予以配合，达到技术封锁、"脱钩"的效果。实体清单的列入标准较为宽泛和模糊，"违反美国国家安全或外交政策利益的活动"这一表述极具弹性。尽管有《出口管理条例》第744.11条的细化，但细化后的规定仍然有相当大的解释和操作空间。相形之下，列入实体清单的法律后果，即相关管制措施十分明确和严厉。可以说，实体清单制度是一项高度政治化的法律制度，美国商务部在实践中拥有相当多的议价筹码和裁量空间。

我国的不可靠实体清单制度在酝酿之初，更多的是一种"应激"反应，基本上定位于对美国滥用出口管制行为的反制和对可能实施断供行为的外国企业（主要是美国企业）的威慑。从不可靠实体清单制度宣布的时间看，距美国商务部将华为纳入出口管制实体清单仅相隔半个月；从列入标准看，首当其冲的是"对中国实体实施封锁、断供或其他歧视性措施，对中国企业或相关产业造成实质损害"，指向相当明确。在形式上，不可靠实体清单更是毫不避讳地直接借鉴美国"实体清单"，针锋相对地将符合特定条件的对方实体列入其中、公之于众，威胁采取相应的管制及（或）制裁措施，期待对这类实体形成威慑和压力，并进而将压力传导给美国政府。本质上，这是要以本国法的域外适用来反制和对冲外国法的域外适用。

由于中美经贸摩擦形势的复杂多变、特朗普本人对华态度的反复无常，以及第一阶段经贸协议谈判的起起落落，不可靠实体清单制度的面世时间一再推后。新冠肺炎疫情的暴发和《中华人民共和国香港特别行政区维护国家安全法》（以下简称《香港国安法》）的通过，以及美国政府的"甩锅"卸责和借题发挥，使得中美关系降至历史低点。美国开启了对中国的全面敌视和打压模式，宣布和实施了一系列制裁措施，包括取消此前给予香港地区有别于中国内地的经贸特别待遇，并对参与实施《香港国安法》的我国香港地区和内地的官员实施制裁；①美国国务院和财政部以侵犯人权为借口，对新

---

① 蔡开明等："美国《香港自治法》的深度解读及应对策略"，https://user.guancha.cn/main/content?id=348674，最后访问时间：2021年1月15日。

疆生产建设兵团及数名新疆官员实施冻结资产、禁止入境等制裁措施;①美国商务部将参与在南海海域建设人工岛屿的 24 家中国企业列入实体清单等。② 中国面临的局面已经远比不可靠实体清单酝酿之初时更为严峻复杂,在此背景下出台的不可靠实体清单制度,其内涵和功能也早已超出对不公正管制行为针锋相对、对不"厚道"外国企业以牙还牙的范畴,有了更高的站位和更广的视域。

根据《不可靠实体清单规定》第 2 条,不可靠实体清单首先针对的就是外国实体在国际经贸及相关活动中"危害中国国家主权、安全、发展利益"的行为。相较于该制度酝酿之初时的口径,这至少意味着两个方面的重大变化。

一是不可靠实体清单不再只是对外国企业的断供、歧视行为的简单回击和被动应对,而是从国家主权、安全、发展利益出发的整体研判和主动作为,从而与美国实体清单所强调的"美国国家安全或外交政策利益"这一制度基点有了更强的可比性。

二是在不可靠实体清单制度酝酿之初,"对中国国家安全构成威胁或潜在威胁"从表述上看是"基于非商业目的而对中国实体实施封锁、断供或其他歧视性措施"的延伸后果或者说加重情节;而《不可靠实体清单规定》中的"危害中国国家主权、安全、发展利益"则是单独要件,不必然以针对中国企业的断供、歧视措施为先决条件。换言之,外国实体所实施的其他形式的危害中国国家主权、安全、发展利益的行为也可以成为其被列入不可靠实体清单的理由。例如,针对美国批准向中国台湾地区提供"爱国者-3"导弹重新认证,中国宣布对此次军售的主要承包商洛克希德·马丁公司实施制裁;③针对美国在涉疆问题上的恶劣行径,中国宣布对美国"国会—行政部门中国委员会"以及美国联邦参议员卢比奥等 4 人实施相应制裁,④这些制裁措施

---

① "美国财政部与国务院宣布,制裁新疆生产建设兵团领导",https://user.guancha.cn/main/content?id=358383&comments-container,最后访问时间:2021 年 1 月 15 日。

② "美国宣布制裁 24 家参与南海岛礁建设中企",https://dy.163.com/article/FL2IOI3I0519H1CT.html,最后访问时间:2021 年 1 月 15 日。

③ 外交部:"中方决定对美洛克希德·马丁公司实施制裁",https://baijiahao.baidu.com/s?id=1672201919301074214&wfr=spider&for=pc,最后访问时间:2021 年 1 月 15 日。

④ "重磅! 中方宣布制裁多名美国反华议员!",https://baijiahao.baidu.com/s?id=1672087543866051977&wfr=spider&for=pc,最后访问时间:2021 年 1 月 15 日。

在某种意义上都可以视作不可靠实体清单制度的先声。就此而言,目前版本的不可靠实体清单制度,可以说是在扮演为更广意义上的中国对外经济制裁法律制度筑基、探路的角色。[①]

这一点,从对被列入不可靠实体清单的外国实体所可采取之措施的多样性也可见一斑。被列入美国实体清单的后果单一明确,即限制或者实质上禁止相关美国企业和他国企业向清单上的实体出口特定产品和技术。而这个单一明确的后果或者说后续措施之所以能够施加沉重打击、形成巨大威慑,是因为美国在某些关键行业和领域的垄断性技术优势。凭借此种优势,美国得以对其他国家及其企业实施不对称的"降维打击"。反观中国,当下在经济、技术领域等尚不拥有这类能够直击要害的关键"武器",因此难以像美国实体清单那样,以某项单一后续措施或者说制裁手段来解决问题。从《不可靠实体清单规定》第 10 条看,不可靠实体清单制度最终采取的是一种"多对多"的思路,即针对包括将中国企业列入实体清单及相关断供、歧视行为在内的各种可能的管制或制裁措施,灵活运用一种或多种规定手段,而不强求一一对应或者性质匹配。第 10 条规定的"处理措施"包括进出口管制、投资限制、入境限制、工作限制、居留限制、罚款等,跨越贸易、投资、人员流动等多个经济活动领域,构成一套对外反制和经济制裁的"组合拳"。就此而言,不可靠实体清单的制度内涵和承载使命要比美国实体清单更为丰富和多样。

二、中国不可靠实体清单制度与欧盟《阻断法》的比较

欧盟《阻断法》是针对美国次级制裁的反制措施,有其积极意义。首先,这是对美国相关制裁法律域外适用的合法性和效力的直接否定,也是对己方立场的鲜明宣示,是法律意义上的"亮剑";其次,这使得相关企业在面对美国的制裁法律时,有了不予遵守的正当理由,因为其本国法律禁止其遵守。

但同时也要看到,《阻断法》有其局限:在"阻断国"与美国之间的实力、手段和"筹码"存在客观差距的情况下,《阻断法》并不能从根本上改变或改

[①] 张辉:《论中国对外经济制裁法律制度的构建——不可靠实体清单引发的思考》,《比较法研究》2019 年第 5 期,第 141 页。

善被制裁企业的处境。本质上,《阻断法》是以欧盟企业为代价而对美国施加反向压力,其实质效果是让相关企业在美国法与欧盟法之间"选边站"。《阻断法》固然措辞严厉,但鉴于美国的实际控制力和影响力,对于许多全球性公司而言,屈从于美国的压力可能仍是最终的"合理"选择。美国对于违反出口管制等制裁规定的处罚措施包括禁止进入美国市场以及追究相关人员的刑事责任,面对这种压力,很多公司可能会选择违反《阻断法》,即使为此受到欧盟成员国的金钱处罚。在很大程度上,《阻断法》的政治意义多于法律意义、象征价值高于实际价值,其更多的是作为欧盟与美国的谈判筹码,以及向伊朗表态欧盟并未放弃伊核协议。但从受影响企业的角度看,这种象征性价值并无助于缓解其面临的法律和经济困境。

　　中国不可靠实体清单制度与欧盟《阻断法》的运作逻辑虽不尽相同,但也有所相通。① 两者的不同之处在于欧盟《阻断法》的作用对象是欧盟经营者,是让欧盟经营者"选边站",带有一定"自我伤害"色彩;中国不可靠实体清单的作用对象则不是本国实体,而是外国实体,是要让外国实体在遵守美国法与遵守中国法之间做出选择,或者至少是在"配合"美国政府对中国实体的管制或制裁时自行权衡利弊,在相关做法上更加中立、慎重和克制。② 两者的相通之处在于至少在不可靠实体清单作为一种反制手段的意义上,其与《阻断法》本质上都是要相关实体"选边站",都是让其在遵守美国法还是中国法(欧盟法)、受美国制裁还是中国(欧盟)处罚之间进行选择。就此而言,不可靠实体清单同样面临两个潜在困境:首先,相关实体的最终选择可能不取决于一方的决心和意志,而是取决于双方实力、手段和"筹码"的对比,或者说双方对相关实体的重要程度和"伤害"能力。其次,对于一些实体而言,"配合"美国政府的管制或制裁措施本就损害了其商业利益,属于非其所愿的不得不为,若因制度操作不够精细化、差别化而将这类实体也纳入打击范围,则不免造成殃及无辜的负面效果,故不可靠实体清单的实际操作同样需要慎之又慎。

　　值得一提的是,2021年1月9日,中国商务部公布《阻断外国法律与措施不当域外适用办法》(以下简称中国《阻断办法》),自公布之日起施行。中国《阻断办法》针对的也是次级制裁,即外国法律与措施的域外适用"不当禁止或者限制中国公民、法人或者其他组织与第三国(地区)及其公民、法人或者其他组织进行正常的经贸及相关活动的情形"。根据该办法,一旦认定外国相关法律和措施存在不当域外适用情形,商务部可以发布不得承认、不得执行、不得遵守有关外国法律和措施的禁令。若有关当事人不顾禁令,仍然遵守禁令范围内的外国法律和措施,由此侵害中国公民、法人或其他组织(以下简称中国主体)合法权益,后者可以依法向人民法院提起诉讼,要求前者赔偿损失。中国《阻断办法》规定,中国主体可以向商务部申请豁免遵守禁令,由商务部决定是否批准;若中国主体依据禁令而对外国相关法律和措施不予遵守,并因此遭受重大损失,政府有关部门还可视情给予必要支持。可见,中国《阻断办法》的基本内容和运作逻辑与欧盟《阻断法》大体相同,都是定位于否认和抵消外国法的域外适用效力。所不同的是,欧盟《阻断法》明确针对美国相关立法并予以具体列举,中国《阻断办法》则规定得更为抽象和含蓄。此外,规定政府可以对不遵守外国法而受损的中国主体给予必要支持也系《阻断办法》的创新。概言之,中国《阻断办法》在不可靠实体清单之外,为我国应对他国滥用经济制裁和"长臂管辖"提供了新的思路和手段。但该办法颇为简略,一些关键问题尚待澄清和细化,例如第9条中的"当事人"是否包含中国主体、政府有关部门提供的"必要支持"具体含义为何、《阻断办法》能否及在何种意义上约束人民法院等。而基于上文在分析欧盟《阻断法》时所指出的同样原因,中国《阻断办法》的实效也有待观察。

第五节　结　语

综合前文所述,可以从狭义、静态与广义、动态两种视角来认识和分析不可靠实体清单制度。前者着眼于这一制度的"初心",即作为对美国出口管制措施特别是实体清单制度的应对和反制;后者则是基于过去一段时间形势的重大变化,在更广阔的视野和更深远的意义上来看待不可靠实体清单制度,视之为中国整体性的对外经济制裁法律制度的初探和雏形。

在前一种视角下,不可靠实体清单兼具"进攻"和"防御"的双重功能。一方面,通过将缺乏商业伦理和契约意识的外国实体纳入清单范围并采取相应措施,可以对这类实体施加压力并形成威慑,使其在遵守外国政府的管制和制裁要求时更加中立、慎重和克制,而不是简单粗暴地执行甚至过度迎合。进而言之,不可靠实体清单及其配套措施的潜在压力还可能促使相关外国实体向其本国主管部门积极寻求放宽许可要求或者豁免遵守义务,从而将压力传导给外国政府。另一方面,通过否认外国管制和制裁措施的域外适用效力和"正当理由"功能,支持利益受损的中国企业对相关外国实体起诉求偿,并向交易对手和社会公众警示其"不可靠"风险,可以更好地维护中国实体的合法权益。与此同时,也要注意到,不可靠实体清单是一把双刃剑,若运用不当非但难以促使相关外国实体"弃暗投明",甚至还可能造成为渊驱鱼的反效果。因此,在制度实施过程中,要注意原则性与灵活性相结合,赋予主管部门基于个案事酌情处理乃至网开一面的自由裁量权,重在发挥威慑作用。此外,还应特别注意遵照正当行政程序的要求,保障相关外国实体的申辩权和异议权,并适时对清单进行必要的调整。

　　在后一种视角下,则应反思我国究竟需要怎样的对外经济制裁法律制度,这样一个制度体系还需要哪些制度和机制来与不可靠实体清单相配合,其与继续优化营商环境、持续推进更高水平对外开放之间的平衡又该如何具体实现。这种反思在商务部条法司负责人就《不可靠实体清单规定》的答记者问中已经有所体现。"《不可靠实体清单规定》并不针对特定国家或实体,中方将以符合国际规则的方式实施《不可靠实体清单规定》","中国政府将继续致力于扩大开放、优化营商环境,与各国投资者共享中国发展机遇","清单没有预设时间表和企业名单……综合考虑各项因素,严肃、审慎决定是否……列入清单以及是否采取相应处理措施"。这些略带辩护意味的解说[1]充分体现了一项制度初创之时平衡不同因素和考量的不易。正因为如此,这一制度的实施更应细致筹划、稳妥推进,特别是将诸如"前款规定的处理措施,由有关部门按照职责分工依法实施"(《不可靠实体清单规定》第10条第2款)这样的涉及多部门衔接配合的环节做细、做实,以增强可操作性。同时,国家安全审查、出口管制清单等相关法律制度和机制也须尽快出台或完善,为不可靠实体清单制度提供更加坚实的法律依据和更加充足的措施储备。

---

[1] "商务部条约法律司负责人就《不可靠实体清单规定》答记者问",http://www.mofcom.gov.cn/article/news/202009/20200903002631.shtml,最后访问时间:2021年1月15日。

第九章
中国《阻断办法》的完善研究
——以欧盟《阻断法案》为参照

第一节 概　　论

一、问题的提出

2021 年 1 月 9 日,经由国务院批准,中国商务部颁布了《阻断外国法律与措施不当域外适用办法》(以下简称中国《阻断办法》),其由 16 个条文组成,自发布之日起生效。

中国《阻断办法》根据《中华人民共和国国家安全法》及其他相关法规制定,从立法目的、规制范围以及具体阻断措施等方面对外国法律与措施超出管辖权限给中国企业和个人合法经营造成的不利影响做出了回应,目的是反击外国法律与措施的不当域外适用,维护中国实体的利益,中国《阻断办法》的出台将"与不可靠实体清单制度一起构成中国版的阻断法,标志着我国反制裁和反长臂管辖法律体系的初步建构"。① 尽管《阻断办法》并未明确"阻断"某一特定国家的法律或措施,但根据目前的国际形势舆论普遍认为主要针对美国次级制裁及长臂管辖的行为。

长期以来,美国利用较为隐蔽的经济制裁手段来实现其政治目的。最早公开揭露这一状况的当属法国人,他们在《美国陷阱》《隐秘战争:美国长

---

① 沈伟:《中美贸易摩擦中的法律战——从不可靠实体清单制度到阻断办法》,《比较法研究》2021 年第 1 期,第 20 页。

臂管辖如何成为经济战的新武器》等书中详细分析了美国建构全球霸权的政治法律逻辑,其中以法国工业巨头阿尔斯通公司遭遇美国"陷阱"而被拆分和收购最为典型。① 广义上的经济制裁包括美国财政部海外资产控制办公室(OFAC)主导的金融制裁和美国商务部产业安全局(BIS)主导的出口管制。为大家所长期诟病的正是 OFAC 主导的金融制裁项下的"次级制裁",借助长臂管辖手段,次级制裁严重扰乱了国家之间的商贸往来活动,并且"更容易被执行,更难以被规避"。②

近些年随着美国对华遏制围堵政策的升级,中国企业、公民和其他组织在出口管制和经济制裁等方面开始越来越多地遭遇到美国的执法调查以及行政处罚。有数据显示,自 2010—2019 年,美国法院受理的有关中国"长臂管辖"案件共有 323 件,是 2000—2009 年案件数量的 3.5 倍,③尤其是近年来中美之间贸易摩擦、科技博弈加剧,从"中兴案"④"孟晚舟案"⑤到"华为被列入实体清单",⑥美国频繁运用"长臂管辖权"打击和处罚我国重点企业以及人员,给我国造成了巨大的经济损失。另外,"一带一路"沿线不少国家也遭遇美国经济制裁,给我国企业对外交易带来了风险。如何有效应对美国法的不正当域外适用已迫在眉睫。

面对美国这种不断扩张其司法管辖权的行为,一些受影响的国家尝试利用各种途径进行反制,例如寻求美国国内法的救济、⑦诉诸国际争端解决

---

① [法]弗雷德里克·皮耶鲁齐、马修·阿伦:《美国陷阱》,法意译,中信出版社 2019 年版;[法]阿里·拉伊迪:《隐秘战争》,法意译,中信出版社 2019 年版。

② [美]加利·克莱德·霍夫鲍尔等:《反思经济制裁》,杜涛译,上海人民出版社 2019 年版,第 52 页。

③ 肖永平:《"长臂管辖权"的法理分析与对策研究》,《中国法学》2019 年第 6 期,第 47 页。

④ 2018 年 4 月 16 日,美国商务部宣布对中兴通讯公司执行为期 7 年的出口禁令。http://www.xinhuanet.com/fortune/2018-04/17/c_1122697522.htm,最后访问时间:2021 年 5 月 13 日。

⑤ 2018 年 12 月 6 日,因华为涉嫌违反美国对伊朗的出口禁令,华为副董事长孟晚舟在加拿大被捕。"任正非之女孟晚舟加拿大被捕　美国此前多次抵制华为",http://finance.sina.com.cn/roll/2018-12-06/doc-ihprknvt3319225.shtml,最后访问时间:2021 年 5 月 13 日。

⑥ 2019 年 5 月 16 日,美国商务部宣布将华为及 70 个附属公司增列入出口管制的"实体清单"。https://m.21jingji.com/article/20190516/herald/cac02514d83f94639156f4e52058450a.html,最后访问时间:2021 年 5 月 13 日。

⑦ 小米公司于美东时间 2021 年 1 月 29 日在哥伦比亚特区法院起诉美国国防部和美国财政部,5 月 11 日美国政府与小米公司和解,并将小米公司移出军事清单。"小米与美国防部达成诉讼和解,移出军事清单",https://finance.sina.com.cn/tech/2021-05-12/doc-ikmxzfmm1984645.shtml,最后访问时间:2021 年 5 月 13 日。

机制、①打造独立于美国的国际支付清算体系、②本国立法进行反制,阻断办法的出台便是本国立法的典型代表。

实际上,早在 1996 年欧盟便发布了第 2271/96 条例③以反制美国单边制裁,2018 年美国宣布退出伊核协议并重启针对伊朗的制裁后,欧盟随即在当年又对《阻断法案》进行了最新修订。④ 从法条内容上看,2021 年我国出台的《阻断办法》主要借鉴了欧盟《阻断法案》,因此研究欧盟阻断法尤其是其立法与适用,对于我国如何完善《阻断办法》具有重要的参考意义。

中国《阻断办法》与欧盟《阻断法案》相比具有哪些异同点? 这两者背后差异形成的原因是什么? 欧盟《阻断法》在司法实践中的应用情况如何? 我国应该如何结合自身实践进一步完善阻断办法,更好地保护我国的合法权益? 本章通过对比我国《阻断办法》与欧盟《阻断法》条文以及在司法实践中的具体应用案例,探讨我国《阻断办法》存在的问题以及需要改进之处。

二、文献综述

目前关于阻断法的研究主要以国外为主,国内较少,且主要集中在近几年,这主要跟近些年中国综合国力增强、国际地位提升以及美国对华遏制围堵政策升级有关,美国经济制裁及"长臂管辖"问题进入了学者们的视野。肖永平、⑤李庆明、⑥杨永红⑦等学者在重点分析美国域外管辖权以及次级制裁的时候,顺带提及了国外阻断法的主要措施,并一致认为我国立法时要注意避免将我国当事人置于两难境地,他们对阻断立法采取积极态度,但霍政欣、⑧

① 例如 1996 年欧共体诉美国《赫尔姆斯-伯顿法》,WT/DS38/6.
② 例如俄罗斯的金融信息交换系统建设、欧盟的"贸易往来支持工具"等。王永利:"准确看待国际收付清算体系",https://finance.sina.com.cn/review/jcgc/2021-03-30/doc-ikkntian1616045.shtml,最后访问时间:2021 年 5 月 29 日。
③ Council Regulation (EC) No 2271/96 of 22 November 1996.
④ Commission Delegated Regulation (EU) 2018/1100.
⑤ 肖永平:《"长臂管辖权"的法理分析与对策研究》,《中国法学》2019 年第 6 期,第 62 页。
⑥ 李庆明:《论美国域外管辖:概念、实践及中国因应》,《国际法研究》2019 年第 3 期,第 22 页。
⑦ 杨永红:《次级制裁及其反制——由美国次级制裁的立法与实践展开》,《法商研究》2019 年第 3 期,第 176 页。
⑧ 霍政欣:《国内法的域外效力:美国机制、学理解构与中国路径》,《政法论坛》2020 年第 2 期,第 187 页。

廖诗评、①李寿平②等则认为应谨慎、理性地制定阻断法,并分析了阻断立法的弊端和不利影响。刘建伟分析认为阻断立法可能对中小型企业起到保护作用,不过很难保护大型企业,因为大型企业很难绕开美国。③ 沈伟认为"不可靠实体清单与阻断办法构成了中美贸易摩擦中法律战的代表,两者结合构成了保护境内实体在国际经贸活动中的供应链系统"。④ 廖凡认为阻断法存在固有局限,我国颁布的《阻断办法》还需要进一步细化。⑤ 叶研评述了欧盟《阻断法案》的影响和不足,提出我国应建立五个层次的应对美国对外经济制裁的国家体系,阻断法是其中最重要的一环。⑥ 何波认为我国目前在有关法律中规定了部分阻断性条款,但存在诸多不足,应该加快建立完善阻断法律制度。⑦ 李凤宁专门研究了法国阻断法的特点以及核心制度,认为法国的最新应对方案具有一定的借鉴意义。⑧ 杜涛梳理了英国、加拿大、澳大利亚和欧盟等国应对美国域外经济制裁的对抗措施,并认为欧盟发生了政策转变,这种转变将给整个国际法和其他国家的实践带来重要影响。⑨ 廖诗评运用文义解释的方法分析了我国《阻断办法》的属事适用范围。⑩ 佟欣秋专门从反垄断法角度建议我国制定阻止外国反垄断法域外管辖权的"阻挡立法"。⑪ 孙才华认为欧盟阻断法为欧盟企业遵守美国经济制裁法律法规留下了"活口",除了申请豁免之外,还可以基于其他理由拒绝开

① 廖诗评:《国内法域外适用及其应对——以美国法域外适用措施为例》,《环球法律评论》2019年第3期,第176页。
② 李寿平:《次级制裁的国际法审视及中国的应对》,《政法论坛》2020年第5期,第66页。
③ 刘建伟:《美国次级经济制裁:发展趋势与常用对策》,《国际经济评论》2020年第3期,第154页。
④ 沈伟:《中美贸易摩擦中的法律战——从不可靠实体清单制度到阻断办法》,《比较法研究》2021年第1期,第20页。
⑤ 廖凡:《比较视角下的不可靠实体清单制度》,《比较法研究》2021年第1期,第12—13页。
⑥ 叶研:《欧盟〈阻断法案〉述评与启示》,《太平洋学报》2020年第3期。
⑦ 何波:《欧盟阻断法令情况及对中国的启示》,《国际贸易》2019年第10期。
⑧ 李凤宁:《国内法域外适用的反制急先锋——法国阻断法研究及启示》,《国际经济法学刊》2020年第3期。
⑨ 杜涛:《国际经济制裁法律问题研究》,法律出版社2015年版,第179页。
⑩ 廖诗评:《〈阻断外国法律与措施不当域外适用办法〉的属事适用范围》,《国际法研究》2021年第2期。
⑪ 佟欣秋:《基于国家主权的反垄断法域外管辖权的实现机制》,《大连海事大学学报(社会科学版)》2010年第4期,第63页。

展伊朗业务,因此能否取得预期效果有待观察。[1]

　　国外对阻断法的研究虽然开始较早,但尚无关于阻断法的专著。哈里·L.克拉克介绍了欧盟、加拿大等针对美国《赫尔姆斯-伯顿法》的反制措施,并分析认为跨国公司面临最大的法律问题便是两国之间的法律冲突。[2]戴维·布鲁尔分析了国际礼让学说在外国阻断法适用中的问题。[3] 黛博拉·森兹和希拉里·查尔斯沃恩介绍了澳大利亚制定阻断法的历史,并结合欧盟阻断法经验提出了应扩大追索对象和禁令范围、增加报告义务等建议。[4] 横沟大认为衡量阻断法效果的标准有三:依据阻断法作出赔偿判决的可能性、可执行性以及对美国法院审判的影响。[5] 松下满雄还将日本与欧盟的阻断法规进行了对比研究,认为日本出台的《损害赔偿追偿法》是首次对违背 WTO 协议义务的外国法律进行反制,虽然作用有限,但积累了宝贵的经验。[6] 苏珊·埃米内格尔分析了美国境外银行向其他被制裁实体提供银行服务而遭到处罚的国际法问题,认为美国应保持克制,不应肆意扩张其司法管辖权。[7] 尤尔根·巴塞多认为阻断法只是一种政治手段而非法律手段,主要原因有二:一是企业对于阻断法提供的保护并不感兴趣;二是阻断法具有很大的不确定性。[8] 克恩·亚历山大分析了加拿大、欧盟等的阻

---

[1] 孙才华:《美国经济制裁风险防范:实务指南与案例分析》,人民日报出版社 2020 年版,第 284 页。

[2] Harry L. Clark. Dealing with U. S. Extraterritorial Sanctions and Foreign Countermeasures. *University of Pennsylvania Journal of International Economic Law*, 1999, Vol. 20, No. 1, pp.61 – 96.

[3] David Brewer. Obtaining Discovery Abroad: The Utility of the Comity Analysis in Determining Whether to Order Production of Documents Protected by Foreign Blocking Statutes. *Houston Journal of International Law*, 2000, Vol.22, No.3.

[4] Deborah Senz and Hilary Charlesworth. Building Blocks: Australia's Response to Foreign Extraterritorial Legislation. *Melbourne Journal of International Law*, 2001, Vol.2, No.1, pp.69 – 121.

[5] Dai Yokomizo. Japanese Blocking Statute against the U.S. Anti-Dumping Act of 1916. *Japanese Annual of International Law*, 2006, Vol.49, pp.50 – 51.

[6] Mitsuo Matsushita and Aya Iino. The Blocking Legislation as a Countermeasure to the US Anti-Dumping Act of 1916: A Comparative Analysis of the EC and Japanese Damage Recovery Legislation. *Journal of World Trade*, 2006, Volume 40, Issue 4.

[7] Susan Emmenegger. Extraterritorial Economic Sanctions and Their Foundation in International Law. *Arizona Journal of International and Comparative Law*, 2016, Vol.33, No.3, p.659.

[8] Jürgen Basedow. *The Law of Open Societies Private Ordering and Public Regulation in the Conflict of Laws*. Nijhoff, 2015, pp.394 – 395.

断法,认为阻断法是有效的,给予美国法院一定的压力。[1] 米根·詹尼森认为欧盟阻断法效果不理想的原因在于缺乏可靠的执行机制,并且各成员国需要协调一致推动阻断法真正落实。[2] M. J. 霍达认为阻断法规为外国反制美国的域外管辖提供了机会,并提出各国对待阻断法规的态度是美国法院是否采信当事人抗辩的重要考量因素。[3] 杰内夫拉·福伍德简要分析了欧盟 2018 年更新其阻断法案只会将欧盟的企业置于两难境地,实际效果有待观察。[4] 贾尼·潘迪的观点相反,他认为欧盟可能会推动法案实施,将对欧盟的企业带来合规方面的挑战。[5] 托马斯·鲁赫特[6]和维维安·格罗斯瓦尔德·科伦[7]等则专门分析了跨境调查取证与国外阻断法规的关系。

综上,国内外学者对阻断法律制度的研究角度不一,以国外为主,但综合研究较少,大多在论及美国次级制裁及"长臂管辖"时提到。由于我国刚刚出台《阻断办法》,且立法较为简约,因此对比国外阻断法的典型代表——欧盟《阻断法案》进行研究,并结合其具体司法应用案例,可以为我国《阻断办法》的完善提供有益的借鉴。

---

① Kern Alexander. *Economic Sanctions: Law and Public Policy*. Palgrave macmillan, 2009, pp.224 - 257.

② Meaghan Jennison. The More Things Change, the More They Stay the Same: The United States, Trade Sanctions, and International Blocking Acts. *Catholic University Law Review*, 2020, Vol.69, Issue 1.

③ M.J. Hoda. The Aérospatiale Dilemma: Why U.S. Courts Ignore Blocking Statutes and What Foreign States Can Do About It. *California Law Review*, 2018, Vol.106.

④ Genevra Forwood, Sara Nordin and Charlotte Van Haute. The Reincarnation of the EU Blocking Regulation: Putting European Companies Between a Rock and a Hard Place. *Global Trade and Customs Journal*, 2018, Volume 13, Issue 11/12.

⑤ Giani Pandey, Davide Rovetta and Agnieszka Smiatacz. Don't Wake up the (EU) Bear! The Scope of the EU Blocking Regulation 2271/96 in Light of the Recent Preliminary Ruling Reference in Bank Melli V. Telekom Deutschland Case, C-124/20. *Global Trade and Customs Journal*, 2021, Volume 16, Issue 2.

⑥ Thomas Rouhette and Ela Barda. The French Blocking Statute and Cross-Border Discovery. *Defense Counsel Journal*, 2017.

⑦ Vivian Grosswald Curran. United States Discovery and Foreign Blocking Statutes. *Louisiana Law Review*, 2016, Vol.76, No.4.

第二节　阻断法的发展概况

一、阻断法的产生背景

（一）阻断法的概念

外国学者普遍将阻断法表述为 blocking statutes，还有 blocking legislation，然而目前对于阻断法却并没有特定明确统一的法律定义，我国也有称作"阻却法""障碍立法"等。

《布莱克法律词典》（2019 年版）将"阻断法"解释为"禁止披露可能被作为外国行政或诉讼证据的经济、商业、工业或金融信息，并且受条约、国际协定和准据法的约束"。[①] 1987 年美国法院在"国家航天工业公司案"中首次对阻断法进行解释，并指出"尽管外国阻断法排除了证据开示权利，但并不剥夺美国法院指令其有管辖权的一方出示证据，即使这样可能违反外国的阻断法"，[②]可见"阻断法"一开始应用于诉讼程序中。后来随着美国经济制裁及域外管辖权的扩大，阻断法已不仅局限于取证程序。

《马克斯·普朗克国际公法百科全书》对"阻断法"的定义为："针对他国非法行使域外管辖权的反制措施，试图通过禁止遵守域外立法来阻止其发挥效力，一般采取禁止执行有关判决、禁止配合外国法院有关诉讼程序或可因域外执行遭受损害提起索赔等措施"。[③] 这个定义也比较符合当前国内外学者对于阻断法的理解。本质上，阻断法是一种冲突法，是为了解决管辖

[①] Black's Law Dictionary（11th ed. 2019），https://1. next. westlaw. com/Link/Document/FullText? findType ＝ Y&pubNum ＝ 223765&cite ＝ BLACKS11THS26230&originatingDoc ＝ Ife43c4e9808411e4b391a0bc737b01f9&refType ＝ DA&originationContext ＝ document&transitionType ＝ DocumentItem&contextData ＝（sc. Search）# co_pp_sp_223765_statute，最后访问时间：2021 年 2 月 18 日。

[②] Nationale Industrielle Aerospatiale v. United States District Court，482 U.S. 522（1987）.

[③] Menno T Kamminga，Max Planck Encyclopedias of International Law，http://iras. lib. whu. edu. cn：8080/rwt/OXFORD_PUBLIC/https/N7ZGT5BPN74YA5DBP6YGG55N/view/10. 1093/law：epil/9780199231690/law-9780199231690-e1040? rskey ＝ SnIEMw&result ＝ 1&prd ＝ MPIL，最后访问时间：2021 年 2 月 18 日。

冲突问题,一国禁止具有不当域外管辖效力的外国法律在本国适用,这是狭义上的"阻断法",而广义上的"阻断法"还包括"在效果上能阻断外国法律在本国适用,例如保密法、个人隐私法等"。① 因此,有学者提出,阻断法主要应用于美国证据开示和次级制裁两种语境下。② 本书所讨论的阻断法是应对次级制裁语境下的阻断法。一般而言,司法类的阻断法受政治影响较小,而制裁类阻断法受政治影响较大。

(二)阻断法的产生原因

阻断法的由来与美国的经济制裁手段密不可分,最早可追溯到 1917 年美国通过的《敌对贸易法》(Trade with the Enemy Act,TWEA),这为美国根据自身利益和立场来限制国际贸易奠定了基础。③ 1996 年《古巴自由与民主团结法案》(《赫尔姆斯-伯顿法》)被表决通过,法案不仅针对美国的个人和企业,而且适用于美国境外的个人与企业,④美国借此扩大了实施制裁的主体范围,这种集体制裁往往比美国单边制裁效果更为明显,威慑力更强。⑤ 实际上,禁运或经济制裁手段早在《联合国宪章》中便有相关规定,因此并不新鲜,但一国制裁的域外适用却是美国首创。⑥ 曾有美国路易斯安那州共和党代表鲍勃·利文斯顿一针见血地指出:"众多跨国公司必须做出一个基本的选择,要么无视美国公民的财产权,维持与卡斯特罗的往来,要么远离全球最大的市场(美国)"。⑦ 紧随其后,美国国会又通过了《伊朗与利比亚制裁法》(《达马托-肯尼迪法》),将打击目标指向伊朗和利比亚。任何违反美国禁运令的企业或个人都将被美国财政部海外资产控制办公室列入黑名单,违者将面临巨额罚款甚至刑事处罚。凭借经济和科技优势,美国

① 叶研:《欧盟〈阻断法案〉述评与启示》,《太平洋学报》2020 年第 3 期,第 53 页。
② 徐伟功:《论次级经济制裁之阻断立法》,《法商研究》2021 年第 2 期,第 188 页。
③ Meaghan Jennison. The More Things Change, the More They Stay the Same: The United States, Trade Sanctions and International Blocking Acts. *Catholic University Law Review*, 2020, Vol.69, Issue 1, p.165.
④ 例如《古巴自由与民主团结法案》第 4 条:"禁止与参与古巴革命财产有关交易活动有关联的外国人进入美国。"
⑤ 杨永红:《次级制裁及其反制——由美国次级制裁的立法与实践展开》,《法商研究》2019 年第 3 期,第 164 页。
⑥ Dr. Farshad Ghodoosi. The Trump Effect: Assertive Foreign Policy through Extraterritorial Application of Laws. *The George Washington International Law Review*, 2019, Vol.51, p.664.
⑦ [法]阿里·拉伊迪:《隐秘战争》,法意译,中信出版社 2019 年版,第 26 页。

将自己的经济制裁行为强加给第三国,强迫第三国"站队"。强世功将美国的这种经济制裁形容为新型的宗教裁判,其长臂管辖将全球商业主体都纳入美国的管辖范围。①

2012 年,美国《国防授权法案》首次将"次级制裁"定义为"即使没有美国连接点,但只要非美国实体存在违反美国贸易制裁措施的重大交易,美国便可对其进行制裁"。② 美国通过实施次级制裁对非美国企业和个人施加压力来影响相关主体的商业选择,进而强化其制裁手段的威力。美国的这种行为实际上是一种美国法的域外管辖,是"美国行政机关和司法机关将美国法适用于域外的人和事",③这是一种广义上的"长臂管辖",而我国一直以来将"长臂管辖"等同于"域外管辖"。例如我国 2018 年公布的《关于中美经贸摩擦的事实与中方立场》对"长臂管辖"的定义是:"依托国内法规的触角延伸到境外,管辖境外实体的做法,涵盖了民事侵权、金融投资、反垄断、出口管制、网络安全等众多领域,并在国际事务中动辄要求其他国家的实体或个人必须服从美国国内法,否则随时可能遭到美国的民事、刑事、贸易等制裁"。④ 可见我国对"长臂管辖"采取广义理解,"中国语境下的长臂管辖实质上是一种域外管辖权"。⑤ 美国的域外管辖涵盖金融、侵权、反垄断、出口管制、网络安全等诸多领域,这种域外管辖权不仅为美国的经济制裁提供了理论基础,而且因为制裁的实施带来了实际执法效力。尤其是近些年美国法的域外管辖呈现明显扩张态势,许多做法不仅有违国际法基本原理,⑥而且给各国造成了巨大经济损失。

在这种背景下,为了对抗他国法律的域外管辖,受影响国家通常在其管辖范围内采取各种行为,例如拒绝引渡个人、不承认外国的司法、立法和行

---

① 强世功:《帝国的司法长臂——美国经济霸权的法律支撑》,《文化纵横》2019 年第 4 期,第 93 页。
② The National Defense Authorization Act for Fiscal Year 2012.
③ 李庆明:《论美国域外管辖:概念、实践及中国因应》,《国际法研究》2019 年第 3 期,第 4—8 页。
④ "关于中美经贸摩擦的事实与中方立场",http://www.gov.cn/zhengce/2018-09/24/content_5324957.htm#4,最后访问时间:2021 年 3 月 18 日。
⑤ 肖永平:《"长臂管辖权"的法理分析与对策研究》,《中国法学》2019 年第 6 期,第 40 页。
⑥ 廖博宇、凌冰尧等学者专门结合联合国安理会决议、《联合国宪章》等国际法基本原理进行了分析。

政决定,以及颁布阻断法等。① 阻断法的核心是阻止本国人遵守他国的此类法律。阻断法最早被应用在反托拉斯领域,1945—1982 年共有超过 20 个国家制定了具有阻断效力的应对美国反托拉斯法域外适用的法律规范,并且随着国际经济制裁的大量出现又逐渐扩展开来。②

二、阻断法的制定情况

(一) 各国阻断法的制定情况

颇具讽刺意味的是,美国是阻断法的始作俑者。为了避免阿拉伯国家对以色列的制裁波及美国,影响美国利益,1977 年美国通过的《出口管理法修正案》规定了"阻断条款",禁止任何美国企业以及个人遵守阿拉伯国家的制裁法令,违者将被处罚。③ 后来其他国家为了应对美国的不当经济制裁,也出台了类似的阻断法案,例如法国、英国、加拿大、欧盟、日本、墨西哥等都出台过相应的国内法规进行对抗,最早的当属法国,并且使用也较为频繁,因此有人称法国为"国内法域外适用的反制急先锋"。④

不过真正立法较为成熟、取得一定效果并且具有示范意义的还是欧盟。欧盟于 1996 年制定的"针对第三方国家制定的具备域外适用效力的法律,以及基于、源自此种法律行为的保护性条例"(《阻断法案》),成为各国制定反制他国法律与措施不正当域外适用法律的样板,我国出台的《阻断办法》也在很多方面参考了欧盟的制度设计。

根据有关学者的梳理,世界各国制定阻断法的时间大多集中在 1980—2000 年。我国出台阻断法之前有将近 20 年的时间,阻断法一直处于休眠状态,⑤这在很大程度上与国际形势的发展有关,说明制裁类阻断法受政治影响很大。近几年,我国有关企业和个人频受美国制裁,遭遇重大经济损

---

① Seyed Yaser Ziaee. Jurisdictional Countermeasures versus Extraterritoriality in International Law. *Russian Law Journal*, 2016, Vol.4, Issue 4, p.29.

② Deepa Rishikesh. Extraterritoriality versus Sovereignty in International Antitrust Jurisdiction. *World Competition*, 1990, Volume 14, Issue 3, p.40.

③ 杜涛:《国际经济制裁法律问题研究》,法律出版社 2015 年版,第 141 页。

④ 李凤宁:《国内法域外适用的反制急先锋——法国阻断法研究及启示》,《国际经济法学刊》2020 年第 3 期,第 97 页。

⑤ 杨佳茵:"商务部《阻断办法》解读与'国际阻断立法'比较研究",https://mp.weixin.qq.com/s/oY2t1ALUuUOMgANVB5o8fg,最后访问时间:2021 年 4 月 24 日。

失,不少专家学者和实务人士也适时地提出我国应尽早制定阻断法。

通过比较各国制定的阻断法,可以发现其核心条款一般有 4 条:①"阻止条款",即禁止本国企业或个人遵守他国具有非法域外效力的法律,违者将被给予处罚;②"报告条款",即受到他国具有非法域外效力法律影响的本国企业或个人应当向本国相关机构报告;③"拒绝承认或执行条款",即外国法院依据他国具有非法域外效力的法律做出的判决不得在本国范围内被承认和执行;④"补偿条款",即因他国具有非法域外效力的法律遭受损失的本国企业和个人可以在本国提起反诉,获得经济补偿。

(二) 欧盟《阻断法》概况

为了应对美国针对古巴、伊朗、利比亚的经济制裁,欧盟于 1996 年 11 月 22 日通过了针对第三方国家制定的具备域外适用效力的法律,以及基于、源自此种法律行为的保护性条例,即《阻断法案》。

欧盟《阻断法案》将美国的《赫尔姆斯-伯顿法》和《达马托-肯尼迪法》都列入了禁令范围,但又不限于这两部。《阻断法案》在开头部分便清晰表达了对美国不正当行使域外管辖权的批评态度,提出这种做法"不仅违反了国际法,而且影响了欧盟及其成员国的利益"。[①]

除了颁布阻断法,欧盟还向世界贸易组织正式起诉美国,要求就《赫尔姆斯-伯顿法》做出裁决。1997 和 1998 年,欧盟与美国分别达成了两份备忘录,双方相互让步,暂时缓解了矛盾,欧盟获得了一定的豁免权,美国则通过与欧盟和解避免了在 WTO 的诉讼问题。因此,在之后很长一段时间内,欧盟对美国域外经济制裁保持沉默态度,其颁布的《阻断法案》一直处于存而不用的状态,并未得到真正有效实施。

直到 2018 年 5 月 8 日,美国宣布退出《伊核协议》,并分两阶段重启《关于伊朗核计划的全面协议》(Joint Comprehensive Plan of Action,JCPOA)执行期间搁置或取消的与伊朗有关的次级制裁,开始全面制裁伊朗,这给欧盟相关企业带来重大的不利经济影响。于是欧盟于 2018 年 8 月 6 日重新启用《阻断法案》,并扩大了予以"阻断"的具体外国法律,这些"禁令"基本上都与美国对伊朗的制裁有关,属于美国颁布的法律法规。由于《阻断法案》

---

① Council Regulation (EC) No 2271/96 of 22 November 1996.

的规定比较简单,不具有可操作性,因此欧盟同时还颁布了《实施条例》和《官方指南》,对有关问题予以细化,为欧盟《阻断法案》的实施和运行起到了辅助作用。

《实施条例》在开头部分便明确了旨在制定适用《阻断法案》第 5 条第 2 款("豁免制度")的标准,欧盟单独针对"豁免制度"的实施颁布条例实际上反映了欧盟对企业利益保护的重视,希望引导有关企业合理利用豁免制度规避法律风险。《实施条例》共有 7 条,对企业申请豁免的具体事项进行了较为详细的规定,包括提交申请的程序、申请评估的标准、申请结果的通知、有关数据信息的保护等。[1]

欧盟《官方指南》对外界最为关注的《阻断法案》实施的基本问题进行了回答,这在某种程度上有点类似我国新法颁布后的"答记者问"。《官方指南》有 4 部分,分为"一般规定""救济制度""豁免制度"和"其他",共 23 个问题。[2] 虽然有的回答避重就轻,例如针对"美国政府能否成为被告"这一问题的回应含糊其词,但从整体上看仍然让外界对《阻断法案》的立法宗旨和主要内容有了清晰认识,也传达了欧盟推动实施该法案的决心。

除了颁布《阻断法案》外,2019 年,欧盟主要成员国还创设了绕开美元支付系统的"贸易往来支持工具"(INSTEX),希望能摆脱美国的次级制裁,打破美国目前以美元结算为根本途径的国际金融体系垄断地位,为欧盟和伊朗之间的合法贸易提供便利,[3]但直到 2020 年 3 月,该机制才完成了第一笔交易。[4]

三、阻断法的法律定位与立法精神

(一) 阻断法的法律定位

阻断法在本质上是一种冲突法,是为了解决管辖冲突问题,一国禁止具有不当域外管辖效力的外国法律在本国适用。但是,这个定位仍过于笼统,在具体分析我国阻断办法之前,有必要探讨阻断法的法律定位,进一步明确

---

[1] Commission Implementing Regulation (EU) 2018/1101.

[2] Guidance Note Questions and Answers: adoption of update of the Blocking Statute (2018/C 277 I/03).

[3] 孙才华:《美国经济制裁风险防范:实务指南与案例分析》,人民日报出版社 2020 年版,第 33 页。

[4] 陶短房:"第一笔动摇美元霸权的交易,德国和伊朗悄悄地完成了",https://www.bjnews.com.cn/detail/158649157515685.html,最后访问时间:2021 年 5 月 14 日。

其法律地位及与其他有关法律法规的关系,这有助于从宏观上更好地把握阻断法的意义与作用。

在法律层级上,欧盟《阻断法案》属于条例(regulation)。根据《欧盟运行条约》第 288 条的规定,条例对所有成员国具有约束力,可以直接适用于成员国,各成员国须无条件执行。[①] 可见,欧盟《阻断法案》的立法层级很高,各成员国皆须执行。关于立法依据,欧盟《阻断法案》开篇便进行了罗列,主要依据《建立欧洲共同体条约》第 73c、113 和 235 条,[②]这些条文为欧盟《阻断法案》提供了赋权作用,奠定了立法基础。

我国《阻断办法》在立法层级上属于商务部的部门规章,更高层级的还有国务院的行政法规及全国人大及其常委会制定的法律。立法依据在第 1 条表述为"根据《中华人民共和国国家安全法》等有关法律,制定本办法",并未像欧盟《阻断法案》列出具体的条款,这跟此前出台的《不可靠实体清单规定》第 1 条类似,"根据《中华人民共和国对外贸易法》《中华人民共和国国家安全法》等有关法律,制定本规定"。

《中华人民共和国国家安全法》于 2015 年重新修订,其中与《阻断办法》关联较大的是第 33 和 39 条。第 33 条规定:"国家依法采取必要措施,保护海外中国公民、组织和机构的安全和正当权益,保护国家的海外利益不受威胁和侵害",这也是《阻断办法》的立法目的。近些年,随着经济全球化的进一步发展,中国公民、企业甚至国家在海外的利益越来越大,遭受侵犯的风险也越来越高,切实维护我国的海外利益刻不容缓。第 39 条规定:"中央国家机关各部门按照职责分工,贯彻执行国家安全方针政策和法律法规,管理指导本系统、本领域国家安全工作"。该条赋予了商务部颁布《阻断办法》维护我国公民、企业及国家利益的权力。

除此之外,笔者认为《涉外民事法律关系适用法》第 4[③] 和 5 条[④]也与《阻断办法》关系密切,这两条规定了外国法的适用不得损害我国的社会公

---

① Treaty on the Functioning of the European Union, TFEU, 2010/C/ 83/01.

② Council Regulation (EC) No 2271/96 of 22 November 1996.

③ 《涉外民事关系法律适用法》第 4 条:"中华人民共和国法律对涉外民事关系有强制性规定的,直接适用该强制性规定"。

④ 《涉外民事关系法律适用法》第 5 条:"外国法律的适用将损害中华人民共和国社会公共利益的,适用中华人民共和国法律"。

共利益,应该直接适用我国的有关强制性规定,其立法意图与《阻断办法》一致。不过目前可能存在适用的困境在于,《阻断办法》在法律层级上属于部门规章,难以被认定为"强制性规定",理由是在 2012 年颁布的《最高人民法院关于适用〈中华人民共和国涉外民事关系法律适用法〉若干问题的解释(一)》第 10 条中,最高人民法院认为可以构成"强制性规定"的仅为"法律、行政法规",不包括部门规章,因此在未来很有可能会进一步提升阻断法的法律层级,以实现各法律法规之间的协调与配合。

为了应对美国日益扩张的长臂管辖与次级制裁,我国先后出台了《不可靠实体清单规定》《出口管制法》和《阻断办法》等一系列法律法规,我国应对外国滥用经济制裁的法律制度框架基本成型。这三部法律法规定位不同、各有侧重、互相补充,详见表 8-1。

表 8-1　《不可靠实体清单规定》《出口管制法》和
《阻断办法》简要对比

内容	《不可靠实体清单》	《出口管制法》	《阻断办法》
颁布时间	2020 年 9 月 19 日	2020 年 10 月 17 日	2021 年 1 月 9 日
法律层级	商务部部门规章	法律	商务部部门规章
本质	反制外国歧视性出口管制政策和外国企业断供封锁	对货物、技术、服务等物项的出口、再出口和转让的管制	反制外国具有不正当域外管辖效力法律法规
运作逻辑	让外国实体"选边站"	对出口经营者的经营范围和对象做出规制	让本国实体"选边站"

在法律层级上,《出口管制法》属于法律,其他两部都是部门规章。不可靠实体清单制度与阻断办法本质上属于一种反制措施,前者是对外国歧视性出口管制政策的反制,促使外国实体遵守基本商业伦理和契约精神;后者是对外国具有不正当域外管辖效力法律法规的反制,要求本国主体在中国法与外国法之间"选边"。《出口管制法》则通过对货物、技术、服务等物项的出口、再出口和转让的管制手段,可以与不可靠实体清单相结合,对有关货物、技术、服务采取限制和禁止措施,会增加相关企业的经济成本,起到战略

威慑效果，从这个意义上说，"不可靠实体清单制度和阻断办法主要扮演'盾'的角色，《出口管制法》还兼具'矛'的色彩"。[①]

《阻断办法》第 4 条规定了该办法的实施由"工作机制"负责，该机制"由国务院商务主管部门牵头，具体事宜由国务院商务主管部门、发展改革部门会同其他有关部门负责"，这一表述与"不可靠实体清单"中的规定[②]非常接近，但其具体构成等仍不明确。在《中华人民共和国国家安全法》第 45、48条中也提到，要建立"重点领域工作协调机制""跨部门会商工作机制"，统筹协调中央有关职能部门推进相关工作，但一般而言统筹协调工作涉及很多部门的配合，需要较高层级的立法来推动。目前的《阻断办法》仅为部门规章，可在未来考虑进行阻断立法，在更高层级上调配有关部门和资源。

（二）阻断法的立法精神

我国《阻断办法》共 16 条，却包含了非常丰富的内容，从立法目的、适用范围、工作机制、法律责任等方面规定了我国阻断法的基本制度框架。从具体条文来看，其中很多都是概括性的要求，只对一些基本的制度作出了规定，不少概念都需要进一步细化解释，这说明我国《阻断办法》从立法上更倾向于立法原则，而非具体的规则，这也与其他国家出台的阻断法相类似，比较简单粗略。

之所以采用偏向立法原则的方式，主要是出于灵活性考虑，笔者认为这与阻断法本身浓厚的政治色彩有关，采取概括性更强、包容性更高的方式更具有灵活性，不仅节约立法成本，而且方便对有关规定进行调整。欧盟《阻断法案》自从 1996 年颁布后长期处于休眠状态便说明欧盟当年出台《阻断法案》的立法目的也是如此，更多是为了以此为筹码与美国进行政治谈判。我国颁布《不可靠实体清单规定》及《阻断办法》的条文都非常简略，这说明我国有关部门也意识到仅通过这两部部门规章就解决次级制裁及"长臂管辖"问题是不可能、不现实的，出台规章只是一个开始，为反制次级制裁及"长臂管辖"提供了一个原则性的制度框架，其立法初衷更多是表明立场、宣示态度，并非要将目前的规章诉诸实施，就算实施也须进一步完善有关细

[①] 廖凡："构建应对滥用经济制裁的制度体系"，http://iolaw.cssn.cn/bwsf/202101/t20210112_5244300.shtml，最后访问时间：2021 年 3 月 31 日。

[②] 《不可靠实体清单规定》第 4 条："国家建立中央国家机关有关部门参加的工作机制，负责不可靠实体清单制度的组织实施。工作机制办公室设在国务院商务主管部门"。

则。从国际经验来看,许多国家在简略的阻断法之外又出台了配套的实施细则和注意事项等,我国也可以参考借鉴,在《阻断办法》的基础上结合国际形势的发展颁布有关实施指南,增强《阻断办法》的可操作性。

关于立法目的,次级制裁语境下的阻断法自然是为了反制外国的次级制裁。具体而言,欧盟《阻断法案》在"序言"中表述为"促进国际贸易发展、减少国际贸易阻碍、促进资本流动",[1]并表示这与欧盟成立的目标相符。我国《阻断办法》第1条也表明了立法意图:"维护国家主权、安全、发展利益,保护中国公民、法人或者其他组织的合法权益",反映了有关部门对保护我国公民及企业合法权益问题的重视。韩立余提到三个主要考虑,即"捍卫国家利益、避免或减轻对我企业产生的不利影响、维护正常的国际经贸秩序"。[2] 从根本上讲,《阻断办法》是为了否认和抵消外国相关法律及措施的域外适用效力,保护本国公民及法人的利益。

早在20世纪80年代,便有学者反思过美国法律在域外适用的违法性和不正当性,"越来越多出现的阻断法可能并不是反抗或报复的手段,而仅仅是法律真理的正式表达,这种正当性在治外法权问题的大量讨论中被消解,实际上任何一个主权国家都应该拥有选择自己经济体系的不可剥夺的主权。"[3]我国出台的《阻断办法》也是在向国内外表达我国抵制他国法律不正当域外管辖的明确立场,增强中国企业和个人正常对外交流的信心。

第三节　中国与欧盟《阻断法案》的立法比较及存在的问题

在商务部《阻断办法》出台之前,我国部分法律条文存在具有类似阻断

---

[1] Council Regulation (EC) No 2271/96 of 22 November 1996.

[2] 《保护正当合法权益　维护国际经贸秩序——权威专家就〈阻断外国法律与措施不当域外适用办法〉答记者问》,http://www.mofcom.gov.cn/article/ae/ai/202101/20210103029706.shtml,最后访问时间:2021年4月3日。

[3] A. V. Lowe, The Problems of Extraterritorial Jurisdiction: Economic Sovereignty and the Search for a Solution, *The International and Comparative Law Quarterly*, 1985, Vol.34, No. 4, p.746.

法效力的条款,例如《中华人民共和国国际刑事司法协助法》等,[①]但主要是在司法协助领域,且散见于不同的法律法规中,这些条款主要是为了保护国家主权安全或公共利益,具有极大的模糊性,针对性较差,因此难以在阻止外国法不当域外适用尤其是经济制裁等问题上发挥作用。

中美贸易战以来,美国频繁滥用次级制裁打击我国企业和个人,致使我国企业遭受了重大经济损失,中国面临如何保护海外利益的难题,从实务界到学术界一直都有希望尽快出台有关法律法规以应对美国不当应经济制裁的呼声。2019 年,中国出台了《不可靠实体清单规定》,2021 年又颁布了《阻断办法》,初步构筑起应对外国滥用经济制裁的法律框架体系。

一、中国与欧盟《阻断法案》的立法比较

(一) 中欧阻断法规则比较概况

中国《阻断办法》的主要条款在很大程度上借鉴了欧盟的《阻断法案》,除了包括前面提到的四项主要条款——"阻止条款""报告条款""拒绝承认或执行条款"和"补偿条款"以外,中国与欧盟阻断法又在某些具体问题上存在一定差异。

通过比较我国与欧盟阻断法的具体条款,可以发现两者都非常简略,欧盟《阻断法案》共 12 条,我国有 16 条,这与前文提到阻断法的立法精神偏向于法律原则而非规则有关,不同的是欧盟在颁布法案的同时还出台了《实施条例》和《官方指南》,对于一些重要的疑难问题做出了解释,增强了可操作性。我国目前仅出台了较为概括的《阻断办法》,后续可能会根据国际形势的发展以及现实情况的需要,模仿欧盟推出相应的实施细则。

从法条内容上看,我国《阻断办法》与欧盟高度相似,一些关键制度设计都如出一辙。表 8-2 梳理了中欧阻断法的规则。

---

① 《中华人民共和国国际刑事司法协助法》第 4 条:"非经中华人民共和国主管机关同意,外国机构、组织和个人不得在中华人民共和国境内进行本法规定的刑事诉讼活动,中华人民共和国境内的机构、组织和个人不得向外国提供证据材料和本法规定的协助"。

表8-2 中欧阻断法规则概况

内　容	欧　盟①	中　国
立法依据	《建立欧洲共同体条约》第73c、113和235条(序言)	《中华人民共和国国家安全法》等有关法律(第1条)
立法目的	促进国际贸易发展、减少国际贸易阻碍、促进资本流动(第1条)	维护国家主权、安全、发展利益,保护中国公民、法人或者其他组织的合法权益(第1条)
禁令范围	3部法案,1部条例(附件)	未明确,仅有评判标准(第2、6、15条)
适用对象	属人主义与属地主义(第11条)	属人主义(第2条)
信息报告	30天内报告(第2条)	30天内如实报告,否则承担行政责任(第5条)
保密条款	信息提供"符合目的性";分级保密(第3条)	须报告人提出保密要求(第5条)
阻断条款	禁止承认、执行、配合(第4、5条)	不得承认、执行、遵守(第7条)
豁免制度	程序要求;实质要求(第5、7、8条)	提交书面申请(第8条)
救济制度	索赔对象和管辖权(第6条)	"当事人";侵权之诉(第9条)
政府职责	各成员国联合行动,互相配合(第9、10条)	提供指导、服务、必要支持;采取反制措施(第3、4、10、11、12条)
法律责任	由各国制定,须有效、相称和具有威慑力(第9条)	未如实报告或不遵守禁令承担行政责任;国家工作人员的责任(第13、14条)
生效日期	官方发布之日起生效(第12条)	公布之日起施行(第16条)

从表8-2可见,中国和欧盟阻断法在主要制度设计方面都非常相似,说明我国阻断法的出台在很大程度上借鉴了欧盟经验,但我国阻断法在一些主要制度上又存在不同之处,例如"禁令范围""适用对象""阻断义务""报告义务""豁免制度"和"救济制度"等方面,详见表8-3。

---

① Council Regulation (EC) No.2271/96 of 22 November 1996.

表 8 - 3　中、欧阻断法主要制度对比

内　容	欧　盟	中　国
禁令范围	明确的禁令范围	未明确,仅有评判标准,由工作机制发布
适用对象	属人主义与属地主义,适用范围更广泛	属人主义,适用范围较狭窄
阻断义务	通过直接或间接方式主动或故意疏忽地违反	综合考虑评估因素
报告义务	未规定违法责任;信息提供"符合目的性",且分级保密	规定了行政责任;须报告人提出保密要求
豁免制度	"严重损害";申请程序	提交书面申请,包括"申请理由及范围"
救济制度	赔偿范围;索赔主体;强制执行	"当事人";侵权之诉

　　以上这些立法差异或是出于立法技术考虑,或是出于我国面临的特殊国内国际环境考虑,抑或是立法本身存在的漏洞,这些都值得我们去对比和分析。通过比较我国与欧盟阻断法的差异之处将有利于理解我国阻断法的立法精神,发现我国阻断法在立法上存在的漏洞,从而更好地完善阻断法。下文笔者将通过对比这些主要制度来分析存在的问题,并据此概括我国《阻断办法》存在的漏洞。

(二) 主要制度比较

1. 禁令范围

　　欧盟在 1996 年[①]与 2018 年[②]《阻断法案》中均对所要"阻断"的具体法律条文进行了罗列,这些法律都是有关美国对于古巴、伊朗和利比亚的制裁问题。除了列出具体的法律名称之外,欧盟还进行了具体分析,说明根据该部法案,欧盟需要采取的合规措施以及这样做可能给欧盟造成的利益损失。

[①] 1996 年共有 3 部法案、1 部条例,分别是:《1993 年国防授权法案》《1996 年古巴自由民主团结法》《1996 年伊朗—利比亚制裁法》和《古巴资产控制条例》。

[②] 2018 年共有 6 部法案、1 部条例,与 1996 年相比删去了《古巴资产控制条例》,增加了《2012 年伊朗自由与反扩散法》《2012 年国防授权法案》《2012 年伊朗威胁减少和叙利亚人权法案》和《伊朗交易和制裁条例》。

例如 1996 年欧盟《阻断法案》对列举的美国《1996 年古巴自由民主团结法》进行了分析："根据该法第一部分，如果遵守美国对古巴的经济和金融禁运政策，将会影响与古巴之间的货物贸易以及金融交易；根据第三和第四部分，如果终止与被古巴政权没收的美国财产有关的任何交易，可能导致欧盟企业或公民面临法律诉讼而遭受损失，有关当事人的配偶以及未成年子女等都将被美国拒绝入境"。① 欧盟不仅列出具体法律条文，而且给予了一定解释和论证，说明"阻断"的具体理由。值得注意的是，仅有被列出的相关部分才属于禁令范围，并不是整个外国的法律都要被禁止。换言之，欧盟的禁令只是禁止了非常有限的、对欧盟实体利益损害最大的这部分美国法律在欧盟适用，这表明欧盟是在有限范畴内维护自身利益，体现了欧盟阻断立法的抑制性。

　　我国《阻断办法》并未明确禁令范围，仅在第 2 和 6 条对要阻断的法律进行了概括说明以及评判标准，②从"不当"字眼可见我国《阻断办法》并非全盘否定外国法律的域外管辖，而是由商务部牵头的工作机制根据具体情况判断评估其是否"不当"，因此，中国政府具有一定的自由裁量权。不过也有学者认为，评估因素中的"违反国际法和国际关系基本准则"具有不确定性，因为国际法上的明确禁止比较少见，这会增加评估工作的难度。③ 关于"工作机制"，在中国《阻断办法》第 4 条进行了说明，"由国务院商务主管部门牵头，具体事宜由国务院商务主管部门、发展改革部门会同其他有关部门负责"，这一表述与"不可靠实体清单"的"工作机制"高度相似，因此在未来很可能进行合并，不过该条对于工作机制评估的启动条件、评估时间等问题均未规定。从总体上看，我国《阻断办法》对于禁令范围采取了动态管理手段，"既非概括加列举式，也没有指向特定或具体事项，而是一种高度概括的立法模式"，④可

① Council Regulation (EC) No.2271/96 of 22 November 1996.
② 第 2 和 6 条规定："违反国际法和国际关系基本准则""不当禁止或者限制中国公民、法人或者其他组织与第三国(地区)及其公民、法人或者其他组织进行正常的经贸及相关活动""对中国国家主权、安全、发展利益可能产生的影响"和"对中国公民、法人或者其他组织合法权益可能产生的影响"。
③ 廖凡："我国对外国法不当域外适用'亮剑'"，http://iolaw.cssn.cn/zxzp/202104/t20210401_5323454.shtml，最后访问时间：2021 年 5 月 25 日。
④ 廖诗评：《〈阻断外国法律与措施不当域外适用办法〉的属事适用范围》，《国际法研究》2021 年第 2 期，第 49 页。

以由有关部门根据情势发展进行增删,灵活性较强,赋予了有关部门较大的自由裁量权。这与世界上大多数国家的阻断立法类似,在规定阻断范围和对象时一般不会采取明确具体的罗列方式,而是采用针对不特定对象的概括性立法,这种立法方式覆盖面更广、包容性更强,也避免了本国因国际形势的时刻变化而对阻断法频繁进行修订,有利于维持阻断法的稳定性。

此外,中国《阻断办法》第 3 条明确了中国政府要履行国际条约、协定等国际义务;第 15 条规定了中国政府缔结的国际条约和协定不适用本办法。

2. 适用对象

欧盟《阻断法案》关于"适用对象"的规定体现在第 1 和 11 条以及《官方指南》第 21 条。第 1 条规定了适用情形为"欧盟与第三国之间的国际贸易等商业活动",第 11 条则直接规定了适用对象的身份要求。[①] 从适用对象的身份要求来看,欧盟主要采取了属人主义和属地主义,值得注意的是,最后一款"欧盟境内(包括其领海、领空以及成员国控制的航空器或船只)任何其他从事专业工作的自然人",说明欧盟《阻断法案》适用对象对自然人的要求比较广泛。另外关于母公司与分公司问题,在《官方指南》第 21 条进行了说明,判断标准为是否具有欧盟法下的独立法人资格,外国公司在欧盟的分支机构以及欧盟在美国的子公司无需遵守这一法案,而外国公司在欧盟成立的子公司则需要遵守,[②]这一规定也符合公司法的基本原理。

在适用情形上,我国《阻断办法》第 2 条也规定了"适用于不当禁止或者限制中国公民、法人或者其他组织与第三国(地区)及其公民、法人或者其他组织进行正常的经贸及相关活动的情形"。这一规定与欧盟《阻断法案》第 1 条规定的适用情形一样,主要针对次级制裁,并不包括一级制裁,韩立余在《阻断办法》颁布后答记者问时也持同样的观点。[③]

---

① ① 欧盟居民和成员国国民;② 在欧盟设立的法人;③《欧盟海运竞争法》第 1 条第 2 款所涵盖的自然人和法人;④ 位于非母国境内的拥有欧盟居住权的自然人;⑤ 欧盟境内从事专业工作的非居民。

② Guidance Note Questions and Answers: adoption of update of the Blocking Statute (2018/C 277 I/03).

③ "保护正当合法权益 维护国际经贸秩序——权威专家就《阻断外国法律与措施不当域外适用办法》答记者问",http://www.mofcom.gov.cn/article/ae/ai/202101/20210103029706.shtml,最后访问时间:2021 年 3 月 17 日。

此外,我国《阻断办法》能否适用美国"出口管制"尚不可知。长期以来,我国实务界及学术界有不少人将"出口管制"与"经济制裁"混同,但实际上,美国法下的"出口管制"和"经济制裁"是完全不同的两个概念。"出口管制针对贸易链条(物流),经济制裁则覆盖租赁、融资、投资、担保、批准、旅游、运输、提供服务等多种交易(商流),并且两者也存在一定重叠"。[①]　在领域方面,我国《阻断办法》第 2 条规定为"经贸及相关活动"。结合《阻断办法》上下文及我国官方在表述有关问题时的习惯,[②]"经贸"一般不包括"金融服务",仅指贸易领域,并且中国《阻断办法》也不适用于中国实体间的经济活动,这一规定可能存在漏洞。

与欧盟《阻断法案》不同的是,我国《阻断办法》并未对适用对象进行明确规定,但从第 5、8、9 等条来看,所用措辞为"中国公民、法人或者其他组织",即只适用于中国实体,采取了属人主义,那么注册在中国境内的外商投资企业应该遵守《阻断办法》,从适用对象上来说,我国《阻断办法》的规制范围小于《欧盟阻断条例》,主要是没有包括中国境内以及领土主权范围内的外国居民。另外,中国公司的海外子公司以及外国公司在中国的分支机构是否适用尚不明确(尤其对于某些外国金融机构在中国的分支机构是否适用意义重大),因为美元支付体系下金融机构非常重视合规工作,与美国的次级制裁直接挂钩。

3. "违反"标准

欧盟《阻断法案》下适用对象需要承担的义务主要有两项:一是"阻断义务",即不得遵守;二是"报告义务",即向欧盟委员会进行报告。关于"阻断义务",《阻断法案》第 5 条指出,适用对象不得"通过直接或间接方式主动或故意疏忽地遵守列出的禁令",在主观判断标准上采取了"主动或故意疏忽",而"直接或间接方式"则表明欧盟对"遵守禁令"将采取广义的解释,不仅是附录中列出的相关条款,例如欧盟于 2018 年出台的《实施条例》第 2 条对"违规"(non-compliance)作出解释,将"外国法院的要求"包括在内。《官

---

① 余昕刚、贾申:"新形势下企业贸易风险防控之道——再议美国出口管制制裁与阻断办法",https://mp.weixin.qq.com/s/crawMQ4937dvN7qco0y6ww,最后访问时间:2021 年 4 月 28 日。
② 例如《中美第一阶段经贸协议》中"金融服务"和"扩大贸易"分属两章,可见我国一般将"金融"与"贸易"分开表述。

方指南》第 23 条还规定,相关主体"不得单独向美国申请豁免",这也属于违反《阻断法案》的行为,因为相当于承认美国的管辖权。

欧盟还进一步指出,欧盟希望通过与美国进行对话沟通来明确美国法律的确切规制范围以及对欧盟的实际影响,进而帮助企业做好合规工作,其目的并不是为了处罚企业。[①] 关于"报告义务",《阻断法案》第 2 条进行了规定,业务活动受到禁令直接或间接影响的自然人与法人应当在 30 天内向欧盟委员会进行报告,而且要配合有关部门对此的调查行为,承担披露义务。不过欧盟并未对"受到直接或间接影响"的标准进行规定,也未规定如果不履行报告义务的法律责任。对此,有学者指出这主要是基于商业利益的考量,有关主体如果履行通报义务却给自己带来巨大的经济损失,那么便会选择遵守外国的法律。[②] 此外,《阻断法案》还规定了委员会对于相关主体披露信息的保密义务,必须用于特定目的。

我国《阻断办法》关于"阻断义务"和"报告义务"的规定与欧盟类似,并未对具体违反标准进行说明,但却在第 13 条对"未如实报告或不遵守禁令"的行为给予处罚。由于目前《阻断办法》没有明确具体的需要阻断的法律及措施,因此对于"次级制裁"之外的特定外国法律和措施是否进行报告需要企业斟酌和判断。关于"报告义务",其主体为"中国公民、法人或者其他组织",但对于何种情形企业需要履行报告义务尚不明确,是以知道或应当知道相关规定的发布为准,还是以业务或经营活动中具体遇到的相关限制规定为准?并且将报告义务覆盖所有受到影响的中国实体不仅操作困难,而且也无现实必要,另外"未如实"又该如何理解,如果涉及商业秘密是否导致企业选择违反《阻断办法》。关于保密义务,须报告人提出保密要求这一前提条件,欧盟则规定有关部门必须承担保密义务,这主要体现了对于商业信息和秘密的保护,在这一点上,欧盟更注重保护当事人利益,而我国则优先考虑了社会公共利益。

4. 豁免制度

豁免制度是阻断法中重要的一环,某些企业因为与其他国家具有错综

---

① Guidance Note Questions and Answers: adoption of update of the Blocking Statute (2018/C 277 I/03).

② Anthonius de Vries. Council Regulation (EC) No 2271/96 (the EU Blocking Regulation). *International Business Lawyer*, 1998, Vol.26, No.8.

复杂的商业利益关系,若切断这种联系,将给企业带来不可估量的经济损失。因此,各国在阻断办法中几乎都给予了部分符合条件的企业豁免权,避免企业陷入两难境地。

欧盟的豁免制度规定在《阻断法案》第 5 条中,该条对申请豁免的实质条件及程序要件均作出了规定,"若有足够的证据表明相关主体不遵守美国法律将导致严重损害时,可按照有关程序申请获得豁免"。申请豁免的程序规定在《阻断法案》第 7、8 条,并且在 2018 年更新的《官方指南》中第三部分进行了细化说明,针对企业申请豁免的时间和程序要求、企业需要达到的证明标准、豁免的效果等问题进行了规定,尤其是对"严重损害"的定义,在《实施条例》第 4 条中进行了阐释,欧盟委员会专门列出了一系列非累积性的判断标准:"申请人权益遭受损害的背景或威胁程度;第三国提起的行政或司法调查;与第三国存在的实质性关联;申请人是否采取合理措施避免或减轻损害;是否遭受重大经济损失,例如可能威胁其生存能力甚至面临破产;是否影响申请人个人权利;是否对安全、环境、生命健康等产生威胁"等。[1] 企业在申请豁免时,要提交需要遵守的具体规定和若不遵守这些规定将给自身造成何种利益损害,企业必须提供充分的证据,这将由委员会根据不同情况区别处理,豁免请求可以单独提交,也可以由具有相同利益的几个企业共同提交,但委员会会进行逐个评估。通过这些细化规定,欧盟《阻断法案》豁免制度的可操作性大大增强。

我国《阻断办法》第 8 条对豁免制度作出了简要规定,申请人应当向商务部提交书面申请,具体内容包括:"申请理由以及申请豁免的范围",商务部要自受理申请之日起 30 日内作出决定。有专家认为,我国《阻断办法》规定豁免的对象是特定交易,而非特定交易主体,这主要是从书面申请的内容应当包括"申请豁免的范围"可知。[2] 整体而言,目前我国《阻断办法》的规定过于简单,并且对于提出豁免申请的条件以及判断标准这两个核心问题均未规定。

5. 救济制度

救济制度是《阻断法案》的"杀手锏",对于实施具有不当域外管辖效力

---

① Commission Implementing Regulation (EU) 2018/1101.

② 蔡开明律师团队:"中国出台《阻断办法》:利弊分析及应对建议",https://mp.weixin.qq.com/s/2b-yux__1KmCcmMrYXVGfg,最后访问时间:2021 年 5 月 1 日。

法律及措施的外国来说具有一定的威慑力,因此有学者称之为整个阻断法的"基石"。①

欧盟《阻断法案》第 6 条规定了救济制度,也称为"补偿条款",即因为阻断的法律而遭受任何损失的欧盟主体可以向造成损失的自然人、法人或其他实体提出索赔。在可主张的经济损失范围上,第 6 条表述为"任何损失"(any damages),可见范围很广,直接或间接损失可能都会得到法院支持。第 6 条还规定了管辖权的问题,除了适用《布鲁塞尔公约》,还规定只要被告拥有财产的所在地法院均具有管辖权,这不仅方便原告起诉,而且更有利于判决的执行。

关于索赔对象,《官方指南》第 13 条表示可以向造成损失的任何实体索赔,具体情况由法院裁量,但对于"美国政府能否成为被告"则避而不谈。有人认为,欧盟"一方面并未排除美国政府成为被告的可能性,另一方面又承认美国享有国家豁免权,这给未来的司法实践留下了一定的想象空间,更多的是彰显其政治立场"。② 不过,欧盟这一制度的设计初衷是为了针对《赫尔姆斯-伯顿法》第三章中"美国公民可以基于诉讼向涉及古巴特定资产交易对象起诉求偿"的规定,后来美国冻结相关条款的效力,因此欧盟的补偿条款也未能在实践中得到应用。

值得关注的是,日本于 2004 年通过的《损害赔偿追偿法》第 3 条也规定,根据美国 1916 年反倾销法获利的任何实体都要承担偿还日本当事人因此遭受损失的义务,偿还义务包括因美国根据 1916 年《反倾销法》采取的行动所产生的法律费用和其他损害赔偿。③ 该法对适用主体的规定不尽详细,很多人据此推断为了实现阻断法的立法目的,《损害赔偿追偿法》亦能适用于域外的外国主体。

我国《阻断办法》第 9 条对救济制度进行了规定,明确了中国有关主体利益受损时的维权和索赔机制,这也符合"保护中国公民、法人或者其他组

---

① Jurgen Huber. The Helms-Burton Blocking Statute of the European Union. *Fordham International Law Journal*, 1996, Vol.20, Issue 3, p.705.

② 叶研:《欧盟〈阻断法案〉述评与启示》,《太平洋学报》2020 年第 3 期,第 57 页。

③ Dai Yokomizo. Japanese Blocking Statute against the U.S. Anti-Dumping Act of 1916. *Japanese Annual of International Law*, 2006, Vol.49, pp.39 - 40.

织的合法权益"这一目标。第 9 条值得关注的是,一是承担赔偿义务的主体主要有两类:"侵害中国公民、法人或者其他组织的当事人"以及"在依据禁令范围内外国法律作出的判决、裁定中获益的当事人",《阻断办法》仅有第 9 条出现了"当事人",虽然未给出明确定义,但从立法目的以及实践情况来看,此处的"当事人"应当包括外国相关主体,因为只有尽量扩大中国主体利益受损时可以寻求救济的索赔对象才能切实保护中国主体的利益,也更具有威慑力。但是否包括相关主权国家则是一大难题,因为不少依据禁令范围内外国法律作出的判决或裁定的最大获益人往往都是有关主权国家,但一般国家享有司法豁免权,因此可能导致政治与外交冲突。二是索赔的诉讼程序问题,从第 9 条第 1 款来看,只规定了侵权之诉而不包括违约之诉,那实际情况中违约之诉将如何解决,阻断诉讼与现有的侵权诉讼关系又如何? 另外,如果有关外国相关主体往往还涉及涉外法律的适用,例如证据法、冲突规范等解决国际法律域外效力及冲突的规则问题,有的可能还涉及仲裁等意思自治问题,那么就出现了不同法律法规之间的冲突,需要进一步完善解决。此外,还有学者提出救济制度的可执行性问题,即《阻断办法》属于部门规章,而规章并非民事诉讼中的裁判依据,[①]这就给依据《阻断办法》提出民事诉讼的执行带来了问题。

二、中国《阻断办法》存在的问题

通过以上对比分析,可以从总体上发现我国《阻断办法》在很多方面借鉴了欧盟《阻断法案》的经验和做法,但同时也存在诸如规定不够细致、可操作性不强等问题,主要体现在有关主体"阻断义务"和"报告义务"的违反标准、豁免申请的条件以及判断标准、救济制度的责任承担与法律适用等方面,这些阻断法的核心制度还需要进一步完善,在立法技术上可以进一步细化。此外,第 4 条确定的"工作机制"仍需明确,要出台更具有操作性的程序性规则,这样才能更好地保护我国相关主体利益,也方便有关部门做好监管工作。

---

① 廖凡:"我国对外国法不当域外适用'亮剑'",http://iolaw.cssn.cn/zxzp/202104/t20210401_5323454.shtml,最后访问时间:2021 年 4 月 1 日。

(一) 适用情形需要扩大

前面已经提到,我国《阻断办法》并未明确禁令范围,第 2 条规定《阻断办法》适用于"不当禁止或限制中国与第三国(地区)进行正常经贸活动",限定了禁令只能是针对"中国与第三国"之间的,即"次级制裁",例如美国对伊朗、朝鲜、古巴等国家的经济制裁影响了中国与这些国家之间的经贸往来,这一点与欧盟《阻断法案》的规定一致,欧盟《阻断法案》明确列出的禁令也都与此相关。有学者提出,"第三国(地区)"的表述有待商榷,认为这会逼迫第三国企业必须在中美之间选择一方,而美国企业则不受影响,提出应该用"其他"一词来取代原表述。[①]

笔者认为,我国《阻断办法》"第三国(地区)"的用词是较为科学的,因为实施经济制裁的制裁国有权对本国实体进行任何法律约束,我国难以阻断这种限制;相反,我国如果将适用对象扩大至制裁国国内实体,则也属于长臂管辖,是没有法理依据的,也与我国的外交政策相悖。

不过笔者认为,目前我国《阻断办法》规定的适用情形范围仍应进一步扩大,主要有两点理由。

一是《阻断办法》的适用情形应该更加全面保护我国实体的有关利益,当前的规定只能保护我国实体与被美国实施次级制裁的实体之间的正常经贸活动,而对于我国主体被美国实施"一级制裁"和"二级制裁"后如何保障与美国或者第三国之间的正常经贸活动无法给予保护,并且我国《阻断办法》是否适用美国的"出口管制"仍存在争议。[②] 简言之,我国《阻断办法》除了要保护我国企业与被经济制裁国家的正常经贸活动,还应该保护我国企业作为被经济制裁对象与美国或第三国开展的正常经贸活动,尤其要避免我国企业由于经济制裁而被第三国切断业务往来,造成重大经济损失,其原因有以下两点。

第一,扩大禁令范围是现实需要。自中美贸易战以来,美国持续收紧针

[①] "《阻断外国法律与措施不当域外适用办法》分析与评述",https://mp.weixin.qq.com/s/bZGQldk1RQPhw3KblmqxPA,最后访问时间:2021 年 5 月 1 日。

[②] 例如汪灵罡认为《阻断办法》不适用"出口管制",参见汪灵罡:"剑指 OFAC 制裁,仍待提高完善——简评《阻断外国法律与措施不当域外适用办法》的创新和瑕疵",https://mp.weixin.qq.com/s/_M9C55pJ0yFWtYvqkhTvbw,最后访问时间:2021 年 4 月 1 日。

对中国的出口管制政策,并且将越来越多的中国企业列为"实体清单",加强贸易制裁,中国本身也成为美国重点针对的对象。很多企业的国际供应链压力巨大,这不仅严重影响了中国与美国实体之间的经济往来,而且在美国"长臂管辖"下可能一些第三国的实体也会避免与中国交易而受到美国制裁。例如 2020 年 1 月,为了阻止中国最大的芯片制造商中芯国际获得最先进的光刻机设备,美国千方百计地说服荷兰政府停止签发出口中国的许可证,[①]由此可见,未来美国很有可能进一步阻止我国有关企业获得海外的某些核心技术和产品。

第二,我国与欧盟的情况存在差异。前文提到,美国针对古巴、伊朗、利比亚的经济制裁尤其是次级制裁严重影响了欧盟有关企业和个人的利益,在这种背景下欧盟出台了《阻断法案》予以应对,但我国企业和个人目前除了因美国制裁无法与被制裁国家进行正常商业交往之外,还存在被美国管制和制裁的问题,并且某种程度上这种打击比前者更大,因为目前我国企业尤其是"走出去"的科技型企业,例如华为、海康威视、中兴等更离不开海外的某些核心供应链,如果被非正常切断将面临重大的经济损失。因此,虽然目前我国《阻断办法》的禁令范围与欧盟的表述一样,但由于我国企业面临的实际情况和现实需要,有必要将"保护我国企业作为被经济制裁对象与第三国开展正常经贸活动"考虑进来,以维护我国企业的供应链安全。

从目前的法律条文来看,可能存在的一种解释是,虽然我国《阻断办法》第 2 条没有明确规定中国主体作为被制裁对象的情形,但中国主体作为被制裁对象是由于违反相关制裁法律及措施的结果,而该制裁法令是应该被阻断的,从而中国主体也可以成为《阻断办法》中救济索赔和国家必要支持的保护对象,这种解释也是合理的,但仍需要在将来的相关配套措施中予以进一步明确。

二是应该考虑将金融服务纳入《阻断办法》适用范围内。我国目前《阻断办法》适用领域可能并不包括金融服务,但 OFAC 实施金融制裁的核心便是金融手段,金融制裁可以切断被制裁企业或个人的美元支付清算活动,

---

① 于文:"美逼荷兰对华禁售光刻机,中国大使表态:希望荷兰作出正确判断",https://world.huanqiu.com/article/9CaKrnKoVAU,最后访问时间:2021 年 4 月 10 日。

使得相关主体在以美元结算为核心的国际贸易活动中寸步难行,因此金融制裁在一定程度上还能实现贸易制裁的政策目标,从而发挥更好的制裁效果,例如 2012 年中国昆仑银行因为"向伊朗银行提供价值数亿美元的金融服务"而被美国列入制裁名单,切断了与美国金融系统的联系。[①] 若《阻断办法》无法涵盖金融服务,那么,对外国法不正当域外适用的阻断效果将大打折扣。

(二) 适用对象存在漏洞

我国《阻断办法》适用对象为"中国公民、法人或者其他组织",遵循的是典型的属人主义原则。在这一点上,我国《阻断办法》的规制对象范围小于欧盟,并没有将中国境内以及领土主权范围内的外国实体包括在内,这主要是指外国企业在华的分支机构、办事处以及外国自然人等,此外中国公司的海外子公司是否适用也未明确。有学者指出,《阻断办法》"对人的适用范围过窄,难以适应国际私法通行惯常居住地这一连续点的发展趋势",因此建议将"中国公民"替换为"在中国有经常居所地的自然人"。[②]

结合前文欧盟《阻断法案》的有关规定,除了采取属人主义外,欧盟还采用属地主义,欧盟主权范围内的外国实体都需要遵守,包括具有欧盟法下独立法人资格的外国企业亦如此,属地主义在国际法上也无可厚非。美国在有关问题上的适用对象更广泛,例如美国商务部产业安全局(BIS)拟定的《出口管制条例》第 760.1(b)条对"美国人"进行了定义,其受规制范围相当广泛,认为"美国公司在海外的子公司、分支机构、办事处和外国公司在美国的子公司、分支机构、办事处"等都受到该法规制。[③] 笔者认为中国《阻断办法》应该在美国扩张式的管辖主义与欧盟较为保守的管辖主义之间实现平衡。我国可以考虑将在华的有关外国实体纳入规制范围,这更有利于保护中国实体遭受损失后依据《阻断办法》提出索赔权利,也更符合《阻断办法》的立法宗旨。2019 年美国商务部启动对华为制裁后,伟创力在中国设立的

---

① 吴挺:"美国制裁伊朗殃及中石油旗下昆仑银行",http://finance.people.com.cn/n/2012/0802/c1004-18653958.html,最后访问时间:2021 年 4 月 10 日。

② 王淑敏、李倩雨:《中国阻断美国次级制裁的最新立法及其完善》,《国际商务研究》2021 年第 4 期,第 27—28 页。

③ Bureau of Industry and Security, Export Administration Regulations, 2016.

外商独资企业选择严格遵守美国的有关制裁法令,不仅与华为公司中断合作,而且扣押了华为价值数亿元的物资,[1]这种不良影响理应受到《阻断办法》的规制,其给中国企业造成的损失也应该按照《阻断办法》进行赔偿,这涉及外国当事人的权利义务问题。

另外,我国《阻断办法》的适用情形为"中国与第三国"之间的经贸关系,其并不适用于中国实体间的经济活动,该规定的立法初衷可能是为了增强阻断法的灵活性,保护本国实体,避免本国实体为了遵守阻断法而被制裁国制裁,从而遭受重大损失。但这一规定可能存在漏洞,很明显如果有中国企业因为遵守外国的经济制裁法律而导致其他中国企业遭受损失,这种不当域外适用也是应该阻断的,尽管目前还没有出现中国企业因为遵守美国法律而限制与被制裁的中国企业进行经贸活动的情况,但根据《阻断办法》第2条的规定,阻断办法并不适用这种中国企业之间的情况。若《阻断办法》要求第三国实体不得限制与中国企业之间的经贸活动,却不能限制本国实体,这于情于理都说不过去。

(三) 外国当事人权利义务待明确

我国政府向来坚持尊重主权、互不干涉内政和平等互利等国际关系基本准则,而对于中国法律的域外适用效力一直持比较审慎的态度,这一点从《阻断办法》的整体文字表达上可以体会得到。我国《阻断办法》第5、8、9、11、13等只提到了"中国公民、法人或者其他组织",对外国当事人的权利义务问题采取了回避的态度。虽然《阻断办法》并没有明显设立适用于第三国主体的权利义务,但这并不意味着《阻断办法》对第三国主体权利义务没有影响。

我国《阻断办法》第9条索赔条款用了"当事人"字眼,但未进行明确定义,只规定了承担赔偿义务的为"侵害中国公民、法人或者其他组织的当事人"以及"在依据禁令范围内外国法律作出的判决、裁定中获益的当事人"。根据欧盟《阻断法案》的相关经验,遭受损失的主体可以向造成损失的任何实体索赔,"不仅可以向造成损害的本人进行损失索赔,也可以向其在欧盟的代理人或中间人进行损失索赔",[2]具体情况由法院裁量,一般来说,致使

---

① 任芷霓:"华为向伟创力索赔数亿元 此前7亿物资被扣长达一月",http://www.nbd.com.cn/articles/2019-08-07/1360743.html,最后访问时间:2021年4月10日。

② 徐伟功:《论次级经济制裁之阻断立法》,《法商研究》2021年第2期,第197页。

中国实体遭受损失或在有关判决中获益的必然是外国有关主体，因此第9条"当事人"应当包括外国相关主体，并且只有尽量扩大可以寻求救济的索赔对象，才能切实保护中国主体的利益，也更具有威慑力。

权利与义务相统一是法律的基本要义。我国主权范围内的外国主体应该受到《阻断办法》的规制，即应该承担相应义务，那也应该享有与中国企业同等的权利保护。但目前《阻断办法》对于在华外国主体享有的权利相关规定却存在漏洞，外国企业没有获得和中国企业同样的救济权利保障，主要有以下两点。

一是《阻断办法》第8条规定了申请豁免的主体是"中国公民、法人或者其他组织"，并不包含在华的外国主体，这一点值得商榷。一般阻断法设置豁免的目的是避免某些企业遭受重大损失，保护企业的重大利益，也避免企业陷于两难境地。在中国境内注册和设立的外资企业在法律上应是中国企业。如果不允许中国境内的外国企业申请豁免的话，则可能迫使这些企业在中国与美国之间"站队"，不利于我国营造良好的外资引进环境。

二是《阻断办法》第9条规定只有"中国公民、法人或者其他组织"才可以向人民法院提起诉讼要求索赔，外国主体并没有起诉资格。外国主体在中国要遵守《阻断办法》的规定，并且要承担本条被中国企业索赔的义务，同时《阻断办法》还剥夺了外国主体的救济权利，这可能导致中国主体恶意利用规则不当得利而造成不公平，违背了权利与义务相统一的基本法理。例如，某获得豁免的中国企业以美国经济制裁为由拒绝履行与被制裁国家企业之间的合同，致使该外国企业遭受损失，但该外国企业却不能依据阻断办法主张损失，这可能导致某些中国企业恶意利用规则获利。因此，既然《阻断办法》要求外国企业不得遵守禁令范围内的外国法律与措施，那么也要避免中国企业恶意利用规则损失外国当事人利益，这才符合公平公正原则。如果在中国从事经营活动的外国投资者不能受到《阻断办法》豁免申请和救济制度的保护，这种区别对待可能引起不满甚至恐慌，恶化营商环境。

根据国际法基本原则，国家主权体现在对内自主和对外独立特性上，目前，主权平等和不干涉原则仍普遍被各国政府和国际组织承认与遵守。但不可否认的是，身处全球化的历史潮流中，每个国家的政治、经济活动都会产生一定的国际影响，而其主权范围以外的事情也同样可能会影响国内，包括一些法律与措施必然会出现"域外适用"的情形。在这种情况下,我国不应过于保守和克制,要在国际法范围内有理有据地维护我国当事人的合法权益,正确看待我国法律的域外适用效力问题。实际上,"国际法一直都处于变动状态,是国家实力、政策、意志、实践的综合反映与动态平衡"。[①] 党的十九届四中全会提出要"加快推进我国法域外适用的法律体系建设";全国人大常委会《2020 年度立法工作计划》也提出要"强化对加快我国法域外适用的法律体系建设,阻断、反制'长臂管辖'法律制度的研究工作"。因此,我国在开展阻断办法等立法工作时,不应回避外国当事人的权利义务问题,只要符合国际法基本原理,真正做到外国主体与我国主体一视同仁,给予同等的权利保障,便可名正言顺行使一个主权国家的管理权力,如此不仅有利于保护我国的合法权益,而且更体现我国法治大国的气度。

(四) 救济制度存在法律冲突及执行困难

我国《阻断办法》第 9 条规定了救济制度,堪称阻断法最具威慑力的部分,将给予美国在华企业巨大压力。但是,从目前《阻断办法》的规定来看,救济制度恐难以发挥作用,主要是存在法律冲突以及裁判的可执行性问题。

首先,是利益受损的中国当事人依据《阻断办法》提起的诉讼性质问题。从第 9 条的表述"侵害中国公民、法人或者其他组织合法权益的",似乎只限于侵权之诉,但在实际中却存在大量的"违约""无正当理由拒绝交易"等情况。《阻断办法》规定的救济制度不应限于侵权之诉,还应包括违约等其他传统民事纠纷理由。换言之,《阻断办法》并未为利益受损的中国当事人创设新的民事权利,所提起的诉讼也应在我国现有的司法体制下来解决。欧盟《阻断法案》在实施过程中,各国公权力机关针对法案的有关执法活动很少,但不少私主体却以合同相对方违反法案为由提起了民事诉讼,例如后文提到的"伊朗梅利银行德国分行诉德国电信公司案"。有实务人士分析,"《阻断办法》并没有创设新的民事权利,但在实践中起到了促进民事权利司法救济的效果",[②]如此便可能存在依据《阻断办法》提起的诉讼与现有法律体系的冲突问题,这不仅需要各级法院在司法审判中进行个案判断,而且可

---

① 强世功等:《超越陷阱:从中美贸易摩擦说起》,当代世界出版社 2020 年版,第 62 页。
② 周勇等:"应对他国域外管辖——中国的阻断立法",https://mp.weixin.qq.com/s/tfJnxO6CO_3eSkdtT3ny6w,最后访问时间:2021 年 5 月 5 日。

能需要立法者出台相应的立法解释。

其次,是提起诉讼与国际仲裁、涉外民事法律关系等的冲突问题。《阻断办法》在表述中用的是"可以依法向人民法院提起诉讼",从"可以"一词可见中国法院并不能依据《阻断办法》获得专属管辖权,当然实际上也没有正当理由可以获得专属管辖权。因为涉及有关外国主体往往还要考虑涉外法律关系的适用,例如证据法、冲突规范等解决国际法律域外效力及冲突的规则问题,有的可能还涉及仲裁等意思自治问题,例如中国主体在进行国际仲裁后,是否能依据《阻断办法》向中国法院提起诉讼,这便违反了仲裁的有关规定,可能出现不同法律法规之间的冲突。

最后,是诉讼的可执行问题。虽然《阻断办法》第9条规定了可以强制执行,但在实际执行中存在三个难点:① 在域外执行困难较大。由于种种因素,我国法院作出的裁判在国外获得认可和执行的可能性较低,并且《阻断办法》的政治色彩较浓,据此作出的裁判很难获得国外认可。② 执行外国主体在国内的财产具有一定风险性,可能会导致外交事件,影响整体营商环境。此外,如果外国主体在国内可供执行的财产有限,也会削弱《阻断办法》的威慑力。③ 执行的依据问题,根据《最高人民法院关于裁判文书引用法律、法规等规范性文件的规定》第4条,民事诉讼中的裁判依据仅有法律、法律解释、司法解释、行政法规、地方性法规或者自治条例和单行条例,并不包括部门规章,因此是否可以依据《阻断办法》予以执行便存在法律疑义。

从整体上看,欧盟《阻断法案》包括较为具体的赔偿范围、索赔主体和强制执行手段等,而我国的规定还比较简单概括,在司法实践中将留有较大的自由裁量空间,有待出台相应细则予以明确。

(五) 正在遭受监管调查的中国主体难以援引

前文提到,阻断法在应用之初适用于诉讼程序中,即禁止向外国有关部门提供可能被作为行政或诉讼证据的经济、商业、金融等信息,也被称为排除证据开示,但后来开始扩展到反制经济制裁领域。我国颁布《阻断办法》对有关次级制裁的外国法令进行禁止,是否可以发挥"阻断法"最初在诉讼程序中的阻断作用,即我国《阻断办法》是否能够对正在遭受监管调查的有关中国主体起到保护作用?

目前,不少中国企业由于涉嫌与朝鲜、伊朗等开展贸易活动而遭受美国的制裁,被列入实体清单或被提起刑事诉讼,这些中国企业或许可以以《阻断办法》的禁令为由,拒绝配合美国有关部门的调查和诉讼活动,并且还可以援引《阻断办法》第 11 条的规定,即"公民、法人或者其他组织根据禁令,未遵守有关外国法律与措施并因此受到重大损失的,政府有关部门可以根据具体情况给予必要的支持",从而在美国的诉讼活动中进行抗辩,但实际上《阻断办法》可能并不能起到期待的效果,主要有以下三点原因。

一是自从 2019 年美国哥伦比亚特区联邦地区法院作出裁决,三家中资银行应遵守大陪审团做出的决定,在美国执法机构对中国香港地区一家公司涉嫌违反美国制裁朝鲜相关法令的调查提供银行记录以后,[①]中国有关企业很难援引中国法律法规作为抗辩理由而避免美国执法机构的调查,更何况《阻断办法》从法律层级上仅为部门规章,更难获得美国有关部门的认可。

二是《阻断办法》的禁令范围应该仅包括外国法不正当限制中国企业与第三国开展经贸活动的部分,而不包括外国法中涉及对中国企业展开行政或刑事调查的部分,原因是《阻断办法》的负责和牵头部门为商务部,而非司法部,一般由司法部负责涉外司法相关事宜,商务部主要负责考虑外国对我国企业的经贸限制是否合理。

三是根据《中华人民共和国国际刑事司法协助法》等的有关规定,中国企业向美国提交有关证据前,须由司法部审核该证据是否可以提交,而商务部无权通过《阻断办法》向涉案的中国企业提供必要的支持。从后两点理由可见,目前《阻断办法》难以提供支持的根源在于《阻断办法》法律层级太低,需要从更高层次解决这一问题。

第四节　欧盟《阻断法案》适用中存在的问题及对我国的启示

法律的生命力在于实施,研究欧盟阻断法在域内和域外的适用情况可

---

① 刘相文等:"美国法院判令:中资银行不得援引国内法拒绝提供交易信息",http://www.zhonglun.com/content/2019/05-20/1343169319.html,最后访问时间:2021 年 5 月 1 日。

以帮助我们判断欧盟在实施阻断法过程中遇到的问题,分析域外法院对于欧盟阻断法的态度以及采纳标准,对于我国完善阻断办法具有重要意义和参考价值。

一、欧盟阻断法域内适用中存在的问题

(一) 域内适用存在分歧

如前文所述,由于与美国相互让步达成谅解,欧盟在相当长的时间内实际运用《阻断法案》很少,直到 2018 年重新启用。在法律层级上,前面已经提到,欧盟《阻断法案》属于条例(regulation),可以直接适用于成员国,各成员国须无条件直接执行。《阻断法案》第 9 条规定了欧盟各成员国应明确制定违反阻断法案的相关惩罚措施,并且这种惩罚措施必须是有效的、相称的和具有威慑力的,①但有统计显示,大多数欧盟国家制定的行政处罚责任(例如德国、意大利、西班牙等)或刑事处罚责任(例如爱尔兰、荷兰、瑞典等)都较轻,并且法国、希腊、卢森堡至今未根据国内法制定惩罚措施。② 从中可以看出,欧盟各国在《阻断法案》实施和执行上存在差异,甚至不少人认为欧盟《阻断法案》几乎是无效的。

《阻断法案》在司法实践中的案例也较少。2007 年,奥地利第五大银行巴瓦克银行(BAWAG)依据美国对古巴的制裁要求,关闭了 100 多名古巴人的账户,此举引发奥地利政府对巴瓦克银行的司法调查,后来以美国给予巴瓦克银行豁免权而告终,案件从政治层面获得解决。③ 2007 年,法国一名律师打电话给当事人取证的行为被认为违反了法国阻断法,被处以 10 000 欧元罚金,这也是法国阻断法在国内的首次适用。④ 正因如此,很多人批评阻断法的意义更多在于宣示政治立场,法律意义不大。

---

① Council Regulation (EC) No 2271/96 of 22 November 1996.

② Giani Pandey, Davide Rovetta and Agnieszka Smiatacz. Don't Wake up the (EU) Bear! The Scope of the EU Blocking Regulation 2271/96 in Light of the Recent Preliminary Ruling Reference in Bank Melli V. Telekom Deutschland Case, C-124/20. *Global Trade and Customs Journal*, 2021, Volume 16, Issue 2, p.50.

③ 叶研:《欧盟〈阻断法案〉述评与启示》,《太平洋学报》2020 年第 3 期,第 59 页。

④ Brian Friederich. Reinforcing the Hague Convention on Taking Evidence Abroad After Blocking Statutes, Data Privacy Directives, and Aérospatiale. *San Diego International Law Journal*, 2010, Vol.12, pp.291‐292.

　　不过自 2018 年欧盟重启并更新《阻断法案》后，该法案的实践运用越来越多，也带来了一些需要解释的法律问题。

（二）"伊朗国家银行德国分行诉德国电信公司案"分析

　　在 2020 年伊朗国家银行（Bank Melli Iran）诉德国电信公司（Telekom Deutschland GmbH）（Case C-124/20）一案中，德国汉萨高等地区法院请求欧洲法院对《阻断法案》相关条文进行解释和适用就与《阻断法案》第 5 条第 1 款相关。

　　该案是伊朗国家银行德国分行诉德国电信公司，案由是德国电信公司以伊朗国家银行是美国《特别指定国民和被封锁人员》（Specially Designated Nationals and Blocked Persons，SDN）清单上的实体为由，要求终止与该银行之间的协议。伊朗国家银行认为德国电信公司的行为违反了《阻断法案》，要求继续履行合同。德国初审法院认为德国电信公司的合同义务应该履行到其发出合同终止列出的到期日，发出终止通知是符合合同约定的，并未违反《阻断法案》。伊朗银行提出上诉，认为该电信公司终止合同的行为因违反《阻断法案》而无效。受理上诉的德国法院向欧洲法院提出了以下 4 个需要解释的问题。[①]

　　第一，"《阻断法案》可以适用的先决条件是什么？只有在美国官方发出直接或间接的命令后，终止通知才适用《阻断法案》吗？"换句话说，"仅符合美国关于二级制裁的要求"和"遵守美国官方的命令"哪个才是《阻断法案》适用的前提条件。例如，案件中德国电信公司仅符合美国关于二级制裁的相关要求，对于这一问题的解释将影响《阻断法案》规制的范围。从目前欧盟《阻断法案》的有关条款来看，欧盟只是对美国部分措施进行了阻断，遵守其他有关的制裁措施并不会受到影响。

　　第二，"德国电信公司并未提到终止合同的理由是遵守美国的制裁法令，这是否违反《阻断法案》"？这个问题本质上是举证责任的问题，主要是对该电信公司终止合同动机的考量，如果是为了遵守美国的制裁法令，那么终止合同是违反《阻断法案》的；如果是出于其他商业考虑，则并不违法。在

---

① Request for a preliminary ruling from the Hanseatisches Oberlandesgericht Hamburg (Germany) lodged on 5 March 2020—Bank Melli Iran, a public limited company under Iranian law v. Telekom Deutschland GmbH.

《官方指南》第 5 条提到"欧盟实体可以自由选择是否与伊朗或古巴进行交易,阻断法案的目的正是保护这种商业自由",[①]因此要判断终止合同的动机是否纯粹出于商业利益考虑,这种判断不仅符合《阻断法案》"保护欧盟利益"的立法目的,而且同时也能防止被制裁实体滥用《阻断法案》,将欧盟企业终止合同的原因统一解释为"遵守外国不当法",从而获得《阻断法案》的保护。这两者的界限其实非常微妙,尤其是对于大型跨国企业,往往"遵守外国不当法"正是出于商业利益考虑,而这也是制定"豁免制度"的重要原因。有学者评论认为,几乎不可能确定一家企业是否出于遵守美国制裁法令而断绝伊朗业务,换言之,纯粹正当的商业利益考虑是不存在的。[②]

第三,"未履行告知义务而终止合同的效力如何? 是否应视为自动无效? 是否可以通过经济赔偿方式承担责任?"这一问题实际上是违反《阻断法案》法律责任承担的问题。《阻断法案》第 9 条规定欧盟各成员国应确定违反阻断法案的相关惩罚措施,并且这种惩罚措施必须是有效的、相称的和具有威慑力的,而《德国对外贸易条例》第 82 条规定,违反《阻断法案》最高将被处以 50 万欧元的罚款。[③] 德国法院采取了非常务实的态度,认为该德国电信公司若被排除在美国市场之外,将会遭受重大利益损失,那是否可以通过对伊朗银行的经济赔偿来进行弥补,这也反映了欧盟《阻断法案》在各国的实施存在巨大差异难以统一的问题。

第四,若未履行告知义务而终止合同是无效的,欧盟企业遵守《阻断法案》可能造成巨大经济损失是否可以予以例外处理? 这个问题再次说明《阻断法案》的实施可能将企业置于两难境地:一面是被美国制裁的风险;另一面是被《阻断法案》处罚的风险,最后影响企业做出抉择的可能便是风险衡量,看何种违法损失更小,但这不可避免地将削弱《阻断法案》的权威性。至

---

① Guidance Note Questions and Answers: adoption of update of the Blocking Statute (2018/C 277 I/03).

② Patrick C. R. Terry. Enforcing U.S. Foreign Policy by Imposing Unilateral Secondary Sanctions: Is Might Right in Public International Law. *Washington International Law Journal*, 2020, Vol. 30, No.1, p.25.

③ Giani Pandey, Davide Rovetta and Agnieszka Smiatacz. Don't Wake up the (EU) Bear! The Scope of the EU Blocking Regulation 2271/96 in Light of the Recent Preliminary Ruling Reference in Bank Melli V. Telekom Deutschland Case, C-124/20. *Global Trade and Customs Journal*, 2021, Volume 16, Issue 2, p.50.

于"豁免制度",其申请条件和程序要求都比较复杂严格,很多企业可能并不能获得豁免。德国法院还提出了对《阻断法案》立法本身的质疑:根据《欧盟基本权利宪章》第 16 条(营业自由)和第 52 条(受保障权利的范围),①若遵守《阻断法案》使欧盟公司遭受重大经济损失,这是否与宪章的精神宗旨相违背?德国法院非常重视《阻断法案》的立法目的——为了保护欧盟企业的利益,而不是保护像伊朗国家银行德国分行这样外国公司的利益。

从德国法院提出的四个具体问题可见,《阻断法案》在实践运用中存在许多需要细化的问题,要结合具体案情平衡法案适用与企业利益保护之间的关系,绝非"一刀切"禁止当事人遵守美国的有关制裁法令。实际上,欧盟本身也存在针对其他国家或地区的经济制裁,并且欧盟法院在审理相关案件时也综合考虑了有关因素,例如法国法院认可"洗钱风险、腐败"等国际共识,并将其列入国际公共政策,这一点与美国《反海外腐败法》是一致的。②

此案是欧洲法院审理的第一个关于《阻断法案》有关条文解释与适用的案例,揭示了《阻断法案》的缺陷以及欧盟各国在《阻断法案》实施和执行等方面存在分歧。2021 年 5 月 12 日,欧洲法院的法律顾问杰拉德·霍根就该案签发了顾问官意见。虽然顾问官意见对欧洲法院的裁决并无拘束力,但最终裁决很有可能采纳顾问官意见。

杰拉德·霍根对德国法院提出的四个问题一一进行了回应。针对第一个问题,他认为《阻断法案》适用的先决条件并不是美国官方的命令,即使欧盟主体没有受到外国行政或司法机关的强迫而自觉遵守禁令也可以适用。针对第二个问题,他认为德国电信公司应该承担举证责任,证明与伊朗国家银行德国分行终止合同的正当性,说明自己终止合同纯粹出于商业利益考虑,而非规避美国的经济制裁。针对后两个问题,他认为德国电信公司应承担违反《阻断法案》的法律责任,法院应责令欧盟主体维持与被美国制裁对象的合同关系,即使这可能导致欧盟主体面临美国的严厉处罚,不过他也指

---

① Charter of Fundamental Rights of the European Union,2012/C 326/02.

② Joséphine Hage Chahine. UN and EU Sanctions Versus US Sanctions:Two Different Yardsticks Commentary on the Decision of the Paris Court of Appeal (International Commercial Chamber) (5th Pole,Chamber 16) of 3 June 2020,No.21/2020. *Journal of International Arbitration*,2021,Volume 38,Issue 1,p.79.

出欧盟主体可以通过申请豁免来解决这一问题。①

从杰拉德·霍根的结论来看,他更多秉持了一种法律实证主义的观点,"欧洲法院仅仅是一个法院,我们的职责是让正式颁布的法律生效"。他的分析立足于欧盟《阻断法案》的法律条文本身,较少考虑立法目的。简言之,杰拉德·霍根的结论对伊朗梅利银行德国分行有利,但却可能违背了《阻断法案》的立法原意——保护本国当事人的利益。他在最后也承认,"得出这个结论并不令人高兴,欧盟《阻断法案》是一个非常钝的工具(a very blunt instrument),不可避免地会造成重大损失,但这是欧盟立法机构需要考虑的问题"。②

欧洲法院的最终裁决结果将对欧盟各国法院待决案件甚至欧盟公司与美国制裁对象之间的经贸活动产生重大影响,也将推动欧盟《阻断法案》进一步完善。杰拉德·霍根的顾问官意见对于我国《阻断办法》的实施和完善也具有一定程度的启发意义,留下了一些值得思考和探索的难题。例如是否应该赋予非本国主体援引阻断法提起救济诉讼的权利,若答案是肯定的,则很有可能会导致本国主体遭受损失,这恰恰违背了阻断法的立法初衷;若答案是否定的,阻断法又凭什么要求非本国主体遵守阻断法的规定,这与"权利与义务相统一"的基本原则相悖。例如,《阻断办法》在实施过程中适用的先决条件是什么? 有关方的举证责任又应该如何分配? 对这些具体问题的回答都将影响《阻断办法》的实施效果。

二、欧盟《阻断法案》域外适用中存在的问题

(一) 域外适用难以被认可

欧盟《阻断法案》从一开始便是为了反制美国次级制裁相关法律波及欧盟当事人的合法权益而通过的,因此美国法院对待欧盟《阻断法案》的司法

---

① Advocate General's Opinion in Case C-124/20 Bank Melli Iran v. Telekom Deutschland GmbH, https://curia. europa. eu/juris/document/document. jsf? text = &docid = 241168&pageIndex = 0&doclang=en&mode=req&dir=&occ=first&part=1&cid=2864119.

② Advocate General's Opinion in Case C-124/20 Bank Melli Iran v. Telekom Deutschland GmbH, https://curia. europa. eu/juris/document/document. jsf? text = &docid = 241168&pageIndex = 0&doclang=en&mode=req&dir=&occ=first&part=1&cid=2864119.

态度是衡量《阻断法案》实际效果的重要参考标准,分析欧盟《阻断法案》在美国法院的适用情况对于我国完善阻断办法也有重要意义。

"阻断法"最开始应用在诉讼程序中与证据开示制度有关,后来逐渐发展为应对经济制裁的手段。受阻断法影响的跨国公司一般都面临两难境地:遵守阻断法而遭受外国制裁,或者遵守外国法而遭受阻断法处罚。直到 1987 年,美国法院在"国家航天工业公司案"(Aérospatiale)中首次对外国的"阻断法"做出回应,当时仅涉及证据开示问题。原告在美国法院起诉了法国的两家公司,被告拒绝提供相关的信息,称这样做将违反法国的阻断法。美国最高法院指出,"(法国)阻断法并不能剥夺美国法院的管辖权,即使这样做可能将违反法国的阻断法",不过在该案中美国法院并未完全无视法国的利益,而是采用了"国际礼让"学说对相关因素进行了分析,[1]此后该案确立的五要素平衡测试(balancing test)分析方法被广泛应用到其他案件中。[2]

该案明确了美国法院对外国"阻断法"的态度,有学者认为这是美国法院第一次要求外国当事人违反自己本国的法律。[3] 据统计,美国法院在近10 年间要求外国当事人违反自己国家法律的频率越来越高,[4]这在某种程度上反映了美国法院日益扩张的司法管辖权,使得外国当事人的处境更为艰难,不得不在本国法与美国法之间"选边站"。

(二)"美国诉布罗迪案"分析

由于欧盟与美国相互让步达成谅解,美国法院涉及欧盟《阻断法案》的案例很少,其中关联较大的是 2001 年"美国诉布罗迪案"。美国宾夕法尼亚东区联邦地区法院对外国阻断法的适用进行了较为详细的分析。布罗迪等4 名被告通过中间人向古巴销售离子交换树脂,而被指控违反了《古巴资产

---

① Nationale Industrielle Aerospatiale v. United States District Court,482 U.S. 522 (1987).

② Monica Hanna and Michael A Wiseman. Discovering Secrets: Trends in U.S. Courts' Deference to International Blocking Statutes and Banking Secrecy Laws. *Banking Law Journal*,2013,Vol.130,No.8,pp.695 - 696.

③ M.J. Hoda. The Aérospatiale Dilemma: Why U.S. Courts Ignore Blocking Statutes and What Foreign States Can Do About It. *California Law Review*,2018,Vol.106,p.233.

④ Sant Geoffrey. Court-Ordered Law Breaking: U.S. Courts Increasingly Order the Violation of Foreign Law. *Brooklyn Law Review*,2015,Vol.81,No.1,p.225.

控制条例》和《敌对贸易法》。被告认为自己的行为并不发生在美国,且受到外国法律的约束,因此提出了三项辩护意见:① 美国法院没有管辖权;② 外国主权强制理论;③ "国际礼让说"。这三项已经成为面临美国次级制裁相关法案与本国阻断法的外国当事人最重要的抗辩理由。美国法院针对这三项展开了较为详细的说理,分析了美国法院主要的考量因素以及对于外国阻断法适用的基本态度。

首先,针对被告提出其"行为完全发生在美国之外,美国没有管辖权"这一抗辩理由,美国法院采用了两步说理:一是考量立法目的,即国会是否想让涉案法律产生域外效力;二是被告的行为是否已经或者可能对美国产生影响。法院还援引了之前相关案例的结论——"违反《古巴资产控制条例》和《敌对贸易法》的行为,即使发生在美国境外,也会对美国造成不利影响,会损害美国的国家利益",[①]因此美国法院对于本案具有管辖权。

针对被告提出的外国主权强制理论,声称自己须遵守有关阻断法,美国法院提到了加拿大、英国和欧盟颁布的阻断法,认为阻断法不能应用到该案,主要有三点理由:第一,该理论从未在刑事案件中适用过;第二,这些阻断法并未强制被告与古巴进行交易,被告拥有选择权;第三,在之前外国主权强制理论被法庭认可的案子中,存在外国政府对被告明确的指令(specific order)。基于以上三点,法院认为外国主权理论不能适用。[②]

最后,针对被告提出"国际礼让说",美国法院援引了"十标准"[③]来平衡外国主权与美国管辖权之间的关系,并结合本案对有关要素进行了分析,认为"国际礼让说"不适用。[④]

从以上案例可以判断,"管辖权""外国主权强制"与"国际礼让"是美国法院衡量是否应采纳当事人提出外国阻断法抗辩的三个主要因素。关于"管辖权",笔者认为较难适用,主要原因是美国法院在长期的司法实践中已

---

① United States v. Plummer, 221 F.3d 1298 (11th Cir. 2000).
② United States v. Brodie, 174 F. Supp. 2d 294 (E.D. Pa. 2001).
③ "十标准"包括与外国法律或政策的冲突程度;当事人国籍;违反美国法与外国法的严重程度;国外救济与诉讼的可能性;损害或影响美国商业的意图及可能性;对外交关系的影响;当事人是否可能处于两国法律严重的冲突之下;美国法院判决的可执行性;外国法在本国能否被接受;是否存在有关条约。
④ United States v. Brodie, 174 F. Supp. 2d 294 (E.D. Pa. 2001).

经构建起一整套完整的理论体系,不管是 1945 年"国际鞋业公司案"确立的"最低限度联系原则",或是"美国铝业公司案"确立的"效果原则",[①]还有1980 年"国际大众公司诉伍德森"案确立的"有意利用"标准[②]都使得美国的管辖权大大扩张。再加上近几年美国强化运用"长臂管辖"的趋势越来越明显,因此外国当事人提出的管辖权抗辩难以得到法庭认可。关于"外国主权强制"和"国际礼让",美国法庭结合案情进行了具体分析,通过多年的司法案例,美国已经确立了具体的评判标准。

关于"国际礼让"原则,美国 1895 年对"礼让"的法律含义做出了界定,认为"并非指一项绝对的义务,也非仅仅是一种礼貌或善意,而是指一国通常考虑的国际责任与便利,并在适当考虑本国公民或其他受本国法保护的人的权利后,在其领域内承认他国的立法、行政或司法行为的一种活动"。[③]在美国司法案例中,当出现美国法与外国法冲突时,"国际礼让"与"外国主权强制"是外国当事人经常提出的抗辩理由,这两个原则既有联系也存在差异。"国际礼让"侧重美国法与外国法出现了"冲突","外国主权强制"侧重外国当事人面临母国强制法律约束。这两个原则既可以分开单独适用,有的时候也会"将外国主权强制作为适用礼让原则的原因"。[④]

从"美国诉布罗迪案"中美国法院对外国主权强制的适用分析来看,除了刑事案件不适用之外,对于"强制性"的判断至关重要。美国法院认为外国阻断法没有强制要求当事人与被制裁对象交易,也不存在诸如政府命令等明确的要求,因此当事人具有选择权。对于"国际礼让"的判断,从美国法院列出的"十要素"来看,大多仍然与"强制性"紧密相关,因为"国际礼让"的前提是两国法出现了严重激烈的冲突,只有"强制性"最能体现冲突。美国法院在考虑"国际礼让"原则的适用时,非常重视外国阻断法对于当事人违法的处罚情况,包括阻断法中规定的处罚措施或处罚力度、外国有关部门执行阻断法的积极程度等,这些都是判断阻断法是否构成对当事人具有强制

① 李庆明:《论美国域外管辖:概念、实践及中国因应》,《国际法研究》2019 年第 3 期,第 6—7 页。
② 徐冬根:《国际私法》,北京大学出版社 2009 年版,第 441 页。
③ 徐冬根:《国际私法》,北京大学出版社 2009 年版,第 508 页。
④ 甘勇:《维生素 C 反垄断案中的外国法查明问题及对中国的启示》,《国际法研究》2019 年第 4 期,第 97 页。

力的重要参考。有学者研究了外国具有阻断效力的相关法律在美国被认可的情况，通过研究 56 个相关案例，他发现其中 23 个被美国法庭拒绝认可，因为从未执行，而有 3 个则得到了法庭认可，因为外国政府积极执行。[①]

　　美国法院很早便对"外国主权强制"与"国际礼让"进行了分析论证，例如与中国有关的影响较大的"维生素 C 反垄断案"。[②] 美国法庭认为，"外国主权强制侧重于被告的困境，被告在两个主权国家下要承担相互冲突的法律义务，陷于遵守一个国家法律而违反另一个的困境"（rock and a hard place），但对这种困境的判断，法院拥有很大的自由裁量权。[③] 对于"国际礼让"，美国法庭认为，出于国际礼让而放弃行使管辖权取决于外国法与美国法之间是否存在真正的冲突（true conflict），即中国政府是否要求被告违反《谢尔曼法》来确定价格。通过以上分析，可见美国法庭在采纳"外国主权强制"和"国际礼让"原则时，外国法对于当事人的"强制性要求"是主要考虑因素，外国法是否明确规定了相关违法责任、处罚力度如何；外国政府等有关部门是否给予了被告明确具体的要求或指令、是否积极执行了该法律；当事人是否面临承担两个主权国家相互冲突的法律义务；是否可以同时符合这两个国家的法律都是法庭参考的重要指标。不管怎么说，"外国主权强制"和"国际礼让"原则是非常复杂的问题，因为"法律、外交、政治以及自由裁量的综合体"面临的不确定性很大。[④]

三、欧盟《阻断法案》的适用对我国的启示

（一）欧盟《阻断法案》的实施效果及适用难点

　　欧盟 1996 年颁布的《阻断法案》实际实施案例很少，因为欧盟与美国很快达成谅解，双方各取所需，各退一步。该法案最早应用在法国"道达尔公司案"中。1997 年法国道达尔公司与伊朗国家石油公司达成了一项标的额

---

① M.J. Hoda. The Aérospatiale Dilemma: Why U.S. Courts Ignore Blocking Statutes and What Foreign States Can Do About It. *California Law Review*, 2018, Vol.106, p.231.

② In Re Vitamin C Antitrust Litigation, 584 F. Supp. 2d 546 (E.D.N.Y 2008).

③ James R. Atwood. Blocking Statutes and Sovereign Compulsion in American Antitrust Litigation. *World Competition*, 1986, Volume 10, Issue 2, p.19.

④ Joel Davidow. Extraterritorial Antitrust and the Concept of Comity. *Journal of World Trade*, 1981, Volume 15, Issue 6, p.513.

20亿美元的天然气合同,美国认为法国道达尔公司的做法违背了美国的制裁法令,声称要对其进行调查。欧盟则明确表示支持道达尔公司,之后还在世界贸易组织提起了针对美国的诉讼。随后,美国总统克林顿行使免除权,免除了《达马托-肯尼迪法》对道达尔公司的执行,该案在政治层面获得了解决。① 直到2018年欧盟重新启用并更新了《阻断法案》,该法案在相当长的时间内一直保持沉默。

因此,许多人批评阻断法的宣示意义大于实际意义,认为阻断立法主要是为了表明政治态度,法律作用有限,但不可否认阻断法仍具有许多作用,例如表明政治立场、提供谈判筹码、促使美国政府改变立场、为欧洲企业应诉提供抗辩理由和法律保护、影响企业的商业决策等。② 由此可见,欧盟阻断法最大的作用在于给美国有关企业施压,让美国企业在美国法与欧盟法之间选边站,增加美国企业的合规成本,从而进一步向美国政府部门施压,以此获得相关豁免,改善欧盟企业的处境。

2018年美国宣布开始全面制裁伊朗后,实际上,欧盟许多国家仍然不希望与美国撕破脸皮,而是希望美国继续豁免欧盟的有关企业。2018年6月4日,就在美国宣布退出《伊核协议》后,法国、德国、英国以及欧盟的一些高级官员在致美国的公开信中,希望美国政府承诺不对欧盟与伊朗存在商业往来的银行、公司实施次级制裁,尤其是能源、汽车、民航和基础设施等关键领域。③ 但这一诉求未获美国回应,2018年8月6日欧盟才重新启用《阻断法案》。可见,欧盟面对美国咄咄逼人的次级制裁及"长臂管辖",首先选择的仍然是与美国进行政治协商,而非针锋相对,法律手段只是欧盟最后不得已的应对策略。

从总体上说,欧盟阻断法的出台是不得已而为之,政治意义大于法律意义。虽然欧盟《阻断办法》也起到了一定的作用,为欧盟有关企业获得了豁免权,但基本上是存而未用,束之高阁。不过2018年欧盟对阻断法予以更

---

① 杜涛:《国际经济制裁法律问题研究》,法律出版社2015年版,第165—166页。
② 叶研:《欧盟〈阻断法案〉述评与启示》,《太平洋学报》2020年第3期,第59—61页。
③ Stefan Brocza. The EU Legal Protection System against the Effects of Extra-territorial Application of Legislation Adopted by a Third Country, and Actions Based Thereon or Resulting Therefrom. *KLRI Journal of Law and Legislation*, 2019, Vol.9, No.1, p.185.

新后的实际作用还有待观察,这很大程度上取决于欧盟与美国之间的利益权衡。有学者认为,"欧盟阻断法及 INSTEX 等有关支付系统的设计,实际上并未从根本上解决美国法域外适用及次级制裁的问题,当然这个问题可能本身确实无法解决,现行的欧盟立法只是如何处理国际法中分歧立场以及如何将域外制裁对本国公民和企业的不利影响降到最低的一个例子"。[①]

正因为阻断法本身存在较大的局限性,实施效果不甚理想,所以欧盟在进行阻断立法之外又采取了其他一系列手段,打出了反击美国次级制裁及"长臂管辖"的一套"组合拳",取得了不错的效果。一方面,欧盟在政治和外交上积极采取行动,多次与美国开展谈判对话,还在联合国大会上利用其影响力敦促美国结束对古巴的经济制裁,占据国际舆论的主动权;另一方面,欧盟在世界贸易组织层面起诉了美国,向 WTO 申诉认为美国的制裁法令违反 WTO 义务。最终,美国与欧盟在制裁问题上达成协议,双方互相进行豁免,欧盟也实现了自己的目的。由此可见,欧盟出台阻断法只能在一定程度上缓解压力,真正阻却美国域外制裁的实际上是"政治、经济、外交、法律等多元因素共同作用的结果"。[②]

综上所述,欧盟阻断法在适用时存在诸多难点。在域内适用时,欧盟各国出于保护本国实体利益的考虑,阻断法的具体实施存在较大分歧;在域外适用时,欧盟阻断法难以被制裁发起国认可,无法成为本国实体面临外国诉讼的抗辩理由,保护作用有限。

(二)我国阻断法实际操作难点

从欧盟出台阻断法的实际效果来看,阻断法在应对美国次级制裁及"长臂管辖"时存在诸多问题,我国《阻断办法》也不例外,除了上文通过立法对比分析我国阻断法本身存在的漏洞之外,还存在一些实际操作难点,主要有以下三方面。

首先,阻断法本身制度设计存在缺陷。这主要体现在以下方面:① 阻断法的法律性质比较模糊,甚至可能存在自相矛盾之处。阻断法的出台是

---

① Stefan Brocza. The EU Legal Protection System against the Effects of Extra-territorial Application of Legislation Adopted by a Third Country, and Actions Based Thereon or Resulting Therefrom. *KLRI Journal of Law and Legislation*, 2019, Vol.9, No.1, p.192.

② 孟刚、李思佳:《欧盟经济制裁及其对中国的启示》,《财经法学》2020 年第 4 期,第 145 页。

为了对抗他国具有不当域外管辖效力的法律及措施,但阻断法本身是否具有域外管辖效力仍极具争议。阻断法在某种程度上政治色彩过于浓厚,很有可能被滥用而成为一国进行贸易保护的工具。② 阻断法的实施核心在于禁止具有不当域外管辖效力的法律和措施在本国适用,违者将面临处罚,但往往遭受处罚的却是本国企业及个人,这与出台阻断法的初衷相悖,反而让本国实体处于两难境地,加剧企业和个人的生存困难。③ 阻断法的执行难度太高,主要体现在两方面:由于阻断法宣示性较强,很多条款不具有可操作性;因为阻断法所规定的索赔对象往往不在本国境内,享有司法豁免权,这使得阻断法的执行非常困难。法律的生命在于实践,阻断法在执行上存在的困难大大削弱了阻断法的威慑力。

其次,阻断法在实施上难以突破美国的经济和科技优势这一根本因素,即《阻断办法》的具体实施效力还非常不确定,有待观察。正如有学者指出,"美国长臂管辖发挥作用不仅基于法律,而且更重要的是法律背后的金融、互联网技术的支撑,今天的世界是一个被美元、互联网和美国法律支撑起来的全球世界"。① 阻断法的出台会让很多有关企业及个人被迫在本国法与外国法之间"选边站",而影响企业抉择的关键因素还是商业利益,但目前以美元结算为核心的世界商业体系并未动摇,且美国凭借自己的科技优势地位对某些高端产业链实行断供威胁,导致阻断法的实施效果相当有限。就拿立法时间较长、实施经验较丰富的欧盟阻断法来说,欧盟许多企业在面临美国次级制裁时都选择了遵守,不得不放弃商业利益较小的一方而选择美国市场,可以说,只要美国的经济和科技优势地位没有改变,阻断法的实施就始终面临这一挑战。为了我国《阻断办法》能够更好地有效实施,达到反制美国法律及措施不正当域外适用的效果,从根本上说我们还是应该大力发展经济,使中国市场具有强大的吸引力,同时努力提升科技水平,维护核心供应链安全。

最后,我国与欧盟所面临的国际环境也有所不同,这给我国阻断法的实施带来了更多挑战。从内容上看,我国《阻断办法》主要借鉴了欧盟的《阻断法案》,并且我国与欧盟都面临着美国日益扩张的经济制裁与"长臂管辖",存在共同的利益诉求。但是,毕竟我国与欧盟的情况及面临的国际环境存

---

① 强世功等:《超越陷阱:从中美贸易摩擦说起》,当代世界出版社 2020 年版,第 95 页。

在差异,因此,以欧盟阻断法为参照研究我国《阻断办法》的完善时,必须注意这些差异。

第一,我国与欧盟所处的国际环境不同,目前美国针对古巴、伊朗、利比亚的经济制裁尤其是次级制裁对欧盟以及我国有关企业和个人的利益均造成了不利影响。但是除此之外,还存在美国针对我国的管制与制裁问题,这将对我国未来的产业链安全造成极大的威胁,我国必须考虑我国企业作为被经济制裁对象与第三国之间的正常经贸活动如何保护。欧盟与美国是同盟关系,而美国政府已经将中国定性为战略竞争者,这导致中美两国在政治层面处理《阻断办法》的可能性大为降低。

第二,有研究发现,欧盟在面对美国不正当的经济制裁和"长臂管辖"时,其政策已经发生了转变,虽然反对声仍然持续不绝,但势头不再猛烈,并且欧盟已经逐渐抛弃了传统的保守政策,开始走上与美国同步的道路。[1] 欧盟这种政策转向会给其他国家抵抗美国不正当的域外管辖权带来极大的困难,甚至可能"对现代国际法上的国际管辖权制度造成冲击,因为单靠发展中国家的反对难以抵抗欧美国家的联合出击",[2] 毕竟欧美国家长期以来在政治、经济、科技以及法律上建立了很大的优势,拥有很大的话语权。目前几乎所有的跨国企业,尤其是很难与美国市场剥离开的公司都无一例外地选择了遵守美国的域外经济制裁措施,很多公司为了免除自己的法律责任,都会专门事先在合同中订立针对美国经济制裁的"制裁条款"(基于美国制裁措施主张免责,类似于不可抗力条款),这印证了在当前的国际环境中反击美国的域外经济制裁难度将进一步提升。

第三,我国《阻断办法》的实施可能给本国的经济发展带来某些不利影响。结合之前我国出台的不可靠实体清单制度来看,我国近期一系列的立法和反制动作,尤其是我国开始自行决定对外(例如美国、欧盟、英国)实施单边制裁,[3] 这些都显示了我国保护公民、法人海外利益的坚定决心,这会是一个长期的进程,而非暂时的应激手段。虽然在某种程度上能够保护我

---

① 杜涛:《国际经济制裁法律问题研究》,法律出版社 2015 年版,第 175—180 页。

② 杜涛:《欧盟对待域外经济制裁的政策转变及其背景分析》,《德国研究》2012 年第 3 期,第 31 页。

③ 参见"中国对美欧英制裁措施汇总",https://mp.weixin.qq.com/s/3x6C1euHqmm931FBrckmyQ,最后访问时间:2021 年 5 月 29 日。

国的国家利益,但也将导致更激烈的冲突和对抗,目前我国的发展仍需要和平、稳定、开放的国际环境,反之则会损害我国的长远利益。例如,部分"一带一路"沿线国家是美国经济制裁对象,《阻断办法》的实施可能导致"中国企业无所适从,增加合规成本",将我国企业置于两难境地。[①] 另外,在最近RCEP、CAI 等协定签订的大背景下,"中国的阻却立法可以影响外国投资者在中国境外的法律遵守情况,从而造成其担忧,这可能对本来积极的制裁防御举措造成消极影响"。[②] 在经济全球化高度发展、各国产业供应互相依存的今天,我国在施行《阻断办法》的时候必须考虑对整体经济形势的影响,应该在保持高度谨慎的基础上稳步推进。

第四,《阻断办法》的实施将给我国企业增加合规成本,甚至可能将本国当事人陷于在两国法律之中二选一的两难境地,这与出台阻断法的立法初衷相违背,我们必须考虑如何保护企业利益的问题。可以预见的是,中美将在很长一段时间内都处于"竞争"和"挑战"的状态,而出口管制及经济制裁都是美国用来精准打击我国企业及个人的有力法律武器,因此中国企业需要在法律红线的夹缝中不断思考,在各国法律交叉中寻求发展空间,并充分了解各国相关监管政策,做好合规工作,同时需要具备对最新国际局势做出准确判断的能力才能在"百年未有之大变局"中求得生存。

第五节 对完善我国阻断法律体系的建议与思考

一、完善我国阻断法律体系的建议

(一) 提高立法层级

前面已经提到,欧盟《阻断法案》在欧盟法体系中属于条例,立法层级很

---

① 霍政欣:《国内法的域外效力:美国机制、学理解构与中国路径》,《政法论坛》2020 年第 2 期,第187 页。
② 商舒:《中国域外规制体系的建构挑战与架构重点——兼论〈阻断外国法律与措施不当域外适用办法〉》,《国际法研究》2021 年第 2 期,第 75 页。

高,各成员国均须无条件执行,故为后续制定实施细则保留了足够的空间。而我国《阻断办法》仅为商务部部门规章,立法层级较低,通过前面的分析可知,部门规章在很多具体问题的解决上"心有余而力不足",存在法理上的障碍,甚至与现有法律体系冲突,例如我国部门规章在国外法院难以被认定为"强制性规定",导致我国当事人无法援引其作为不遵守国外法律或措施的抗辩理由;《阻断办法》提出由"工作机制"统筹协调中央有关职能部门推进相关工作,但统筹协调工作涉及诸多中央部门的配合,需要较高层级的立法来推动;《阻断办法》为商务部部门规章,商务部所主管的工作有限,而阻断外国法及措施不正当域外适用较为复杂,涉及多部门工作,例如涉外司法协作取证等事项应由司法部负责,这些工作难以由商务部单独完成,需要从更广层面统一行动、密切配合。除此之外,"即使后续出台《阻断办法》配套的规则,亦只能与其平级甚至更低",①因此阻断法的可操作性与威慑力将大打折扣。

除了这些具体问题的解决需要更高层级的法律法规来匹配之外,笔者认为《阻断办法》的出台只是一个开端,应对美国法及措施不正当域外适用将是一个长期的工作,未来还需要结合《不可靠实体清单》《出口管制法》等形成较为完整的法律制度框架,这需要明确我国有关负责部门的定位和责任,一方面,要做好监管指导工作,推动《阻断办法》真正落实;另一方面,要更好地服务于我国相关主体,维护我国企业及公民的合法权益。为了实现这个目标,须提升《阻断办法》的法律位阶,目前《阻断办法》仅为部门规章,难以充分调配有关部门和资源,为了从更高层次和更广角度构建完备的阻断制度、体系,可由人大或国务院探索出台阻断法或阻断法规,充分考虑国际形势变化及我国发展的现实需要,围绕以美国为首的不正当域外管辖对我国企业、个人和国家可能产生的影响,统筹规划、全盘布局,以法律或者行政法规的形式为中国主体提供覆盖面更广、影响力更强的法律保护。

(二)增强阻断法的司法可操作性

目前我国《阻断办法》仅有 10 多条,相关规定非常概括,更多的是宣示

---

① 王淑敏、李倩雨:《中国阻断美国次级制裁的最新立法及其完善》,《国际商务研究》2021 年第 4 期,第 24 页。

性质。通过对比欧盟《阻断法案》，可以发现后者尽管在总体立法方向上也十分简略，但在出台《阻断法案》的同时还发布了《实施条例》和《官方指南》，对很多程序问题进行了细化和说明，可操作性大大增强，而我国的《阻断办法》对于许多核心概念和制度不够明确，可操作性有待加强。我国可借鉴欧盟的经验，出台相应的实施条例和指导手册，而这有赖于司法机关对阻断法做出回应，明确阻断法在具体实施中存在的一些问题。

一是明确第 4 条"工作机制"的具体内涵。目前该工作机制由商务部牵头，全权负责阻断法的禁令发布、具体实施等工作，自由裁量权较大，并且该机制与"不可靠实体清单"的规定类似，在未来很有可能进行合并。从权能上说，该工作机制将负责审查外国法律及措施是否符合我国的评判标准，这种审查不仅有实质审查，而且有程序审查，这种审查"实际是以中国的行政机制审查境外立法和司法，这在当前中国法律框架之中并没有明确的支撑依据"，[①]因此对于工作机制的具体运行仍需要立法补充和完善。

二是丰富第 11 条"政府给予必要支持"的具体内容。该条规定我国主体由于没有遵守外国有关法律及措施而遭受损失的，政府可以给予必要支持，这条规定属于我国独创，其他国家阻断法并不存在，但此条过于简略，"必要"的范围应该如何判断？政府给予的"支持"是否可以包括经济补偿？补偿的标准又是什么？这些都有待细化。

三是对豁免制度的实质条件和程序条件进行规定。目前我国《阻断办法》关于豁免制度的规定过于简单，对于提出豁免申请的条件以及程序这两个核心问题均未规定，而欧盟则要求企业必须遭受"严重损害"，且负有举证责任，另外还规定了详细的程序申请要求，我国也可结合自身实际情况对这些问题进行明确。

四是进一步探索救济制度的可行性。从欧盟阻断法的实施经验来看，救济制度的运用困难较大，前文已经分析过，我国阻断法救济制度存在法律冲突以及裁判难以执行的问题，但救济制度也是阻断法的"牙齿"，缺少了救济制度的阻断法失去了威慑力，无法给予有关方足够的压力，因此在暂不论

---

① "剑指 OFAC 制裁，仍待提高完善"，https://mp.weixin.qq.com/s/_M9C55pJ0yFWtYvqkhTvbw，最后访问时间：2021 年 5 月 8 日。

及救济制度真正付诸实施的情况下，我国也应未雨绸缪，完善救济制度，协调好阻断法与其他法律、法规的关系，避免法律冲突，亦可借鉴欧盟阻断法强制执行的规定，将导致本国主体遭受损失的任何实体，包括其代理人纳入追索对象，提高阻断法的执行可能性，增强阻断法的威慑力。

（三）扩大阻断法的适用情形和范围

我国《阻断办法》在适用情形和范围以及适用对象上存在一定的漏洞，应扩大适用情形和范围，完善阻断法的覆盖面，同时明确外国当事人权利义务关系，正确对待阻断法本身的"域外适用"问题。

《阻断办法》应扩大适用情形和范围，更全面、更有效地维护我国主体利益。首先，目前我国《阻断办法》规定适用于"不当禁止或限制中国与第三国（地区）进行正常经贸活动"，这一点沿用了欧盟阻断法的规定，但我国与欧盟面临的国际环境存在差异，除了美国针对古巴、伊朗等经济制裁之外，我国不少企业和个人也面临美国的经济制裁，因此我国阻断法须明确我国企业作为被经济制裁对象与第三国之间的正常经贸活动如何保护。其次，从字面上看，阻断法不适用于中国实体间的经济活动，但如果有中国企业因为遵守外国的经济制裁法律而导致其他中国企业遭受损失，这种情形也应该被纳入阻断法规制范围。最后，阻断法的适用领域应扩充到金融服务领域，因为美国次级制裁的杀手锏便是金融手段，若只能适用于"经贸"活动，阻断法的保护效果将会大打折扣。

从前文分析可知，我国《阻断办法》在适用对象上采属人主义，即规制"中国公民、法人或者其他组织"，其范围比欧盟小很多，但在"救济制度"上却可能对外国有关当事人造成影响，这种立法上的矛盾之处需要予以解决。若外国当事人须承担相应的义务，根据权利义务统一原则，应给予外国当事人平等的权利，例如在"豁免申请"和"救济起诉"方面应该赋予外国当事人相应的权利。我国应以阻断法为契机，在符合国际法要求的前提下正确对待外国当事人的权利义务关系问题。

尽管目前我国《阻断办法》措辞为"中国公民、法人或者其他组织"，但根据前文分析，阻断法不可避免地会对外国公民、法人等产生影响，尤其是救济制度，那么《阻断办法》实际上是存在"域外适用"情况的。阻断法的立法宗旨是要反制外国法及措施的不正当域外适用，但阻断法本身又不得不域外适用，正如有实务人士分析认为,"在域外适用这个问题上,关键不是'有'还是'没有',是'当'还是'不当'",①这就要求我国有关部门在推动《阻断办法》实施的过程中要把握好"度"的问题,尤其是第 7 条"禁令发布"的标准确认、第 12 条"采取必要的反制措施"等都具有较大的自由裁量权,需要于法有据、合情合理。

(四) 谨慎推动《阻断办法》实施

我国《阻断办法》的实施面临诸多实际困难,其中有两个问题须慎重对待:《阻断办法》的实施对我国营商环境乃至整体经济发展的影响;二是《阻断办法》的实施对我国企业的影响。

毫无疑问,《阻断办法》的实施将导致中国法与外国法的激烈冲突和对抗,出台阻断法的最大意义也在于向外国企业施压,让外国企业在两国市场之间进行选择,但这很有可能会恶化我国的营商环境,甚至迫使部分外国企业不得不放弃中国的市场,影响有关主体在我国进行投资或贸易的信心,损害我国的长远发展利益,因此,我国在推动阻断法实施的过程中必须要慎重,例如在颁布具体禁令时要充分考虑对两国经贸关系的影响、在处理依据阻断法提起的救济诉讼时要注意一视同仁,做到公平公正。如果说 2019 年我国出台的《外商投资法》是为了继续向世界展示中国扩大对外开放的决心,努力营造良好的营商环境,吸引外国投资者来华,那么我国出台阻断法的目的则是维护市场交易秩序不受他国的不正当干扰,威慑相关国家单边措施的无限制扩大,这与保护外国主体在华的合法权益并不矛盾。正如《阻断办法》第 3 条所言,中国政府始终坚持国际关系基本准则,遵守国际义务,所以我国在推动《阻断办法》的实施时也应该谨慎,综合考虑国际、国内形势发展大局,做到有理、有据、有节。

另外,《阻断办法》的实施可能给企业发展带来不利影响。实际上,《阻断办法》从诞生之初便被认为可能陷企业于两难境地。从上文美国法庭对外国阻断法分析的态度来看,美国法庭采纳阻断法抗辩,一般要求外国阻断法明确规定了相关违法责任和较为严厉的处罚,并且外国政府的相关部门须积极执行该法律,即只有当事人的确处于两难境地时,美国法庭才可能采

① 吴宇宏:"艰难的《阻断外国法律与措施不当域外适用办法》",http://www.dhl.com.cn/CN/tansuocontent/0008/020546/7.aspx,最后访问时间:2021 年 5 月 10 日。

纳抗辩意见。从这个角度看,似乎阻断法就是要将当事人置于两难境地才可能获得外国的豁免,但现实情况并非如此,若强化执法只会"加重中国企业的合规成本,阻断法应该主要被用以向美国施压,进行对话"。① 一方面,出台阻断法的目的是保护本国企业和个人正常的商业活动和合法权益,并非为了处罚而处罚,若为了在外国获得认可而加重执行力度就与立法初衷相违背了,这一点从欧盟 10 多年来阻断法的实施情况即可证明;另一方面,很多企业面临双重违法风险,可能无力应对巨大的时间和经济成本。因此,各国阻断法都规定了豁免制度,就是考虑到某些企业的特殊情况,若采取一刀切将导致某些企业面临灭顶之灾。

我国《阻断办法》也规定了豁免制度,但需要在实施过程中完善豁免制度,目前的豁免制度规定过于简单,不具有可操作性,我国应采取适当的区分标准,合理区分哪些企业和个人是需要豁免的。对于不需要豁免的可以考虑贯彻实行阻断法的有关措施,因为阻断法的"强制性"是美国法院采纳与否的重要判断标准。我们不仅应该"逐步建立相应的惩罚机制,更要推进惩罚措施的执行",②不能让阻断法束之高阁成为一句空话,但也要考虑平衡企业利益保护与阻断法执行之间的关系,要分情况区别对待不同企业,最大限度地保护我国企业利益与供应链安全。而对中国有关的企业和个人来说,必须探索如何在各国法律交叉中寻求发展空间,做好合规工作,规避法律风险,这将是未来很长一段时期内需要注意的问题,有关部门也应该指导相关主体做好风险规避与防范,可以"建立相应的调控机制,帮助企业和个人充分了解有关情况"。③

二、对我国阻断法律体系的思考

(一) 阻断法的局限性

阻断法是一种不得已而为之的法律武器,从诞生之初便存在诸多缺陷:

---

① 沈伟:《中美贸易摩擦中的法律战——从不可靠实体清单制度到阻断办法》,《比较法研究》2021 年第 1 期,第 20 页。

② 刘桂强:《我国民商事域外取证的司法实践:现状、问题与对策》,《武大国际法评论》2021 年第 1 期,第 112 页。

③ 岳树梅、黄秋红:《国际司法协助与合作中的"长臂管辖"及中国应对策略》,《北方法学》2021 年第 2 期,第 135 页。

一是阻断法的政治意义大于法律意义,存在较大的不确定性;[①]二是阻断法将本国当事人陷于在两国法律之中二选一的两难境地,此类企业及个人"必须仔细考虑在双重规则下的特殊情况和可能面临的风险,并在密切关注潜在发展情况的同时认真评估其选择权和相关风险"。[②]

笔者认为,我国《阻断办法》最大的意义在于,增加外国企业选择遵从美国有关制裁法令的合规成本,外国企业将面临在中国法律与美国法律之间二选一的处境,违反其一将被另一个处罚,并且中国企业还可以依据阻断法起诉外国企业,这会对美国有关政府部门形成间接压力,从而改善我国有关企业的处境。除此之外,这种企业之间的商业诉讼行为比中国政府部门直接干预不仅更有效,而且完全符合市场经济的运作规律。不过,这种"选边站"并非单纯的法律或道德问题,关键的影响因素还是商业利益判断,与两国之间的实力、手段和"筹码"密切相关。[③]

实际上,在当代国际法律秩序中,"美国曾热情构建、拥抱国际法律秩序,促成了多边体制的建立,但同时也自负地为了实现美国的价值观而采取单边行动,冲击、破坏国际法律秩序"。[④] 美国的经济制裁之所以横行无忌,世界各国深受其害却难以施以有力反击,其根本原因还在于美国强大的经济、科技实力和美国具有吸引力的市场。美国的这些核心优势让其可以将长臂管辖延伸到世界任何一个角落,在此基础上又孕育了美国法律域外管辖的一系列理论体系和实践经验。因此,我国应对美国经济制裁及长臂管辖问题须建立多层次应对体系,阻断法只能是手段之一,想要毕其功于一役是不现实的,并且从本质上说阻断立法是被动的,相当于"防护盾",为了更有效地维护我国国家和公民海外利益,还需要打造"法律之矛",避免我国企

① Jürgen Basedow. *The Law of Open Societies Private Ordering and Public Regulation in the Conflict of Laws*. Nijhoff, 2015, pp.394 - 395.
② Genevra Forwood, Sara Nordin and Charlotte Van Haute. The Reincarnation of the EU Blocking Regulation: Putting European Companies Between a Rock and a Hard Place. *Global Trade and Customs Journal*, 2018, Volume 13, Issue 11/12, p.501.
③ 廖凡:"我国对外国法不当域外适用'亮剑'",http://iolaw.cssn.cn/zxzp/202104/t20210401_5323454.shtml,最后访问时间:2021 年 5 月 30 日。
④ 刘志云:《当代国际法的发展:一种从国际关系理论视角的分析》,法律出版社 2010 年版,第14—16 页。

业和公民在域外遭受不法侵害和打压。[①]

(二) 构建综合应对体系

随着美国与中国战略竞争愈演愈烈，商业和法律的政治化色彩也越来越浓，美国的次级制裁及"长臂管辖"早已不仅是法律问题，背后是以美国的经济和科技实力为基础，伴随着美国的政治目的，因此要解决这个问题也不应仅从法律层面，应该构建综合应对体系。

在法律层面，各国一般有寻求美国国内法的救济、诉诸国际争端解决机制（例如 WTO 争端解决机制）或本国立法进行反制等途径，中国本次出台《阻断办法》再加上之前的"不可靠实体清单"都是中国应对美国不正当域外管辖的重要法律手段。中国可以此为契机，结合本国实际情况，借鉴外国经验，进一步完善我国涉外法律体系，以一种更加主动的方式应对国际不利影响，积极参加国际经济治理，展现中国特色社会主义法治的气度。第十三届全国人民代表大会第四次会议审议通过的《全国人民代表大会常务委员会工作报告》中明确指出："加快推进涉外领域立法，围绕反制裁、反干涉、反制长臂管辖等，充实应对挑战、防范风险的法律'工具箱'，推动形成系统完备的涉外法律法规体系"。[②] 正如曾有学者这样评论中国在加入和参与世界贸易组织的艰难境地，"美国和欧盟主导着世贸组织规则的设计与起草，中国在极不公平的条件下加入，并且享有较少的权利"。[③] "如今中国凭借自己的法律专业能力可以与美国和欧盟在法律问题上据理力争，但美国和欧盟又反过来说 WTO 规则偏向中国"。[④] 可见中国参与国际竞争和博弈面临的法律挑战还很多，需要进一步提高运用法律武器维护自身权益的能力和实力。

在非法律层面，中国也应在其他领域积极行动，不断加强国际合作，充分运用政治和外交手段，切实推进多边主义。目前中国、欧盟等在反对美国

---

① 霍政欣：《构建"攻防兼备"的涉外法律体系》，《环球时报》2021 年 3 月 10 日。

② "全国人民代表大会常务委员会工作报告"，http://www.npc.gov.cn/npc/kgfb/202103/84244a2f9aa84dc386484166810641e7.shtml，最后访问时间：2021 年 3 月 17 日。

③ Gregory Shaffer and Henry Gao. China's Rise: How It Took on the U.S. at the WTO. *University of Illinois Law Review*, 2018, Vol.2018, No.1, pp.118 - 119.

④ Henry Gao. China's Ascent in Global Trade Governance: From Rule Taker to Rule Shaker and Maybe Rule Maker. *Making Global Trade Governance Work for Development*. Oxford University Press, 2011, pp.167 - 172.

不当域外管辖问题上存在共同的利益诉求,故应深化中欧交流合作,构筑反击美国霸权的合力,形成命运共同体。曾有人说:"如果其他国家联合起来反对美国制裁,华盛顿将发现它陷入要么制裁所有人,要么放弃制裁的困境"。① 除此之外,中国应努力提升自身经济和科技实力,例如加快推进人民币国际化进程,绕开美元清算系统;进一步提升自主科技创新能力,减少对美国技术和产品的依赖,保障供应链安全等,这才是治本之策。

2021 年 6 月 10 日,十三届全国人大常委会第二十九次会议表决通过了《中华人民共和国反外国制裁法》(以下简称《反外国制裁法》),这部法律突出一个"反"字,主要针对外国干涉中国内政的所谓"单边制裁",一方面,为我国采取相应反制措施提供法理依据;另一方面,我国也可以据此主动采取反制措施应对打击外国反华势力、敌对势力的活动。② 目前我国应对外国滥用经济制裁及"长臂管辖"的手段有:《不可靠实体清单规定》《出口管制法》《阻断外国法律与措施不当域外适用办法》,其中针对性较强的只有《不可靠实体清单规定》及《阻断办法》,但这两者都属于部门规章,法律位阶较低,因此,此前我国采取的反制措施"主要还是通过行政手段,缺少国家立法层面的支撑"③。本次《反外国制裁法》的颁布进一步明确了我国采取反制措施的法律依据,法律位阶更高,约束力更全面,建立了完整的反制裁法律体系。不过《反外国制裁法》也只是原则性地规定了立法宗旨、适用范围、反制措施、法律责任等,具体如何落地以及如何与《不可靠实体清单规定》《阻断办法》配合还需要后续细则的补充。

面对美国不断扩张的"司法霸权主义",以往合规式的应对已经不能有效维护我国国家利益了,我国应该尝试从多层次、多领域,在国内法和国际法两个方面发力,与其他国家一起构筑国际法秩序下的良性国际环境,反制美国长臂管辖带来的破坏。阻断法的实施本质上是两国法律冲突、对抗的表现,反映了两国在国际经贸活动中的尖锐对抗关系,但国际经贸活动也应

---

① 刘建伟:《美国次级经济制裁:发展趋势与常用对策》,《国际经济评论》2020 年第 3 期,第 158 页。

② "全国人大常委会法工委负责人就反外国制裁法答记者问",http://www.xinhuanet.com/2021-06/10/c_1127551967.htm,最后访问时间:2021 年 6 月 16 日。

③ "专家解读《中华人民共和国反外国制裁法》",https://www.chinanews.com/gn/2021-06-11/9497349.shtml,最后访问时间:2021 年 6 月 16 日。

该努力发挥市场在资源配置中的决定性作用,制裁或者反制都带有浓厚的政治色彩,不符合国际经济发展的主题,我们应致力于推动构建国际法规则下的平等、互利、共赢的国际秩序。

当前世界正经历百年未有之大变局,国际治理体系亟待重塑,我国正处于实现民族伟大复兴的关键时刻,中国的发展离不开和平与发展的国际环境,离不开以规则为基础的国际法律秩序。中国应积极主动提出议题,更加全面、深入地参与国际法规则的形成与发展,未来在完善中国"反制裁"体系的过程中,应当继续考量国际合作的因素,为构建人类命运共同体贡献中国智慧。

第六节　结　语

为了反制美国不正当的经济制裁及"长臂管辖",我国颁布了《阻断办法》。《阻断办法》在很多方面借鉴了欧盟经验,但也存在一些不同之处。本章旨在研究中国《阻断办法》的完善路径,尝试为我国更好应对美国经济制裁及"长臂管辖"提供参考建议。

本章首先梳理了阻断法的产生背景与制定情况,明确了阻断法的法律定位与立法精神;其次,将中国与欧盟的阻断立法进行对比,通过比较中欧主要制度的差异,发现我国阻断法存在"适用情形需要扩大""适用对象存在漏洞""外国当事人权利义务待明确""救济制度存在法律冲突及执行困难""正在遭受监管调查的中国主体难以援引"等漏洞;再次,分析了欧盟阻断法在域内和域外适用中存在的问题以及对我国的启示;最后,提出了对我国阻断法律体系的建议与思考,认为应该提高立法层级、增强阻断法的可操作性、扩大适用情形和范围、谨慎推动阻断法的实施。除此之外,我们还要认识阻断法的局限性,构建综合应对体系,加强国际合作。

当今世界本质上仍由西方发达国家所主导,尤其是美国掌握着科技、金融、贸易和法律的主要话语权,中国的发展面临诸多挑战。我国应以《阻断办法》的出台为契机,构建应对外国法不当域外适用的多层次法律体系,更有效地维护我国国家利益。同时加快推进我国法域外适用的法律体系建设,扩大中国特色社会主义法治理论的国际影响。

第十章
《反外国制裁法》功能性分析和不足

全国人大常委会于 2021 年 6 月 10 日表决通过《反外国制裁法》，①规定了中国对外国制裁的反制措施，包括采取反制措施的情形、适用对象、具体的反制措施、反制措施的效力与变更、工作机制、实施义务和违法后果等内容。

第一节　《反外国制裁法》的制定背景②

制定《反外国制裁法》以反制外国制裁、干涉与长臂管辖的做法在国际社会已有先例。2018 年，俄罗斯通过的《关于影响（反制）美国和其他国家不友好行为的措施的法律》就是例证。

近年来，美国金融制裁已由"法律对总统在国家紧急状态时的特殊授权"逐渐转变为"常态化外交工具"。由于美国主导的国际金融体系和美元在国际结算中的核心地位，加之信息技术的发展让追踪、堵截资金流动更为方便可行，美国金融制裁呈现出非对称、低成本、易执行、高度复杂、难规避等特点，对全球贸易和金融交易产生深远的影响。截至 2021 年 6 月 15 日，美国金融制裁主要执法部门美国财政部下属的海外资产控制办公室（OFAC）共实施 70 个制裁项目，涉及 171 个国家和地区，涵盖 9 个制裁名

---

① 就在我国《反外国制裁法》通过的前一天，美国总统签署行政指令，撤销了此前针对 TikTok、微信等多款中国应用程序的禁令。

② 关于《反外国制裁法》的反制逻辑、法理基础，可详见赵德铭、周文桐、金挺峰：《〈反外国制裁法〉述评》，《国际经济法学刊》2022 年第 1 期，第 1—14 页。

单,共计 10 675 名个人和实体,中国个人和实体共 311 名。[①]

中国对此采取了多种回应措施。全国人大颁布了《中华人民共和国出口管制法》,商务部先后制定了《不可靠实体清单规定》和《阻断外国法律与措施不当域外适用办法》,并更新推出了《关于两用物项出口经营者建立出口管制内部合规机制的指导意见》和《两用物项出口管制内部合规指南》。这一系列规范性文件的出台彰显了我国为了维护国际经贸秩序的法治化努力,为我国企业在域外不当法律侵害时提供了合法救济渠道,对维护国家主权与安全具有重要意义。

2020 年 11 月,习近平总书记在中央全面依法治国工作会议上发表重要讲话,指出"要强化法治思维,运用法治方式,有效应对挑战、防范风险,综合利用立法、执法、司法等手段开展斗争,坚决维护国家主权、尊严和核心利益"。[②] 2021 年 3 月,十三届全国人大四次会议审议并批准了《全国人民代表大会常务委员会工作报告》,在"今后一年的主要任务"中明确提出,围绕反制裁、反干涉、反制长臂管辖等,充实应对挑战、防范风险的法律"工具箱"。

第二节　《反外国制裁法》的国际法意义

一、《反外国制裁法》符合国际法和国际关系基本准则

"20 世纪 90 年代以来,联合国大会通过一系列决议,多次强调反对一国滥用法律域外效力,要求废除各种对他国企业和个人具有域外效力的单方面法律与措施,呼吁各国不承认、不执行此类法律与措施。"[③]中国出台实施《反外国制裁法》,同联合国大会决议精神相一致,具有正当性。

---

① 陈胜、洪浩熠:"《反外国制裁法》通过——中国反制外国长臂管辖的里程碑",https://mp.weixin.qq.com/s/VEuKYttgJPWlpFEnbH5pHg,最后访问时间:2021 年 6 月 15 日。

② "在法治轨道上推进国家治理体系和治理能力现代化",https://bajiahao.baidu.com/s?id=16840117894914380718wfr=spider&for=pc,最后访问时间:2021 年 3 月 10 日。

③ "专家解读《中华人民共和国反外国制裁法》",https://m.gmw.cn/baijia/2021-06/11/34915469.html,最后访问时间:2021 年 6 月 11 日。

二、《反外国制裁法》同国际社会的普遍实践一致

中方出台此法与国际上的通行做法一致,借鉴了欧盟等立法经验,也结合中国时代特点和现实需求,提出了反制裁、反干涉、反制长臂管辖等明确目标。

三、《反外国制裁法》为相关部门实施反制裁措施提供法律依据

2021年以来,中国政府已多次宣布对有关国家的实体和个人实施相应反制措施。2021年1月9日,商务部公布并实施了《阻断外国法律与措施不当域外适用办法》。我国此前采取的反制裁措施主要是通过行政手段,缺少国家立法层面的支撑。《反外国制裁法》的出台补齐了这一短板,为我国依法反制外国歧视性措施提供有力法制保障。

四、《反外国制裁法》可以保障更高水平对外开放

实施《反外国制裁法》有利于更好地实行高水平对外开放、完善中国特色社会主义法治体系(特别是涉外法治体系)、推进国家治理体系和治理能力现代化。

第三节 《反外国制裁法》的主要内容

《反外国制裁法》共有16条,包括外交基本政策和原则立场、采取反制措施的情形、适用对象、具体的反制措施、反制措施的效力与变更、工作机制、实施义务和违法后果等,详见表10-1。

表 10-1 《反外国制裁法》的主要内容

条　　文	内　　容
第1—2条	立法目的和基本原则
第3条	"外国制裁"的含义

条　文	内　容
第 4—11 条	针对"外国制裁"的反制措施
第 12 条	不得执行"外国制裁"
第 13 条	其他法律法规规定的反制措施
第 14 条	不执行反制措施的法律责任
第 15 条	对其他"危害行为"采取反制措施
第 16 条	生效日期

一、采取反制措施的情形

《反外国制裁法》第 3 条第 2 款明确了采取反制措施的情形,即"外国国家违反国际法和国际关系基本准则,以各种借口或者依据其本国法律对我国进行遏制、打压,对我国公民、组织采取歧视性限制措施,干涉我国内政的,我国有权采取相应反制措施"。

二、适用对象

关于反制措施适用的对象,《反外国制裁法》第 4 条首先明确"直接或者间接参与制定、决定、实施歧视性限制措施的个人、组织"可能会被国务院有关部门列入反制清单。此外,第 5 条规定与上述主体存在特定关系的个人与组织也可能被列入反制范围,包括列入反制清单个人的配偶和直系亲属、列入反制清单组织的高级管理人员或者实际控制人、由列入反制清单个人担任高级管理人员的组织、由列入反制清单个人和组织实际控制或者参与设立和运营的组织。

三、具体的反制措施

针对上述个人和组织,《反外国制裁法》第 6 条授权国务院有关部门可以采取如下措施:不予签发签证、不准入境、注销签证或者驱逐出境;查封、扣押、冻结在我国境内的动产、不动产和其他各类财产；禁止或者限制我国境内的组织、个人与其进行有关交易、合作等活动；其他必要措施。

这些反制措施按照性质由各归口单位采取一种或者几种并处。此外，其第 4 项的兜底条款意味着也有可能采取其他的反制措施，这也为制裁机关预留制裁空间。

四、反制措施的效力与变更

《反外国制裁法》第 7 条明确规定，国务院有关部门做出的决定为最终决定。因此，被反制方可能无法通过行政复议或者行政诉讼的途径取得救济。

此外，第 8 条规定采取反制措施所依据的情形发生变化的，国务院有关部门可以暂停、变更或者取消有关反制措施。

五、工作机制

《反外国制裁法》第 9 条规定，反制清单和反制措施的确定、暂停、变更或者取消，由外交部或者国务院其他有关部门发布命令予以公布。

此外，中国将设立反外国制裁工作协调机制，负责统筹协调相关工作，促进国务院有关部门加强协同配合和信息共享，按照各自职责和任务分工确定和实施有关反制措施。

六、相关组织和个人的实施义务与法律后果

《反外国制裁法》区分了两类组织和个人的不同义务。一类是，对于任何组织和个人（包括境外和境内的组织和个人），《反外国制裁法》要求其均不得执行或者协助执行外国国家对中国公民、组织采取的歧视性限制措施。如果有关组织和个人违反规定，侵害了中国公民、组织合法权益的，中国公民、组织可以向中国法院提起诉讼，要求其承担停止侵害、赔偿损失等责任。[1] 另一类是，对于中国境内的组织和个人，《反外国制裁法》在上述要求的基础上赋予了更进一步的义务，要求其应当执行国务院有关部门采取的

---

[1] 《反外国制裁法》第 12 条。

反制措施。中国境内的组织和个人违反该规定的,国务院有关部门依法予以处理,限制或者禁止其从事相关活动。①

七、《反外国制裁法》的运作和预期效果

根据《反外国制裁法》可能采取的行动如下:① 中国政府可以主动对外提起反制裁;②② 如果境内中国公民因为外国的歧视性限制措施,可以请求有关机关提起制裁;③③ 提供起诉的可能性,给中国公民和企业提供了起诉的权利和依据。④

衡量中国反制裁法的实际效果可以有三个方面的标准:① 法律是否起到了预期的制衡他国对我国进行制裁的效果,例如他国减少了对华制裁或者减弱了对华制裁的力度。② 法律是否促进了国际法或者国际关系法的发展。国际法以及公认的国际关系准则是调整国家之间关系的依据,国际法治也以一国尊重国际法治作为衡量一国法治水平的标准。③ 法律的实施有赖于程序正义。正当程序应该成为衡量反外国制裁法实施效果的重要判断标准。

第四节 疑 难 问 题

由于我国《外国反制裁法》刚刚出台,具体反制措施的实施有待观察和完善。

一、《反外国制裁法》与商务部《不可靠实体清单规定》的关系

2020 年 9 月,商务部颁布了《不可靠实体清单规定》,初步建立了不可靠实体清单制度,对于在国际经贸及相关活动中从事下列行为的外国实体(包括外国企业、其他组织或者个人),采取加入不可靠实体清单的反制措

---

① 《反外国制裁法》第 11 条。
② 《反外国制裁法》第 13 条。
③ 《反外国制裁法》第 14 条。
④ 《反外国制裁法》第 15 条。

施：① 危害中国国家主权、安全、发展利益；② 违反正常的市场交易原则，中断与中国企业、其他组织或者个人的正常交易，或者对中国企业、其他组织或者个人采取歧视性措施，严重损害中国企业、其他组织或者个人合法权益。

对列入不可靠实体清单的外国实体，可以采取下列一项或者多项措施，并予以公告：① 限制或者禁止其从事与中国有关的进出口活动；② 限制或者禁止其在中国境内投资；③ 限制或者禁止其相关人员、交通运输工具等入境；④ 限制或者取消其相关人员在中国境内工作许可、停留或者居留资格；⑤ 根据情节轻重给予相应数额的罚款；⑥ 其他必要的措施。

不可靠实体清单制度的适用对象和具体措施与《反外国制裁法》中的反制清单存在一定的重叠。目前来看，不可靠实体清单主要针对的是国际经贸及相关活动中的行为，而反制清单可能主要侧重政治性行为。但是，无法排除两者未来出现共同适用的情形（见表 10 - 2）。

表 10 - 2 《不可靠实体清单》和《反外国制裁法》比较

主要方面	《不可靠实体清单》	《反外国制裁法》
陈述申辩权	允许被调查的外国实体陈述、申辩	无
改正期限	可规定改正期限，外国实体在改正期限内改正其行为并采取措施消除行为后果的，将被移出不可靠实体清单	无
豁免情形	中国企业、其他组织或者个人在特殊情况下确需与被限制外国实体进行交易的，可以提出申请，经同意可以进行交易	无
救济途径	并未明确其决定为最终决定，因此理论上存在通过行政复议和行政诉讼进行救济的可能	明确为最终决定，可能无法通过行政复议或者行政诉讼的途径取得救济

二、《反外国制裁法》对外资企业的影响

由于《反外国制裁法》规定任何组织和个人（包括境外和境内的组织）均

不得执行或者协助执行外国国家对中国公民、组织采取的歧视性限制措施，对于外国企业而言，我国《反外国制裁法》对其施加了不得执行或者协助执行外国国家对中国公民、组织采取的歧视性限制措施的义务。如果相关的限制措施来自外国企业国内法的要求，外国企业将会面临难以同时遵守其本国法和中国《反外国制裁法》的困境。

此外，外国企业的中国子公司或分支机构很可能被认为属于"中国境内的组织和个人"，需要执行中国采取的反制措施。这一点对于外资金融机构在华的分支机构会有实质性影响。这种困难如何解决仍然有待《反外国制裁法》实施细则和具体执法案例加以说明。

三、《反外国制裁法》第 12 条的缺陷

《反外国制裁法》第 12 条[①]规定了对外国直接制裁的"阻断"，有别于商务部颁布的用于阻断"外国对第三国的制裁给中国造成的影响"的《阻断办法》，是一种更加广义的"阻断"，属于报复性制裁（retaliatory sanctions）立法。第 12 条在立法技术上存在一定的瑕疵，亟待通过立法或者司法的方式加以改进。

（一）内容概述

根据第 12 条的规定，任何实体遵守外国对中国制裁的行为都被认定为违法；任何实体遵守外国对中国制裁并且侵害到我国公民的利益时，我国实体可以在中国法院对其提起侵权之诉。第 12 条未对违法主体的身份进行限制。理论上，一家在中国没有任何业务的美国企业，如果它拒绝给中国的高科技企业供应芯片，侵害我国相关实体的合法权益，也可能成为被告。

（二）第 12 条的可操作性

由于阻断法是通过法律形式表现的国际政治工具，阻断法的适用会随着国际关系的变化而变化。各国在颁布阻断法的同时，会对阻断法

---

① 第 12 条："任何组织和个人均不得执行或者协助执行外国国家对我国公民、组织采取的歧视性限制措施。

　　组织和个人违反前款规定，侵害我国公民、组织合法权益的，我国公民、组织可以依法向人民法院提起诉讼，要求其停止侵害、赔偿损失。"

的实施施加诸多限制条件，以便与外交政策配合，达到更好的效果，详见表 10-3。

表 10-3　阻断办法核心内容

方　面	内　　　　容
一种效果	外国的相关法律在本国管辖范围内无效
两项权利	相关实体向国家有关机关申请"豁免"并遵守外国相关制裁规则的权利和就遭到的损害起诉的权利
两项义务	相关实体不得遵守外国制裁法的义务和向相关部门报告的义务

1. 合理限缩阻断法的适用范围

欧盟针对外国的措施主要指反美国制裁，而且明确列在附表中（《赫尔姆斯—伯顿法案》和《达马托法案》），欧盟的阻断法只阻断了美国对伊朗和古巴的部分制裁。对于同样对欧盟产生影响的美国对俄罗斯的制裁，欧盟并未进行阻断。

《反外国制裁法》第 12 条采取了概括性的阻断模式，阻断所有针对中国实体的"歧视性限制措施"，故《反外国制裁法》在本质上就不仅是有针对性的反制裁法律。《反外国制裁法》的主要目的是建立一种广义上的威慑。要使《反外国制裁法》更加有效和更具有操作性，需要通过颁布立法"清单"的方式适当限制适用范围。

2. 授权具体部门实施阻断法

各国一般不会对所有影响本国利益的外国法律进行阻断，而是按照外交需要、权衡利弊之后有选择地进行。加拿大将该权力授予了总检察长，中国《阻断办法》第 7 条将该权力授予了中国商务部门，而《反外国制裁法》第 12 条没有授权任何行政部门实施。

3. 严格限制阻断法下的私人诉讼

"追索权"是阻断法的一项基本制度，授予个人诉讼的权利。由于此类案件的政治敏感性，不是所有的反制裁法都赋予受害人这类权利。例如，我国香港地区和澳大利亚的阻断法都没有规定个人的诉讼程序，我国香港地区甚至还严格限制公诉程序，规定香港律政司司长的同意是按照阻断法对相关人员提起公诉的前提。[①]

阻断法在本质上是一种国际政治的工具，如果这种国际政治工具可以随时、随地和随意由个人发起，既会超出政府的控制，也会破坏政府使用此类工具的目的，失去反制裁法作为国际政治和外交政策工具的价值。同样，个人滥诉等行为也会给本国利益造成损害。[②]

4. 配套措施限制阻断法的随意使用

阻断法下的"豁免"申请制度是由行政机关在对国际关系和国家利益进行综合平衡后，决定是否可以"豁免"相关实体对阻断法的遵守，以在更高层面上保护本国的国家利益。

我国《反外国制裁法》第 12 条没有规定"豁免"申请制度，使政府失去了灵活执法的空间。由于《反外国制裁法》第 12 条缺乏一些限缩性的条件，故在实践中产生了意想不到的法律效果，例如在 2021 年 6 月 10 日以后，所有遵守外国对中国制裁的中外企业均已构成《反外国制裁法》第 12 条下的违法，并随时有可能被起诉。

法律在生效起就使如此之多的中外企业面临违法和被诉的风险，使得法律的有效性面临很大挑战。阻断法最突出的特点就是会使其适用对象处于"两难困境"，这些"违法企业"也很难纠正"违法行为"。由于受第 12 条影响的实体有很多跨国企业和外国实体，客观上造成了这样的效果，第 12 条会在一定程度上改变企业的供应链和产业链，甚至影响我国的对外经济政策。同时，第 12 条也会放大美国对华"次级制裁"和"非典型初级制裁"的效果。

四、《反外国制裁法》第 12 条立法现状的原因分析

《反外国制裁法》第 12 条有很好的立法目的，但是存在问题也很明显。

（一）只注重涉外立法的法律性而忽视了涉外立法的政治性

阻断立法在很大程度上仅是国际政治的工具，是国际政治斗争的筹码和国家的政治表态。中国今后在进行此类立法时，还需要对立法条文进行

[①] 《香港阻断法》第 5 条第 3 款。

[②] 此处详细分析，可以见沈伟、邵辉：《论阻断诉讼的法律风险及其司法控制》，《中国应用法学》2022 年第 2 期，第 168—181 页。

国际政治、经济、外交等方面的综合评估。

（二）未充分考虑中国当前的外交战略和基本国情

中国面临的国际形势、当前的实力和外交战略都是中国涉外立法应当考虑的因素，也是评价涉外立法的标准。

（三）将国内立法中的"主人翁"思维套用在涉外立法上

涉外立法的立法者既是立法主体又是客体，立法者的涉外立法不仅会引发外国国家和客体采取一系列应对机制，而且有可能使客体采取极端的"脱离管辖"的应激反应，本质上是制裁和反制裁是"博弈论"下各方进行行为选择的博弈过程。反制裁立法不能完全以自我为中心，而要充分分析和预判涉外立法中外国客体可能采取的各种应对机制。

（四）了解阻断法中"追索权"的本质

《反外国制裁法》第 12 条立法上存在的问题反映出我们在对阻断法下的"追索权"的本质尚未有完整清晰的了解。我国对于相关制度的研究和制度创新还有着很大的发展空间。

五、对《反外国制裁法》第 12 条的完善建议

（一）对《反外国制裁法》第 12 条进行立法修订

通过立法修订的方式，为《反外国制裁法》第 12 条设置"控制节点"，但是这种立法修订程序复杂，且可能会影响立法的严肃性，因此可行性不高。

（二）为《反外国制裁法》第 12 条颁布新的实施细则

鉴于当前《反外国制裁法》第 13 条对于通过"行政法规、部门规章"来制定相关反制措施进行了概括授权，中国商务部适时可以就《反外国制裁法》第 12 条关于阻断"直接制裁中国的外国法律"的内容颁布实施细则（该实施细则是不同于《阻断办法》的"报复性制裁立法"），设置相关"控制节点"，并完善《反外国制裁法》第 12 条的其他制度性缺失（例如第 12 条第 1 款只规定了违法的行为模式却没有规定后果模式，没有规定"豁免"申请制度等）。但是在该实施细则颁布之前，各级法院应按照下面的建议，向社会明确暂缓受理此类案件。

（三）通过最高法院进行执法控制

我国可以通过最高法院下发通知的方式，要求各级法院在受理根据《反

外国制裁法》第 12 条提起的诉讼前,逐级报请最高法院批准。这种方案操作最方便,能够在第一时间形成司法机构的"控制节点",其优点是:一方面,能够降低中外企业对于自己可能会立即遭到法律制裁的担心,降低当前第 12 条立法对我国经济的不利影响;另一方面,最高法院届时可以根据外交和政治需要,在个案中决定哪些案件可以被受理,这也是对于那些极度反华实体的法律震慑,实现我国阻断法所要达成的"政治平衡"的效果。

主要参考文献

一、译著

1. [法] 阿里·拉伊迪：《隐秘战争》，法意译，中信出版社 2019 年版。

2. [法] 弗雷德里克·皮耶鲁齐、马修·阿伦：《美国陷阱》，法意译，中信出版社 2019 年版。

3. [美] 泰格、利维：《法律与资本主义的兴起》，纪琨译，学林出版社 1996 年版。

4. [美] 巴里·E. 卡特、艾伦·S. 韦纳：《国际法》（下），冯洁菡译，商务印书馆 2015 年版。

5. [美] 廖子光：《金融战争：中国如何突破美元霸权》，林小芳等译，中央编译出版社 2008 年版。

6. [美] 巴里·埃森格林：《嚣张的特权：美元的兴衰和货币的未来》，陈召强译，中信出版社 2011 年版。

7. [美] 汉斯·摩根索：《国家间政治——权力斗争与和平》，徐昕、郝望、李保平译，北京大学出版社 2017 年版。

8. [美] 加利·克莱德·霍夫鲍尔等：《反思经济制裁》，杜涛译，上海人民出版社 2019 年版。

9. [美] 罗伯特·基欧汉、约瑟夫·奈：《权力与相互依赖》，门洪华译，北京大学出版社 2002 年版。

二、中文著作

1. 中共中央宣传部：《习近平新时代中国特色社会主义思想学习纲要》，学习出版社、人民出版社 2019 年版。

2. 白桂梅：《国际法》（第三版），北京大学出版社 2015 年版。

3. 韩龙：《金融法与国际金融法前沿问题》，清华大学出版社 2018 年版。

4. 黄风：《金融制裁法律制度研究》，中国法制出版社 2014 年版。

5. 刘志云：《当代国际法的发展：一种从国际关系理论视角的分析》，法律出版社 2010 年版。

6. 强世功等：《超越陷阱：从中美贸易摩擦说起》，当代世界出版社 2020 年版。

7. 阮建平：《战后美国对外经济制裁》，武汉大学出版社 2009 年版。

8. 孙昂：《美国对外事务法律机制》（下），国际文化出版公司 2010 年版。

9. 孙才华：《美国经济制裁风险防范：实务指南与案例分析》，人民日报出版社 2020 年版。

10. 王虎华：《国际公法学》（第四版），北京大学出版社 2015 年版。

11. 温树英：《金融服务贸易的国际法律规制》，中国社会科学出版社、人民法院出版社 2005 年版。

12. 徐冬根：《国际私法》，北京大学出版社 2009 年版。

13. 徐以升、马鑫：《金融制裁：美国新型全球不对称权力》，中国经济出版社 2015 年版。

三、中文期刊

1. 蔡鹏鸿：《美国制裁伊朗及其对中国的影响》，《现代国际关系》2012 年第 4 期。

2. 马鑫、许钊颖：《美国对俄罗斯的金融制裁》，《美国研究》2015 年第 5 期。

3. 曹彩云：《浅析美国"治外法权"对国际人道法的现实冲击与挑战——以"3·11 事件"为视角》，《辽宁行政学院学报》2013 年第 8 期。

4. 陈尧、杨枝煌：《SWIFT 系统、美国金融霸权与中国应对》，《国际经济合作》2021 年第 2 期。

5. 陈宇瞳、成弋威：《美国金融制裁的法律分析与风险防范》，《金融监管研究》2017 年第 1 期。

6. 陈元志、华斌：《非对称创新战略的内涵实质与理论诠释——习近平新时代中国特色社会主义科技创新思想探析》，《海派经济学》2018 年第 3 期。

7. 丁庆洋、朱建明：《区块链视角下的 B2C 电商平台产品信息追溯和防伪模型》，《中国流通经济》2017 年第 12 期。

8. 杜涛：《国际商事合同中的经济制裁条款效力研究》，《上海对外经贸大学学报》2020 年第 5 期。

9. 杜涛：《美国单边域外经济制裁的国际法效力问题探讨》，《湖南社会科学》2010 年第 2 期。

10. 杜涛：《欧盟对待域外经济制裁的政策转变及其背景分析》，《德国研究》2012 年第 3 期。

11. 冯绍雷：《"对俄制裁案"和俄罗斯与西方关系的未来》，《欧洲研究》2018 年第 1 期。

12. 冯维江、余洁雅：《论霸权的权力根源》，《世界经济与政治》2012 年第 12 期。

13. 冯维江：《美国全球权力的分布与消长：不对称依赖视角》，《国际关系学院学报》2012 年第 4 期。

14. 甘勇：《维生素 C 反垄断案中的外国法查明问题及对中国的启示》，《国际法研究》

2019 年第 4 期。

15. 高鸿钧：《美国法全球化：典型例证与法理反思》，《中国法学》2011 年第 1 期。

16. 高奇琦：《人工智能时代发展中国家的"边缘化风险"与中国使命》，《国际观察》2018 年第 4 期。

17. 高全喜：《格老秀斯与他的时代：自然法、海洋法权与国际法秩序》，《比较法研究》2008 年第 4 期。

18. 葛淼：《美国单边金融制裁的国际法性质与应对》，《上海金融》2018 年第 10 期。

19. 公丕祥：《全球化与中国法制现代化》，《法制与社会发展》2000 年第 4 期。

20. 龚廷泰：《论当代法律霸权主义的本质及其表征——以列宁〈帝国主义论〉为方法论视角》，《法治现代化研究》2017 年第 5 期。

21. 韩龙：《论 GATS 金融附件中的"审慎例外"》，《中南大学学报（社会科学版）》2003 年第 3 期。

22. 韩露、程慧：《以惩促治——不可靠实体清单制度的建立》，《中国外汇》2020 年第 21 期。

23. 何波：《欧盟阻断法令情况及对中国的启示》，《国际贸易》2019 年第 10 期。

24. 何俊华：《论毛泽东"你打你的，我打我的"思想的产生及现实意义》，《文史杂志》2013 年第 3 期。

25. 贺东：《银行 SWIFT 函电特点分析》，《华中农业大学学报》2006 年第 1 期。

26. 胡海峰、王爱萍：《中国参与全球金融治理体系改革的思路和策略——基于存量改革和增量改革的视角》，《天津社会科学》2017 年第 3 期。

27. 黄风：《国际金融制裁法律制度比较研究》，《比较法研究》2012 年第 3 期。

28. 黄风：《美国金融制裁制度及其对我国的警示》，《法学》2012 年第 4 期。

29. 黄风：《联合国安理会金融制裁措施的国内法实施程序》，《法学》2006 年第 4 期。

30. 黄兴涛：《强者的特权与弱者的话语："治外法权"概念在近代中国的传播与运用》，《近代史研究》2019 年第 6 期。

31. 黄志凌：《关于金融战的理解》，《全球化》2020 年第 3 期。

32. 霍政欣：《国内法的域外效力：美国机制、学理解构与中国路径》，《政法论丛》2020 年第 2 期。

33. 季烨：《国际投资条约中投资定义的扩张及其限度》，《北大法律评论》2011 年第 1 期。

34. 贾圣真：《总统立法——美国总统的"行政命令"初探》，《行政法学研究》2016 年第 6 期。

35. 简基松：《关于单边经济制裁的"司法性"与"合法性"探讨》，《法学》2007 年第 1 期。

36. 姜薇、陶士贵：《金融制裁对目标国经济的影响——来自合成控制法下伊朗的证据》，《金融论坛》2020 年第 2 期。

37. 姜毅：《解析美国对俄制裁新法案》，《俄罗斯东欧中亚研究》2018 年第 1 期。

38. 况腊生、郭周明：《当前国际经济制裁的法律分析》，《国际经济合作》2019 年第 3 期。

39. 劳佳迪、毕彤彤：《人民币跨境支付系统上线：中资大银行、外贸企业最受益》，《中国经济周刊》2015 年第 40 期。

40. 李凤宁：《国内法域外适用的反制急先锋——法国阻断法研究及启示》，《国际经济法学刊》2020 年第 3 期。

41. 李居迁：《贸易报复的特殊与一般——中美贸易战中的反制措施》，《经贸法律评论》2019 年第 1 期。

42. 李黎：《银行支付系统的 SWIFT 架构》，《经济管理》2011 年第 13 期。

43. 李鸣：《国际法的性质及作用：批判国际法学的反思》，《中外法学》2020 年第 3 期。

44. 李庆明：《论美国域外管辖：概念、实践及中国因应》，《国际法研究》2019 年第 3 期。

45. 李寿平：《二级制裁的国际法审视及中国的应对》，《政法论丛》2020 年第 5 期。

46. 李巍：《制衡美元的政治基础：经济崛起国应对美国货币霸权》，《世界经济与政治》2012 年第 5 期。

47. 李巍：《中美金融外交中的国际制度竞争》，《世界经济与政治》2016 年第 4 期。

48. 李洋：《从"非正式帝国主义"到"法律霸权主义"：以近代中国的境遇为例》，《法学家》2020 年第 1 期。

49. 李洋：《从领事法庭到驻华法院：美国在华治外法权模式转型》，《南京大学法律评论》2014 年第 1 期。

50. 李洋：《法律霸权主义的另一种叙说？——评络德睦〈法律东方主义〉》，《人大法律评论》2017 年第 1 期。

51. 李洋：《美国驻华法院：近代治外法权的另一重实践》，《法学家》2015 年第 10 期。

52. 李峥：《美国经济制裁的历史沿革及战略目的与手段》，《国际研究参考》2014 年第 8 期。

53. 梁冰洁、孟刚：《美国二级制裁法律问题研究》，《财经法学》2020 年第 1 期。

54. 梁咏：《论国际贸易体制中的安全例外再平衡》，《法学》2020 年第 2 期。

55. 廖凡：《比较视角下的不可靠实体清单制度》，《比较法研究》2021 年第 1 期。

56. 廖凡：《论软法在全球金融治理中的地位和作用》，《厦门大学学报（哲学社会科学版）》2016 年第 2 期。

57. 廖凡：《全球金融治理的合法性困局及其应对》，《法学研究》2020 年第 5 期。

58. 廖诗平：《国内法域外适用及其应对——以美国法域外适用措施为例》，《环球法律评论》2019 年第 3 期。

59. 廖诗评：《中国法域外适用法律体系：现状、问题与完善》，《中国法学》2019 年第 6 期。

60. 廖诗评：《〈阻断外国法律与措施不当域外适用办法〉的属事适用范围》，《国际法研究》2021 年第 2 期。

61. 凌冰尧：《美国次级制裁的合法性分析》，《武大国际法评论》2020 年第 5 期。

62. 刘敖迪、杜学绘、王娜、李少卓：《区块链技术及其在信息安全领域的研究进展》，《软件学报》2018 年第 7 期。

63. 刘道纪、高祥：《美国次级制裁合法性问题研究》，《南京社会科学》2018 年第 10 期。

64. 刘桂强：《我国民商事域外取证的司法实践：现状、问题与对策》，《武大国际法评论》2021 年第 1 期。

65. 刘鹤：《两次全球大危机的比较》，《管理世界》2013 年第 3 期。

66. 刘建伟：《美国次级经济制裁：发展趋势与常用对策》，《国际经济评论》2020 年第 3 期。

67. 刘建伟：《美国金融制裁运作机制及其启示》，《国际展望》2015 年第 2 期。

68. 刘威：《美式金融制裁的实施体系、功效评价与可能趋势》，《当代美国评论》2020 年第 1 期。

69. 刘瑛、黎萌：《美国单边金融制裁的国际法分析》，《国际经济评论》2020 年第 3 期。

70. 刘志：《法律全球化冲突的解决路径》，《青海社会科学》2010 年第 4 期。

71. 罗圣荣、刘明明：《国际制裁目的、条件、方式及其对中国参与国际制裁的启示》，《云南大学学报（社会科学版）》2019 年第 4 期。

72. 马鑫、许钊颖：《美国对俄罗斯的金融制裁》，《美国研究》2015 年第 5 期。

73. 马雪：《美国对俄罗斯金融制裁的效力、困境及趋势》，《现代国际关系》2018 年第 4 期。

74. 孟刚、李思佳：《欧盟经济制裁及其对中国的启示》，《财经法学》2020 年第 4 期。

75. 米晓文：《美国金融制裁处罚机制研究与启示》，《财政科学》2019 年第 6 期。

76. 穆长春等：《区块链技术的发展与管理》，《中国金融》2020 年第 4 期。

77. 彭岳：《例外与原则之间：金融服务中的审慎措施争议》，《法商研究》2011 年第 3 期。

78. 漆彤：《国际金融软法的效力与发展趋势》，《环球法律评论》2012 年第 2 期。

79. 商舒：《中国域外规制体系的建构挑战与架构重点——兼论〈阻断外国法律与措施不当域外适用办法〉》，《国际法研究》2021 年第 2 期。

80. 邵辉、沈伟：《"你打你的，我打我的"：非对称性金融制裁反制理论及中美金融脱钩应对》，《财经法学》2020 年第 6 期。

81. 沈伟、徐驰：《逆全球化背景下美式"小多边主义"的端倪和成型——理解〈中美经贸协议〉（第一阶段）的变局背景》，《海峡法学》2020 年第 3 期。

82. 沈伟：《"两个大局"下的人类命运共同体：从意识自觉到责任担当》，《人民论坛·学术前沿》2021 年第 1 期。

83. 沈伟：《"修昔底德"逻辑和规则遏制与反遏制——中美贸易摩擦背后的深层次动因》，《人民论坛·学术前沿》2019 年第 1 期。

84. 沈伟：《论金融制裁的非对称性和对称性——中美金融"脱钩"的法律冲突和特质》，《上海对外经贸大学学报》2020 年第 5 期。

85. 沈伟：《中美贸易摩擦中的法律战——从不可靠实体清单制度到阻断办法》，《比较法研究》2021 年第 1 期。

86. 沈文辉、江佳：《美国对朝"极限施压"政策的内涵、逻辑与困境》，《美国研究》2019 年第 1 期。

87. 石佳友、刘连炻：《美国扩大美元交易域外管辖对中国的挑战及其应对》，《上海大学学报》2018 年第 4 期。

88. 石佳友：《我国证券法的域外效力研究》，《法律科学（西北政法大学学报）》2014 年第 5 期。

89. 石静霞：《WTO〈多方临时上诉仲裁安排〉：基于仲裁的上诉替代》，《法学研究》2020 年第 6 期。

90. 孙仲：《论美国总统与国会外交决策权的消长》，《浙江大学学报（人文社会科学版）》2000 年第 2 期。

91. 唐婧：《美国的金融制裁与应对》，《中国金融》2019 年第 14 期。

92. 陶士贵、徐婷婷：《西方国家对俄罗斯经济金融制裁的演进、影响及启示》，《国际金融》2016 年第 2 期。

93. 佟欣秋：《基于国家主权的反垄断法域外管辖权的实现机制》，《大连海事大学学报（社会科学版）》2010 年第 4 期。

94. 王朝阳、宋爽：《一叶知秋：美元体系的挑战从跨境支付开始》，《国际经济评论》2020 年第 2 期。

95. 王佳：《美国经济制裁立法、执行与救济》，《上海对外经贸大学学报》2020 年第 5 期。

96. 王林彬：《为什么要遵守国际法——国际法与国际关系：质疑与反思》，《国际论坛》2006 年第 4 期。

97. 王淑敏、李倩雨：《中国阻断美国次级制裁的最新立法及其完善》，《国际商务研究》2021 年第 4 期。

98. 王淑敏：《国际投资中的次级制裁问题研究——以乌克兰危机引发的对俄制裁为切入点》，《法商研究》2015 年第 1 期。

99. 王怡文：《特朗普上任以来美国目标制裁的原因、特点及前景》，《国际研究参考》2020 年第 8 期。

100. 王震：《对新形势下美国对华"长臂管辖"政策的再认识》，《上海对外经贸大学学报》2020 年第 6 期。

101. 魏磊杰：《全球化时代的法律霸权主义与"法治"话语霸权》，《环球法律评论》2013 年第 5 期。

102. 武艺、杨艳：《防范国际金融制裁风险》，《中国金融》2017 年第 24 期。

103. 夏康森：《国际经济制裁与国际法》，《法学杂志》1984 年第 5 期。

104. 肖永平：《"长臂管辖权"的法理分析与对策研究》，《中国法学》2019 年第 6 期。

105. 徐崇利：《国际争端的政治性与法律解决方法》，《国际政治研究》2018 年第 2 期。

106. 徐伟功：《论次级经济制裁之阻断立法》，《法商研究》2021 年第 2 期。

107. 徐以升、马鑫：《美国金融制裁的法律、执行、手段与特征》，《国际经济评论》2015 年第 1 期。

108. 许文鸿：《SWIFT 系统：美俄金融战的博弈点》，《俄罗斯东欧中亚研究》2019 年第 6 期。

109. 薛天赐：《论美国经济制裁中的总统权力边界》，《政法论丛》2020 年第 2 期。

110. 阎梁：《中国对外经济制裁：目标与政策议题》，《外交评论（外交学院学报）》2012 年第 6 期。

111. 阎维博：《金融对外开放中信用评级监管挑战与制度因应》，《中国流通经济》2019 年第 12 期。

112. 杨士华：《SWIFT 载中国的发展和应用》，《金融电子化》2008 年第 10 期。

113. 杨松：《全球金融治理中制度性话语权的建构》，《当代法学》2017 年第 6 期。

114. 杨祥银：《迈向更为人道和富有成效的制裁？——"聪明制裁"初探》，《国际论坛》2002 年第 2 期。

115. 杨永红：《次级制裁及其反制——由美国次级制裁的立法与实践展开》，《法商研究》2019 年第 3 期。

116. 杨宇田、陈峰：《列入美国技术出口管制部门受限名单的企事业单位分析》，《情报杂志》2018 年第 10 期。

117. 叶晓迪：《从接触到遏制？美国后冷战时期对华战略转变的逻辑探析》，《世界经济与政治论坛》2021 年第 1 期。

118. 叶研：《欧盟〈阻断法案〉述评与启示》，《太平洋学报》2020 年第 3 期。

119. 易纲：《新中国成立 70 年金融事业取得辉煌成就》，《中国金融》2019 年第 19 期。

120. 殷明明：《美国金融制裁的影响及应对》，《开放导报》2020 年第 3 期。

121. 袁三标、陈国栋：《西方话语权力生产背后的意识形态逻辑探究》，《思想战线》2013 年第 1 期。

122. 袁勇、王飞跃：《区块链技术发展现状与展望》，《自动化学报》2016 年第 4 期。

123. 岳树梅、黄秋红：《国际司法协助与合作中的"长臂管辖"及中国应对策略》，《北方法学》2021 年第 2 期。

124. 张发林：《中美金融竞争的维度与管控》，《现代国际关系》2020 年第 3 期。

125. 张虎：《美国单边经济制裁的法理检视及应对》，《政法论丛》2020 年第 2 期。

126. 张辉：《论中国对外经济制裁法律制度的构建——不可靠实体清单引发的思考》，《比较法研究》2019 年第 5 期。

127. 张乃根：《国际经贸条约的安全例外条款及其解释问题》，《法治研究》2021 年第 1 期。

128. 张维建：《人民币离岸市场风险监管的国际经验比较》，《中国外汇》2017 年第 15 期。

129. 张颖、刘晓星、柴璐鉴：《金融制裁传导机制及其有效性——基于全球金融制裁数据的实证分析(1945—2017)》,《金融论坛》2020 年第 1 期。

130. 张瑜、高拓:《制与反制:应对美国金融制裁》,《中国外汇》2020 年第 15 期。

131. 张悦、崔日明:《国际投资规则演进与中国的角色变迁》,《现代经济探讨》2020 年第 7 期。

132. 赵海乐:《安理会决议后的美国二级制裁合法性探析》,《国际法研究》2019 年第 1 期。

133. 郑戈:《法律霸权主义、法律东方主义与中国的法治道路》,《交大法学》2017 年第 3 期。

134. 郑金宇:《美国金融制裁机制的深层认知》,《银行家》2019 年第 11 期。

135. 郑联盛:《美国金融制裁:框架、清单、模式与影响》,《国际经济评论》2020 年第 3 期。

136. 朱建明、丁庆洋、高胜:《基于许可链的 SWIFT 系统分布式架构》,《软件学报》2019 年第 6 期。

137. 朱玥:《反制美国次级制裁的欧盟经验及启示:单边抑或多边》,《中国流通经济》2020 年第 6 期。

四、英文著作

1. A.F.K. Organski. *World Politics*. Alfred A. Knopf,1968.

2. Andreas Lowendfeld. *International Economic Law*. Oxford University Press,2002.

3. Anghie Antony. *Imperialism , Sovereignty and the Making of International Law*. Cambridge University Press,2005.

4. Barry E. Carter. *International Economic Sanctions: Improving the Haphazard U. S. Legal Regime*. Cambridge University Press,1988.

5. Benjamin J. Cohen. *Currency Power: Understanding Monetary Rivalry*. Princeton University Press,2015.

6. Brayan R. Early. *Busted Sanctions: Explaining Why Economic Sanctions Fail*. Stanford University Press,2015.

7. Natalino Ronzitti. *Coercive Diplomacy , Sanctions and International Law*. Brill, 2016.

8. David Brown. *The Utility of International Economic Sanction*. St. Martins Press, 1987.

9. Dennis Cox. *An Introduction to Money Laundering Deterrence*. Wiley,2012.

10. Elena Proukaki. *The Problem of Enforcement in International Law: Countermeasures , the Non-injured States and the Idea of International Community*. Routledge, 2009.

11. Steve Martin. *The Construction of Europe*. Springer，1994.

12. J. Mearsheimer. *The Tragedy of Great Power Politics*. W. W. Norton & Company，2014.

13. James Raymond Vreeland. *The International Monetary Fund: Politics of Conditional Lending*. Routledge，2006.

14. Jose E Alvarez. *International Organizations as Law Makers*. OUP，2005.

15. Jürgen Basedow. *The Law of Open Societies Private Ordering and Public Regulation in the Conflict of Laws*. Nijhoff，2015.

16. Kern Alexander. *Economic Sanctions: Law and Public Policy*. Palgrave MacMillan，2009.

17. Lee Jones. *Societies under Siege: Exploring how International Economic Sanctions (do Not) Work*. Oxford University Press，2015.

18. Mahvash Alerassool. *Freezing Assets: The USA and the Most Effective Economic Sanction*. MacMillan and St. Martin's Press，1996.

19. Marossi Ali & Marisa Bassett，eds. *Economic Sanctions in International Law: Unilateralism，Multilateralism，Legitimacy and Consequences*. Springer Publishing，2015.

20. Miyagawa Makio. *Do Economic Sanctions Work?* Springer Publishing，2016.

21. Randall W. Stone. *Controlling Institutions: International Organizations and the Global Economy*. Cambridge University Press，2011.

22. Roland Kläger. *Fair and Equitable Treatment in International Investment Law*. Cambridge University Press，2011.

23. Rudolf Dolzer & Christoph Schreuer. *Principles of International Investment Law*. Oxford University Press，2012.

24. Santiago Montt. *State Liability in Investment Treaty Arbitration: Global Constitutional and Administrative Law in the BIT Generation*. Hart Publishing，2009.

25. Stewart A. Baker. *Skating on Stilts: Why We Aren't Stopping Tomorrow's Terrorism*. Hoover Institution Press，2010.

26. Tonya L. Putnam. *Courts without borders? The politics and law of United States extraterritorial regulation*. Cambridge University Press，2016.

27. Turan Kayaoglu. *Legal Imperialism: Sovereignty and Extraterritoriality in Japan，the Ottoman Empire，and China*. Cambridge University Press，2010.

28. Winthrop D. Jordon. *The White Man's Burden: Historical Origins of Racism in the United States*. Oxford University Press，1974.

五、英文期刊

1. A. V. Lowe. The Problems of Extraterritorial Jurisdiction: Economic Sovereignty

and the Search for a Solution. *The International and Comparative Law Quarterly*, Vol.34, No.4, 1985.

2. Anthonius de Vries. Council Regulation (EC) No. 2271/96 (the EU Blocking Regulation). *International Business Lawyer*, Vol.26, No.8, 1998.

3. Armen A. Alchian. Uncertainty, Evolution and Economics Theory. *J. Political Econ*, Vol.58, 1950.

4. Armin von Bogdandy et al. Developing the Publicness of Public International Law: Towards a Legal Framework for Global Governance Activities. *German Law Journal*, No.9, 2008.

5. Barry E. Carter, Ryan M. Farha. Overview and Operation of U. S. Financial Sanctions, Including the Example of Iran. *Georgetown Journal of International Law*, Vol.44, 2013.

6. Brett Busby. Jurisdiction to Limit Third-County Interaction with Sanctioned States: The Iran and Libya Sanctions and Helms-Burton Acts. *Colum J. Transnat'l L.*, Vol.36, No.3, 1998.

7. Brian Friederich. Reinforcing the Hague Convention on Taking Evidence Abroad After Blocking Statutes, Data Privacy Directives, and Aérospatiale. *San Diego International Law Journal*, Vol.12, 2010.

8. Cameron Rotblat. Weaponizing the Plumbing: Dollar Diplomacy, Yuan Internationalization and the Future of Financial Sanctions. *UCLA Journal of International Law and Foreign Affairs*, Vol.2, 2017.

9. D. Greig. Nicaragua and the United States: Confrontation over the Jurisdiction of the International Court. *B. YIL*, Vol.62, 1991.

10. Dai Yokomizo. Japanese Blocking Statute against the U. S. Anti-Dumping Act of 1916. *Japanese Annual of International Law*, Vol.49, 2006.

11. Daniel P. Ahn. Economic Sanctions: Past, Present, and Future. *Georgetown Journal of International Affair*, Vol.20, 2019.

12. David Brewer. Obtaining Discovery Abroad: The Utility of the Comity Analysis in Determining Whether to Order Production of Documents Protected by Foreign Blocking Statutes. *Houston Journal of International Law*, Vol.22, No.3, 2000.

13. Deborah Senz and Hilary Charlesworth. Building Blocks: Australia's Response to Foreign Extraterritorial Legislation. *Melbourne Journal of International Law*, Vol. 2, No.1, 2001.

14. Deepa Rishikesh. Extraterritoriality versus Sovereignty in International Antitrust Jurisdiction. *World Competition*, Vol.14, No.3, 1990.

15. Dr. Farshad Ghodoosi. The Trump Effect: Assertive Foreign Policy through

Extraterritorial Application of Laws. *The George Washington International Law Review*, Vol.51, 2019.

16. Elihu Root. The Sanction of International Law. *Law Student's Helper*, Vol.16, 1908.

17. Erica Downs and Suzanne Maloney. Getting China to Sanction Iran-The Chinese-Iranian Oil Connection. *Foreign Affairs*, Vol.90, 2011.

18. Genevra Forwood, Sara Nordin and Charlotte Van Haute. The Reincarnation of the EU Blocking Regulation: Putting European Companies Between a Rock and a Hard Place. *Global Trade and Customs Journal*, Vol.13, 2018.

19. George Tsebelis. Are Sanctions Effective? A Game-Theoretic Analysis. *The Journal of Conflict Resolution*, Vol.34, 1990.

20. Giani Pandey, Davide Rovetta and Agnieszka Smiatacz. Don't Wake up the (EU) Bear! The Scope of the EU Blocking Regulation 2271/96 in Light of the Recent Preliminary Ruling Reference in Bank Melli V. Telekom Deutschland Case, C-124/20. *Global Trade and Customs Journal*, Vol.16, No.2, 2021.

21. Gregory Shaffer and Henry Gao. China's Rise: How It Took on the U.S. at the WTO. *University of Illinois Law Review*, No.1, 2018.

22. Harold G. Maier. Interest Balancing and Extraterritorial Jurisdiction. *Am. J. Comparative L.*, Vol.31, No.4, 1983.

23. Harry L. Clark. Dealing with U.S. Extraterritorial Sanctions and Foreign Countermeasures. *University of Pennsylvania Journal of International Economic Law*, Vol.20, No.1, 1999.

24. James Lindsay. Trade Sanctions as Policy Instruments: A Re-Examination. *International Studies Quarterly*, Vol.30, 1986.

25. James R. Atwood. Blocking Statutes and Sovereign Compulsion in American Antitrust Litigation. *World Competition*, Vol.10, No.2, 1986.

26. Jana Ilieva, Aleksandar Dashtevski and Filip Kokotovic. Economic Sanctions in International Law. *UTMS Journal of Economics*, Vol.19, 2018.

27. Jim Zoffer. The Dollar and the United States' Exorbitant Power to Sanction. *American Journal of International Law Unbound*, Vol.113, 2019.

28. Joanna Diane Caytas. Weaponizing Finance: U.S. and European Options, Tools and Policies. *The Columbia Journal of European Law*, Vol.23, No.2, 2017.

29. Joel Davidow. Extraterritorial Antitrust and the Concept of Comity. *Journal of World Trade*, Vol.15, No.6, 1981.

30. Johan Galtung. On the Effects of International Economic Sanctions: with Examples from the Case of Rhodesia. *World Politics*, Vol.19, 1967.

31. John J. A. Burke. Economic Sanctions against the Russian Federation Are Illegal under Public International Law. *Russ. L. J.*, Vol.3, No.3, 2015.

32. John R. Schmidhauser. The European Origins of Legal Imperialism and Its Legacy in Legal Education in Former Colonial Regions. *International Political Science Review*, Vol.18, No.3, 1997.

33. Jurgen Huber. The Helms-Burton Blocking Statute of the European Union. *Fordham International Law Journal*, Vol.20, No.3, 1996.

34. Justin D. Stalls. Economic Sanctions. *University of Miami International & Comparative Law Review*, Vol.11, 2003.

35. Kaempfer William & Anton Lowenberg. The Theory of International Economic Sanctions: A Public Choice Approach. *The American Economic Review*, Vol.78, No.4, 1988.

36. Knop Karen et al. International Law in Domestic Courts: A Conflict of Laws Approach. *Proceedings of The ASIL Annual Meeting*, Vol.103, No.6, 2009.

37. M.J. Hoda. The Aérospatiale Dilemma: Why U.S. Courts Ignore Blocking Statutes and What Foreign States Can Do About It. *California Law Review*, Vol.106, 2018.

38. Marcin J. Menkes. The Legality of US Investment Sanctions against Iran. The Canadian Yearbook of International Law, Vol.56, 2018.

39. Mark Gaylord. The Banco Delta Asia Affair: The USA Patriot Act and Allegations of Money Laundering in Macau. *Crime Law Soc Change*, Vol.50, 2018.

40. Mark Peters. Cyber Enhanced Sanction Strategies: Do Options Exist? *Journal of Law & Cyber Warfare*, Vol.6, 2017.

41. Meaghan Jennison. The More Things Change, the More They Stay the Same: The United States, Trade Sanctions, and International Blocking Acts. *Catholic University Law Review*, Vol.69, No.1, 2020.

42. Meredith Rathbone, Peter Jeydel and Amy Lentz. Sanctions, Sanctions Everywhere: Forging a Path through Complex Transnational Sanctions Laws. *Georgetown Journal of International Law*, Vol.44, No.3, 2013.

43. Michael R. Calabrese and Joseph P. Griffin. Coping with Extraterritoriality Disputes. *Journal of World Trade*, Vol.22, No.3, 1988.

44. Michael Reisman and Robert D Sloane. Indirect Takings and its Valuation in the BIT generation. *British Ybk Intl Law*, Vol.74, 2003.

45. Mitsuo Matsushita and Aya Iino. The Blocking Legislation as a Countermeasure to the US Anti-Dumping Act of 1916: A Comparative Analysis of the EC and Japanese Damage Recovery Legislation. *Journal of World Trade*, Vol.40, No.4, 2006.

46. Monica Hanna and Michael A Wiseman. Discovering Secrets: Trends in U. S.

Courts' Deference to International Blocking Statutes and Banking Secrecy Laws. *Banking Law Journal*, Vol.130, No.8, 2013.

47. Nega Ewunetie Mekonnen. The United Nations Security Council Targeted Sanction and Its Impact on Economic, Social and Cultural Rights. *Bahir Dar University Journal of Law*, Vol.5, 2014.

48. Patrick C. R Terry. Enforcing U.S. Foreign Policy by Imposing Unilateral Secondary Sanctions: Is might Right in Public International Law? *Washington International Law Journal*, Vol.30, No.1, 2020.

49. Peter Bergeijk and Shahadat Muhammad. Methodological Change and Bias in Economic Sanction Reconsidered. *International Interactions*, Vol.33, 2017.

50. Peter L. Fitzgerald. Smarter Smart Sanctions. *Penn State International Law Review*, Vol.26, 2007.

51. R. H. Coase. The Problem of Social Cost. *J. Law & Econ.*, No.3, 1960.

52. Rene E. Browne. Revisiting "National Security" in an Interdependent World: The GATT Article XXI Defense after Helms-Burton. *Geo. L.J.* Vol.86, 1997 – 1998.

53. Richard Alexander. Iran and Libya Sanctions Act of 1996: Congress Exceeds Its Jurisdiction to Prescribe Law. *Wash. & Lee L. Rev.* Vol.54, 1997.

54. Robertson Geoffrey and Chris Rummery. Why Australia Needs a Magnitsky Law. *Australian Quarterly*, Vol.89, No.4, 2018.

55. Sant Geoffrey. Court-Ordered Law Breaking: U.S. Courts Increasingly Order the Violation of Foreign Law. *Brooklyn Law Review*, Vol.81, No.1, 2015.

56. Scott Maberry. Overview of U. S. Economic Sanctions. *International Trade Law Journal*, Vol.17, No.1, 2008.

57. Servettaz Elena. A Sanctions Primer: What Happens to the Targeted? *World Affairs*, Vol.177, No.2, 2014.

58. Seyed Yaser Ziaee. Jurisdictional Countermeasures versus Extraterritoriality in International Law. *Russian Law Journal*, Vol.4, No.4, 2016.

59. Shinar Chaim. Vladimir Putin's Aspiration to Restore the Lost Russian Empire. *European Review*, Vol.25, 2016.

60. Stanley J. Marcuss and Eric L. Richard. Extraterritorial Jurisdiction in United States Trade Law: The Need for a Consistent Theory. *Colum. J. Transnat'l L.*, Vol.20, 1981.

61. Stefan Brocza. The EU Legal Protection System against the Effects of Extra-territorial Application of Legislation Adopted by a Third Country, and Actions Based Thereon or Resulting Therefrom. *KLRI Journal of Law and Legislation*, Vol.9, No.1, 2019.

62. Strom C. Thacker. The High Politics of IMF Lending. *World Politics*, No.1, 1999.

63. Susan Emmenegger. Extraterritorial Economic Sanctions and Their Foundation in International Law. *Arizona Journal of International and Comparative Law*, Vol.33, No.3, 2016.

64. Susan Rose-Ackerman and Benjamin Billa. Treaties and National Security. *NYU J Intl L & Pol*, Vol.40, 2008.

65. Takashi Kubota. Finanical Stability Concern of the Extraterritorial Impacts Caused by the Recent US Financial Sanctions on Foreign Banks. *Japanese Yearbook of International Law*, Vol.59, 2016.

66. Tom Firestone and Kerry Contini. The Global Magnitsky Act. *Criminal Law Forum*, Vol.29, No.4, 2018.

67. Tom Malinowski and Anna Newby. Assessing Diplomatic Tools for Advancing Human Dignity and Democracy: An Interview with Tom Malinowski. *Georgetown Journal of International Affairs*, Vol.16, No.1, 2015.

68. Vivian Grosswald Curran. United States Discovery and Foreign Blocking Statutes. *Louisiana Law Review*, Vol.76, No.4, 2016.

69. William Kaempfer and Anton Lowenberg. The Theory of International Economic Sanctions: A Public Choice Approach. *The American Economic Review*, Vol.78, 1988.

70. Ziaee S. Yaser. Jurisdictional Countermeasures Versus Extraterritoriality in International Law. *Russian Law Journal*, Vol.4, No.4, 2016.

索 引

关键词类

后 记

本书是国家重大社科基金项目(21&ZD208)的阶段性成果。

本书是集体努力的成果。邵辉、沈伟撰写了第一章;顾心怡负责第二章,沈伟进行了修改;第三章由姚书怡撰写;第四章由徐驰撰写;第五章由顾心怡和姚书怡撰写;第六章由朱菁怡撰写,沈伟对这些章节进行了修改;杨雅婷律师撰写了第七章,沈伟作了调整和修改;廖凡教授慷慨贡献了第八章;吴楚天撰写了第九章,沈伟进行了修改;第十章是对《反外国制裁法》的简述,仍有待具体分析。

汪娜编辑对本书进行了精心编辑,并对本书的出版给予大力支持,作者深表谢意。

本书的出版还得到中国—上合基地2021年度学术专著出版资助,特此致谢!

沈 伟

于上海清水湾

2022 年 3 月 4 日初稿

2022 年 9 月 3 日二稿